Winkler

DIE ARCHITEKTUR AM BAUHAUS IN WEIMAR

DIE ARCHITEKTUR

Edition **Bauhaus Dessau**

Klaus-Jürgen Winkler

AM BAUHAUS IN WEIMAR

Verlag für Bauwesen
Berlin · München

Titelbild:
»Der rote Würfel«.
Entwurf für ein Einfamilienhaus. Farkas Molnar. 1922/1923.
Isometrische Zeichnung (Neuzeichnung)

Die Deutsche Bibliothek – CIP-Einheitsaufnahme

Winkler, Klaus-Jürgen:
Die Architektur am Bauhaus in Weimar / Klaus-Jürgen Winkler. – Berlin ; München : Verl. für Bauwesen, 1993
(Edition Bauhaus Dessau)
ISBN 3-345-00510-7

ISBN 3-345-00510-7

10407 Berlin, Am Friedrichshain 22
Printed in Germany
Gesetzt aus Helvetica
Satz und Druck: Interdruck Leipzig GmbH
Lektorin: Renate Marschallek
Gesamtgestaltung: Christine Bernitz

INHALTSVERZEICHNIS

VORWORT

Der Name »Bauhaus« ist in der historischen Betrachtung der künstlerischen Moderne in unserem Jahrhundert schon längst zu einem Schlüsselbegriff und einem Fixpunkt geworden. Er bezeichnet ein kunstgeschichtliches Phänomen mit besonderer Bedeutung, denn das Bauhaus gilt als eine der führenden avantgardistischen Schulen in der Zeit der Weimarer Republik, die mit Initialwirkung bis zur Gegenwart die Entwicklung des gestalterischen Schaffens auf vielen Gebieten durchaus in einem globalen Maßstab beeinflußte. Zuletzt, in den letzten Jahrzehnten, war das Bauhaus ein bevorzugter Gegenstand der Erberezeption in den beiden deutschen Staaten, wurde verschiedenenorts mit Akibie erforscht und präsentiert, dabei auch – mehr oder weniger – mit politischer Absicht unterschiedlich bewertet und interpretiert, aber auch vereinnahmt oder vermarktet. Da es den Nimbus der Moderne trug, war es gut im Sinne des Begriffs »Fortschritt«, wie man ihn auch immer verstanden hatte, verwertbar. Heute, im vereinigten Deutschland, in der begonnenen »postsozialistischen« Ära mit all ihren Problemen und ihrer gesellschaftlichen Orientierungskrise, könnte das Bauhaus durchaus als ein documentum historii einen Bezugspunkt für beabsichtigte Entwicklungen darstellen. Auch scheint es seinen Reiz zu Reflexionen für verschiedene Zwecke noch nicht verloren zu haben und sollte vor Mißdeutungen und Mißbrauch bewahrt werden. Allein eine Beschäftigung mit den unmittelbaren Quellen wird aber eine Garantie für objektive Bewertungen bieten können; nur so kann auch einer Mythologisierung begegnet werden. Obwohl eine Fülle wissenschaftlichen und publizistischen Materials in den letzten Jahrzehnten akkumuliert wurde, ist aber eine lückenlose Geschichtsschreibung noch nicht abgeschlossen; und sie müßte auch eine gegenwartsbezogene Akzentuierung erhalten. Auf diesem Wege fortzufahren, erscheint als eine Aufgabe für die Zukunft.

Mit dem vorliegenden Buch hatte ich mir das Ziel gesetzt, das »Phänomen« Bauhaus über den historischen Fakten vertiefend zu beschreiben, wobei ich die Architektur der ersten Periode in Weimar in den Blick nahm. Gegenstand ist also das Schaffen der Architekten und der Studierenden in der Gründungs- und Formierungsphase des Staatlichen Bauhauses in Weimar im Zeitraum von 1919 bis 1925, soweit es architektonische Ideen, Entwürfe oder gebaute Leistungen hervorbrachte oder sich mit der Ausbildung verband. Die folgenden Bauhaus-Perioden in Dessau und Berlin bis zur Schließung des Instituts im Jahre 1933 sollten einer nachfolgenden Abhandlung vorbehalten bleiben; ihre Beschreibung, die sich ebenfalls als Aufgabe stellt, ist aber zur Vervollständigung des Bildes gleichermaßen wünschenswert. Die Darstellung des Themas wird in einem »Epilog« ergänzt, der mit einem Blick auf die Nachfolgeeinrichtung des Bauhauses und auf die Architektur in der Stadt Weimar in den 20er Jahren das Milieu und die Randbedingungen charakterisieren soll.

Das Buch orientiert sich an den unmittelbaren Quellen in den Archiven, die unter den gegebenen Möglichkeiten fast vollständig durchgesehen wurden, sowie an den überlieferten gebauten oder gezeichneten Architekturleistungen. Es war für die Niederschrift primär, die recherchierten Fakten zu den wichtigsten Bestrebungen und Bauobjekten vorzulegen und so in gebotener Knappheit ein möglichst präzises Bild des wirklichen Geschehens und der tragenden Vorgänge zu zeichnen. So sollen die Tatsachen, vermittelt über Daten und Zitate, in ihrer lapidaren Form für sich sprechen, ohne Umschweife und ergänzende Interpretationsversuche. Diese Darstellung über den historischen Fakten wird ergänzt durch die Beschreibung der Architektur in ihrer konkreten Erscheinung. Sie schließt die Interpretation der Formen der einzelnen Objekte ein, und sie deutet die Intentionen der Architekten an. Es soll erfaßbar werden, wie die Architekten zunächst aus der Gestaltungswelt des Expressionismus schöpften, als sie sich am Aufbruch der Schule beteiligten, und wie sie die Wendung vollzogen hin zur Architektur der Moderne, die das Bauhaus berühmt machen sollte. Die Einzelheiten lassen aber erkennen, wie wenig spektakulär sich dieser Aufbruch selbst darstellte, daß sich der Weg der Architektur für verschiedene Richtungen offen zeigte, aber in der Folge eingegrenzt wurde, und auch, daß die baukünstlerischen Leistungen vielgestaltig waren und recht differenziert ausfielen. So kann am Beispiel der Bauhaus-Architektur ein Streiflicht auf die frühe Entwicklung des Neuen Bauens, die Widersprüchlichkeit in der Nachkriegsperiode bei der Herausbildung der tragenden Auffassungen der Bewegung, insbesondere des Funktionalismus als Theorie und Methodologie der Moderne, geworfen werden.

Einige Grundlagen der Arbeit entstammen noch den Bemühungen um die Erforschung des Bauhauses an der Hochschule für Architektur und Bauwesen Weimar in den 80er Jahren, aber erst nach der »Wende« begannen die eigentlichen Studien zum Buchprojekt, die ich bereits im April 1991 in der Manuskriptfassung beenden konnte. Großzügige Unterstützung gewährte mir dabei die Fakultät Architektur der nunmehr erneuerten Hochschule. Wertvolle Anregungen gab Herr Prof. em. Dr. Christian Schädlich, der zu einigen Abschnitten, insbesondere zum Märzgefallenendenkmal, Material zur Verfügung stellte und eine kritische Durchsicht vornahm. Allen Kolleginnen und Kollegen, die mir direkt oder indirekt behilflich waren, sei auf diesem Wege gedankt. Hervorheben möchte ich Frau Ellinor Zeugner, die einen Großteil der Schreibarbeiten erledigte. Allen Institutionen und Personen, die die Archivarbeit ermöglichten und Bildmaterial zur Verfügung stellten, gebührt Dank: Bauhaus-Archiv-Museum für Gestaltung Berlin, Staatsarchiv Weimar, Stadtarchiv Weimar, Stadtmuseum Weimar, Kunstsammlungen zu Weimar, Stadtarchiv Jena, Archive der Bauaufsichtsbehörden in Weimar und Jena, Deutsches Architekturmuseum Frankfurt/Main sowie Firma Held, Inhaber Eberhard Renno, Weimar und Herr Lukas Determann. Außerdem danke ich den Mitarbeitern des Verlages für Bauwesen, die die Herstellung des Buches doch noch ermöglichen konnten, insbesondere der Lektorin Frau Marschallek und der Grafikerin Frau Bernitz, die in mühevoller Kleinarbeit das Buch vollendeten. Die Arbeit wäre unmöglich gewesen ohne die Unterstützung durch meine Frau, der ich auf diesem Wege besonders herzlich Dank sagen möchte.

Klaus-Jürgen Winkler Weimar, im Juni 1993

Henry van de Velde, dessen Abberufung als Direktor der Kunstgewerbeschule vom Großherzog im chauvinistischen Stimmungstaumel vor dem Ersten Weltkrieg seit 1913 systematisch betrieben wurde, kündigt im Juli 1914.

Vor dem Ausscheiden schlägt er einige Nachfolger für sein Amt vor, darunter auch den Architekten Walter Gropius, dessen Fabrikbauten in Ahlfeld 1911 und auf der Werkbundausstellung 1914 eine hohe Anerkennung gefunden hatten. Gropius kommt seitens des Hofes für diese Stelle durchaus in Betracht, da seine Möbel und Innenarchitektur vom Neuklassizismus geprägt sind, den man im Umfeld des Großherzogs mit dem »neuen nationalen Geist« in Verbindung bringt. Im Dezember 1915 kommt der damalige Leutnant von der Front nach Weimar und legt den zuständigen Regierungsstellen ein Programm seiner künftigen Arbeit vor. Da es an die Werkbundideen mit ihrer Orientierung auf die Industrie anknüpft, stößt er vor allem auf Widerspruch durch die Handwerkskammer. Die Verhandlungen mit Gropius verschleppen sich; die Angelegenheit bleibt liegen, bis unmittelbar nach Kriegsende Gropius einen erneuten Vorstoß unternimmt, um die Berufung anzuregen. Die Situation in Weimar hat sich im Zuge der Novemberrevolution mit dem Sturz des Großherzogs und der Bildung der Provisorischen Republikanischen Regierung des neuen Freistaates Sachsen–Weimar–Eisenach wesentlich verändert. Gropius findet Einverständnis und Unterstützung bei der sozialdemokratischen Regierung, die ihn mit Wirkung vom 1. April 1919 die Leitung der Hochschule für bildende Kunst einschließlich der ehemaligen Kunstgewerbeschule überträgt. Auf Vorschlag von Gropius heißt diese neue Einrichtung »Staatliches Bauhaus Weimar«.

In seinem Bewerbungsschreiben vom 31. Januar 1919 vertritt Gropius die Meinung, daß er sich eine Entfaltung der Ideen kaum in einer großen Stadt vorstellen könne. Er spielt auf die Vorzüge Weimars an, wo sich unter Zuhilfenahme der »Reste einer alten Tradition« ... »ein engerer Kreis innerlich sich berührender Künstler« herausbilden könnte.[1] Diese Vorstellung sollte sich aber als Irrtum erweisen, denn die einflußreichen Behüter der traditionellen Kultur in Weimar zeigen sich provinziell, borniert und kompromißlos gegenüber allen Neuerungen. Die Beziehungen zwischen dem Bauhaus und der Stadt Weimar, namentlich der Stadtverwaltung und der konservativen Bürgerschaft, sind von Anfang an gespannt und gestalten sich sogar zu öffentlichen Affären. In Verbindung mit den scharfen Angriffen gegen das Bauhaus, die im Dezember 1919 von völkisch-nationalistischen Kreisen in der Stadt wegen der sogenannten Affäre des Studenten Groß geführt werden (Gropius hatte Groß wegen Angriffen gegen das Bauhausprogramm gemaßregelt), schreibt Gropius in einem Brief an den Reichskunstwart

Porträt Walter Gropius. 1920

Redslob: »... es handelt sich nicht um eine interne Stadtangelegenheit, sondern um etwas viel Bedeutenderes: den Kampf zwischen der alten, zerbröckelten Bildung, für die Weimar ein Hauptbollwerk ist, mit der eruptiv neu aufbrechenden, sagen wir, neuen gotischen Weltanschauung, der wir angehören ...«[2]

Es ist deshalb unmöglich, von einer glücklichen Symbiose von avantgardistischer Architektur und Kunst und der Stadt Weimar zu sprechen. Weimar ist in den zwanziger Jahren in dieser Hinsicht überfordert. Die in ihrer Sozial- und Wirtschaftsstruktur benachteiligte Mittelstadt mit 37 000 Einwohnern im Jahre 1919 und 45 000 Einwohnern im Jahre 1925 muß die »Bürde« des Sachwalters der klassischen Tradition bei wachsendem Kulturtourismus tragen. Dazu kommt sogar noch der Amtsbereich als Landeshauptstadt Thüringens seit 1920. Unmittelbar nach Kriegsende und Novemberrevolution in seiner nationalen Rolle und Würde erhoben, dient Weimar als Tagungsort der Nationalversammlung. Im Nationaltheater gibt sich die im revolutionären Aufbruch entstandene Republik ihre Verfassung, die der folgenden historischen Periode in Deutschland den Namen der Stadt anheften wird. Während sich die Industrie vergleichsweise langsam entwickelt und vor allem Handwerks- und Mittelbetriebe das Wirtschaftsleben der Stadt bestimmen, wird das Profil der Beamten- und Verwaltungsstadt immer deutlicher ausgeprägt; seit 1926 beherbergt Weimar auch eine Garnison. Schwer trägt die Stadt an den Folgen des Krieges und der Nachkriegskrise, die im Herbst 1923 den Höhepunkt erreicht. Die relative Stabilisierung nach 1924 bringt einen Aufschwung, der allerdings im Verhältnis zu den großen Industriestädten weniger ausgeprägt ist.

Auf der politischen Bühne stehen sich starke konservative Kräfte des Bürgertums und die organisierte Arbeiterschaft gegenüber. Das Bild im Kräfteverhältnis verändert sich bis zur Errichtung der ersten kommunistischen Landesregierung in Deutschland im November 1923 zugunsten der Linkskräfte; nach ihrem baldigen, militärisch erzwungenen Sturz gewinnen aber die bürgerlichen Parteien die Mehrheit und stellten die Regierung, bis es im Jahre 1930 den extrem rechten Kräften in Gestalt der Hitlerpartei erstmals in Deutschland gelingt, in einer Landesregierung Fuß zu fassen. – Die politische Polarisierung zieht auch alle Bereiche der Kultur und des künstlerischen Schaffens in ihren Sog und bestimmt die öffentlich geführte Auseinandersetzung. Es ist bezeichnend, daß die Linkskräfte das Bauhaus unterstützen.

Gebäude der Kunsthochschule in Weimar. Architekt Henry van de Velde. 1904 bis 1911

Heute ist es unbestritten, daß das Bauhaus einen Glanzpunkt in der Kultur- und Kunstgeschichte der Stadt markierte. Wenngleich in Weimar noch keine reguläre Architektenausbildung eingerichtet werden konnte, war mit der Schule und den an ihr tätigen Architekten ein Zentrum des Neuen Bauens entstanden. Es mag sein, daß die Weimarer Periode gemessen an der folgenden in Dessau zurücksteht; sie war aber der entscheidende Abschnitt der Formierung, der Suche und des Experimentierens, in dessen Verlauf sich Konzeption und Methode herausbildeten.

Unmittelbar nach der Gründung veröffentlicht Gropius das Bauhausprogramm, das am Anfang einer für die moderne Kunstpädagogik und die Entwicklung der Mo-

Gebäude der Kunstgewerbeschule in Weimar. Architekt Henry van de Velde. 1904 bis 1906

Das Deutsche Nationaltheater in Weimar. Foto Ende der 20er Jahre

Erstes Signet des Staatlichen Bauhauses in Weimar. Gültig von 1919 bis 1922. Entwurf Dorothea Blüthner und Johannes Auerbach

derne bedeutenden Schule steht. Wie in einem Brennspiegel führt Gropius die im Deutschen Werkbund und zuletzt im Arbeitsrat für Kunst diskutierten Neuerungsideen auf den Punkt. In einer pathetisch-expressiven Sprache der Nachkriegsjahre ruft er zur Herstellung einer neuen werkkünstlerischen Einheit auf, die die verschiedenen künstlerischen Schaffensgebiete aus ihrer Isolation und Vereinsamung erlösen und sie wieder in eine fruchtbare Berührung unter den Flügeln einer neuen Baukunst bringen soll. Die Ideen vom Gesamtkunstwerk, das von einem Gemeinschaftswerk getragen wird, in Verbindung mit dem mittelalterlichen Handwerksideal werden zum ideologischen Rüstzeug im Prozeß der Formierung der neuen Schule, die entschlossen ist, Neuland zu beschreiten.

Wie ein Leitbild begleitet der im Titelholzschnitt des Programms von Lyonel Feininger dargestellte Gedanke der »Kathedrale«, Symbol für den »Großen Bau«, die Arbeit des Bauhauses in seinen ersten Jahren.

»Kathedrale«. Titelholzschnitt zum Bauhausprogramm von 1919. Lyonel Feininger

In der revolutionären Stimmung der Zeit nach Kriegsende und Novemberrevolution werden im Milieu der Großstadt Berlin die Ideen aufgenommen, komprimiert und verfestigt, die Gropius im Bauhausprogramm zugrundelegen wird. Kurz vor Weihnachten 1918 schreibt er in einem Brief an Karl Ernst Osthaus: »Ich fuhr hierher, um an den Umwälzungen teilzunehmen. Es ist hochgespannte Stimmung hier, und wir Künstler müssen das Eisen schmieden, solange es heiß ist. Im Arbeitsrat für Kunst, in den ich eintrat, ist vorläufig eine sympathisch radikale Stimmung und fruchtbringende Ideen werden vorgebracht.«[3]

In diesen Tagen formuliert der Architekt Bruno Taut, Vorsitzender des neugegründeten Arbeitsrates für Kunst, »Ein Architekturprogramm«[4]. Der Leitgedanke des Textes zielt auf eine neue Art des Zusammenfindens der verschiedenen Richtungen in der Kunst, die in dem kräftigen poetischen Bild »unter den Flügeln einer neuen Baukunst« beschrieben wird. Jede künstlerische Disziplin sollte »mitbauen«, dann gäbe es keine Grenze mehr zwischen Kunstgewerbe und Plastik oder Malerei; »alles ist eins: Bauen«. Er beschreibt die Ausgangsbedingungen so: »Erst die vollständige Revolution im Geistigen wird diesen Bau schaffen.«[5] Im März 1919 veröffentlicht der Arbeitsrat für Kunst, den jetzt Gropius, Klein und Behne leiten, ein programmatisches Zirkular, zu dessen Zielen sich knapp einhundert Künstler, Architekten, Kunstschriftsteller und Freunde bekennen. Es beginnt mit dem Leitsatz: »Kunst und Volk müssen eine Einheit bilden. Die Kunst soll nicht mehr Genuß weniger, sondern Glück und Leben der Masse sein. Zusammenschluß der Künste unter den Flügeln einer großen Baukunst ist das Ziel.«[6] Der Sinngehalt des letzten Satzes wird zentrale Idee des Arbeitsrates und findet seine Metapher im »Großen Bau«, der nicht allein die Idee der ganzheitlichen Kunstkooperation und neuer Gemeinschaftsarbeit umfaßt, sondern auch als philosophisch-ethischer Begriff, als »Bauwerk einer besseren Zukunft« gilt. Der »Große Bau« soll zunächst in der Utopie entstehen.

Arbeitsrat für Kunst. Holzschnitt von Max Pechstein(?). 1919

Bruno Taut hatte in expressionistischer Begeisterung in seinem Architekturprogramm gefordert: »Unterstützung baulicher Ideen, welche über das Formale hinweg die Sammlung aller Volkskräfte im Sinnbild des Bauwerks einer besseren Zukunft anstreben und den kosmischen Charakter der Architektur, ihre religiöse Grundlage aufzeigen, sogenannte Utopien.«[7] Die Architekten, die in jenen Jahren nichts zu bauen haben, ebenso auch Künstler, die neue Wege suchen, werden von der utopistischen Zielstellung angesprochen, und etwa zwei Dutzend von ihnen organisieren im Rahmen der von Bruno Taut ins Leben gerufenen »Gläsernen Kette« einen Briefwechsel mit einem fruchtbaren Gedankenaustausch. Ihre Entwürfe von imaginären Städten und phantastischen Bauten sind eine Mischung aus Realität und Utopie, aus Postulaten und Hypothesen. Walter Gropius beschäftigt sich im Frühjahr 1919 mit der Idee neuer Wohnformen, er entwirft »Wohnberge«, bestehend aus 30geschossigen Wohnhausbauten mit einem dreieckförmigen Querschnitt und schiffbugartigen Endigungen. Vier verschiedene Typen normierter Wohnungen bilden die Grundstruktur der Anlage, die auch Veränderungen in der Lebensweise, wie die Entlastung der Frau von

Hausarbeit berücksichtigt.[8] Gropius führt aber den Entwurf nicht weiter aus und stellt ihn wohl auch nicht zur Diskussion.

Die Wohnberge, die mit den metabolistischen Entwürfen aus den 60er Jahren vergleichbar sind, entstehen aber nicht vor dem Hintergrund einer technikvisionären Gedankenwelt, die Großstädte nach Prinzipien des modernen Verkehrs, des technologisch begründbaren »Wachstums« und der Veränderung entstehen läßt, wenn auch notwendigerweise für solche Bauformen die baukonstruktiven Voraussetzungen des Eisenbetons eine Rolle spielen. Gropius ist in dieser Zeit weit davon entfernt, die »armseligen Bautaten unseres Zeitalters« als Grundlage anzuerkennen, um »das trostlose Gesamtbild« zu verändern. Denn, so schreibt er im Prospekt der ersten juryfreien Ausstellung im April 1919: »Gebilde, die Zweck und Notdurft schaffen, stillen nicht Sehnsucht nach einer von Grund aus neu erbauten Welt der Schönheit, nach Wiedergeburt jener Geisteseinheit die sich zur Wundertat der gotischen Kathedrale aufschwang. Wir erleben sie nicht mehr. Aber es gibt einen Trost für uns: die Idee, der Aufbau einer glühenden, kühnen, weit vorauseilenden Bauidee, die eine glückliche Zeit, die kommen muß, erfüllen soll«.[9] Das Problem der modernen Technik, wie es der Industriearchitekt Gropius um 1910 aufgriff, wird jetzt in die zweite Reihe gestellt. Er ruft sogar die Künstler zur Vernachlässigung aller technischen Bedingungen und Errungenschaften auf: »... baut in der Phantasie, unbekümmert um technische Schwierigkeiten. Gnade der Phantasie ist wichtiger als alle Technik, die sich in den Gestaltungswillen der Menschen fügt.«[10]

In dieser Stimmungslage euphorischen Neubeginns schwingt der Glaube an eine grundsätzliche Erneuerung mit, und im Bewußtsein, in eine neue Epoche einzutreten, die gestaltbar ist, kommen Gropius und seine Berliner Mitstreiter zur Schlußfolgerung, eine neue allgemeine Geistigkeit zu schaffen, dafür zunächst die Phantasie zu beflügeln und die Utopie für den Aufbruch zu nutzen. Präziser als in den manifestartigen Texten aus dieser Zeit läßt sich der philosophische Kontext der Gedankenwelt Gropius' aus seinem Artikel »Baukunst im freien Volksstaat« erschließen. Im Zentrum steht hier der Begriff einer »neuen Menschlichkeit«, zu verstehen als eine allgemeine Lebensform des Volkes, die vermittels einer »vollendeten Revolution« im freien Volksstaat auf der Grundlage einer »gemeinsamen Geistigkeit des ganzen Volkes« geschaffen werden solle. Nur auf die-

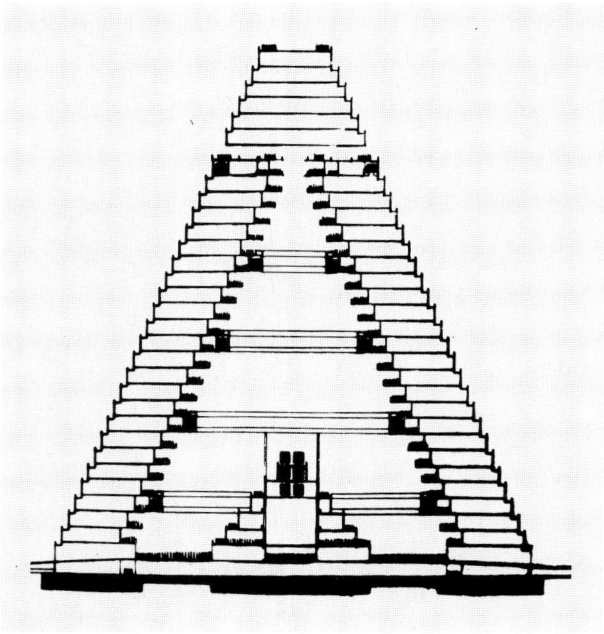

»Wohnberge«. Walter Gropius und Frank Moller. 1919

Modell

Schnitt

sem Boden entstehe die neue Kunst. Obwohl dieser Ansatz überaus idealistisch ist, schließt er jede Lebensferne und Weltabgeschiedenheit kategorisch aus: »Eine große allumfassende Kunst setzt geistige Einheit ihrer Zeit voraus, sie braucht die innigste Verbindung mit der Umwelt, mit dem lebendigen Menschen.«[11] Das Prinzip einer solchen lebensverbundenen Praxis der Kunst, das bei Gropius auf einer allgemeinen Ebene stets Gültigkeit besitzt, läßt einen Ikarusflug ins Reich der Utopie nicht zu; es wird sich schließlich als produktiv erweisen, wenn die expressionistischen Blütenträume verblaßt sind und wieder nüchterne Realität ins Bewußtsein drängt.

Die Größe des Gedankens schließt die Frage nach dem Schöpfer und Koordinator der neuen Kunst nicht aus. Der Architekt wird von Gropius über alle gegebenen Maße zum »Führer der Kunst«[12] erhoben. Er ist der »Herr der Kunst, der aus Wüsten Gärten bauen und Wunder in den Himmel türmen wird«.[13] Und Gropius verwendet die Metapher vom »vielstimmigen Orchester« der Kunst für das künstlerische Gemeinschaftswerk, das vom Architekten als Dirigent geleitet werden soll. Mit Nietzscheanischem Sendungsbewußtsein spricht er vom künftigen »Über«-Architekten: »Nur er selbst kann sich wieder zu diesem Führer der Kunst erheben, zu ihrem ersten Diener, den übermenschlichen Wächter und Ordner ihres ungetrennten Gesamtlebens ... Sein hohes Amt muß im Volksstaat wieder öffentliche Geltung finden, er muß sie sich erzwingen durch jene hohe Menschlichkeit, die über dem Wirken des Tages steht, durch glühendes Interesse am gemeinsamen Werk ...«[14]

Die entfremdende Arbeitsteilung aller formschaffenden Disziplinen soll nach diesem Modell, das auf den gotischen Werkhüttenbaumeister reflektiert und vom orchestral geleiteten Gesamtkunstwerk Wagners ausgeht, aufgehoben werden, wobei sie allerdings auf höherer Ebene, in der Überordnung des universalischen Künstlerarchitekten über die mitwirkenden Künstler, wieder reproduzierbar wird.

Dieser Gedanke findet keine ungeteilte Zustimmung im Arbeitsrat für Kunst, denn er impliziert die Frage nach der Gleichwertigkeit und Gleichberechtigung der Kunstgattungen. Er bleibt aber wesentlich mit der romantischen Idee der Zukunftskathedrale verbunden und ist gewiß in der Gründungsphase des Bauhauses ein wichtiger Orientierungspunkt; eine Relativierung muß sich zwangsläufig mit dem beabsichtigten Aufbau einer Künstlergemeinschaft einstellen.

Mit dem Entwurf des Bauhauskonzeptes verbindet sich eine weitere, auf die gotische Kathedrale zurückführende Idee. Bereits im Dezember 1918 schreibt Gropius an Karl Ernst Osthaus: »Ich bin dabei, etwas ganz anderes ins Werk zu setzen, was mir schon lange im Kopfe spukt – eine Bauhütte! mit einigen wesensverwandten Künstlern ...«[15] Und er bittet um Diskretion, da die Idee noch reifen müsse. Hier erscheint die Werkgemeinschaft, die auch als Ausbildungsstätte fungieren soll, so wie sie ideal in der mittelalterlichen Bauhütte verwirklicht schien. Gropius greift damit die Reformgedanken der Werkstättenbewegung aus der Vorkriegszeit wieder auf. An Ernst Hardt, Generalintendant in Weimar, schreibt er in Erwartung seiner Berufung an die dortige künstlerische Lehranstalt: »Eine solche Gemeinschaft, bei der mir das Vorbild der mittelalterlichen Bauhütten schon seit langem vorschwebt, könnte ein Zentrum bildnerischer Tätigkeit werden.«[16] Eine »Bauhütte« zu organisieren, schließt für ihn die Orientierung auf das Handwerk ein. Nicht das industrielle Zeitalter, das zuletzt die Architekten und Künstler um 1910 zu inspirieren begann, ist für Gropius die Bezugsebene, sondern das retrospektive mittelalterliche Ideal von John Ruskin und William Morris aus der zweiten Hälfte des 19. Jahrhunderts. Im Bauhausprogramm formuliert er dann: »Architekten, Bildhauer, Maler, wir alle müssen zum Handwerk zu-

Entwurf für die Bauhaussiedlung in Weimar. Modell. Walter Determann. 1920

rück! ...«[17] Dennoch ist wohl mehr damit gemeint als die bloße Übernahme bewährter handwerklicher Technologie; eher wird die Rückkehr zu den Ursprüngen künstlerischen Schaffens und der elementare Umgang mit der formbaren Materie angesprochen. Für Gropius ist das der notwendige Weg, »Alltagsarbeit« zu leisten, wie er ihn dann am Bauhaus im April 1919 einleitet.

Der große Anspruch, mit dem die Theoretiker des Arbeitsrates in Berlin auftreten, inspiriert auch Gropius mit seinen Plänen für Weimar. Nach der ersten Begegnung mit Künstlern und weiteren Persönlichkeiten im öffentlichen Leben der Stadt, schreibt er in einem Brief an Ernst Hardt: »Meine Idee von Weimar ist keine kleine ... Ich glaube bestimmt, daß Weimar gerade um seiner Weltbekanntheit willen, der geeignetste Boden ist, um dort den Grundstein einer Republik der Geister zu legen. Schaffen wir zunächst eine Idee, die wir mit allen Mitteln in der Öffentlichkeit propagieren, so wird die Ausführung nach und nach folgen ... Ich bin entschlossen, in meinem Kunstinstitut mit Hilfe aller Meister und Studierenden zunächst auf dem Papier große Pläne ... aufzustellen und zu propagieren.«[18] Die erste Propagandaaktion beginnt im April 1919 mit dem Bauhausprogramm, das sowohl als Flugschrift aber auch als Nachdruck in Zeitungen verbreitet wird. Es enthält die Kernpunkte der vorausgegangenen Diskussion und läßt in der expressionistischen Form die komprimierte Leidenschaft der vorwärtsdrängenden Künstler und Architekten erkennen. Die Leitgedanken erscheinen zusammengefaßt im pathetischen Schlußsatz: »Wollen, erdenken, erschaffen wir gemeinsam den Bau der Zukunft, der alles in einer Gestalt sein wird: Architektur und Plastik und Malerei, der aus Millionen Händen der Handwerker einst gen Himmel steigen wird als das kristallene Sinnbild eines neuen kommenden Glaubens.«[19]

Das Programm verfehlt seine beabsichtigte Wirkung nicht. Weit über die Zeit der Gründungsphase des Jahres 1919 werden viele junge Menschen von der Idee des Bauhauses angezogen. Gropius resümiert den Vorgang in einem späteren Brief so: »Der Erfolg des Manifestes spricht für sich selbst; junge Menschen kamen aus Deutschland und aus dem Ausland, nicht um »korrekte« Lampen zu entwerfen, sondern um an einer Gemeinschaft teilzuhaben, die einen neuen Menschen in einer neuen Umwelt erschaffen und die schöpferische Spontaneität in einem jeden freisetzen wollte.«[20] Zwischen der geistigen Größe dieses Beginns, als die Jungen »von Kathedralen (träumen)« und »damit im Grunde den sittlichen Neuaufbau der Menschheit (wollen)«[21] und der Weimarer Realität im Nachkriegsalltag aber liegen riesige Entfernungen. Trotzdem bedeuten Gründung und Aufbau der neuartigen Schule auf bescheidener wirtschaftlicher Basis einen großen Erfolg, einen Anfang, von dem die Neuerer im architektonischen und künstlerischen Schaffen und die kunstinteressierte Öffentlichkeit viel erwarten.

In der Zusammenführung der ehemaligen Großherzoglichen Kunsthochschule und den Überbleibseln der von Henry van de Velde bis 1915 geleiteten Großherzoglichen Kunstgewerbeschule zum Staatlichen Bauhaus liegen große Chancen für das beabsichtigte multidisziplinäre künstlerische Programm einer auf Werkstätten begründeten Lern- und Arbeitsgemeinschaft. Das Profil der Schule wird von einem Komplex verschiedener kunsthandwerklicher und bildkünstlerischer Werkstätten bestimmt; eine Bauwerkstatt bleibt das angesteuerte, wenn auch noch nicht erreichbare Ziel. In der Auseinandersetzung mit dem konservativen, auf den Status einer akademischen Schule beharrenden Lehrkörper der ehemaligen Kunsthochschule wird der größte Teil der bildkünstlerischen Disziplinen in der 1921 wieder als eigenständig geführten Kunsthochschule aus dem Bauhaus herausgelöst. Der erste große Integrationsversuch scheitert an der konzeptionellen Unvereinbarkeit beider Richtungen.

Bedeutend für den Aufbau der Schule ist Gropius' Strategie, Künstler von Rang, die die Idee der radikalen Erneuerung mittragen wollten und bereit sind, die Fundamente für den »neuen Bau der Zukunft« zu legen, an die Schule zu holen. Die Künstler können als »Katalysatoren« der Ideen auf allen Gebieten des gestalterischen Schaffens wirken, und sie werden in diesem Sinne als sogenannte Formmeister in die Werkstattarbeit integriert. Es sind vor allem Maler aus dem Umkreis der Avantgarde, die Gropius an das Bauhaus ruft: Lyonel Feininger und Johannes Itten kommen 1919, Paul Klee, Georg Muche und Oskar Schlemmer folgen 1920, Lothar Schreyer 1921, Wassily Kandinsky und Laszlo Moholy-Nagy 1922. Sie sind als Künstler bereits profiliert und haben einen Namen in der avantgardistischen Kunstwelt erworben; ihre erreichte individuelle Reife setzt aber der Integrationsfähigkeit für das beabsichtigte Gemeinschaftswerk mehr oder weniger Grenzen. Sie bringen eine philosophische Weltsicht mit und beherrschen neue künstlerische Mittel und, indem sie gewissermaßen im Urgrund des künstlerischen Schaffens ansetzen, den

Vorstoß zu den »letzten Dingen« wagen, liefern sie die Elemente für das beabsichtigte Gesamtkunstwerk. Sie erlangen Einfluß auf Inhalt und Methode der künstlerischen Ausbildung, so im neuartigen, die Kunstausbildung revolutionierenden Vorkurs (Itten, Moholy-Nagy) und in der Vermittlung von elementaren Grundlagen (Klee, Kandinsky). Von ihnen gehen Impulse für das Formschaffen in den Werkstätten aus, und sie begründen und formulieren die für die Bauhausarbeit charakteristisch gewordenen Gestaltungsmittel der sogenannten Elementarform. Kandinsky trägt in die Schule Momente des russischen Konstruktivismus hinein, vom Konstruktivisten Moholy-Nagy werden die neue Technik und Medienwelt als relevante ästhetische Bereiche erschlossen. Von außen dringt über Theo van Doesburg und seine studentischen Anhänger die Auffassung der holländischen de-Stijl-Gruppe ein. – In Wechselwirkung mit der internationalen und der nationalen Avantgarde nimmt das Bauhaus wie ein Seismograph die Wellen des Kunstgeschehens wahr.

Die Idee des »Großen Baus«, die einem universalistischen Kunstbegriff entspricht, entnehmen die Künstler am Bauhaus aus dem Programm. Merkwürdigerweise scheint sie aber die Vision der Zukunftskathedrale, wie sie von Feininger in Holz geschnitten wurde, gar nicht als ein konkretes Architekturkonzept zu interessieren. Tatsächlich wird der »Große Bau« künstlerisch kaum reflektiert und wenn, dann nur verdeckt im individuellen Werk, als Bestandteil der bildnerischen Auseinandersetzung mit verschiedenen Themen der praktischen Wirklichkeit. Es findet am Bauhaus keine künstlerische Aktion zur Verständigung über die Form der Zukunftskathedrale statt, so, wie sie die »Gläserne Kette« veranstaltet hatte. Wohl am nächsten der expressionistischen Kathedralenvision liegen die Architekturdarstellungen Feiningers beispielsweise mit den romantischen Themen der thüringischen Dorfkirchen,[22] deren analytische Art der Architekturbetrachtung und die Tendenz der Auflösung der konkreten Bildwelt das Neue anzeigen, letztlich aber von der Aufgabe wegführen. Die kubistischen Grafiken zu Architekturthemen von den Studierenden Molnar und Forbat[23] sind bildnerische Exerzitien in einem ähnlichen Sinne. Bei Itten ist die Idee des futuristischen Turmhauses – als ein Symbol der Unendlichkeit – in der Grafik »Haus des weißen Mannes«[24] und in einer imposanten Konstruktion, dem »Turm des Feuers«, einem 3,60 m hohen spiralenförmigen Spitzkegel aus gekrümmten Flächengittern und Schalen, zum Ausdruck

»Orvieto«. Lithografie von Farkas Molnar. Aus der Mappe »Italia 1921/22«

gebracht.[25] Die bildnerischen Interpretationsversuche des großen Gemeinschaftswerkes sind wirklich spärlich zu nennen, und möglicherweise verschwinden sie, für die Nachwelt unentdeckt, im individuellen Schaffen.

Der Aufbau der Schule, die politischen Abwehrkämpfe, die Schaffung neuer Organisations- und Lernformen und der Kampf um Aufträge als Lebensquelle beanspruchen alle Kräfte, so daß der Weg zur Schaffung praktischer Beispiele maßgebend wird. Der »Große Bau« bleibt die bestimmende künstlerische Gemeinschaftsaufgabe für das Bauhaus, die nun mit konkreten Bauaufträgen verknüpft wird. Als erster Modellfall gilt der Bau und die Ausgestaltung des Wohnhauses Sommerfeld in Berlin 1921; der Um- und Ausbau des Stadttheaters in Jena bietet ein Jahr später im bescheidenen Rahmen eine Mitwirkungsmöglichkeit für die Wandmaler; das Ausstellungshaus Am Horn und die Ausgestaltung der Räume zur Bauhausausstellung 1923 führt endlich die Werkgemeinschaft zu einem komplexen Werk zusammen.

Am Beginn der Bauhausarbeit in Weimar tritt ein eigentümliches Phänomen hervor: die Tendenz zu ideeller Weltflucht und zu einer sektenhaften Entwicklung der Schule, die sich auf einen Weg des irrationalen Rückzugs aus der Wirklichkeit zu begeben scheint. Einen Impuls trägt Gropius selbst in das Bauhaus hinein, wenn er die neue gesellschaftliche Religiösität beschwört, die über die Kunst in sinnlich Wahrnehmbares vermittelt werden soll.[26]

Das gesteigerte Epochenbewußtsein schließt die Suche nach »überweltlichen« Gedanken ein, und es ist an der Tagesordnung, religiöse Lehren und verschiedene Weltsichten, auch metaphysische und okkultistische, zu befragen und aufzunehmen. Am Bauhaus breitet sich im Umfeld von Itten und Muche Mazdaznan aus, eine persisch-amerikanische Geheimlehre, die alle Religionen berücksichtigt. Schreyer, der selbst zu dieser Zeit im religiösen Sinne ein Suchender ist, berichtet von Tagesgesprächen am Bauhaus über »Theosophie aller Richtungen, Anthroposophie, Neu-Buddhismus, Swedenborg, Mazdaznan«.[27] Diese Problematik charakterisiert eine Episode nach einer Schilderung von Schreyer: Der Architekt Max Berg besucht um 1922 das Bauhaus, als es sich den Problemen der Zeit zuwendet und aus ihnen zu schöpfen beginnt. Berg glaubte in einem religiösen Sinne an die bedeutende Rolle der Kunst, nämlich der »Verkündigung geistiger Wirklichkeit« zu dienen, um den Menschen innerlich zu verwandeln. Das Bauhaus be-

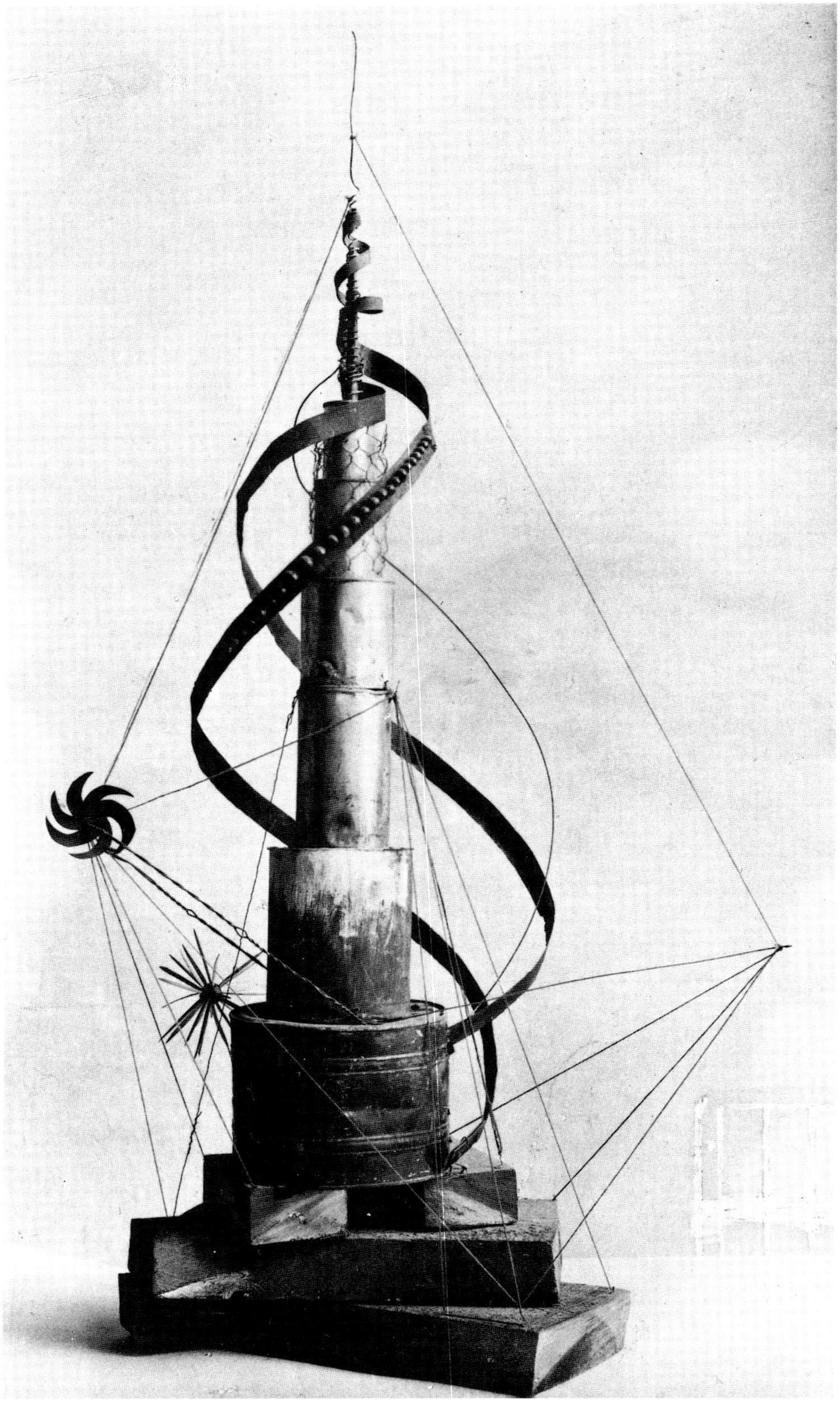

18

Plastisch-rhythmische Material-
studie aus dem Vorkurs von
Johannes Itten. Nicol Wassiljeff.
Anfang der 20er Jahre

»Turm des Feuers«. Johannes Itten.
1922

»Lichttempel in Keramik«. Kleiner
Turm. Gebrannter Ton. Otto Lindig.
1921/1922

zeichnet er von dieser Warte aus als eine »Alchimistenküche«, denn die »Suche nach der prima materia und in der prima materia nach der geistigen Wirklichkeit« scheint ihm zu wenig und wohl auch aussichtslos zu sein.[28]

In diesem Punkte müssen sich die Geister des religiös verklärten bzw. weltfremden individualistischen Künstlertums von einem realitätsbezogenen Kunstschaffen voneinander unterscheiden. Die Wende vollzieht Gropius selbst im Februar 1922 mit einer Revidierung der »ideellen und praktischen Grundfragen«, wie sie sich jetzt im Überdenken des Programms von 1919 nach den ersten Erfahrungen abzeichnen. Anfang des Jahres 1922 waren Meinungsverschiedenheiten unter den Meistern über die Orientierung und die Arbeitsweise des Bauhauses aufgetreten, die ihn als Direktor zu einer Erklärung im Meisterrat veranlassen: Klar sei ein allgemein vorhandener Konsens über eine Abkehr von der Auffassung l'art pour l'art, aber im Vergleich »zu parallelen russischen Versuchen« erscheine die Breite der Basis künftiger Arbeit zu eng. Die Kernfrage erhebe sich in der von Itten geforderten Entscheidung, »im Gegensatz zur wirtschaftlichen Außenwelt individuelle Einzelarbeit zu leisten oder Fühlung mit der Industrie zu suchen«.[29]

Gropius Position ist eindeutig, er bejaht jetzt die Hinwendung zur Industrie und die Einbeziehung der Maschine in die Gestaltungsarbeit des Künstlers. »Das Bauhaus könnte zu einer Insel der Eigenbrötler werden, wenn es den Kontakt mit der übrigen Welt und ihrer Arbeitsart verlöre ... Also auf die Verbindung der schöpferischen Tätigkeit der einzelnen mit der breiten Werkarbeit der Welt käme es an.« Und im Verhältnis von künstlerischem Schaffen und Maschinenproduktion müsse eine »Annäherung jener beiden Gestaltungsvorgänge« angestrebt werden. »Der freie Künstler, der voraustastend nach der zwecklosen Maschine sucht, orientiert sich bereits nach diesem Zukunftskompaß. Er ist kein Gegner der Maschine ... er will ihren Dämon bezwingen ...«[30]

Die moderne Technik wird jetzt als ein Kulturfaktor begriffen. Es beginnt die entscheidende Korrektur in der Bauhausprogrammatik, die ihren Ausdruck im Vortragsthema von Gropius im August 1923 finden wird: »Kunst und Technik – eine neue Einheit.« Dies bedeutet »Abkehr von der Utopie« (Schlemmer)[31], also Verzicht auf die expressionistische Vision im Programm von 1919. Oskar Schlemmer stellt im Oktober 1922 in einer Stellungnahme das Problem treffend dar: »Das Bauhaus

Titelseite zu »Utopia. Dokumente der Wirklichkeit«. Hrsg. Bruno Adler. Weimar 1921. Umschlag Margit Tery

wurde gegründet ... mit Hinblick auf den zu errichtenden Dom der Kirche des Sozialismus und die Werkstätten wurden nach Art der Dombauhütten eingerichtet. Der Gedanke an den Dom ist vorläufig in den Hintergrund getreten (und) damit ganz bestimmte Gedanken künstlerischer Art. Heute ist es so, daß wir bestenfalls an das **Haus** denken dürfen, vielleicht sogar nur **denken** dürfen, jedenfalls an das Haus einfachster Art. Vielleicht ist angesichts der wirtschaftlichen Not unsere Aufgabe, Pioniere einer Einfachheit zu sein, d. h. für alles Lebensnotwendige die einfache Form zu finden, die dabei anständig und gediegen ist ...«[32]

In der 1923 erscheinenden Schrift »Idee und Aufbau des Bauhauses« bringt Gropius die Bauhausprogrammatik in eine veränderte Fassung, wobei die Ideen des Anfangs in ein neues Licht gestellt werden. Die geistige Durchdringung der »mechanisierten Arbeit« wird jetzt als entscheidender Ansatz für die »neue aufbauende Arbeit« angesehen. Der Synthesegedanke erscheint in einem größeren Rahmen: »Ein lebendiger Baugeist, der im ganzen Leben eines Volkes wurzelt, umschließt alle Gebiete menschlicher Gestaltung, alle ›Künste‹ und Techniken in seinem Bereich.« Das heutige Bauen soll wieder in eine allumfassende Gestaltungskunst verwandelt werden, und die seit Ruskin und Morris begonnenen und bis zum Deutschen Werkbund führenden Wege der »Wiedervereinigung der Werkwelt mit den schöpferischen Künstlern« sollen fortgesetzt werden.[33] Das expressionistische Bild vom idealisch gesteigerten »großen Bau«, dem Gemeinschaftswerk der handwerklichen Bauhütte, wird von Gropius von der Wand genommen und kräftig übermalt. Es erscheint eine zeitgemäße Modifikation der »Kathedrale«, die ein lebensnahes, modernes Produkt ist. Im sprachlichen Pathos der Technikromantik wird schließlich auch die Gestalt des Zukunftsbaus charakterisiert: »Wir wollen den klaren organischen Bauleib schaffen, nackt und strahlend aus innerem Gesetz heraus ohne Lügen und Verspieltheiten, der unsere Welt der Maschinen, Drähte und Schnellfahrzeuge bejaht, der seinen Sinn und Zweck aus sich selbst heraus durch die Spannung seiner Baumassen zueinander funktionell verdeutlicht und alles Entbehrliche abstößt, das die absolute Gestalt des Baues verschleiert.«[34] Und Gropius fordert 1925 eine »neue Werkgesinnung«, »die entschlossen unsere lebendige Umwelt bejaht und die organische Gestaltung der Dinge aus ihrem eigenen, gegenwartsgebundenen Gesetz, ohne romantische Beschönigungen und Verspieltheiten, vornimmt.«[35] Die Me-

Bauhaus-Signet, gültig von 1922 bis 1925. Entwurf Oskar Schlemmer

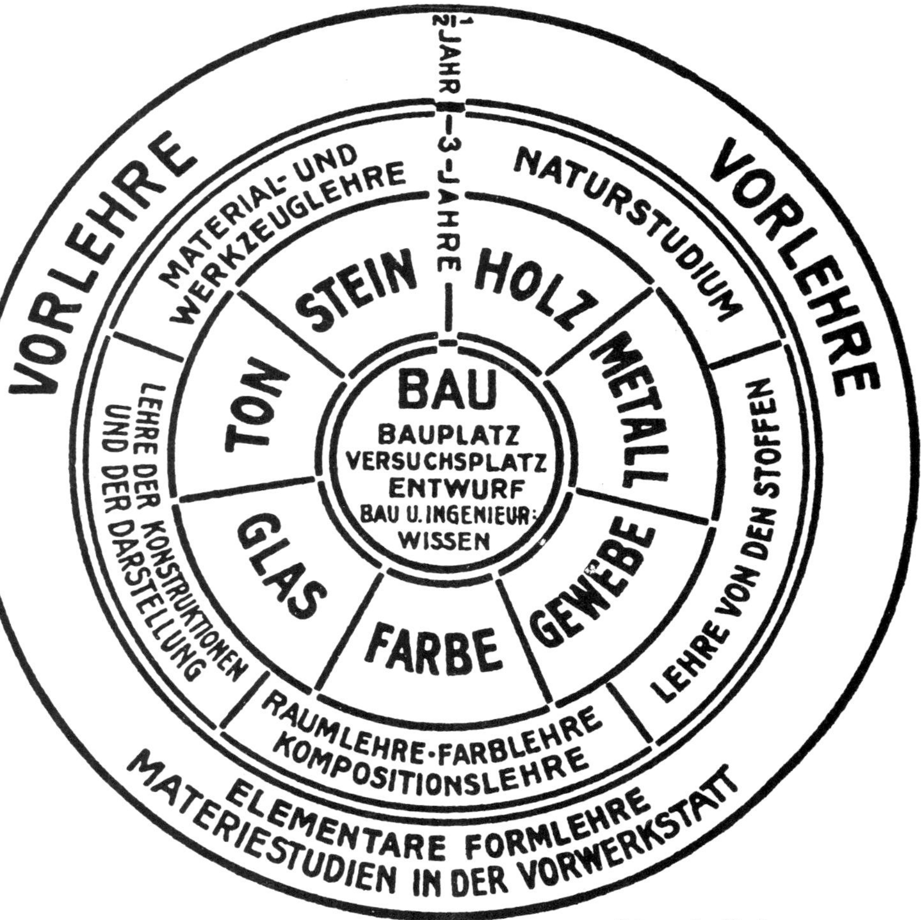

Schema des Studienganges am Bauhaus. Walter Gropius. 1922

thode des funktionalen Gestaltens erhält hiermit eine ihrer Definitionen.

Der Rationalismus tritt an die Stelle emotionsgeladener Schwärmerei und drängt als überlegter, forschender und rechnender Kalkulationsmechanismus nach vorn. Die Ehe von Kunst und Technik, die heiß umstritten ist und oft mißverstanden wird, kann nun am Bauhaus vollzogen werden. Ihr Sproß, ein künstlerischer Entwurf für die komplexe Umweltkultur im Industriezeitalter, wird später reiche Früchte tragen.

Für die Rezeption dieser Idee ist allerdings maßgebend, ob als Bedingung für ihre Entfaltung die Mißkultur des Industrialismus herrscht oder ob eine Kultur mit einer nach dem Maß sozialer und ökologischer Vernunft gesteuerten Industrialisierung den Nährboden bietet. Der »große Bau«, am Bauhaus erdacht und im Kleinen bescheiden begonnen, hat am Ende des Jahrhunderts seinen Reiz wohl noch nicht eingebüßt, er strahlt indes weiter als »Kathedrale« und als Bau der Zukunft.

Die Baugewerkenschule Weimar und das Bauhaus

Bereits in der Stunde Null der Bauhausgeschichte, unmittelbar nach der Gründung, ergeben sich günstige Umstände für die Etablierung einer Ausbildung im Bauen durch eine Anbindung an die örtliche Baugewerkenschule. Zwei Tage nach der offiziellen Bestätigung der neuen Bildungseinrichtung mit dem Namen Bauhaus antwortet Gropius in einem Brief dem Direktor der Weimarer Baugewerkenschule, Prof. Dr.-Ing. Paul Klopfer, der über die Gründung in der lokalen Presse wohlwollend und voller Sympathie berichtet hatte.[36] »Ich habe es kaum zu hoffen gewagt, in Weimar einen Mann unserer Zunft zu finden, der mit in meinen Sphären schwingt.«[37] Zwei Wochen später stellt Gropius an Klopfer die Frage, ob nicht begabte Studierende des Bauhauses an der Ausbildung der Baugewerkenschule teilnehmen könnten. Die Vorbildung der Baugewerkenschule schätze er höher als die »anderer minderwertiger«, wozu er auch die technischen Hochschulen rechnet.[38] Aus diesem Vorschlag entwickelt sich das Projekt für einen Kursus an der Baugewerkenschule, der ein Grundstock dafür sein soll, dem Bauen und schließlich der Architektur von Anfang an am Bauhaus eine Heimstatt zu gewähren. Zunächst lädt Gropius Prof. Klopfer zu einer Vorlesungsreihe über »Grundsätze der Baukunst«[39] ein, die wöchentlich im Herbstsemester, verbunden mit Seminaren, laufen soll. Klopfer beabsichtigt »an Hand von Abbildungen alter und neuer Bauwerke zu zeigen, was daran kultureigentümlich, schönheitlich und technisch wertvoll ist«, und er denkt dabei an eine Art Architekturkritik ohne spezielle historische Betrachtung. – Sein Hauptspruch ist: »... das bleibend Schöne und werklich richtige Erkennen zu lehren.«[40] Die Vorlesungsreihe beginnt in der Mitte des Monats Mai 1919; im März 1920 ist sie noch im Gange. Im Studienjahr 1921/22 hält Klopfer noch eine ähnliche Vortragsreihe.[41]

Paul Klopfer wurde 1876 in Zwickau geboren, studierte Architektur und promovierte zum Dr.-Ing. Bevor er zum Direktor der Baugewerkenschule in Weimar im Jahre 1910 ernannt wurde, war er als Bauschulmeister und Oberlehrer in Holzminden und als Organisator des Gewerbeschulwesens in Stuttgart tätig. In seiner Weimarer Zeit, die bis 1922 reicht, betätigt er sich als ein aktives Mitglied der Beratungsstelle für Heimatschutz in Sachsen, für die er einmal Gropius als Mitglied vergeblich geworben hatte. Klopfer gehört in der Weimarer Öffentlichkeit stets zu jenen Persönlichkeiten, die sich den Neuerungsbestrebungen auf architektonischem und künstlerischem Gebiet aufgeschlossen gegenüber verhalten und die für eine komplexe Umweltkultur nach ästhetischen Gesichtspunkten eintreten. Er ist schriftstellerisch und publizistisch tätig, schreibt Aufsätze und Bücher zu architekturtheoretischen Fragen und äußert sich insbesondere zu Stilproblemen in der Architektur. Er verteidigt und propagiert in mehreren Artikeln die Leistungen des Bauhauses, zeigt sich aber zugleich auch als deren sachlicher Kritiker. Seine Architekturanschauungen in den Nachkriegsjahren werden von dem Geist des Aufbruchs im Formungsprozeß einer modernen Architektur mitbestimmt; sie gründen sich auf Vorstellun-

Die Baugewerkenschule in Weimar im Gebäude des ehemaligen städtischen Gymnasiums neben der Herderkirche

gen der klassischen Ästhetik und einen universalen Kulturbegriff.

Die Baugewerkenschule wurde am 22. Oktober 1859 als eine großherzogliche Einrichtung gegründet. Ihren Ursprung hatte sie in der Freien Gewerkenschule, die von der Freimaurerloge »Amalia« auf Vorschlag von Clemens Wenzeslaus Coudray und Johann Wolfgang von Goethe im Jahre 1829 ins Leben gerufen worden war. Als eine Fachschule, die Hochbautechniker für den Privatdienst und die mittlere technische Staatslaufbahn sowie freie Unternehmer des Baugewerkes ausbildet, untersteht sie nach dem Ersten Weltkrieg dem Thüringischen Wirtschaftsministerium und ab 1923 dem Thüringischen Ministerium für Volksbildung. Sie gehört neben den Bauschulen in Gotha und Erfurt zu den wenigen dieser Art in Thüringen. Sie nimmt Schüler auf, die das 16. Lebensjahr vollendet und eine mehrklassige Volksschule absolviert haben sowie eine handwerkliche Beschäftigung von über einem Jahr nachweisen können. Im Oktober 1919 zählt sie 157 Schüler, im Jahre 1921 75 Schüler. Die Dauer der Ausbildung beträgt fünf Jahre. Von 1910 bis 1922 leitet sie als Direktor Prof. Dr.-Ing. Paul Klopfer, anschließend der Lehrer Engst und zuletzt bis 1924 der Lehrer Voelpel. Dem Lehrkörper gehören 1922 vier vollakademische Lehrer, zwei Bauschullehrer, ein Hilfslehrer sowie vier nebenamtliche Lehrkräfte an.[42]

Das Konzept für einen Kurs an der Baugewerkenschule legt Klopfer Ende Juni 1919 dem Bauhaus vor. Zunächst, für den Anfang, soll die Veranstaltungsreihe aus zwei Teilen von je 5wöchiger Dauer bestehen und die Unterrichtsfächer Baukonstruktion, Bauzeichnen, Baukunde und Baupolizei sowie Statik aufnehmen. Das Ausbildungsziel im ersten Kurs entspricht dem Pensum der untersten Bauschulklasse, im zweiten Kurs soll das der IV. Klasse der Bauschule erreicht werden. Als Lehrer sind vorgesehen: Architekt Schumann (Baukonstruktion, Bauzeichnen), Regierungsbaumeister Wolter (Baukunde und Baupolizei), Oberlehrer Sickmann (Statik).[43] Gropius veröffentlicht im Bauhaus den Vorschlag am Schwarzen Brett. Bis Juli melden sich 16 Schüler für eine Teilnahme.

Der erste Kurs soll am 11. August beginnen.[44] Ein Inserat in den Tageszeitungen wird vorbereitet, das die besonderen Ausbildungskurse des Bauhauses publizieren soll.[45] – Zwei Tage vor Beginn verweigert jedoch das Ministerium des Inneren die in Aussicht genommenen Kurse mit der Begründung, daß in dieser Form nicht »Kenntnisse von genügender Gründlichkeit übermittelt werden können« und daß bei den Teilnehmern der Schein erweckt wird, »wirkliche Fachkenntnisse erworben zu haben«.[46] Gropius ist bestürzt über die kleinliche und bürokratische Auffassung des Ministeriums und hofft noch auf die Korrektur des Urteils, allerdings vergeblich. So bleibt noch die Möglichkeit für einen Privatkurs in Verbindung mit einer Zulassung von Hospitanten an der Baugewerkenschule. Gropius wählt diesen Weg und erbittet dazu die Genehmigung vom Kultusministerium. Diese Form einer zusätzlichen Ausbildung war bereits an der Kunstgewerbeschule unter Henry van de Velde eingerichtet worden. Der Antrag, der schließlich bestätigt wird, lautet: Teilnahme junger Leute an technischen Lehrfächern für Architektenvorbildung.[47] Da das Ministerium des Inneren eine Raumbenutzung in der

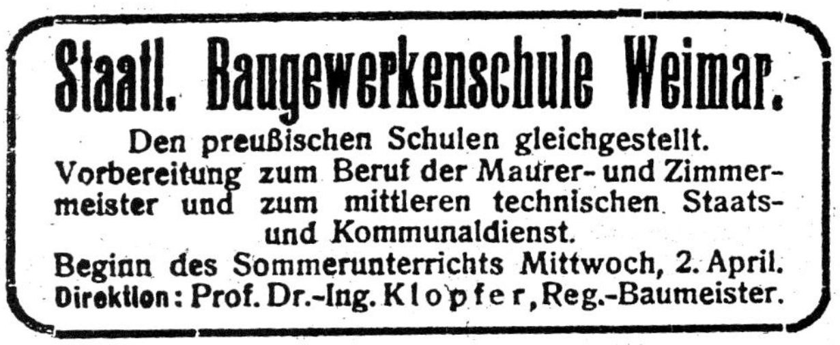
Staatl. Baugewerkenschule Weimar.
Den preußischen Schulen gleichgestellt.
Vorbereitung zum Beruf der Maurer- und Zimmermeister und zum mittleren technischen Staats- und Kommunaldienst.
Beginn des Sommerunterrichts Mittwoch, 2. April.
Direktion: Prof. Dr.-Ing. Klopfer, Reg.-Baumeister.

Annonce der Baugewerkenschule Weimar in einer thüringischen Tageszeitung. 1919

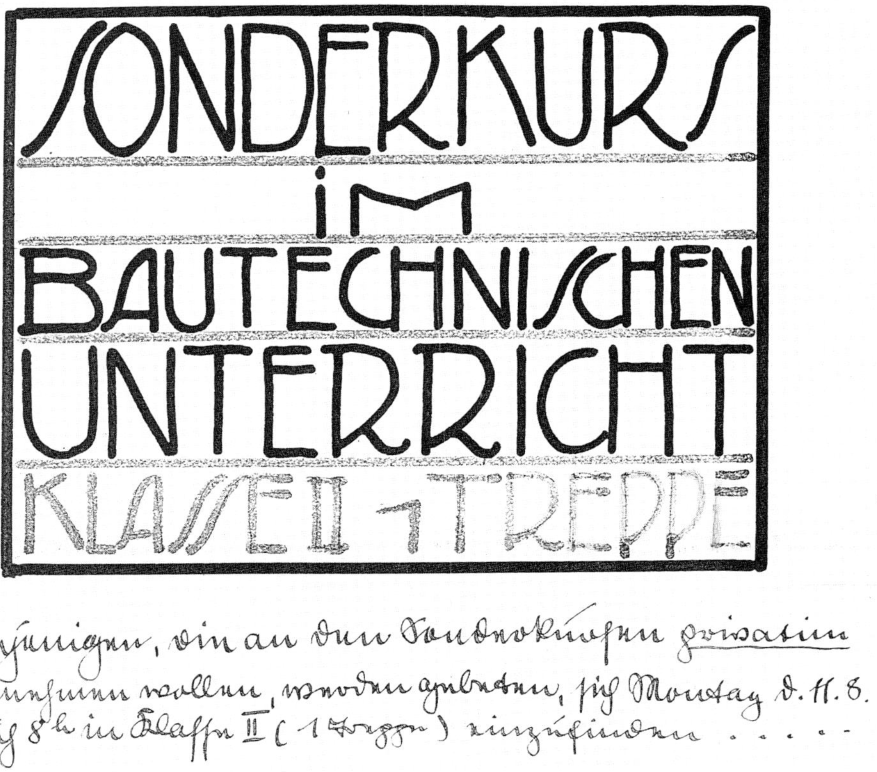

Aushang für den Sonderkurs der Baugewerkenschule am Bauhaus. August/September 1919

Baugewerkenschule verweigert hatte, findet der Privatkurs in einem Raum der ehemaligen Kunstgewerbeschule statt. Zu Beginn des Kurses nehmen 16 Bauhausstudierende teil.[48] Die von der Regierung genehmigte Zahl der Hospitanten beträgt im Oktober 1919 schließlich 11.[49] Die Bauhauskasse bezahlt allen Hospitanten die Studiengebühren für zwei Semester in Höhe von 40,– Mark, den Mehrbetrag von 65,– Mark muß jeder selbst übernehmen.

Im Mai 1920 fordert Gropius in einem Brief an Klopfer zur Kontrolle der Hospitanten auf, offenbar hatte er Kenntnis über Disziplinmängel bekommen. Klopfer antwortet darauf, daß er bei ihnen keinen Druck wie bei den »Schülern« ausüben könne.[50]

Nach dem ersten Jahr ist wahrscheinlich die Teilnahme von Hospitanten geringer gewesen als zu Beginn. Im Bericht der Baugewerkenschule für das Schuljahr 1921/22 heißt es: »Mit dem Staatlichen Bauhaus Weimar wurden gute Beziehungen gepflegt. Trotzdem dort das Neue mit Eifer gesucht und hier das Bodenständige betont wird, besteht doch das Gemeinsame in der Achtung der handwerklichen Grundlagen, und daraus ergeben sich glückliche Wechselbeziehungen, indem Schüler des Bauhauses bei uns ihre Studien fortsetzen und andere wieder ihre künstlerischen Fähigkeiten am Bauhaus weiterbilden und fruchtbar machen.«[51] Über eine Einschätzung der Ergebnisse und Leistungen geben die vorhandenen Quellen keine Auskunft.

Besonders wirkungsvoll gestaltet Baumeister Ernst Schumann seinen Unterricht. Schumann führt einen 8wöchigen Kursus in Baukonstruktion im Herbst 1919 mit wöchentlich 24 Unterrichtsstunden durch; vom 1. Oktober 1919 bis 1. April 1920 folgt ein Kursus für Projektionslehre und Werkzeichnen mit wöchentlich vier Stunden.[52]

Gropius schätzt später die Lehrtätigkeit Schumanns als »außerordentlich fruchtbringend ein, da er in seltenem Maße weite Gebiete des Baufachs beherrscht und neue Konstruktionsmethoden und Baumaterialien in den Unterricht einbezogen hat«.[53]

Die studentischen Arbeiten, die unter Schumann im Herbstkurs entstehen, behandeln die Baukonstruktion eines kleinen Einfamilienhauses vom Schachtungsplan bis zum Detail der Fensterschnitte. Im Unterricht Werkzeichnen steht ein komplex dargestelltes Möbelstück als Aufgabe. Gegenstand des Unterrichts ist das Haus als ein baukonstruktives Ganzes, das in der Folge im einzelnen durchgearbeitet wird. Dieses Prinzip einer

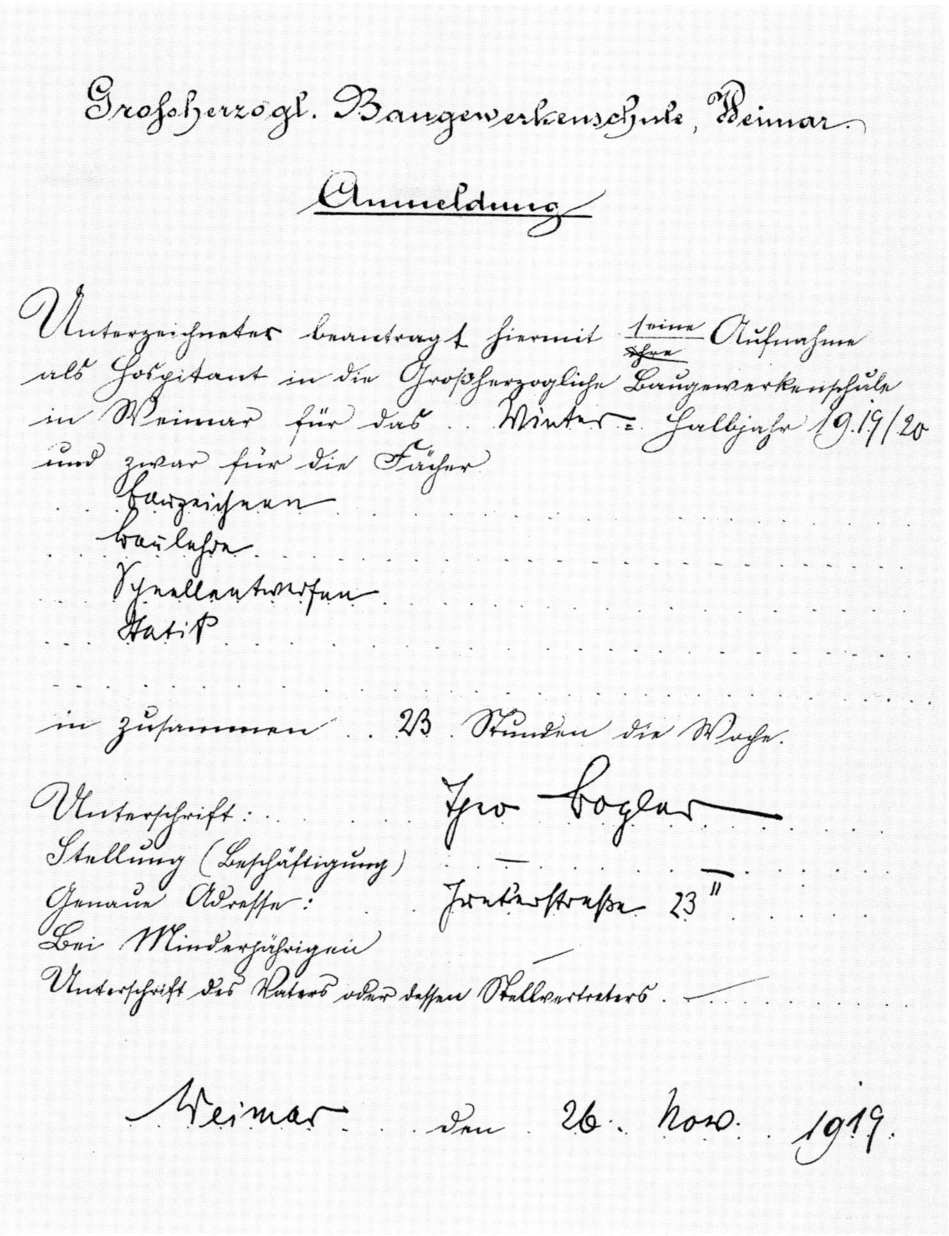
Großherzogl. Baugewerkenschule, Weimar.
Anmeldung
Unterzeichneter beantragt hiermit seine Aufnahme als Hospitant in die Großherzogliche Baugewerkenschule in Weimar für das Winter-Halbjahr 1919/20 und zwar für die Fächer
Bauzeichnen
Baulehre
Spezialentwerfen
Statik
im zusammen 23 Stunden die Woche.
Unterschrift:
Stellung (Beschäftigung) —
Genaue Adresse: 23 II
Bei Minderjährigen —
Unterschrift des Vaters oder dessen Stellvertreters —
Weimar den 26. Nov. 1919.

Anmeldung zur Aufnahme als Hospitant an der Baugewerkenschule. 1919

ganzheitlichen Ausrichtung des Unterrichts hatte sich Klopfer seit seinem Eintritt als Direktor der Baugewerkenschule im Jahre 1910 auf die Fahne geschrieben, wobei er generell Bauen als »Kulturarbeit« begriff. Er berief sich auf die Theorie von Hermann Muthesius, dem Organisator des preußischen Bauschulwesens, der »an Stelle der unterrichtlichen Teilarbeit das Hausganze als Thema schon für die unterste Klasse stellte, um welches sich ..., **zwiebelschalenförmig** die Unterrichtsgebiete der anderen Klasse legten«.[54] Aufbauend auf dieser Konzeption und mit ihrer Beratungsfunktion für das Bauen auf dem Lande erlangte die Weimarer Baugewerkenschule nach Einschätzung Klopfers einen Vorsprung gegenüber den anderen gleichartigen Schulen in Thüringen und darüber hinaus. In analoger Weise findet diese Methodik Anwendung im Unterrichtsprogramm für die baubeflissenen Schüler am Bauhaus.

Die Blätter des Bauhausstudenten Determann vom September 1919 und später können ein Bild vermitteln vom Gehalt dieser Lehre.[55] Auf mehreren Kartons im Format DIN A 1 wird in sauberen Bleistiftzeichnungen ein Haus in seiner baulichen Beschaffenheit allseitig dargestellt. Auf einem fiktiven Lageplan ist das zweigeschossige Einfamilienhaus auf einer Grundfläche von 9,35 m × 8,00 m in einer Reihe mit anderen auf einem realen Grundstück ausgewiesen. Schachtungs- und Fundamentplan verweisen auf die Probleme des Bauablaufs, beinhalten die Festlegung der Böschungswinkel und das Einmessen der Baugrube. Alle Risse sind im Maßstab 1:50 präzise durchgearbeitet. Auf Schnitte und die Detaillierung der Hauptkonstruktionsglieder ist großer Wert gelegt. Zur Ansicht der Fassade gehört ein Fassadenschnitt, dazu kommen Details der Fensterkonstruktion. Jeder im Querschnitt geschnittene oder sichtbare Mauer- oder Dachziegel ist eingezeichnet. – Die Arbeiten der einzelnen Kursteilnehmer variieren das Thema; die Haustypen werden jeweils unterschiedlich gewählt, so daß über eine begrenzte eigenständige Beschäftigung mit dem Entwurf am Ende mehr als die Replika eines vorgeführten Objektes entsteht. Diese Art der Vermittlung baukonstruktiver Grundlagen entspricht einer soliden Elementarausbildung traditioneller Bauweisen, wie sie bis in die Gegenwart hinein noch an Architekturschulen vermittelt werden. In der baulich-architektonischen Qualität wird allerdings kaum mehr als das traditionelle Niveau des handwerklichen Bauens reflektiert; auch die Bauformen sprechen von ländlicher Bescheidenheit und Konvention. In der 4wöchigen Kursar-

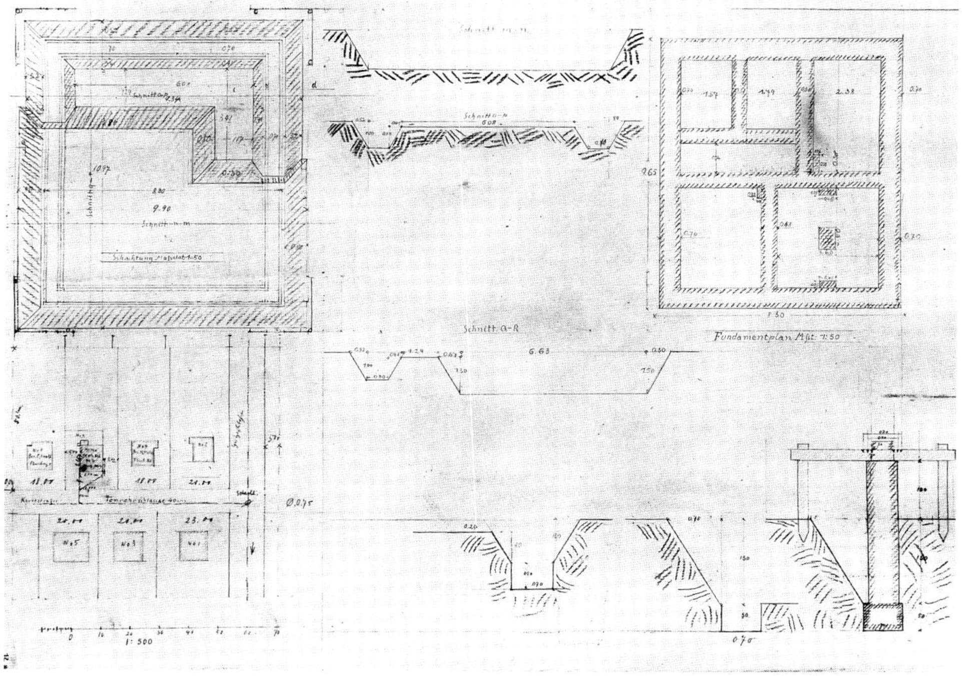

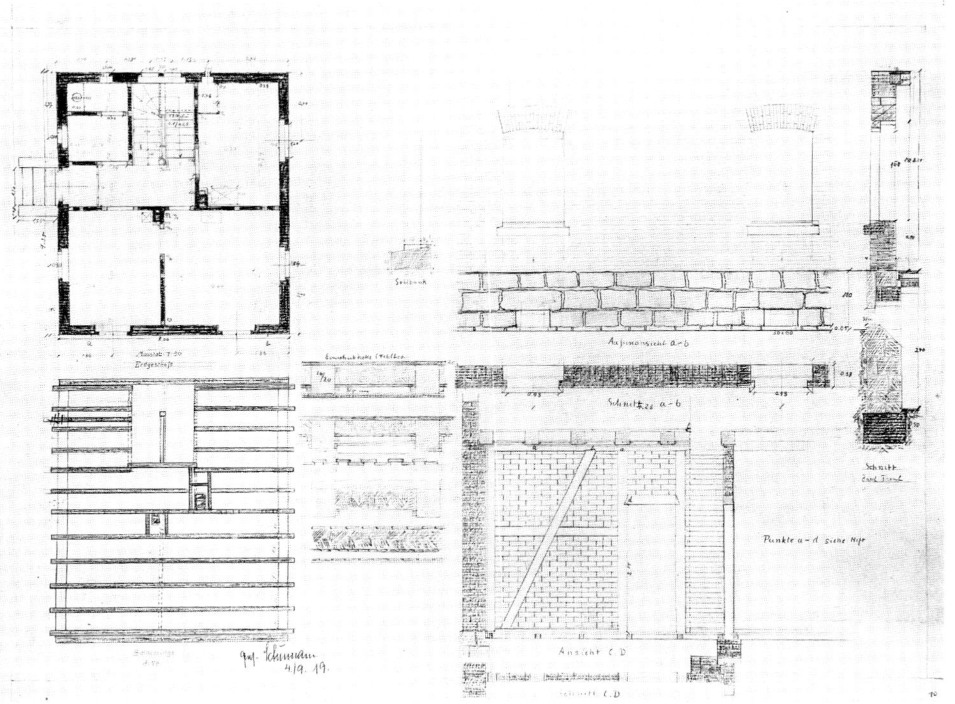

Schülerarbeiten aus dem Kurs der Baugewerkenschule am Bauhaus. Unterricht bei Baumeister Schumann: Entwurf eines Einfamilienhauses, vermutlich von Walter Determann und einem anderen Studierenden. Sommer 1919

Lageplan, Baugrube und Fundamente (links oben)

Grundriß, Balkenlage und konstruktive Details (links unten)

Ansichten und Fensterdetails (rechts)

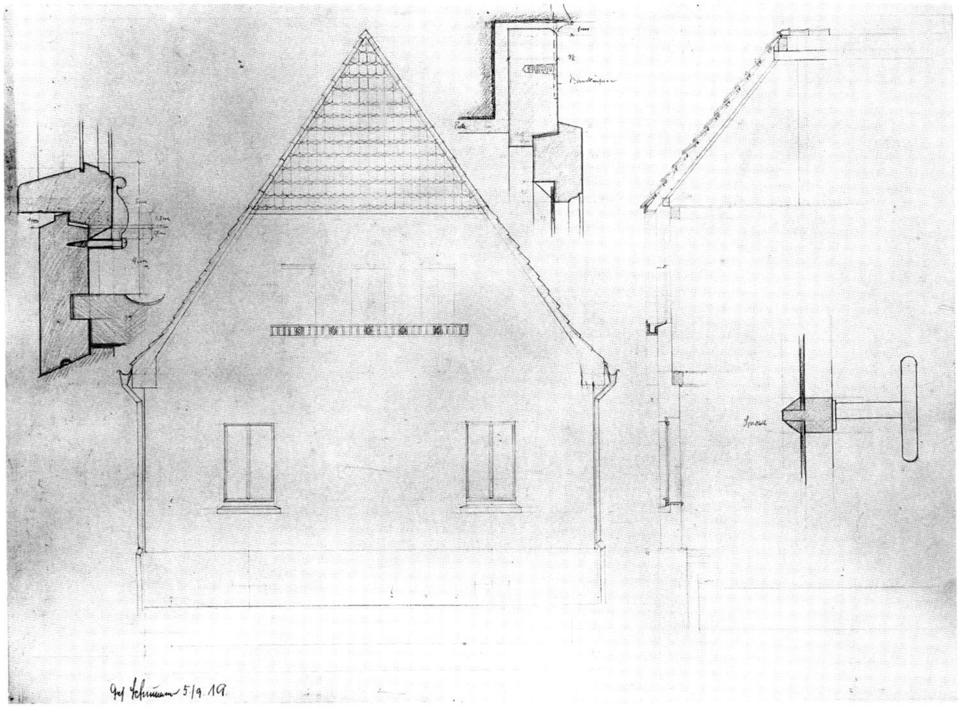

beit können die Studierenden, die wohl meist ohne weitere Vorkenntnisse an die Aufgabe herangingen, ein ansehnliches Studienergebnis erzielen.

Es ist wahrscheinlich, daß auch die technischen Zeichnungen für einfache Möbel, einen Stuhl und einen Schrank, im zweiten Kursteil entstanden sind und zum Fach Werkzeichnen gehören. Neben den Darstellungsmethoden werden ebenso konstruktiv-handwerkliche Zusammenhänge vermittelt; zu den sorgfältig gezeichneten Rissen gehört auch die Detaillierung der Holzverbindungen in verschiedenen Varianten. Während diese Übungen mehr mechanisch-reproduktiven Charakter tragen und von vorgegebenen Objekten ausgehen, ist offenbar den Studierenden auch die Möglichkeit gegeben, eigenständig Möbel zu entwerfen. Mehrere, einer fachmännischen Korrektur unterzogene Zeichnungen von Küchenschränken, bezeichnet mit »Volksmöbeln«, gehören zu den Versuchen der »Arbeitsgemeinschaft Determann« vom Sommer 1919.[56] Mit dem Ende dieser Schnellkurse am Bauhaus bleibt die Zusammenarbeit mit der Baugewerkenschule zunächst auf die Vortragsreihe von Klopfer und ein wechselseitiges Hospitantensystem für einige wenige Studierende begrenzt. Im Oktober 1923 ergreift Gropius erneut die Initiative, um den latenten Mangel an bautechnischer und architektonischer Grundausbildung auszugleichen und sucht wieder die Verbindungen zur Baugewerkenschule. So schreibt

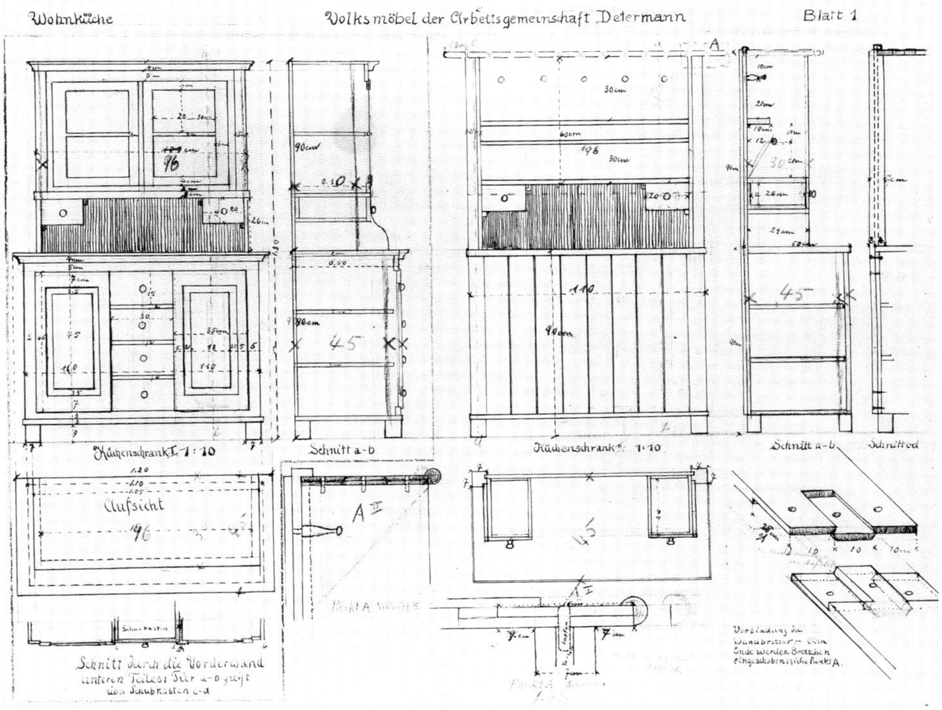

Möbelkonstruktionen. Schülerzeichnungen aus dem Kurs der Baugewerkenschule. Walter Determann. 1919/1920
(s. auch Farbteil Seite 153)

er an Baumeister Schumann: »Nach mehrjähriger Arbeit sind jetzt eine ganze Reihe Gesellen im Bauhaus vorhanden, die besonderen Wert darauf legen, tiefer in architektonische Fragen, namentlich die technischen, eingeweiht zu werden. Deshalb möchte ich sehr gern für diesen Winter einen Kursus in Baukonstruktionslehre einrichten und möchte Sie bitten, doch diesen Kursus bei uns wieder zu übernehmen.«[57]

Mit dieser Form des Unterrichts, durchgeführt direkt am Bauhaus, und andererseits erweitert durch zusätzliche Austauschkurse in der Baugewerkenschule soll eine innigere Beziehung zwischen beiden Lehranstalten erreicht werden. Nach Zustimmung von Direktor Voelpel, dem Nachfolger von Klopfer, erklärt auch das Volksbildungsministerium das Einverständnis, daß die Lehrer Beck und Schumann Unterricht in Mathematik, Physik und Baukonstruktionen am Bauhaus halten dürfen.[58] Die Vergütung soll aus den Haushaltsmitteln für Vorträge gezahlt werden. Baumeister Schumann führt ab Januar 1924 einen Kursus in Baukonstruktionslehre mit wöchentlich acht Stunden durch. Der Kurs wird zur inhaltlichen Ergänzung begleitet von einer Mathematik- und Statiklehre, die Studienrat Beck und ab Oktober 1924 Studienrat Wolter bieten. Der Zuspruch ist im beginnenden Herbstsemester 1924 besonders groß; es haben sich 14 Studierende gemeldet, die den Unterricht obligatorisch absolvieren wollen.[59] Der Kurs wird erfolgreich durchgeführt[60] und endet mit dem Weggang des Bauhauses aus Weimar im Frühjahr 1925.

Werden über diese Studienform auch wertvolle Grundlagen des Bauens einem interessierten Kreis von Studierenden vermittelt, so kann diese Ausbildung nur eine unvollkommene Zwischenstufe auf dem Weg zu einem regulären Architekturstudium sein. Die örtliche wie auch geistige Nachbarschaft der Baugewerkenschule in Weimar bringt dem Bauhaus manchen Nutzen, zumindest dringt mit ihrer Hilfe solides bauhandwerkliches Grundwissen in das Bauhaus ein, das die empfindliche Lücke einer fehlenden regulären Baulehre partiell ausgleichen kann.

Das Schicksal der Baugewerkenschule ist bald nach der Vertreibung des Bauhauses aus Weimar besiegelt. Landespolitische Gründe führen den Thüringischen Landtag zur Entscheidung, die Weimarer Baugewerkenschule zugunsten der Staatlichen Bauschule in Gotha aufzulösen. Im Juli 1926 wird dem Regierungsantrag auf Aufhebung der Weimarer Bauschule zum 1. Oktober 1926 mit geringer Mehrheit zugestimmt.[61]

Unterricht bei Walter Gropius und Adolf Meyer

Die Möglichkeit, interessierte Studenten über das Baubüro an architektonische Probleme heranzuführen, ist schon im ersten Jahr nach der Gründung des Bauhauses gegeben. Der ehemalige Schüler der Baugewerkenschule, Fritz Taudte, beschreibt rückschauend seinen Beginn am Bauhaus: Bevor der Unterricht beginnt und eine Mitarbeit im Baubüro Gropius möglich ist, ist er in der »Modellwerkstatt« (?) bei Otto Lindig tätig. Im Mai 1920 tritt er offiziell in das Bauhaus ein. Gemeinsam mit Carl Fieger und zwei anderen Mitarbeitern (Petersen und Meyer-Ottensen) beschäftigt er sich experimentell mit Studien zur Bebauungsplanung an verschiedenen Standorten im Süden der Stadt, wofür sie Unterlagen des Stadtbauamtes bekommen. Eine andere Gruppe arbeitet an der Bauhaussiedlung Am Horn. Anschließend werden die Studierenden zur Mitarbeit an den Projekten für Adolf Sommerfeld in Berlin herangezogen.[62] Im Mai 1920 formiert sich im Bauhaus eine »Architekturabteilung« unter der Leitung von Adolf Meyer, dem ältesten Mitarbeiter von Gropius, zu der sich acht Studierende gemeldet hatten.[63] Diese Förderklasse für Architektur löst sich aber bald wieder auf. Der größte Teil dieser Studenten nimmt dafür an den Kursen der Baugewerkenschule am Bauhaus teil.

Für Bestrebungen, einen regulären Architekturunterricht aus eigenen Kräften aufzubauen, ist wohl, bedingt durch die angespannte Arbeit im ersten Jahr nach der Gründung, wenig Spielraum vorhanden. Die Lockerheit der Anfangszeit drückt sich im Bericht Taudtes aus: »Der Unterricht begann mit einem Handstand von Neufert auf dem Zeichenbrett. Ich hatte etwas Unterricht bei Gropius; Adolf Meyer war auch dabei ...«[64] Eine erste Lehrstrecke in geregelten Bahnen wird im Wintersemester 1921/22 aufgebaut, die Walter Gropius und Adolf Meyer gestalten. Seit 1920 unterrichtet Meyer bereits im Fach Werkzeichnen, zwei Jahre später in einer ausgebauten Form nach Art eines Seminars.[65] Im Oktober 1921 informiert Gropius die Bauhausangehörigen am Schwarzen Brett: »Ich spreche diesen Winter über Raumkunde – praktisches Werkzeichnen (Projektionszeichnen) unter Anwendung mathematischer Proportionsgesetze als eines organischen Ausdrucksmittels für unsere geistige Vorstellung im Hinblick auf einen künftigen ›Kontrapunkt in der bildenden Kunst‹.«[66]

Die Veranstaltungsreihe beginnt am 19. Oktober im Aktsaal des Kunstschulgebäudes, und sie wird im Mai des nächsten Jahres wiederholt.[67] Die Vorträge von Gropius ergänzen die Seminare, die Adolf Meyer als Assistent (er wird im Herbst 1922 als außerordentlicher Meister für Architektur angestellt) bestimmend mitgestaltet. Die überlieferten Vortragsmanuskripte und Schülerzeichnungen können einen Einblick vermitteln von der Geisteswelt und Pädagogik im Umkreis von Walter Gropius während der ersten Jahre des Bauhauses.[68] Wenngleich Gropius den auf eine Anwendbarkeit im gestalterischen Schaffen gerichteten Titel »Raumkunde – praktisches Werkzeichnen« verwendet, tragen seine Vorträge im Ansatz philosophischen und architekturtheoretischen Charakter und reflektieren allgemeine Züge des Bauhausprogramms von 1919, dessen Ideengehalt er wohl bei dieser Gelegenheit in der Bauhausöffentlichkeit fortzuschreiben bestrebt ist. »Bauen« faßt er im weitesten Sinne als Philosophie und Praxis der Weltveränderung. »Alles Gebaute« sei »ein symbolisches Abbild für die geistige Weltanschauung«. Mit der Vorstellung von einer neuen Baukunst als einer großen Gemeinschaftskunst verknüpft er die Aufgabe, daß sich alle künstlerischen Disziplinen mit dem »Problem des Raumes« beschäftigen müssen, um neue ideelle Ansatzpunkte zu finden, die »Bild, Plastik und handwerklichen Gegenstand« zu einer größeren, heute noch unbekannten Einheit führen sollen. Die Forderung nach einer künftigen Beherrschung des künstlerischen Raumes auf neuer Grundlage bringt Gropius mit drei Raumbegriffen in Verbindungen, deren verschiedene Gesetzmäßigkeiten erforscht und im Sinne der »Einheit im Kosmos«, in der Vereinigung aller formschaffenden Gebiete, zusammengeführt werden müssen. Er unterscheidet

1. den »materiellen Raum«;
2. den »rechenbaren, konstruierbaren, mathematischen Raum« und
3. den »transzentendalen Raum«.

Allen Begriffsinhalten und den damit verbundenen Gesetzmäßigkeiten im Materiellen wie im Ideellen weist er eine gleichwertige und in allen Aspekten unverzichtbare Bedeutung für das künstlerische Schaffen zu. So wendet er sich gegen mechanistische Auffassungen in der Vergangenheit, die mit der »Zwecktheorie« in Verbindung stehen, und er erwähnt dabei Semper und Riegl. Er ist gegen die »Entgottung« und spricht sich so unter der These »Einheit im Kosmos« gegen jede Zweckmäßigkeitsästhetik aus. Bemerkenswert erscheint der Versuch, ausgehend von Mazdaznan und anthroposophischen Vorstellungen »geheimnisvolle Zusammenhänge wie zwischen Leib, Seele und Verstand« gelten zu lassen, die er als »verschiedene Erscheinungsformen in unserer Vorstellung für ein und dieselbe Urkraft« deutet. Merkwürdig ist dagegen, daß die Aufforderung, in der Gemeinschaft nach der wahren Freiheit zu streben, die nicht durch Gesetzlosigkeit sondern durch Ordnung erreicht werden kann, in Verbindung steht mit der Forderung nach Klarheit im Denken, nach Rationalität: »Gebundenheit befreit Phantasie, macht sie reich und schafft ihr den Rahmen.« Dem individualistischen Kunstschaffen, das sich anmaßend verhalte, stellt er mit der Erfüllung der drei Raumvorstellungen einen hohen moralischen Anspruch gegenüber, der nur erfüllbar ist im bescheidenen Aufgehen in gemeinschaftlicher Arbeit.

Im theoretischen Ansatz für die allgemeinste Kompositionslehre stützt er sich auf den Begriff Kontrapunkt, wohl ausgehend vom Verständnis einer rationalen Kunstlehre, mehrere Melodielinien selbständig nebeneinander zu führen. Während es in Musik und Dichtkunst noch einen Kontrapunkt gäbe, sei er in der bildenden Kunst (und Architektur) verlorengegangen. Als Beweis führt er das Beispiel Quadratur und Triangulatur an. Der Kontrapunkt sei kein Kunstrezept, sondern befördere und lenke nur die künstlerischen Erfindungen. Das Bild der Musik überträgt er analog auf die räumliche Komposition: Das Instrument sei die Materie, die Tonart, das mathematische Gesetz. Bestätigung habe dies im Schaffen von Itten, Grunow, Kandinsky, Ozenfant und Jeanneret (Le Corbusier) gefunden.[69]

Im zweiten Vortrag entwickelt Gropius den Begriff der Dimension, vom Punkt über die Linie und Fläche zum Körper. Er referiert über die historische Herausbildung des Raumbegriffes, die Raumtheorie als Gegensatz von »Massenkörper und Hohlraum« sowie über das psychologische Problem im Zusammenhang von Raumwahrnehmung und Raumvorstellung. Zusammenfassend heißt es im Manuskript: »Wir gingen von den drei Dimensionen ... (aus), sprachen von den Urformen der Fläche, Dreieck, Quadrat, Kreis, und den zugehörigen Körperformen, Tetraeder (Pyramide), Würfel, Kugel, und streiften die symbolischen Bedeutungen dieser Urformen aller Raumgebilde, die Ergebnisse aus der menschlichen Vorstellung vom Weltbild und den Zusammenhängen zwischen ... (Leib und Seele) darstellen.« Über verschiedene Untersuchungen der Flächenformen versucht er das Wesen der Messung und Rechnung zu klären, denen verschiedenartige Gesetzmäßigkeiten zugrunde liegen.[70] Im dritten Vortrag untersucht Gropius schließlich die Flächenformen im Hinblick auf ihre harmonischen Gesetzmäßigkeiten.[71]

In den Übungen, die Adolf Meyer leitet, entstehen verschiedene Blätter, die dieser Theorie folgen, möglicherweise behandeln sie aber auch weitere spezifische Probleme. In einem Komplex werden die Figuren Quadrat, Dreieck und Kreis nach den elementaren Teilungsgesetzmäßigkeiten untersucht. Eine andere Übung stützt sich auf die Zahlentheorie der Pythagoräer. Es werden figurierte Zahlen dargestellt, beginnend mit der Tetraktys, die in der Summe die symbolische Dreieckzahl 10 ergibt. Der Zusammenhang zwischen Figur und Zahl wird anhand von Dreieck-, Quadrat-, Rechteck- und Fünfeckzahlen dargestellt, wobei sich die Eigenschaften aus der Summation der arithmetischen Reihe ergeben. So läßt sich die »Viereckreihe« aus den in das größere Quadrat einbeschriebene kleinere Quadrat und den Winkelhaken (Gnomon) aufbauen usw. Auf der Grundlage der Literatur über mittelalterliche Konstruktionsmethoden sind Quadratur und $\pi/4$-Triagulatur nachvollzogen.[72] Weitere Themen behandeln die »Platonischen Körper«, den »Goldenen Schnitt« als geometrische Konstruktionsmethode, das Problem der Reihung von Punkten in regelmäßigen geometrischen Figuren in Beziehung zu den entsprechenden Zahlenverhältnissen sowie Proportionsuntersuchungen unter Verwertung von geometrischen Konstruktionen, sogenannte Harmonische Rechtecke. Schließlich werden gebaute Beispiele – die Grundrisse St. Stefano Rotondo und das Pantheon in Rom – nach ihrem geometrischen Bildungsprinzip gezeichnet.[73] Vorstellbar ist, daß bei diesen Übungen weiteres Anschauungsmaterial aus der Baugeschichte herangezogen wurde.

Meyer ist für diesen Unterricht besonders prädestiniert, und es ist wahrscheinlich, daß Gropius sich auch von dessen Anschauungen leiten läßt. Meyer schöpft aus verschiedenen Quellen, die er in der Hauptsache während seines Studiums in den Jahren 1905 bis 1908 an der Kunstgewerbeschule in Düsseldorf fand, als der Architekt Peter Behrens dort Direktor war. Gropius schreibt später über Meyer: »Behrens selbst und namentlich Lauweriks mit seiner theosophischen Lebensauffassung beeindruckten ihn tief. Besonders zu Lauweriks fühlte er sich auch in den späteren Jahren durch seine Neigung zu symbolhafter Gestaltung hingezogen.«[74] Meyer folgt als Architekt der theosophischen Weltanschauung seines Lehrers und ist um symbolhaften Ausdruck in seiner Architektur bemüht, die grundsätzlich dem Neuen Bauen entspricht. Gemessen an seinem Werk, zeigt er sich aber keineswegs wirklichkeitsfremd oder verklemmt in einem Dogma. In der bescheidenen Architekturlehre am Bauhaus in Weimar ist sein Beitrag wegen dieser Qualitäten besonders schätzenswert.

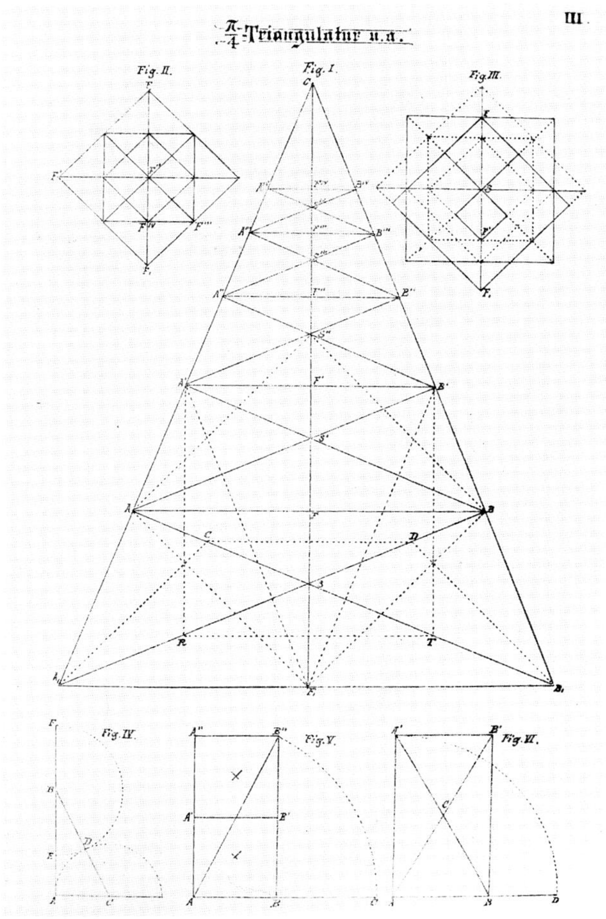

links und rechts: Triangulatur, Quadratur und Achtort. Nach: Drach, E. A.: Hüttengeheimnis vom Gerechten Steinmetz-Grund. Marburg 1897. Diese Figuren sind identisch mit den Aufzeichnungen des Studenten Vicent Weber zur $\pi/4$-Triangulatur und zu Quadratur und Achtort.

Zu den Bemühungen, den Grundgedanken des Bauhauses – das Bauen in der Ausbildung zu realisieren, so wie es der § 4 der Lehrordnung vorsieht, gehört die Einrichtung eines Bauversuchsplatzes. Da nunmehr, nach den ersten drei Jahren, ein Teil der Schüler die Lehre in einem Handwerk abgeschlossen hatte und eine Zusammenführung dieser Arbeit »am Bau« allmählich vollzogen werden soll, faßt der Meisterrat am 24. April 1922 dazu einen Beschluß.[75] Gropius schlägt für die Besetzung dieser Einrichtung den aus Breslau kommenden Baugewerksmeister Emil Lange vor, der dafür zum 1. August berufen wird. Neben der technischen Leitung ist er verpflichtet, theoretischen Unterricht und Konstruktionslehre zu erteilen.[76]

Lange richtet den geplanten Bauversuchsplatz im

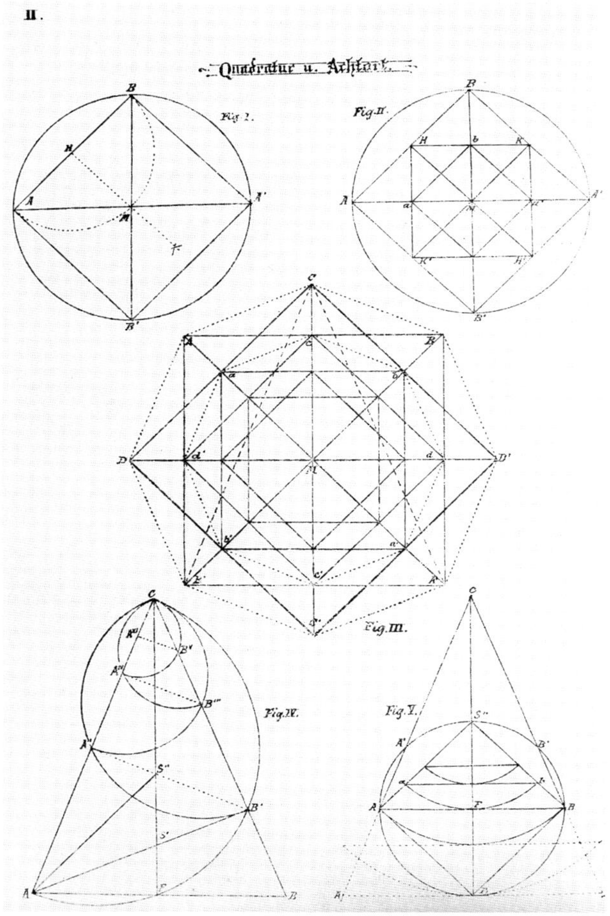

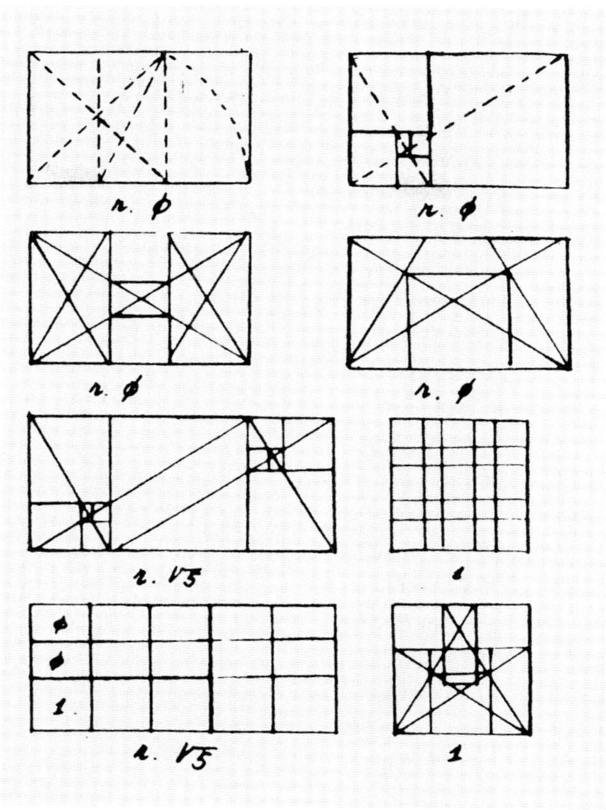

»Harmonische Rechtecke«. Übung von Vincent Weber aus dem Unterricht von Adolf Meyer

Wohnhausentwurf von Adolf Meyer an der Kunstgewerbeschule in Düsseldorf (Aus: Berlage, H. P.: Grundlagen und Entwicklung der Architektur. 1908)

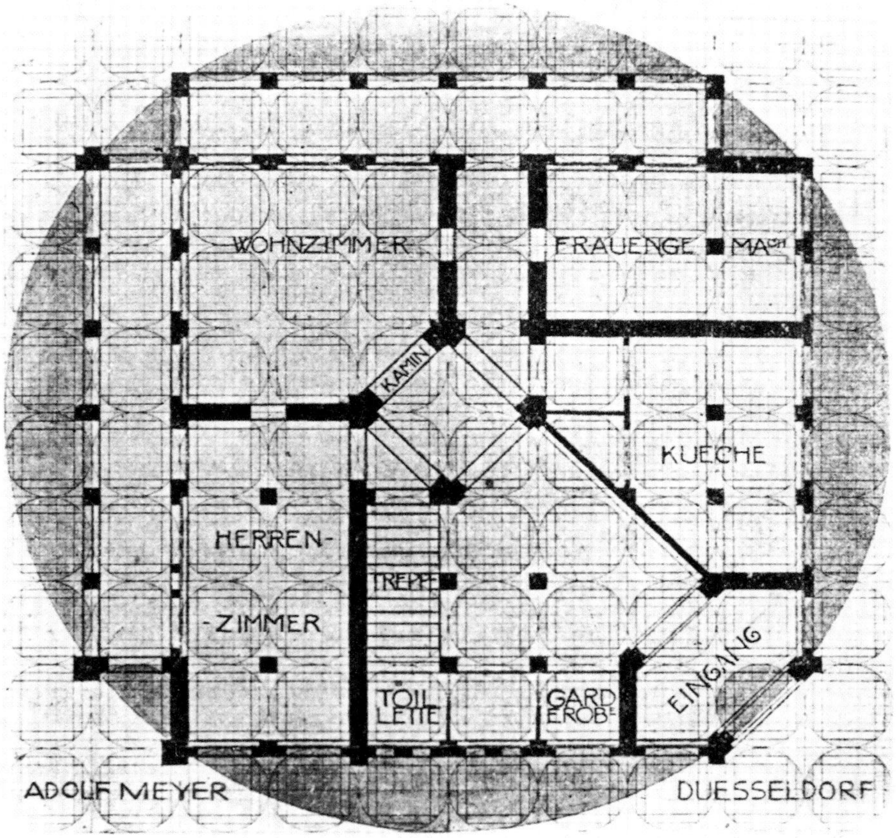

Werkstattgebäude ein und stattet ihn mit Geräten und notwendigem Material aus. Zugleich wirkt er auf verschiedenen Gebieten für das Baubüro Gropius und die Bauhaus-Siedlungsgenossenschaft e.G.m.b.H. und übernimmt die Syndikusgeschäfte des Bauhauses, so daß für ihn die ursprüngliche Aufgabe in den Hintergrund treten muß. Einrichtung und Nutzung des Bauversuchsplatzes entspricht aber in der Folgezeit nicht den ursprünglichen Intentionen. Der Versuch scheitert.[77]

Einen weiteren Schritt zur Etablierung einer regulären Architekturausbildung nimmt Gropius mit der organisatorischen Einrichtung einer »Architekturabteilung«, die in der Meisterratssitzung vom 22. Oktober 1923 auf Initiative von Marcel Breuer, Wolfgang (Farkas) Molnar und Georg Muche vorgeschlagen und am 3. April 1924 bestätigt wird.[78] In dieser Einrichtung soll eine »freie selbständige Arbeit« geleistet werden, deshalb ist nur für »durchgebildete Architekten«, die ein Mindestmaß an Vorkenntnissen haben, ein Eintritt möglich. Voraussetzungen dafür sollten sein: der Gesellenbrief für ein Handwerk, eine Grundlagenausbildung im Baufach und besondere künstlerische Befähigungen. Die Gruppe der Initiatoren wird sich in der Folge in einem kleinen Kreis mit Problemen der modernen Wohnarchitektur beschäftigen. Eine wirklich institutionelle Form erlangt die »Architekturabteilung« in Weimar allerdings nicht.

Die prekäre Situation am Bauhaus wegen der immer noch unvollkommenen Form einer Architekturausbildung tritt im September 1924 in einer Eingabe von drei Studierenden an die Bauhausleitung zutage. Sie fordern, indem sie sich auf die Vorstellungen der Lehrer berufen, die bereits Unterricht erteilen, daß mit Beginn des Semesters eine »vollkommene Architekturausbildung« ins Leben gerufen wird, andernfalls würden sie das Bauhaus verlassen müssen. Ihr Vorschlag basiert auf 16 Wochenstunden, die außer den bereits laufenden Veranstaltungen in Baukonstruktion und Statik noch die Fächer »Geschichte des Bauens (Stil)« und »Gestaltendes Entwerfen (Gropius)« umfassen sollten.[79] Es erfolgt eine Korrektur im Ausbildungsplan für das Winterhalbjahr im Rahmen der vorhandenen Möglichkeiten; der bisherige Unterricht in Baukonstruktion und Statik wird erweitert fortgesetzt. Zusätzlich unterrichten Gropius und Meyer zwei Stunden wöchentlich im Fach Entwerfen. Das Unterrichtsvolumen beträgt jetzt immerhin insgesamt 14 Wochenstunden.[80]

Eine generelle Lösung des Problems ist aber erst am Dessauer Bauhaus mit der Einrichtung einer regulären Baulehre nach der Berufung von Hannes Meyer als Meister für Architektur zum 1. April 1927 möglich. In Dessau wird die Architektenausbildung mit bescheidenen Mitteln für eine kleine Studentenzahl auf ein beachtliches Niveau geführt, wobei auch die Besonderheiten und Vorzüge der Bauhausarbeit – die Kopplung mit der Werkstattausbildung, die praxisgebundene Projektarbeit und die intensive Betreuung – zur Wirkung kommen können.

Alle baulichen Leistungen, die mit dem Namen Staatliches Bauhaus Weimar in Verbindung gebracht werden können, sind undenkbar ohne das Privatatelier von Walter Gropius. Allerdings gehört es – formaljuristisch gesehen – nicht zum Bauhaus, sondern ist ein eigenständiges Büro, das unabhängig allen marktwirtschaftlichen Bedingungen genügen muß. Seine Besonderheit liegt aber in einer spezifischen Kopplung mit der Schule. Zum einen bedeutet die Personalunion von Gropius, der zugleich auch als Direktor des Bauhauses fungiert, daß sich dessen Bestrebungen, das Atelier in die unmittelbare Nähe der Bauhausarbeit zu bringen, ja es perspektivisch im Bauhaus aufgehen zu lassen, zum Vorteil beider Einrichtungen auswirken sollte. Zum anderen befindet sich das Büro im geistigen wie im praktischen Umfeld der Schule, nimmt von ihr Impulse auf und gibt selbst nicht wenige den baubeflissenen Schülern und den auftragsbedürftigen Werkstätten. Die bei Gropius fest angestellten Mitarbeiter sind zugleich auch als Lehrer tätig. Die Arbeit, die hier geleistet wird, sollte zum Besten des Bauhauses dienen und bringt keine besonderen finanziellen Vorteile für Gropius. Zur Stützung des Schulbetriebes überträgt er nach eigener Darstellung bis zum Herbst des Jahres 1922 100 000,– RM aus Privatmitteln an das Bauhaus.[81] Ganz im Sinne der Bestrebungen, »eine organische Einfügung des Büros in den Kreis der Werkstätten« zu erreichen, bewertet er das damalige wirtschaftliche Ergebnis: „Allein in diesem Jahr (1922) flossen den Bauhaus-Werkstätten Aufträge in Höhe von einer halben Million Mark ... durch meine Bauaufträge zu und wurden in den Werkstätten ausgeführt. Ohne mein Privatatelier würde demnach die Produktivarbeit der Werkstätten zusammenfallen.«[82] Diese Verkoppelungen sprechen bereits für ein hohes Niveau in der erreichten Zusammenarbeit, und manche Leistung in der künstlerischen Produktion wäre wohl nie ohne das Baubüro zustandegekommen.

Noch wichtiger aber ist es festzustellen, daß an diesem Ort der eigentliche, vom Bauhaus ausstrahlende Beitrag zur Architektur des Neuen Bauens geleistet wird. In Weimar kann nach einer romantischen, vom Expressionismus geprägten Frühphase der Boden bereitet werden für eine entwicklungsträchtige Periode, die mit den Dessauer Bauhausbauten – es sollten weltbekannte Inkunabeln der modernen Architektur werden – einen glanzvollen Höhepunkt finden wird.

In der Weimarer Periode vollzieht sich ein tiefgreifender Wandel in den Architekturanschauungen. Am Anfang dominiert das Gesamtkunstwerk unter Führung der Architektur, das mit neuem Geist eine künstlerische Ausstrahlung in alle Lebensbereiche einer werdenden Gemeinschaftlichkeit bewirken sollte; es ist verkoppelt mit einem aus dem Mittelalter entlehnten Handwerkerideal und einer entsprechenden Werkgemeinschaft. Die Auffassungen am Ende werden bereits vom Pathos der Sachlichkeit des Industriezeitalters bestimmt, und die handwerkliche Romantik hat der tayloristischen Technologie Platz gemacht.

In der Vorgeschichte des Baubüros in Weimar waren bereits wichtige ideelle und personelle Voraussetzungen geschaffen worden. Gropius eröffnet sein eigenes Architekturbüro bereits im Jahre 1910 in Berlin-Neubabelsberg, nachdem er das Atelier bei Peter Behrens verlassen hatte. Als ersten und zugleich wichtigsten Mitarbeiter gewinnt er den Architekten Adolf Meyer (1881–1929), der damals ebenfalls von Behrens kam. Meyer hatte die beruflichen Voraussetzungen zuvor in den Kunstgewerbeschulen in Köln und vor allem in Düsseldorf erworben, wo ihn das Studium bei Peter Behrens und dem Architekturlehrer Johannes Ludovicus Mathieu Lauweriks besonders prägte. Zwischen Gropius und Meyer, der fortan als Bürochef fungiert, entwickelt sich bis zu dessen Weggang nach Frankfurt/Main im Jahre 1925 – nur unterbrochen durch die Kriegsjahre – eine außerordentlich fruchtbare Zusammenarbeit. Die erste gemeinsame Leistung ist der Bau der Schuhleistenfabrik Fagus G.m.b.H. von Carl Benscheidt in Alfeld/Leine von 1910 bis 1914. Die neuen Faguswerke gelten als ein

Die Schuhleistenfabrik Fagus G.m.b.H. in Alfeld/Leine. Architekten Walter Gropius und Adolf Meyer. 1911 bis 1914

Die Musterfabrik auf der Werkbund-ausstellung in Köln. Architekten Walter Gropius und Adolf Meyer. 1914

Markstein der modernen Architektur. – Das zweite Projekt, die 1914 gebaute Musterfabrik auf der Werkbundausstellung in Köln, erzielt eine annähernd gleiche Wirkung. Hier ist auch schon Carl Fieger (1893–1960) beteiligt, der später Gropius als enger Mitarbeiter bis zu dessen Emigration aus Deutschland im Jahre 1934 die Treue halten wird. Der zeichnerisch besonders begabte Architekt kam als Absolvent von der Kunst- und Baugewerkenschule Mainz und hatte zuvor bei Behrens als Innenarchitekt gearbeitet. Zum Architektenteam zählt bis 1915 noch der Lauweriks-Schüler Fritz Kaldenbach, der schon 1918 stirbt.

In kurzer Zeit bringt das kleine Architekturbüro meisterhafte und vielbeachtete Bauwerke hervor, die für einen neuen Weg in der Industriearchitektur stehen. Sie verkörpern einen allgemeinen Trend in der Gestaltung von Industriebauten um 1910, den in Deutschland vor allem Peter Behrens, Hans Poelzig und Hermann Muthesius mitbestimmen. Die Architektur auf diesem Sektor beginnt sich in jener Zeit vom traditionellen historischen Formenballast zu lösen und drängt nach Formvereinfachung und Schmucklosigkeit. Ihre Gestaltungsmittel sucht sie jetzt stärker aus der Spezifik der Bauaufgabe und mit den modernen Baustoffen – Eisenbeton, Glas und Stahl – zu gewinnen. Die Bauten von Gropius und Meyer verdeutlichen diese Bestrebungen mit der wohl größten Konsequenz und vermitteln signifikante Lösungen. – Der Krieg beendet diese erste fruchtbare Schaffensperiode; Gropius und seine Mitarbeiter werden Kriegsteilnehmer oder verlassen das Büro.

Nach seiner Heimkehr aus dem Felde und der Entlassung aus dem aktiven Wehrdienst knüpft Gropius wieder dort an, wo der Krieg einen Schnitt verursacht hatte, und er bemüht sich zuerst darum, Aufträge für sein Architekturbüro zu gewinnen. Die Berufung nach Weimar ist für Gropius zugleich mit der Hoffnung verbunden, daß die vor seiner Anstellung gemachte Zusicherung von Staatsaufträgen[83] ein weites Arbeitsfeld eröffnen könnte. Leider wird sich diese Vorstellung bald als Illusion erweisen. Noch im Jahre 1919 verlegt Gropius das Büro an seine neue Wirkungsstätte. Mit behördlicher Genehmigung kann das Privatatelier in den Räumen des Kunstschulgebäudes, unmittelbar im Anschluß an das Amtszimmer des Bauhausdirektors im ersten Obergeschoß eingerichtet werden.[84] Adolf Meyer tritt im Herbst 1919 wieder in das Baubüro ein und wird als Meister für Architektur nebenamtlich als Lehrer an das Bauhaus berufen. Seit 1921 steht ihm auch wieder Carl Fieger, der in der Zwischenzeit im Baubüro Behrens gearbeitet hatte, als Chefzeichner und Projektant zur Seite. Zum festen Mitarbeiterstamm schließt im Sommer 1921 der Bauhausstudierende Ernst Neufert (geb. 1900) auf. Er war Absolvent der Baugewerkenschule in Weimar, übernimmt anfangs Bauleitungsaufgaben und fungiert seit 1924 als Technischer Leiter. Nach dem Ausscheiden von Meyer 1925, der in städtische Dienste zu Ernst May nach Frankfurt/Main geht, ist Neufert als Büroleiter maßgeblich an der Errichtung der Bauhausbauten in Dessau beteiligt. Seit 1926 gehört er zu den führenden Architekturlehrern der Staatlichen Bauhochschule Weimar. Im Baubüro werden je nach Auftragslage weitere Mitarbeiter angestellt. Gegen Ende der Weimarer Zeit soll das Büro über zehn bis zwölf Beschäftigte verfügt haben, von denen der überwiegende Teil Bauhäusler, zumeist Studierende, waren.[85] Zu den bekanntesten gehören Fred Forbat (1920/21), Farkas Molnar (1923/24), Marcel Breuer (1924) und Joost Schmidt (1924); außerdem sind beteiligt Otto Eisler (1922), Fritz Taudte (1920), Otto Meyer-Ottens (1920), Petersen (?) (1920),[86] Erich Brendel (1925) und Heinz Nösselt (1925). Auch der Syndikus des Bauhauses, Emil Lange, ist vorübergehend im Auftrage des Baubüros tätig und stellt wichtige Verbindungen zu den Werkstätten, zur Bauindustrie und den Bauherren her. Gropius nimmt die Auswahl seiner Mitarbeiter sehr sorgfältig vor, um die Qualität der Architektur und die Leistungsfähigkeit des Büros zu garantieren. Wenn er auch unerfahrene Studierende einsetzt, so ver-

Landhausentwurf. Fritz Kaldenbach. Veröffentlicht in: Ruf zum Bauen. 1920

traut er der Führung durch seinen Mitarbeiterstamm und verspricht sich wohl zugleich pädagogische Effekte im Sinne der erstrebten Baulehre.

Für das Baubüro sind die allgemeinen äußeren Bedingungen anfangs wenig günstig. Es ist der Misere der wirtschaftlichen Nachkriegsjahre ausgesetzt, aber es überlebt die auftragsarme Zeit durch Planungsaufgaben für einige Berliner Bauvorhaben des Sommerfeld-Konzerns. Im Inflationsjahr 1923 kämpft es um seine Existenz, bekommt aber danach wieder sicheren Boden unter die Füße. Der allgemeine wirtschaftliche Aufschwung ab 1924 verhilft ihm schließlich zu den umfangreichen Bauaufgaben in Dessau, die dort nach der Übersiedlung des Bauhauses übernommen werden können. Das Werkverzeichnis von Gropius aus dem Jahre 1934 weist für die Weimarer Periode insgesamt 16 Bauten und Entwürfe aus.[87] Dazu kommen noch fünf nicht verzeichnete Bauvorhaben in Berlin sowie, gewissermaßen als Sonderfälle, die Siedlungsplanung der Bauhausgenossenschaft und das Ausstellungshaus in Weimar. Aber es fallen davon allein 13 Arbeiten in das Jahr 1924 bzw. beginnen in dieser Zeit.

Um 1919 lernt Gropius den Berliner Holzgroßhändler und Bauunternehmer Adolf Sommerfeld kennen, mit dem er die ersten Bauaufträge abschließen kann. Diese Begegnung, aus der sich ein freundschaftliches Verhältnis zwischen Bauherrn und Architekt und zugleich eine Art Mäzenatentum für das Bauhaus entwickelt, ist aber vor allem die Interessenbeziehung eines Exponenten der Holzbauindustrie und eines nach Selbstverwirklichung strebenden Baukünstlers einer neuen Generation, der bereits sein großes Debüt als Architekt gegeben hatte. Sommerfeld genießt den Ruf nach dem Kriege, Inhaber einer der bedeutendsten Baufirmen Berlins mit Niederlassungen in Stettin, Danzig, Schneidemühl, Dragemühl, Lauenburg und Belgard[88] zu sein. Er ist einer der Initiatoren des im November 1919 gegründeten Deutschen Holzbauvereins, dem er als Vorstandsmitglied angehört. Die Holzbauindustrie sieht damals ihre große Chance für gekommen, zu prosperieren, indem sie sich u. a. mit Behelfsbauten in sogenannter Sparbauweise empfiehlt, die die katastrophale Wohnungsnot mit geringem Aufwand lindern könnten. Außerdem verarbeitet sie ein natürliches und reichlich vorhandenes Material, das zunächst nicht durch die Reparationszahlungen bedroht ist. Aus diesen Motiven heraus formiert sich der Holzbauverein, der seinen Zweck in der Pflege wissenschaftlicher Tätigkeit für den deutschen Holzbau und in der Gesamtvertretung der Holzindustrie sieht. Er gibt eine Zeitschrift mit dem Titel »Der Holzbau« heraus. Bereits im zweiten Heft tritt hier auch Walter Gropius mit dem Aufsatz »Neues Bauen« in Erscheinung, der für die künstlerische Handhabung des »wundervoll gestaltungsfähigen Materials« Holz wirbt.[89] Sommerfeld, der »gelernter Zimmermeister«[90] ist, hatte schon vor dem Kriege mit speziellen Holzbauverfahren experimentiert und tritt in dieser Zeit mit einem vielbeachteten »Blockhaus-System neuerer Art« an die Öffentlichkeit, für das er einen Musterschutz beansprucht. 1920 veröffentlicht er Entwürfe und in Berlin ausgeführte Beispiele von Wohnhäusern in dieser Blockhaus-Bauweise, die auf einer Kombination einer Holzbohlenkonstruktion und statisch unabhängigen massiven Innenwänden beruht.[91]

Diese Bestrebungen müssen als Hintergrund für die Eigenart der architektonischen Leistungen des Baubüros für Sommerfeld mitgesehen werden, denn sie lassen den vermeintlichen Romantizismus der Gropiusbauten in einem besonderen, von der wirtschaftlichen Realität gespiegelten Licht erscheinen. Das erste Projekt, das der Unternehmer vom Baubüro ausführen läßt, ist das eigene Wohnhaus, eine zweigeschossige Villa in Gestalt eines Blockhauses. Sommerfeld hatte bei der Verwertung eines der Kriegsschiffe, die unter dem Versailler Vertrag abgewrackt werden mußten, die gesamte hölzerne Ausstattung erworben und läßt das Material im eigenen Sägewerk für den Hausbau aufbereiten. Das Haus entsteht 1920/21 auf einem Gartengrundstück in Berlin-Dahlem nach den Plänen von Gropius und Meyer; den Innenausbau konzipiert Fieger. Erstmals sehen die Architekten, die in einer Art Fernprojektierung den Bau steuern, das Haus zum Richtfest am 18. Dezember 1920. Dieser Tag wird zu einem Fest mit einer mittelalterlich anmutenden Zeremonie aufgezogen, die eine Gruppe Bauhausangehöriger gestaltet. Ab Januar setzt Gropius den ungarischen Architekten Fred Forbat als Bauführer ein, der sich bemüht, die Planungsidee des Baubüros, auch gegen die Vorstellungen des eigenwilligen Bauherrn, durchzusetzen.[92] Zwei Monate später wird für mehrere Monate der Bauhausstudent Joost Schmidt aus der Werkstatt für Holzbildhauerei mit künstlerischen Ausbauarbeiten für mehrere Monate beschäftigt. Unter seinen Händen entstehen die expressionistischen Holzschnitzereien im Treppenhaus, an Türen und am Außenbau. Zur Ausführung der Malerarbeiten kommt Hinnerk Scheper mit Lehrlingen der Werkstatt für Wandmalerei

Programm zum Richtfest für das Haus Sommerfeld am 18. Dezember 1920. Holzschnitt Martin Jahn

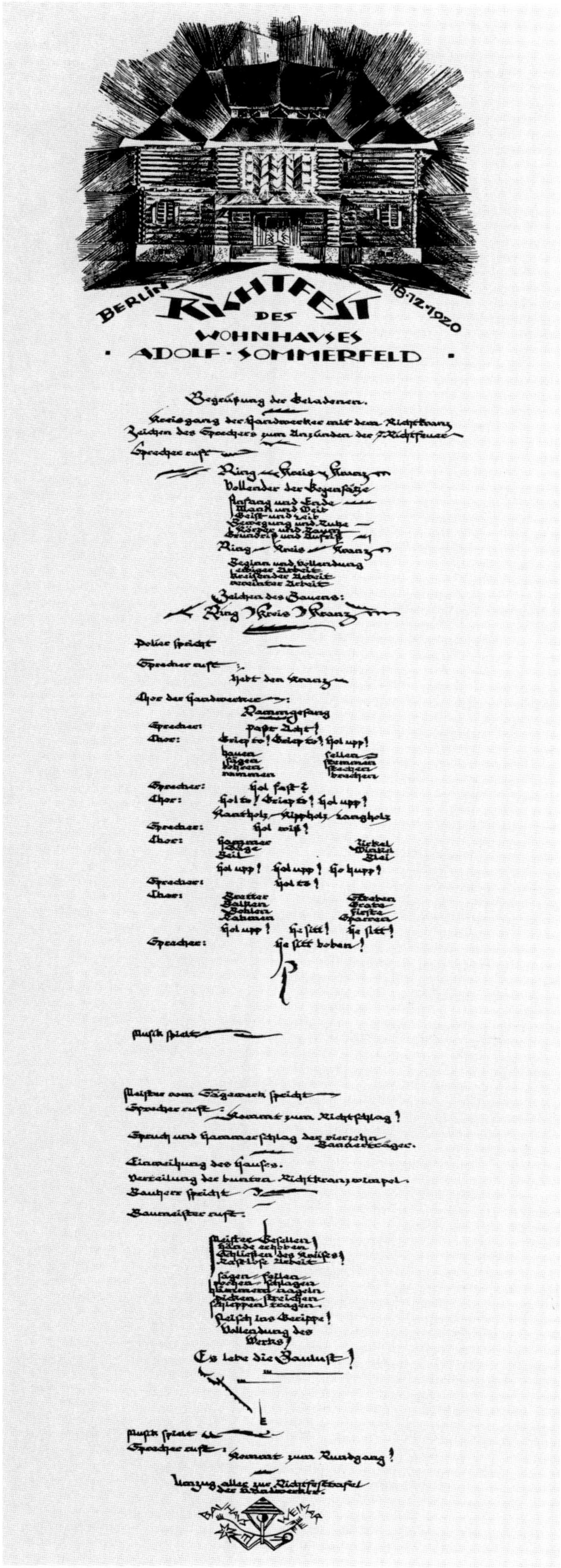

Die Baustelle Haus Sommerfeld zur Zeit des Richtfestes am Jahresende 1920

nach Berlin. Am Ausbau und an der Ausstattung sind fast alle Bauhauswerkstätten beteiligt: Tischlerei (Sitzgruppe und Bücherschrank), Metallwerkstatt (Heizkörperverkleidung und Beleuchtungskörper), Werkstatt für Glasmalerei (Treppenhausfenster) und Weberei (drei Teppiche). Gropius kann so dem Bauhaus Einnahmen von rund ½ Mio RM sichern.[93] Die Koordinierung der vielfältigen künstlerischen Leistungen nimmt er nach einer großzügigen Strategie vor, die den Beteiligten größtmögliche Selbständigkeit gewährt.[94] Mit dem Bau des Hauses Sommerfeld wird die erste Gemeinschaftsleistung im Sinne der von Gropius verfolgten Idee – die Vereinigung aller Künste am Bau – realisiert.

Auf einem hohen Sockel aus unregelmäßigen Granit-Bruchsteinen erhebt sich das zweigeschossige Blockhaus, das mit einem kräftigen, allseitig überkragenden Walmdach abgeschlossen wird. Im Grundstück nimmt der Hauskörper etwa die Mitte ein und trennt den Hofbereich von dem etwas tiefer gelegenen Garten. Während sich die Hofseite durch den repräsentativen Eingangsbereich mit schrägen Seitenwänden zu öffnen scheint, wirkt die Gartenterasse wie eine Barriere zum Freiraum. Das Haus ist streng symmetrisch organisiert, und die Raumstruktur ergibt sich aus der Lage der miteinander verkämmten Blockwände, so daß im Grundriß ungefähr gleichgroße, der Quadratform angenäherte Haupträume entstanden sind.[95]

Einen Begriff von der künstlerischen Ausgestaltung des Inneren vermitteln überlieferte Fotos des Vestibüls. Dieser großzügige Eingangsraum nimmt eine dreifach gewinkelte Treppe auf, die in das erste Obergeschoß auf eine Galerie führt. Er erhält sein Licht über ein 8 m^2 großes, gefaltetes Farbglasfenster von Josef Albers, das dem Raum in seiner gotisierenden Form eine sakrale Note gibt. Alle Verkleidungs- und Schmuckformen tragen den nervösen und spitzigen Duktus des nachrevolutionären Expressionismus. Die polygonal gebrochenen Wände wurden mit den flatternden Fischgrätenmustern der Teakholzvertäfelung überzogen. Die Tür schmückt eine geschnitzte Komposition aus Dreiecksmotiven. Alle Deckenlampen sind expressive Kristalladaptionen in Gestalt von Tetraedern. Dagegen stehen die schweren Sessel, ausdrucksstarke Kompositionen aus Kuben, wie Fremdkörper in dem Raum, der insgesamt von spitzwinkligen Formen beherrscht wird. Der Außenbau trägt die Spezifik des traditionellen Holzbaus bewußt zur Schau und wird außerdem durch modische Formmotive akzentuiert. Das Obergeschoß kragt wie mittelalterliche Fachwerkformen leicht nach allen Seiten aus und bekräftigt so die horizontale Gliederung. Risalitartig tritt der Mittelteil der Gartenseite mit dem ausladenden Balkon und verkröpftem Dach hervor. Er findet seine Entsprechung im Dach mit der im First auslaufenden breiten Lukarne. Analog, jedoch mit einer anderen Akzentuierung des Schwerpunktes tritt die Eingangsfront hervor. Geradezu theatralisch öffnet sich der Eingangsbereich, der auf die mit einem Stufenportal gerahmte Tür hinführt. Es ist von den Architekten eine dramatisierende Plastizität in die Komposition gelegt, die in ihrer horizontalen Gerichtetheit entfernt an die Formen der Wrightschen Präriehäuser erinnert. Die Axialsymmetrie dagegen erscheint eher barock. Die Umrißform wirkt – so wie es auch die Ausdeutung der Fassade im Holzschnitt anläßlich des Richtfestes zeigt – wie eine Abwandlung von Strahlendomen und Kristallformen der Expressionisten. Viele Details verstärken die auf einen starken Ausdruck bedachten künstlerischen Absichten. Wohl am eindrucksvollsten ist die Stützkonstruktion für den Balkon gestaltet. Weit über das notwendige statische Maß hinaus kragen die stufenförmig vorgezogenen Bohlenwände aus und stützen einen kräftigen Querbalken, auf dem der Balkon aufliegt. Die Balkenköpfe sind mit kammartigen und dreiekkigen geometrischen Schnitzereien verziert. An dieser Stelle wird ein Kult mit den Ausdrucksmitteln einer Zimmermannskonstruktion getrieben, die sich mit den Gerü-

Haus Sommerfeld. Architekten Walter Gropius und Adolf Meyer. 1920/1921

Hofansicht (links oben)

Terrassentür und Balkon (links unten)

Gartenansicht (oben)

Treppenhalle (rechts)

sten asiatischer Tempelformen messen könnte. Merkwürdig ist auch die Gestaltung des Traufgesimses, das eine Verbreitung an den Ecken aufweist und an der Unterkante spitzig nach außen gekehrt wurde.

Sommerfeld nimmt die Ergebnisse der Planung mit Befriedigung auf und überträgt Gropius weitere Projekte. Etwa zeitgleich mit dem Privathaus läßt der Unternehmer im Rahmen der gemeinnützigen Baugesellschaft »Unter den Eichen« vier Einfamilienhäuser für Firmenangehörige errichten. Sie entstehen als Reihenhäuser an der Kamillenstraße, auf einem Grundstück, das unmittelbar an das private Areal Sommerfelds anschließt. Die Aufgabe für die Architekten bestand wohl zunächst darin, das Sommerfeldsche Blockhaussystem anzuwenden. Statt dessen kam aber eine auf eine Fachwerkkonstruktion reduzierte Holzbaulösung zum Einsatz. Während der Sockel analog zum Privathaus aus Natursteinblöcken und das Erdgeschoß in geputztem Mauerwerk ausgeführt werden, ist für das Obergeschoß ein ausgemauertes und hintermauertes Fachwerk vorgesehen, das eine vertikale Holzverschalung trägt. Die Architekten vereinigen die Häuser zu einer annähernd symmetrischen Großform, indem sie die beiden Häuser in der Front zurücktreten lassen und die Dächer – bis auf den südlichen Flügel – abwalmen. Schmuckformen sind sparsam eingesetzt und sprechen die gleiche Sprache wie an der Villa Sommerfeld. Die Endigungen der Vordächer und des Daches besitzen eine leichte asiatische Schweifung; die Balkenkopie tragen im rhythmischen Wechsel gezackte Schnitzformen; die Kopfbänder an den Pfosten der Vordächer haben plastische, winkelförmige Knaggen erhalten. In den Projektzeichnungen sind für die Türen aufgebretterte Mäanderstrukturen eingetragen.[96] Die Architektur für diese bescheidene Wohnungsbauaufgabe trägt die Merkmale gediegener Handwerklichkeit und – trotz zeittypischem modischen Dekors – des Konventionellen.

Im Zuge der weiteren Expansion der Firma Sommerfeld zum Baukonzern reift die Vorstellung zur Errichtung eines Verwaltungsgebäudes, das auf dem erworbenen Areal Asternplatz, Limonenstraße und Kamillenstraße gebaut werden soll. Für dieses Prestigeobjekt, das zugleich zur Demonstration der Möglichkeiten des Holzbaus gedacht ist, zeichnet wiederum das Baubüro Gropius die ersten Pläne. Eine umfangreiche Anlage mit Bauhof, Warenhaus und Bürotrakt umschließt U-förmig den Asternplatz, wobei die Limonenstraße überbaut und dabei als kompositorische Achse betrachtet wird. Die

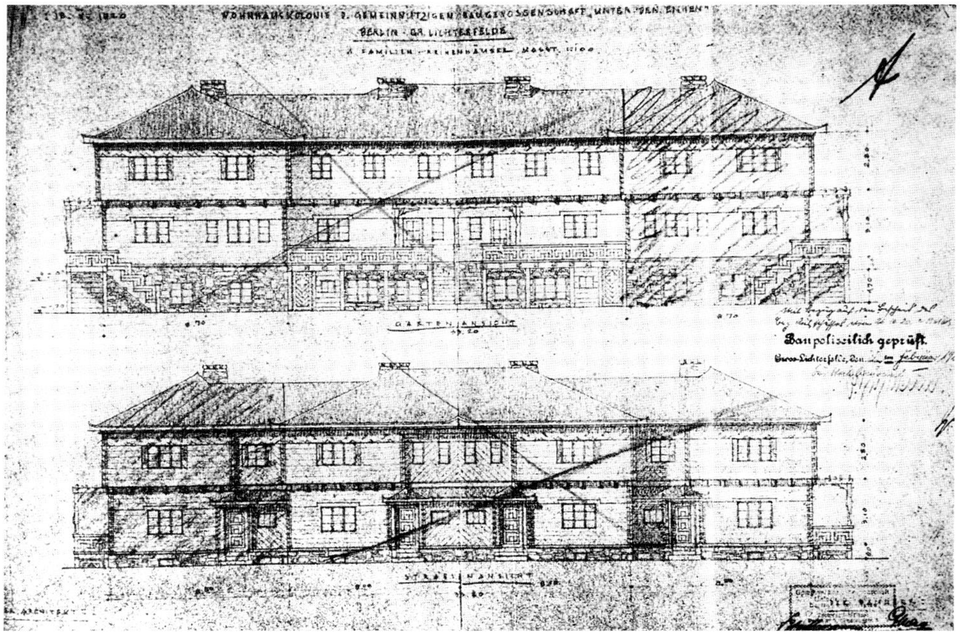

Wohnkolonie »Unter den Eichen« in Berlin-Lichterfelde. Architekten Walter Gropius und Adolf Meyer. 1920/1921

Teilansicht Straßenseite

Ansichten des Vorentwurfs als Blockhausvariante

Verbindung zwischen den Komplexen stellt eine von zwei kräftigen Stützkonstruktionen getragene Brücke über die Limonenstraße her. Die Anlage staffelt sich zur Mitte hin von zwei- auf viergeschossige Blockhäuser, die flache, weit ausgreifende Walmdächer nach dem Vorbild der Bauten Frank Lloyd Wrights tragen. Durch die Auskragung der Geschosse entsteht eine starke horizontal gerichtete Plastizität, die allein an den Hauptbauten durch eine geschoßübergreifende Fensterstruktur unterbrochen wird. Verschiedene Details sprechen eine expressiv-romantische Sprache. Besonders merkwürdig sind die an den Ecken aufschwingenden Trauflinien und die gestaffelten Stützen. Forbat, der bei seinem Eintritt in das Bauhaus diesen Entwurf kennenlernt, berichtet von einem »phantastischen Bauwerk«, das sowohl an Wrights Bauten als auch an chinesische Pagoden erinnert. Er schreibt: „Die Formensprache verblüffte mich sehr, denn bisher kannte ich von Gropius und Meyer nur Bauten aus klaren Kuben in Beton und Glas ... Daß sie aber kaum ausschließlich aus der speziellen Holzkonstruktion entsprang, sondern auch der damaligen Geisteshaltung von Gropius entsprechen mußte, merkte ich später, als ich von ihm als Weihnachtsgeschenk ein Buch über indische Plastik erhielt, mit der Widmung: ›ein Ziel!‹«[97]

Sommerfeld verwirft aber diese Konzeption und läßt sich später von Gropius eine Studie zu einem modernen großstädtischen Geschäftshauskomplex vermutlich in Eisenbetonkonstruktion ausarbeiten.

Die Bedingungen für diese Architekturformen des Anfangs sind verschiedene: Die Ausgangssituation mit dem Blockbausystem und den Zimmermannsidealen des Bauherren verbindet sich mit dem Bestreben der Architekten, neue, zeitgemäße Gestaltungsmittel zu finden. Als Vorbild wirkt die Architektur von Wright weiter, die Gropius und Meyer spätestens seit der 1910 erschienenen Portfolioausgabe seines Werkes[98] kannten; dieses Buch soll, ständig aufgeschlagen, auf dem Arbeitstisch von Adolf Meyer gelegen haben.[99] Eine stilistische Beeinflussung ist seit der Musterfabrik 1914 in Köln nachweisbar und wirkt nachhaltig weiter. Auch die Formensprache des Expressionismus ist Gropius durch seine Beziehungen zu den Architekten des Arbeitsrates für Kunst noch gegenwärtig. Es gilt für ihn das expressionistische Credo: »... Empfindung ist ja die Quelle der Erfindung, der schöpferischen Gestaltungskraft, kurz der Form ...«[100] Schließlich rückt er das Holz als Baumaterial in die höchste Werteskala einer zeitgemäßen Ästhetik: »Holz ist ein wundervoll gestaltungsfähiges Material und entspricht so recht dem primitiven Anfangszustand unseres sich neu aufbauenden Lebens. Holz ist der Urbaustoff der Menschen, der allen tektonischen Gliedern des Baues genügt: Wand, Boden, Decke, Dach, Säule und Balken, der sich sägen, schnitzen, bohren, nageln, hobeln, fräsen, polieren, beizen, einlegen, lackieren und bemalen läßt. Aber wir müssen und werden erst wieder lernen, diesen natürlichen Stoff mit unseren Händen zu bewältigen und die Fülle künstlerischer Reize aus seiner Eigenart von Neuem zu erwekken, die wir aus meisterlichen Werken vergangener Zeiten kennen ... Aber die neue Zeit braucht auch die neue Form. Wir müssen das Holz wieder neu erleben, neu erfinden, neu gestalten, aus dem **eigenen** Geist heraus und ohne Nachahmung alter Formen, die uns nicht mehr entsprechen ... Holz ist **der** Baustoff der Gegenwart, denn für den Stoff der fernen Zukunft und der Sehnsucht – das reine Glas –, sind wir erst reif, wenn einmal der Baugeist wieder das gesamte Volk ergriffen hat wie zur Zeit der gotischen Kathedralen.«[101]

Bauhof, Warenhaus und Bürotrakte des Sommerfeldkonzerns am Asternplatz in Berlin. Planungen des Baubüros Gropius. Um 1921

Die Holzbauästhetik bleibt eine Episode im Denken von Gropius ebenso wie die zeitbedingte wirtschaftliche Favorisierung des Baustoffs. Mit der Vollendung der Sommerfeldbauten endet die Etappe der handwerklichen Holzbauromantik für das Baubüro. Weiter wirkt jenes Moment in der schöpferischen Methode, das die wirklichen Zeitbedingungen als Anlaß und Voraussetzung erfaßt, um das »Material« des Gestalters, welcher Art es auch immer sein mag, zu finden.

Etwa gleichzeitig und im Anschluß an die Bauten für Sommerfeld liegen im Baubüro Gropius drei Wohnhauspläne für private Berliner Auftraggeber auf dem Tisch, von denen allerdings nur einer ausgeführt wird. Dr. Otte, ein Jurist aus Norddeutschland, läßt sich auf einem großen Gartengrundstück in Berlin-Zehlendorf ein repräsentatives Einfamilienhaus errichten, das bis Sommer 1922 nach Plänen von Gropius fertiggestellt wird. Die Beziehungen zwischen dem Architekten und dem Bauherrn, der wohl weniger auf die künstlerischen Bestrebungen Gropius' reflektiert und eher konventionellen Geschmacksvorstellungen anhängt,[102] enden aber mit einer Dissonanz, hervorgerufen durch die Kritik des Bauherrn an der Architektur und der baulichen Lösung.[103]

Der kubische Hausblock liegt im vorderen Bereich des Grundstücks nahe der Straße. Die von einer Mauer umgrenzte Hofanlage ist seitlich zugänglich und nimmt mit ihrer Sechseckform ungefähr Bezug zur symmetrischen Anlage des Hauskörpers. Das Gebäude wendet dem Besucher große ungeschmückte Wandflächen zu und wird durch einen kräftigen Einschnitt mit Treppenhausfenster und Lukarne nach der Art des anthroposophischen Hufeisenmotivs akzentuiert. Festungsartig ist ein Eingangsvorbau vorgelagert, der die geometrischen Formen von Dach und Hauskörper aufnimmt und in seiner Strenge das Haus nach außen hin abzuschirmen scheint. Während die Hoffassade nach den Regeln der Symmetrie komponiert ist, wird merkwürdigerweise dieses Prinzip auf der Gartenseite kaum mehr wahrgenommen. Nicht nur die Flächen der Gartenanlage und der Terrasse stehen hier in einem spannungsvollen Wechselverhältnis zum Haus, sondern auch die Baumassengliederung folgt einem freien Rhythmus, der durch den Einschnitt der Terrasse im Obergeschoß und das vorgezogene Walmdach erreicht wird. Als Mittel zur Hervorbringung eines stereometrischen Charakters schneiden Gropius und Meyer die Öffnungen hart in die glatt geputzten Wandflächen ein, schrägen die Traufzone im Winkel von 45° ab und schaffen exakte geometrische Formen z. B. mit dem schiefergedeckten Dach. Sucht man nach den Formbildungsprinzipien der Fassade, so fällt der Widerspruch zwischen rückseitiger freier Gestaltung und regelrecht komponierter Hoffassade besonders auf. Die großen seitlichen Wandflächen haben die Grundfigur eines Quadrates, der Vorbau ist aus drei kleineren Quadraten gebildet, sogar die Wangen an der Treppe sind annähernd quadratisch. Dieser Geometrismus ist im großen Treppenhausfenster und sogar in den Ansichtsflächen der Schornsteine feststellbar. Dazu kommt der Winkel von 45°, der z. B. für die Seitenlinie der Lukarne und das Traufgesims gilt. Das ist konstru-

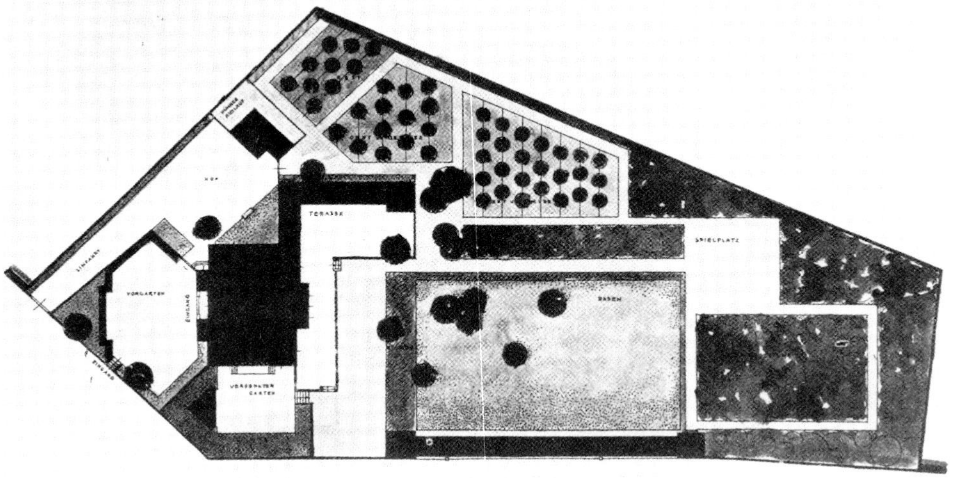

Haus Otte in Berlin-Zehlendorf. Architekten Walter Gropius und Adolf Meyer. 1921/1922

Lageplan (oben)

Hofansicht. Kohlezeichnung (unten)

Seite 43:
Ansicht der Derfflinger Straße (links oben)

Hofansicht (rechts oben)

Vestibül mit Treppenaufgang (links unten)

Gartenansicht (rechts unten)

ierte Reißbrettarchitektur, die von geometrischen Proportionslehren ausgeht! Hier wirkt der von Lauweriks gelehrte Rationalismus der quadratischen Modulation, den Meyer kennt und auch Kaldenbach pflegte, fort. Zahlenverhältnisse und geometrische Grundfiguren bieten den Gestaltungsansatz, den früher Lauweriks auf anthroposophischer Grundlage als »geistige Wesensschau« auffaßte.[104]

Noch eindringlicher erscheint diese Methode bei dem Entwurf des Hauses Kallenbach, den Gropius und Meyer im November 1921 »mit großem Engagement«[105] anfertigen. Zeitgleich geben die beiden Architekten am Bauhaus einen Architektenkurs. Gropius spricht über »Raumkunde« und rückt das mathematische Proportionsgesetz »als ein dynamisches Ausdrucksmittel« in den Mittelpunkt der Betrachtung, Meyer assistiert ihm u. a. mit Triangulations- und Quadraturübungen.[106] Der Zusammenhang zu diesem Entwurf ist evident.

Der Bauherr, Dr. Kallenbach, hatte nach Beratung durch Laszlo Moholy-Nagy drei angesehene moderne Architekten – Ludwig Hilberseimer, Jacobus Johannes Pieter Oud und Gropius – zu Entwürfen aufgefordert. Die Architekten haben hierbei freie Hand und können »wirklich einmal etwas völlig Konzessionsloses machen«.[107]

Für Gropius ist es der bisher größte Wohnhausentwurf, der die Umsetzung eines umfangreichen Raumprogramms mit gutbürgerlichem Zuschnitt zum Ziele hat. Nach einem konventionellen Villenmuster sind Diele, großes Treppenhaus, Eß- und Musikzimmer, Herrenzimmer mit Bibliothek, Wohnzimmer der Dame sowie Schlaf- und Gästezimmer einzuordnen, außerdem eine Hausmannswohnung. Für den Standort des Hauses steht eine große Gartenanlage zur Verfügung, die in die Gestaltung einbezogen werden kann. Die ausgearbeiteten Entwürfe werden zur Disposition gestellt, aber keiner davon wird realisiert; die Inflation zerschlägt offenbar das Projekt.[108]

Der Code-Schlüssel für die Architekturkomposition wird im Entwurf von Gropius und Meyer im Lageplan, der wie ein Teppich mit geometrischem Muster gewebt ist, gleichsam mitgeliefert. Die Geometrie des Hofes gibt die Methode der Quadratur vor: In ein großes, diagonal gestelltes Quadrat sind kleinere, jeweils um 45° verdrehte Quadrate einbeschrieben. Die Diagonale des Quadrates ist gleichzeitig die Achse für den Hof und die Grundrißform des Hauptkörpers. Die Grundrißfigur erscheint auf den ersten Blick wie das Resultat einer ana-

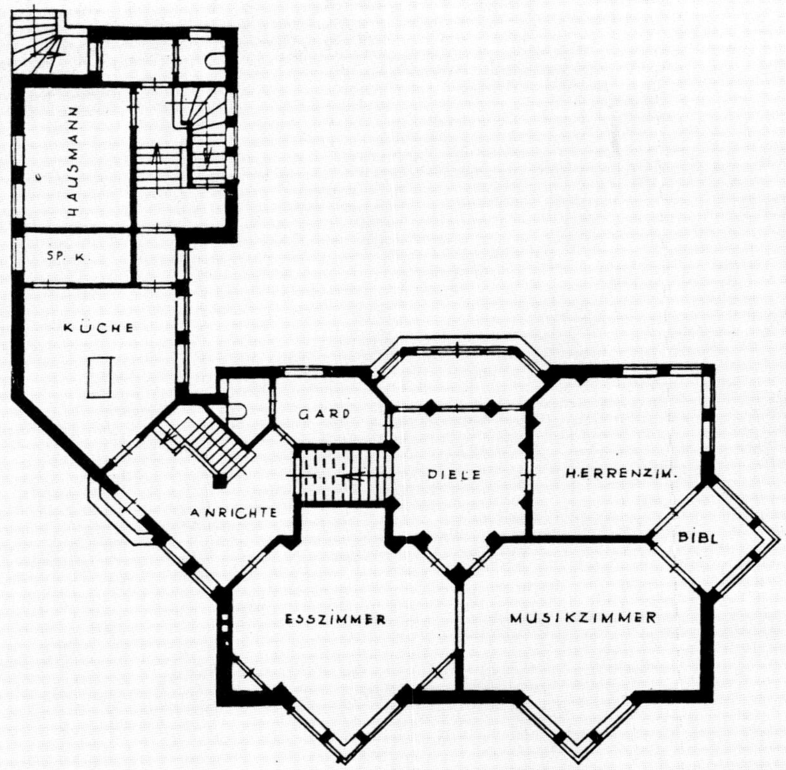

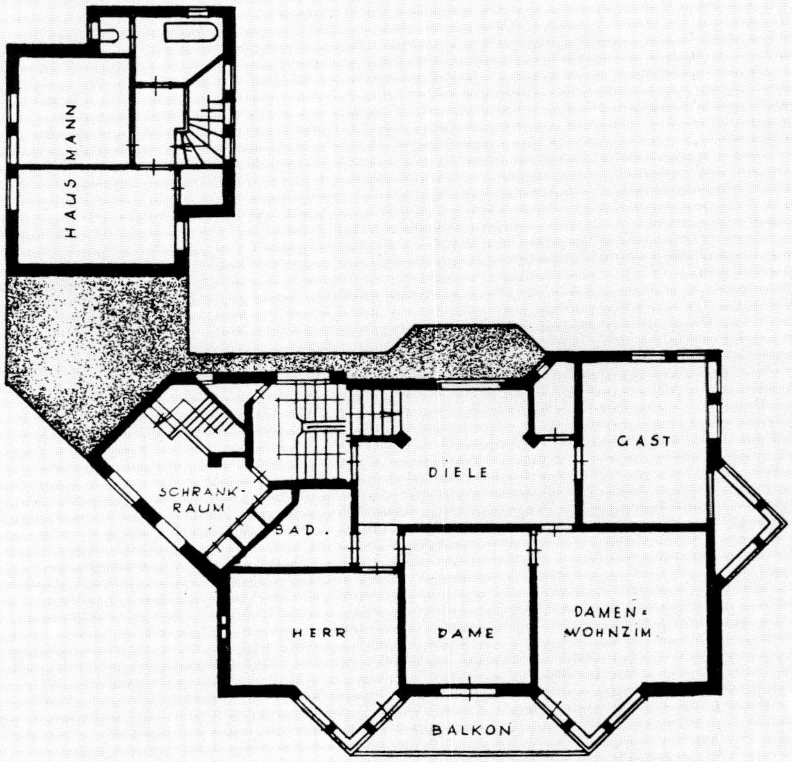

Haus Kallenbach in Berlin. Architekten Walter Gropius und Adolf Meyer. 1922

Seite 44:
Erdgeschoßgrundriß

Obergeschoßgrundriß

Seite 45:
Gartenansicht. Kohlezeichnung

Modell Hofseite
(s. auch Farbteil Seite 154)

logen Durchdringung zweier verschränkter Quadrate, die sich besonders in der Dreieckform der Erker und in den um 45° abgewinkelten Zwischenbau ausdrückt. Jedoch ist sie nicht mit mathematischer Konsequenz konstruiert, sondern der Winkel wird nur als Prinzip verwandt, um im Rahmen der gebotenen funktionellen Raumordnung eine besondere Baukörpergliederung und Raumdifferenzierung zu erreichen. Die Methode geometrischer Formerzeugung gilt aber nur in der Ebene, im Grundriß und bei der Freiflächengestaltung. Am eindrucksvollsten kommt sie zur Entfaltung in der zum Dekor erhobenen Zick-Zack-Struktur der Beete und Hecken am Gartenweg. Diese an die Oktogonalstruktur des Jugendstils und an die Mäander Lauweriks erinnernde Gestaltung wird vermittels des 45°-Winkels den spitzigen expressionistischen Formmustern dieser Jahre angenähert und ist so vornehmlich formale architektonische Komposition, bei einer selbstverständlichen Vermeidung von klassischen Regeln. Für das Ganze gilt ein System höherer Ordnung; in einer einzigen Form ist ein ganzer, durch die Fixpunkte der Flächengeometrie definierter »Kosmos« ablesbar.

Die Baukörpergestalt ist dagegen weitgehend befreit vom Zwang der Achsen und stellt sich als eine beziehungsreiche und differenzierte Masse mit zwei verschiedenen Schwerpunkten dar. Für den Bau schlägt Gropius eine Schüttbetonbauweise vor, deren vertikale Schalungselemente die technologischen Bedingungen für die kubische Körperform und die Fensterformate mitbestim-

men. Auch das Flachdach kann als eine weitere Konsequenz aus diesen Überlegungen angesehen werden.

Gropius und Meyer kommen mit diesem Entwurf einen Schritt weiter auf dem Wege zur freigebildeten Elementarform und zum Funktionalismus als Methode. Der geometrische Rationalismus, den die Architekten hier noch stark metaphysisch im Sinne einer neuen Geistigkeit begreifen, wird im Jahre 1922 in anderer Form, gleichsam auf einer nächste Stufe das Entwurfsgeschehen im Baubüros bestimmen.

Der Vergleich des Entwurfes Kallenbach mit dem etwa zeitgleich im Baubüro Gropius konzipierten Haus Rauth für einen Standort an der Heerstraße in Berlin-Charlottenburg läßt sowohl die Flexibilität der Architekten wie auch die weitere Suche nach gültigen Gestaltungsmitteln erkennen. Leider tritt auch hier der Bauherr, Dr. Fr. Rauth, vom Auftrag, den Gropius als »interessante und schöne Aufgabe« bezeichnet, wohl am Anfang des Jahres 1923 zurück.[109] Eine Hanglage ausnutzend, ist ein zwei- und dreigeschossiges Wohngebäude, eine Galerie und ein mit einem Laubengang verbundener Gartenpavillon in einem mehrgliedrigen Zusammenhang gebracht. Vier langgestreckte, aufsteigende Terrassenflächen betonen den kubischen Hauskörper, der von ebenen Dachflächen abgeschlossen wird. Im Unterschied zur blockhaft geschlossenen Form der beiden anderen Wohnhäuser gilt hier das additive Verfahren, verschiedene Blöcke an- und ineinander zu schieben und im aufgegliederten gestaffelten Gelände vielfältig mit dem Raum zu verzahnen. Es gibt keine Blick- und Symmetrieachsen mehr, die für eine Harmonisierung der Baumassen nach klassischen Vorstellungen sorgen könnten. Statt dessen gilt das Gesetz einer freien Komposition. Der Galeriekubus kann als ein »Gelenkpunkt« angesehen werden, der die verschiedenen Baukörper wie »Wagebalken« mit unterschiedlich langen Armen im »Gleichgewicht« hält. Der Vergleich mit einer konstruktivistischen Plastik oder mit den Gleichgewichtsstudien im Bauhaus-Vorkurs nach 1923 unter Moholy-Nagy drängt sich auf. Nur der pfeilerartig gerahmte Eingang, der harte Rhythmus der Terrassentüren und die Arkatur der Pergola lassen noch, trotz extremer Vereinfachung der Form, neuklassizistische Reminiszensen erkennen. Unverkennbar ist in Dachlandschaft, Körpergruppierung und -streckung das Vorbild der Architektur Wrights[110], der eine dynamische Aufgliederung des Hauses mit neuen Raumbeziehungen begründet hatte. Gropius und Meyer wandeln nun unter dem Primat der kubischen Form und dem Diktat der

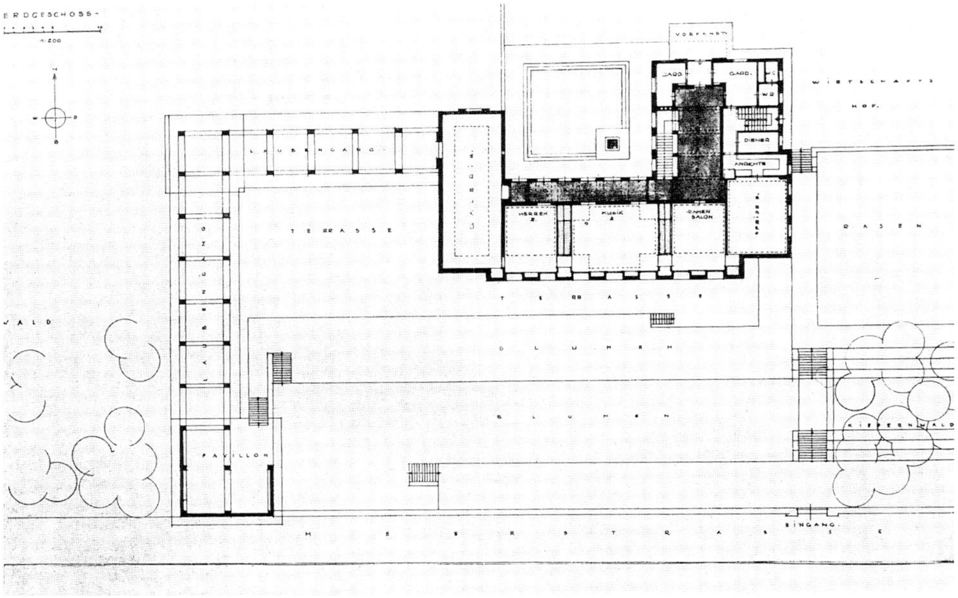

Rechtwinkligkeit diese Konzeption ab, wie sie in ähnlicher Weise von holländischen Architekten und auch von Ludwig Mies van der Rohe in ähnlicher Weise verwertet wird. Von allen drei Berliner Entwürfen kommt diese Methode des Komponierens dem künftigen Schaffen am nächsten.

In der zweiten Hälfte des Jahres 1922, als der Umbau des Stadttheaters Jena sich dem Abschluß nähert und am Bauhaus die Diskussion um die Vorbereitung der großen Ausstellung beginnt, werden die Architekten des Baubüros Gropius von dem Aufruf zur Teilnahme am Architekturwettbewerb für das Verwaltungsgebäude der Zeitung »The Chicago Tribune« angezogen. Im Juni 1922 hatte die Zeitung anläßlich ihres 75jährigen Jubiläums den Wettbewerb zum »the most beautiful office building in the world« ausgeschrieben und eine Summe von 100 000 Dollar für die Preisträger festgelegt.[111]

Die Aufgabe besteht darin, im Anschluß an ein bestehendes Betriebsgebäude an der Noth Michigan Avenue in der City Chicagos einen Wolkenkratzer zu entwerfen, der im unteren Teil Diensträume der Zeitung und im oberen Teil öffentliche Büros aufnehmen soll und der in baukünstlerischer Hinsicht hohen repräsentativen Ansprüchen genügt. Er soll primär als ein »ornamentales Wahrzeichen der Stadt«[112] aufgefaßt werden; alle Fragen der Durchbildung treten vor der künstlerischen Lösung des Äußeren zurück. Allein die strenge Chicago-Bauordnung ist maßgebend für die Bauhöhe, Kubatur, Belichtungsabstände etc.; eine »Zoning-Ordnung« für Chicago wird in dieser Zeit gerade vorbereitet.

Entwurf Haus Rauth in Berlin. Architekten Walter Gropius und Adolf Meyer. 1922

Erdgeschoßgrundriß (oben)

Schaubild Straßenseite (rechts oben)

Schaubild Hofseite (rechts unten)

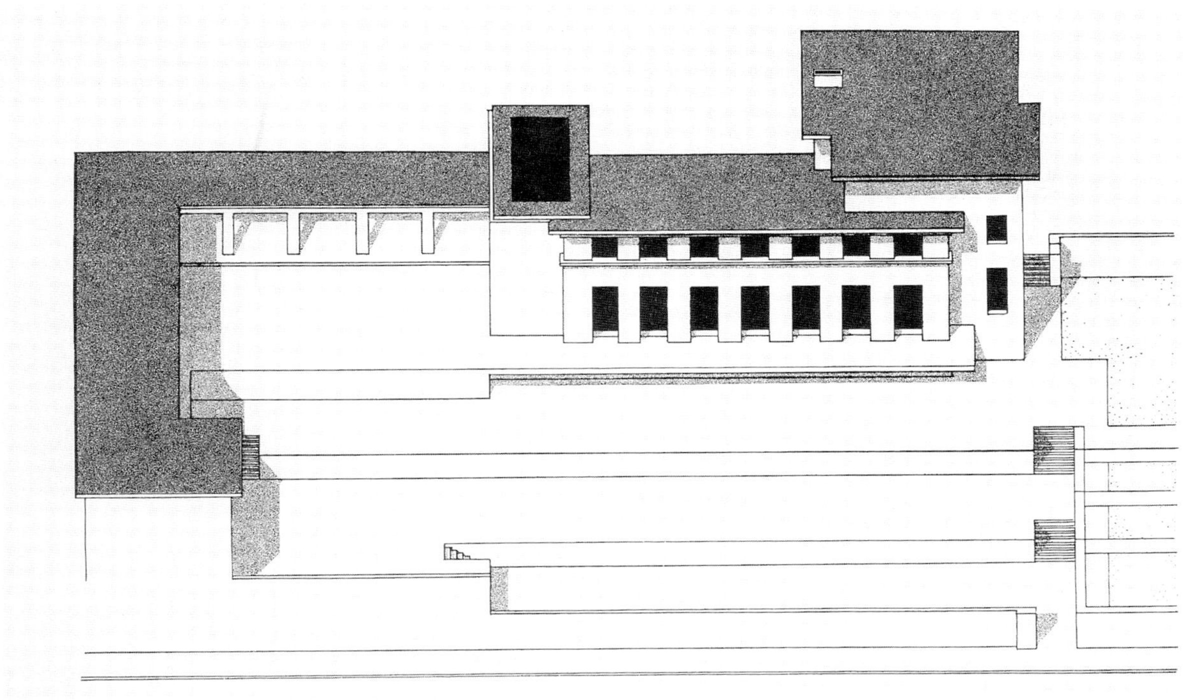

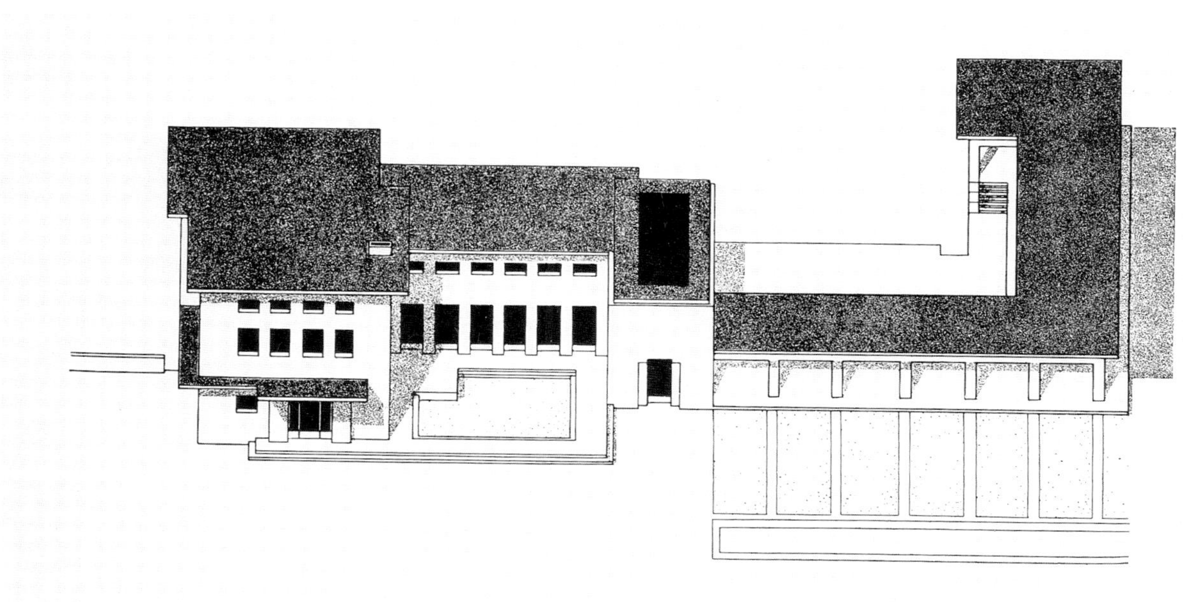

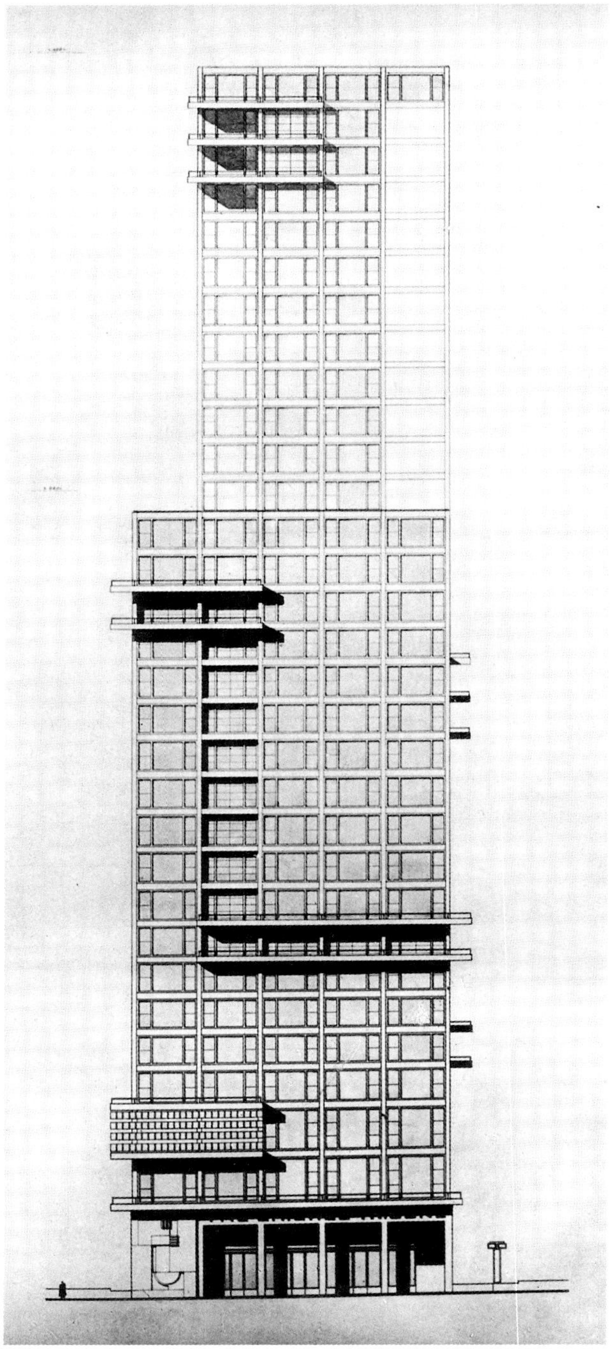

Am Bauhaus in Weimar sind Gropius, Meyer und Fieger mit der Ausarbeitung ihres Wettbewerbsbeitrages beschäftigt, der dann zu den 37 eingereichten Arbeiten aus Deutschland gehören wird. Gropius und Meyer entscheiden sich in ihrem Entwurf für eine Eisenbeton-Skelettkonstruktion – im Unterschied zu der traditionellen Stahlbauweise in Chicago – und entwickeln aus dem tektonischen Prinzip des monolithischen Stütze-Riegel-Skelettsystems die Struktur des Hochhauses. Aus dem 20geschossigen Hauptkörper steigt der von der Straßenfront zurückgesetzte Turm auf insgesamt 32 Geschosse. Das bestehende Betriebsgebäude in den nüchternen Formen der klassischen Chicago School (z.B. analog der Architektur von Burnham, Root und Sullivan) gibt gewissermaßen das Raster der Gliederungs-

Wettbewerbsentwurf für die »Chicago Tribune« von Walter Gropius

Studie von Carl Fieger

Perspektive des eingereichten Entwurfs

Seite 49:
Ansicht des eingereichten Entwurfs

Modell des eingereichten Entwurfs

mittel vor, das den aus Kuben gebildeten Baukörper allseitig überzieht. Auch die großflächigen dreigeteilten Öffnungen lehnen sich an die Chicago-Fenster aus der hohen Zeit des klassischen Hochhausbaus an. In einer freien Anordnung sind Geschoßdecken ausgekragt und Glaswände eingezogen, wodurch eine räumlich-körperliche Gliederung erreicht wird, die mit einer konstruktivistischen Plastik vergleichbar ist. Das mit der Skelettkonstruktion vorgegebene System ist allseitig offen und läßt eine freie Anordnung der Teile zu, die allseitig in den Raum eingreifen und sich mit ihm verzahnen. Eine klar ausgegrenzte und betonte Schauseite gibt es nicht. Selbst der repräsentativ gestaltete Eingang ist asymmetrisch nach der rechten Seite versetzt und so in das Wechselspiel der Kuben des Rasters und der Flächenakzente mit einbezogen. Auf die für Chicago typische schmuckreiche Gestaltung der Erdgeschoßzone reflektiert die Reliefwand mit einer nonfigurativen Plastik neben dem Eingang, die bereits wie ein Relikt wirkt aus einer Zeit, als die Idee vom Gesamtkunstwerk noch Priorität hatte.

Gropius bekennt sich mit diesem Entwurf, auch im Nachgang zur deutschen Hochhausdebatte nach 1920, mit Konsequenz zu einer Architektur, die ihre Form aus den Möglichkeiten der modernen Technik gewinnt. Er greift die bildkünstlerischen Mittel der elementaren Form aus dem Repertoir der de-Stijl-Gruppe und der russischen Konstruktivisten auf und löst sich vollkommen von der indifferenten Romantik der ersten Nachkriegsjahre. Es gilt bereits sinngemäß die programmatische Orientierung, den »klaren organischen Bauleib« zu schaffen,[113] so wie sie bald darauf für die Bauhausarchitektur wegleitend werden sollte.

Auch andere europäische Architekten, wie z. B. B. Bijvoet mit Johannes Duiker und Max Taut, erstreben mit ihren Entwürfen diesen neuartigen Formtyp eines

Wettbewerbsentwürfe für das Gebäude der »Chicago Tribune«. 1922

Howells & Hood, New York. 1. Preis

Eliel Saarinen, Helsingfors. 2. Preis

Seite 51:
Holabird & Roche, Chicago. 3. Preis

Max Taut, Berlin

Hochhauses. Der Weimarer Entwurf steht allerdings in seiner erreichten baukünstlerischen Qualität, die durch strukturelle Klarheit besticht, ganz vorn. In der öffentlichen Auswertung des Wettbewerbs durch die Chicago-Presse diente der Beitrag von Gropius und Meyer als ein Negativbeispiel im Gegensatz zum herrschenden Gestaltungsideal der Ecole des Beaux-Arts. Ein amerikanischer Kritiker bezeichnet ihn als »ein einziges glattes, kahles Problem akrobatischen Ingenieurwesens und geometrischer Flächen«.[114] Aus dem Lager der Propagandisten des Neuen Bauens kommt jedoch großes Lob. In einer Kritik konstatiert Adolf Behne die Überwindung der expressionistischen Zwischenphase, verbunden mit der Feststellung, daß der Übergang zur »sachlichen Arbeit« am Bauhaus vollzogen sei.[115]

Insgesamt gehen zur Auswertung 260 Entwürfe ein, die in großer Zahl vornehmlich aus New York und Chicago kommen. Das Ergebnis ist für die avantgardistischen Architekten besonders enttäuschend, denn es siegen traditionalistische Entwürfe mit einem neugotischen Formenkleid und dem Pathos einer großen monumentalen Form: John Mead Howells (1. Preis), Eliel Saarinen (2. Preis) und Holabird & Roche (3. Preis). Von den deutschen Architekten wird keiner prämiert und nur einer lobend erwähnt. Als bescheidenes »Honorar« erhalten die Teilnehmer ein Exemplar der Protokollschrift mit den abgedruckten Wettbewerbsarbeiten.[116]

Ein über die Weimarer Bauhausjahre beinahe beständig durchlaufendes Betätigungsfeld für das Baubüro betrifft den Industrie- und Geschäftshausbau. Bis 1925

wird in einer zweiten Bauphase das Faguswerk in Alfeld/Leine weiter ausgebaut; es entstehen für die Schuhleistenfabrik verschiedene, meist architektonisch wenig spektakuläre Objekte. Die Firma Carl Benscheidt beauftragt Gropius 1921 mit dem Bau eines kleinen Gebäudes für die Gleiswinde und -waage, 1923 folgt eine Erweiterung des Kohle- und Spänehauses; 1924 wird die Holzdecke im Spänehaus durch eine Eisenbetondecke ersetzt. Im gleichen Jahr folgen Werkseingang und Pförtnerhaus, außerdem der Eingang sowie ein neues Treppenhaus am Bürotrakt von 1911 und weitere kleine Projekte. Vor allem die Architektur um den Werkeingang verdient eine besondere Beachtung, da hier an die strenge Klinkerarchitektur des Frühwerks angeknüpft wird, die sich jetzt mit planoplastischen Strukturformen verbindet. Durch Vermittlung von Benscheidt erlangt Gropius weiter Planungsaufgaben für zwei Alfelder Industriebauten mittlerer Größe. Von 1922 bis 1924 entsteht ein neues Lager- und Ausstellungsgebäude der Landmaschinenfabrik Gebrüder Kappe & Co., und Ende 1923 wird das Projekt für einen Produktions- und Verwaltungsbau mit Maschinenhalle der Hannoverschen Papierfabriken vorbereitet.[117] Diese Industrieobjekte sind ihrem architektonischen Habitus nach nüchterne Zweckbauten, deren Form jedoch durch eine sorgfältige Ausarbeitung der Baustruktur kultiviert wird. Das Gebäude für Kappe & Co. soll hier als Beispiel für die Bestrebungen der Architekten stehen.

Nach einem Vorprojekt von Fred Forbat, das er von Februar bis Mai 1922 bearbeitet,[118] wird die Prinziplösung für den fünf- und sechsgeschossigen Eisenbeton-Skelettbau gefunden. Seine konzeptionelle Durchbildung beruht auf einem dreischiffigen Rahmensystem im Raster von 6 m × 5 m. Die Plattenbalkendecke ist dabei offenbar so konstruiert, daß die monolithischen Brüstungen für die Statik des Randfeldes mit herangezogen werden können. Große Teile der Wandfläche sind, wo funktionell erforderlich, maximal geöffnet, so daß sich im Außenbau die Skelettstruktur mit Brüstungsfeldern und großen Stahlfenstern abzeichnet. Obwohl eine flexibel unterteilbare Geschoßfläche in jeder Ebene des Baus durchgehend geplant ist, erscheint das Gebäude im Äußeren wie aus drei Körpern zusammengesetzt. Zwischen zwei Kuben mit einer vertikalen Tendenz in der Gliederung wurde ein horizontal gerichteter Kubus gesetzt, der mit den äußeren Formen im Gleichgewicht gehalten wird. Die offene Erdgeschoßzone verstärkt zusätzlich noch den horizontalen Charakter des Mittelteils. Die Einschnitte an den Treppenhäusern in die Fassade geben gewissermaßen diese Struktur vor. Auf der Bahnseite bekräftigt die Rampe mit dem flächigen Vordach die Plastizität des niedrigeren Randblocks im Verhältnis zur größeren Baumasse des sechsgeschossigen Pendants.

Die Komposition setzen die Entwerfer sowohl in der Raumfunktion und im Bildungsprinzip der Eisenbetonskelettkonstruktion an, als auch bei der formalen Gestaltung der Baumassen, die eine Komposition im Sinne einer rhythmisch organisierten stereometrischen Plastik ergeben. Der Versuch der Architekten, dem Eisenbeton-Skelettbau neue Gestaltungsmittel abzugewinnen, wird besonders auf die Strukturform des differenzierten Rechtkants mit großen Glasöffnungen konzentriert. Dieser Formensprache für eine neue Industriearchitektur,

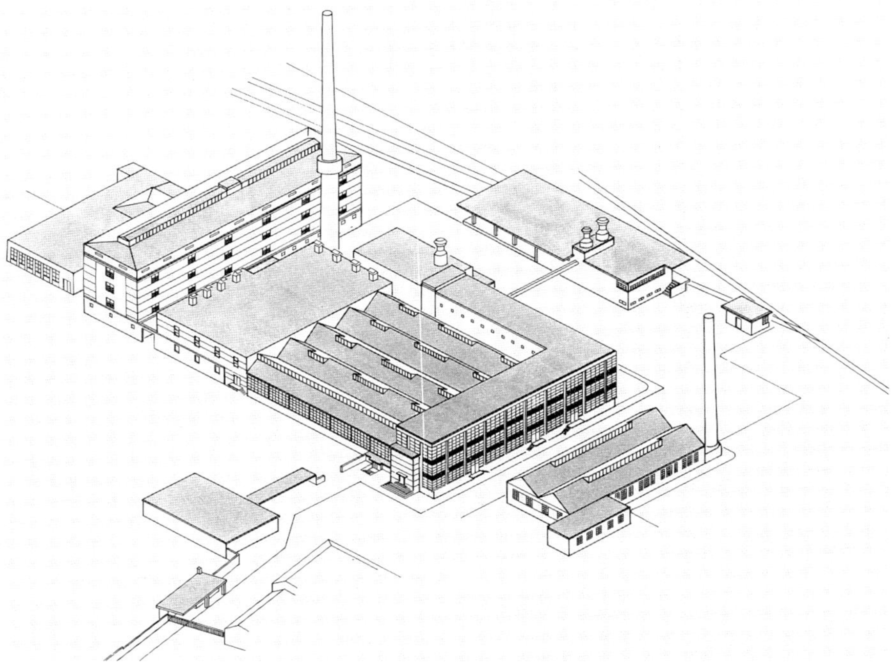

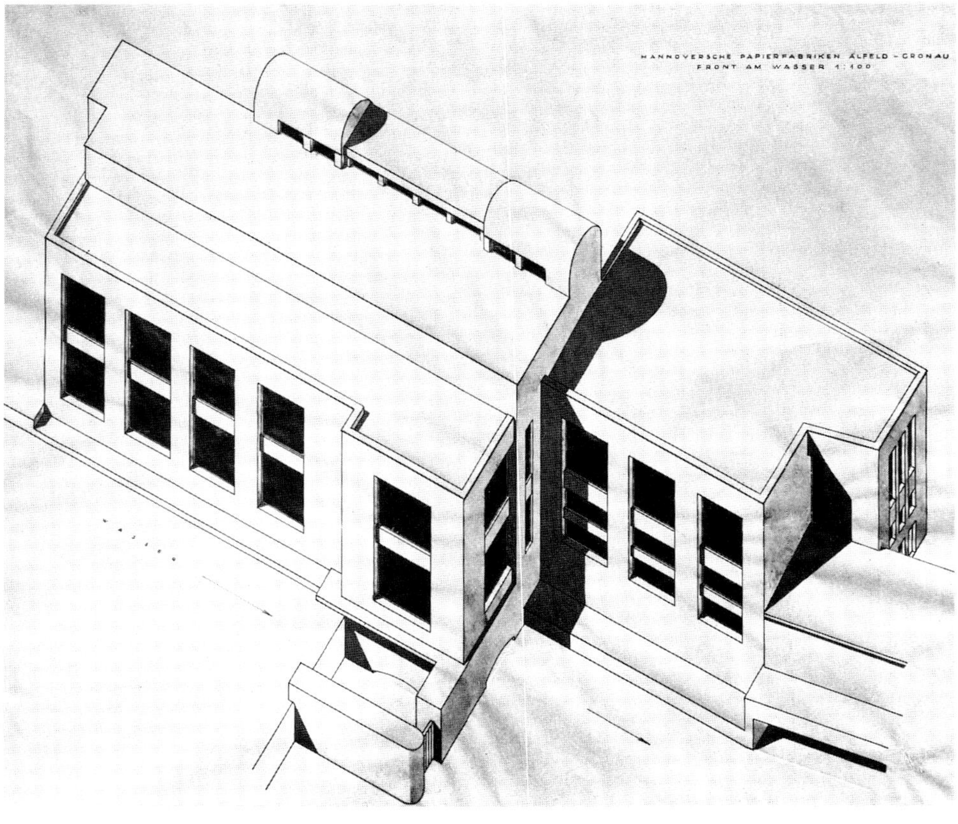

Schuhleistenfabrik Fagus G.m.b.H. in Alfeld/Leine. Baubüro Gropius. Gesamtanlage. 1911 bis 1936

Hannoversche Papierfabriken Alfred Gronau. Teilansicht des Komplexes. Baubüro Gropius. 1924 (links unten)

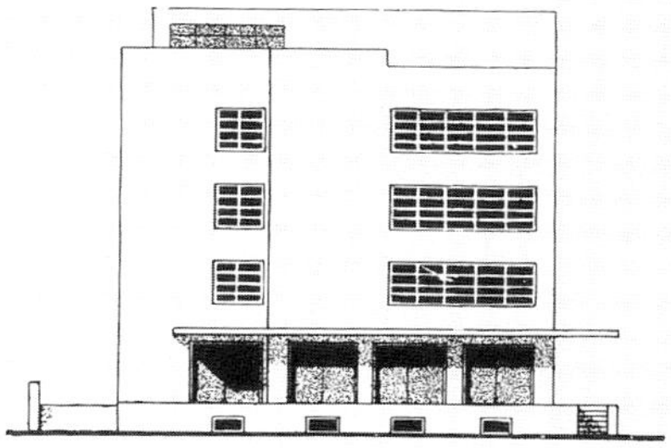

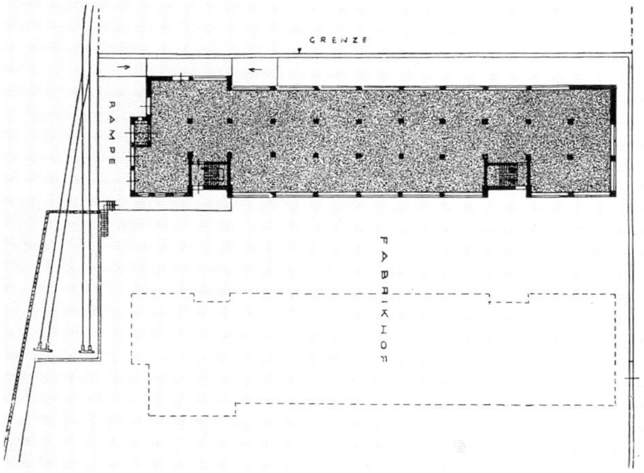

Lager- und Ausstellungsgebäude der Landmaschinenfabrik Gebrüder Kappe & Co. in Alfeld/Leine. 1922 bis 1924

Hofansicht und Ansicht von der Bahnseite (oben)

Grundriß (Mitte links)

Perspektive (Mitte rechts)

Hofseite nach der Fertigstellung

die sich betont sachlich und rational gibt, entspricht auch die Materialästhetik. In den handschriftlichen »Notizen« der Architekten für Kappe kann man folgende lakonischen Angaben lesen: »Beton naturgrau, Dachrinne schwarz, Fensterrahmen mennigerot, Türen schwarz (Eisenblech) ...«[119] Das Material ist um seiner selbst willen da und soll für sich wirken, und trotzdem erfüllen auch diese Farbelemente eine kompositorische Funktion auf dem Wege zu einer neuen Architekturform, die in ihrer puritanischen Strenge und Rationalität die Poesie des technischen Zeitalters begründen sollte. In der Deutschen Bauzeitung 1928/H. 51 wird in diesem Sinne von einer »vorzüglichen Farbharmonie« berichtet.[120] Diese Erfahrungen des Baubüros mit dem Eisenbeton-Skelettbau führen geradlinig zur Architektur des Bauhausgebäudes.

Eine große Verwandtschaft mit den genannten Industriebauvorhaben hat der bereits erwähnte zweite Entwurf für einen großstädtischen Verwaltungskomplex des Sommerfeldkonzerns am Asternplatz in Berlin. Die Planung, die nur als Modelldarstellung und Schemagrundriß überliefert ist, kommt aber über den Charakter einer Studie nicht hinaus; die Nachkriegskrise läßt auch dieses Projekt scheitern. Diesem Entwurf, den Gropius 1923 in einer Druckschrift veröffentlicht und der wohl bereits als Modell zu den Exponaten der Internationalen Architekturausstellung 1923 in Weimar zählt,[121] kommt offenbar eine signifikante Funktion in der Vermittlung und Diskussion der gewonnenen Gestaltungsauffassung zu.

Der siebengeschossige Rechteckblock ist als eine zweihüftige Büroanlage mit einem Lichthof konzipiert, an dessen Enden die Treppenhäuser und WC-Anlagen liegen. Mit einem leichten Versatz schließt ein sechsgeschossiger Winkelbau an, der gemeinsam mit einem eingeschossigen Garagentrakt den Hof umgrenzt. Die räumlich-körperliche Gliederung kommt ohne Achsenbezüge aus. Die mit einer einförmigen Rasterstruktur aus hochrechteckigen Fenstern überzogenen Blöcke befinden sich zueinander in einem spannungsvollen, rhythmischen Gleichgewicht. Auffällig ist die Verkopplung der »Körper« durch Eckbalkone und einen über eine Ladenzone des Erdgeschosses weitergeführten Balkon, der in einer Halbkreisform ausläuft. Diese plastischen Vermittlungsformen werden in diesen Jahren mit Vorliebe in der holländischen Wohnungsarchitektur (Oud, de Klerk) angewandt und finden hier im Rahmen einer strengen, ja asketisch zu nennenden Architektur

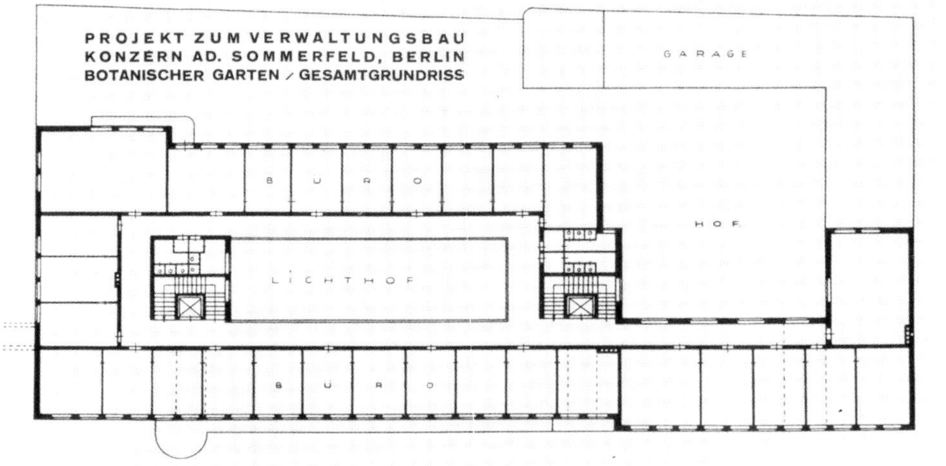

Projekt für den Verwaltungsbau des Sommerfeldkonzerns in Berlin. Baubüro Gropius. Um 1922

Grundriß

Modellansicht Bahnseite

Modellansicht Straßenseite

Grabmal Mendel auf dem Friedhof der Jüdischen Gemeinde in Berlin-Weißensee. Baubüro Gropius. 1923

Ansicht

Aufmaßzeichnung. Hartmut Probst

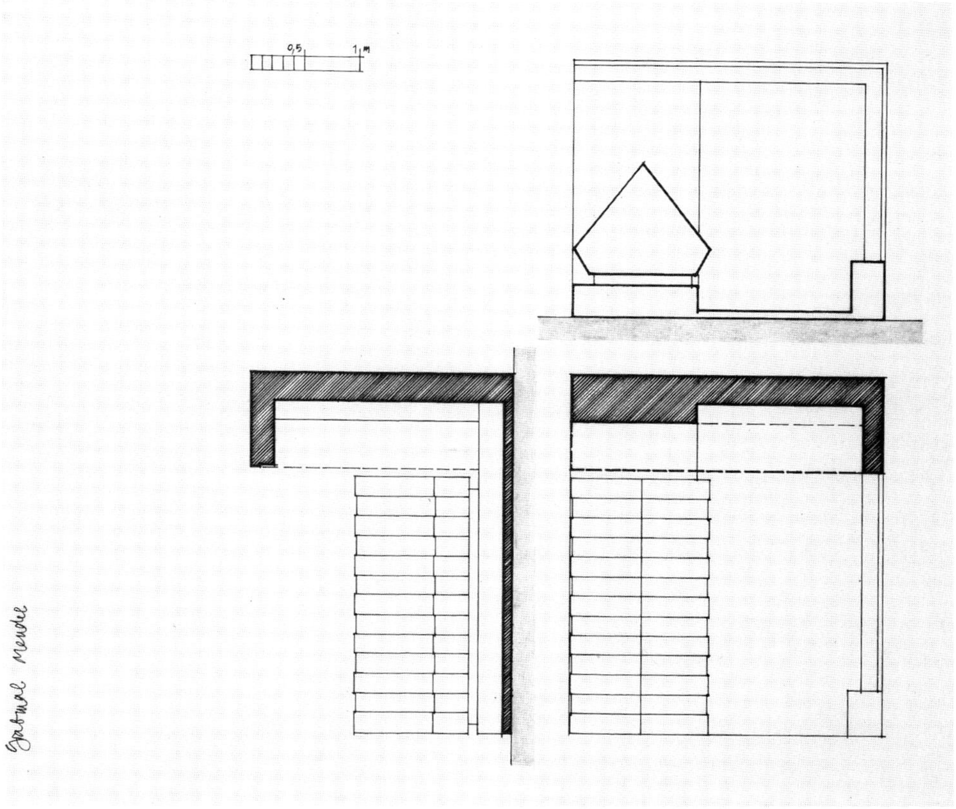

Eingang. Baukonstruktive Überlegungen der Architekten sind nicht überliefert; die Strukturform läßt mit Sicherheit Eisenbeton vermuten, wahrscheinlich ist auch eine Mischbauweise aus Mauerwerk und Eisenbetondecken.

Im Inflationsjahr 1923 führt das Baubüro Gropius zwei Aufträge für mittelgroße Grabmäler aus. Das Erbbegräbnis der Kaufmannsfamilie Mendel wird im März 1923 für den Friedhof der jüdischen Gemeinde in Berlin-Weißensee in Auftrag gegeben. Die Kosten sollen möglichst die Summe von 940 000 RM nicht überschreiten. Entwurf und Ausführung legt Gropius in die Hand von Adolf Meyer; maßgeblich beteiligt ist die Werkstatt für Steinbildhauerei mit Josef Hartwig und weiteren Mitarbeitern. Das Grabmal, das von der Ehringsdorfer Firma Haubold aus Travertinstein gefertigt wird, steht Mitte Juli zum Transport und zur Aufstellung bereit. Besondere Schwierigkeiten hatte die Gewinnung des Sarkophag-Monoliths bereitet. Wegen eines Streiks verzögern sich in Berlin die Betonarbeiten. Anstelle der ursprünglich geplanten Bronzeschrift werden zunächst Eisenbuchstaben angebracht. Ende August findet durch Hartwig die Abnahme des fertiggestellten Denkmals statt. Infolge der Inflation steigen die Kosten der Schlußabrechnung im Herbst auf mehrere Hundert Millionen Reichmark.[122]

Das Grabmal für Pauline Reis, geborene Strupp, gibt der Berliner Oberregierungsrat Dr. Theodor Reis im No-

vember 1923 in Auftrag. Es soll auf dem Jüdischen Friedhof in Meiningen aufgestellt werden. Auch für dieses Grabmal wird deutscher Travertin gewählt und nach einem Gipsmodell von einer Mühlhausener Firma am vorgesehenen Platz ausgeführt. Mit besonderer Sorgfalt werden unter der Anleitung von Hartwig die Schriftgestaltung und Aufstellung der Anlage vorgenommen. Das Grabmal ist schließlich im März vollendet.[123]

Die Grabmäler zeigen recht eindrucksvoll in ihrer Gestalt den Formenwandel vom Expressionismus, wie am Beispiel des Märzgefallenendenkmals, hin zur Elementarform und zum geometrischen Konstruktivismus. Mögen auch die individuellen Wünsche der Auftraggeber für künstlerische Besonderheiten, z.B. die Wahl des Sarkophagmotivs beim Grabmal Mendel bestimmend gewesen sein, so ist der Hang der Gestalter zur geometrischen Abstraktion ganz offensichtlich. Auch kommt ein altes klassisches Stilmittel zur Anwendung, Monumentalität durch strenge, elementare Formen und die Wirkung des Natursteins zu erreichen. Diese Tendenz ist allgemein und setzt sich in der Grabmalkunst in den 20er Jahren in starkem Maße, meist im neuklassizistischen

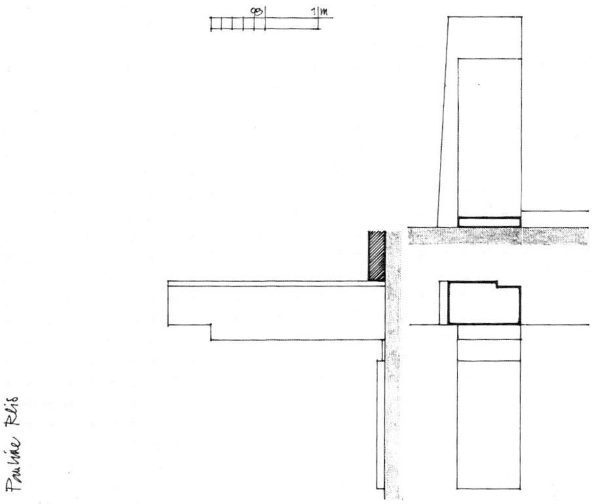

Grabmal Pauline Reis auf dem Jüdischen Friedhof in Meiningen. Baubüro Gropius. 1923/1924

Inschrift

Ansicht

Aufmaßzeichnung. Hartmut Probst

Sinne, durch. Jedoch meiden in unserem Falle die Gestalter alle Formen, die der klassischen Ästhetik nahekommen. Es gilt die Komposition von freien Gegensätzen: Der Sarkophagstein des Grabmals Mendel steht asymmetrisch zur flächigen Umbauung der Gedenktafel; die Stele des Grabmals Reis wird scharfkantig aus dem Travertin-Monolith gesägt und verkörpert so eine plastische Durchdringungsform, bestehend aus einem Konus und einem Rechtkant.

Im Jahre 1924, als die Schwierigkeiten um die Weiterführung des Bauhauses nach den politischem Kurswechsel im Thüringischen Landtag zugunsten der rechtsbürgerlichen Kräfte wachsen und ein kräftezehrender Abwehrkampf Gropius belastet, kommen neue Aufträge hinzu, und es wächst die Breite und Vielfalt in der Arbeit des Baubüros. Eine Orientierung für das gestalterische Schaffen war inzwischen gefunden, und mehrere verschiedenartige Aufträge bieten nunmehr die Möglichkeit zur weiteren Ausarbeitung der Gestaltungsmittel. Einige tragen von vornherein nur konzeptionellen Charakter und lassen Überlegungen für großzügige Lösungen zu, die nicht unmittelbar durch das ökonomische Bedingungsgefüge der erst langsam in Gang kommenden Wirtschaft belastet sind.

Für die Familie von Klitzing, mit der Gropius verwandt ist, entwirft er gemeinsam mit Meyer mehrere Varianten für ein Ferienhaus, das in Timmendorfer Strand an der Ostsee gebaut werden soll. Vermutlich bleibt es aber nur ein unausgeführtes Projekt.[124] Die im Gropiusschen Buch »Internationale Architektur« abgebildete Version, die leider ohne Grundriß veröffentlicht ist, zeigt einen zweigeschossigen klar geformten Kubus.[125] Das Untergeschoß mit der Garage ist in die Düne eingegraben; auf der Dünenkrone erhebt sich schachtelartig der Hauskörper, dessen Seitenwände reichlich über die Dachebene herausragen (Solarium?). Der an zwei Seiten vorgelagerte Freisitz wird von einer umlaufenden Kragplatte überdeckt. Durch das breite Attikaband, das im kubischen Eckpfeiler und im Sockel eine Entsprechung findet, wird die exakte Kastenform des Hauskörpers betont. Die Formbildung ist vergleichbar mit zwei aus starker Pappe gefalteten Schachteln, die ineinandergeschoben sind. Dieses Prinzip, das Geschlossenheit und Offenheit in einem stereometrischen System aus Körpern erzeugt, entspricht den Villen von Le Corbusier und dem Landhausentwurf in Eisenbeton von Mies van de Rohe aus diesen Jahren. Ihnen steht aber dieser Entwurf etwas schwerfällig und grob gegenüber, dessen Form sich auch nicht so recht in den gewohnten Maßstab eines Ferienhauses einfügen will.

Projekt für ein Sommerhaus der Familie von Klitzing in Timmendorfer Strand. Baubüro Gropius. 1924

Modell Strandseite

Etwa im ersten Quartal 1924 wendet sich Prof. Rolf Hoffmann, der Gründer der 1922 ins Leben gerufenen Philosophischen Akademie von Erlangen an Gropius mit der Bitte, ein Projekt für ein würdiges Akademiegebäude auf seinem Grundstück am Burgberg der Stadt auszuarbeiten. Gelehrte aus aller Welt, die wichtige Beiträge zur Wissenschaft und Kultur geleistet haben und an gemeinsamen theoretischen Studien interessiert sind, sollen eine Heimstatt finden, wo sie zurückgezogen arbeiten und in interdisziplinärer Diskussion geistigen Austausch pflegen können. Zum Vorstand dieser »Denker-Weltzentrale«, der dieses Projekt anregte, gehören außerdem solche hervorragenden Persönlichkeiten wie Paul Hensel, Ernst Cassirer, Benedetto Croce und Bertrand Russel.[126] Das Bauprogramm, das in wenigstens zwei Stufen in Architekturentwürfe umgesetzt wird, umfaßt Versorgungs- und Gemeinschaftseinrichtungen, Unterkünfte in drei- und viergeschossigen Trakten, einen Vortragssaal für etwa 150 Personen und Wirtschaftseinrichtungen. An der Ausarbeitung der Entwürfe sind außer Gropius Adolf Meyer, Farkas Molnar, Erich Brendel und Marcel Breuer beteiligt. Gropius sieht diese Tätigkeit als eine günstige Gelegenheit an, um sich zeitweise aus den Tageskämpfen zurückzuziehen.[127]

Im ersten Entwurf, der das umfangreichere Programm realisiert, lagern sich an einem Kernbau winkelförmig und versetzt auf beiden Seiten Wohntrakte an. Im Abstand ist ein winkelförmiger dreigeschossiger Erweiterungstrakt dazu in Beziehung gesetzt. Der Komplex liegt auf terrassierten Ebenen, die formal das alles beherrschende Prinzip der Rechtwinkligkeit in der Horizontalen fortsetzen. Die zweite, im Modell ausgeführte Variante, besitzt einen im Volumen verkleinerten und in Hangrichtung verdrehten Kernbau, der auch den Versammlungsraum enthält. Vor den Unterkünften sind durchgehende und umgreifende Balkone angeordnet, die den Trakten eine kräftige plastische Struktur verleihen. Die kräftige horizontale Gerichtetheit der Hauskörper unterstreicht die formalen Spannungsgegensätze zwischen den Trakten.

Hier ist ein Szenarium dynamisierter und raumgreifender Baukörperformen ausgebreitet, das nach »Chicago Tribune« und dem Haus Rauth eine weitere Stufe der Reife erreicht hat. Dabei bleibt auch die körperliche Differenzierung nicht bei dem Kubus stehen, sondern dringt vielfältig in die Oberfläche der Körper ein. Die Erlanger Akademie bietet den Architekten auch ein Konzept, den Arbeits- und Lebensraum einer Gelehrtenge-

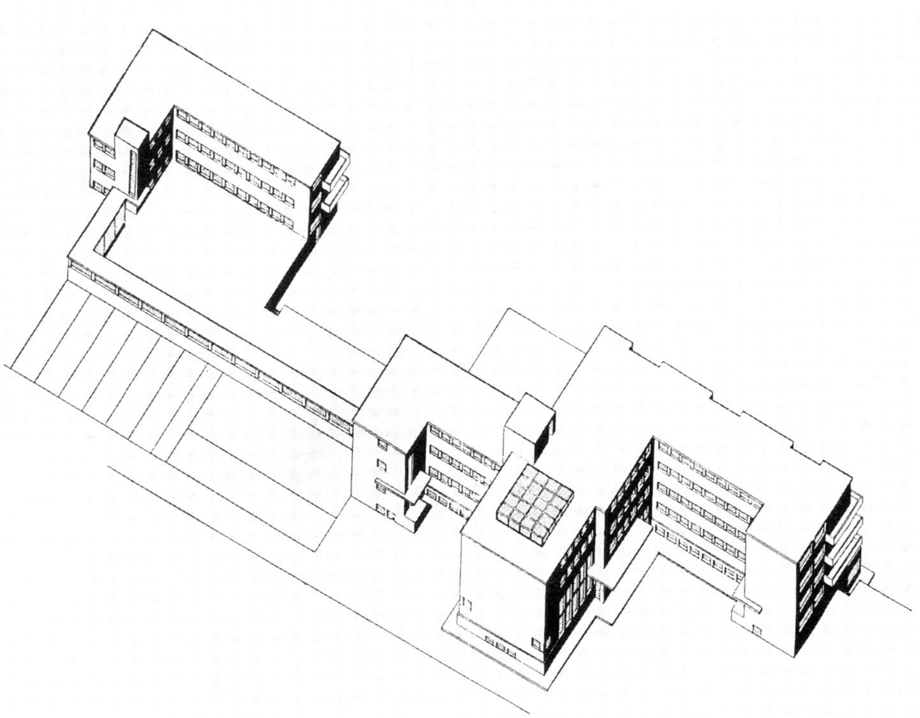

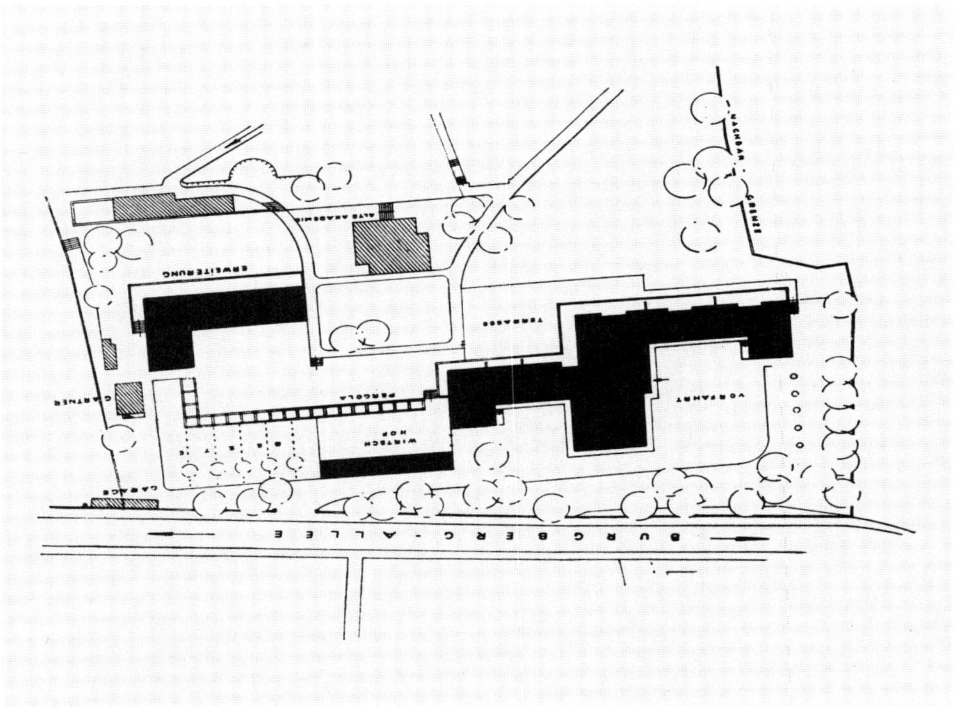

Projekt für die Philosophische Akademie in Erlangen. Baubüro Gropius. 1924

Seite 58:
Isometrie der Gesamtanlage (große Version)

Grundriß der Gesamtanlage (große Version)

Seite 59:
Modell (kleine Version)

Erdgeschoßgrundriß (kleine Version). Westflügel mit Versammlungsraum

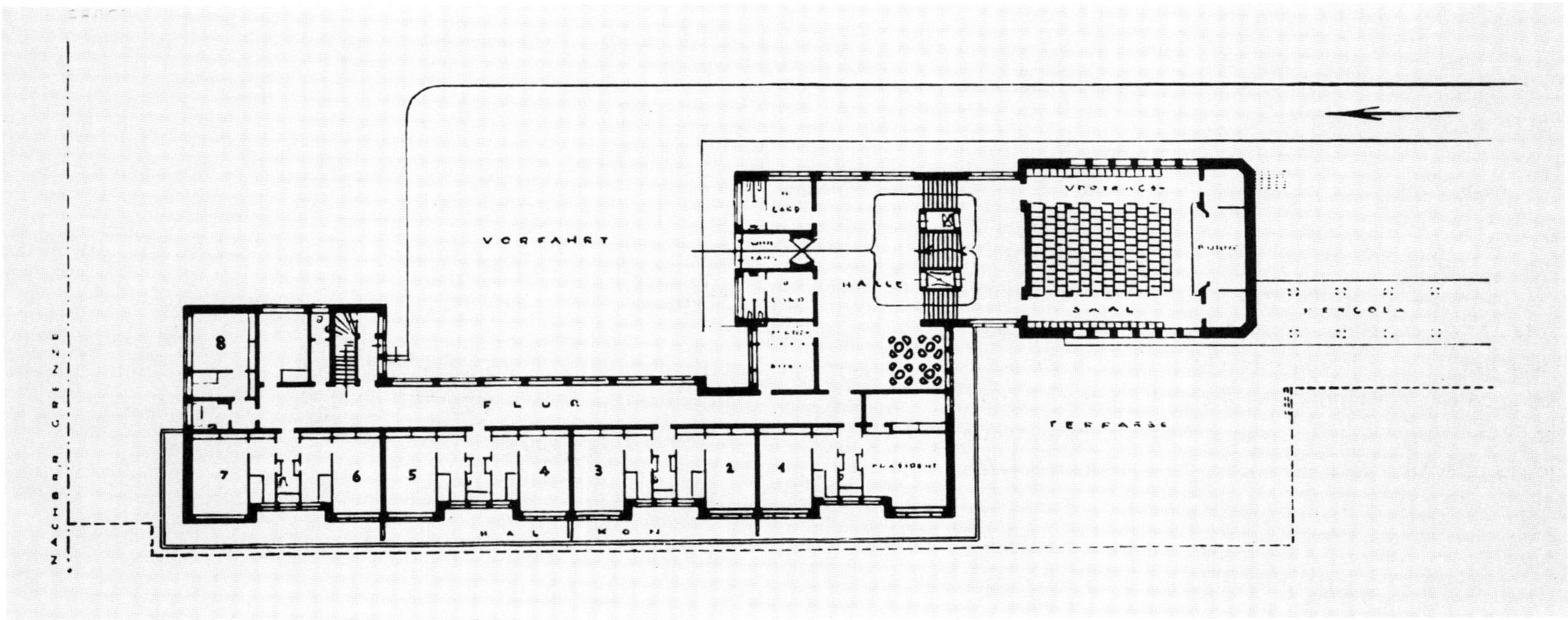

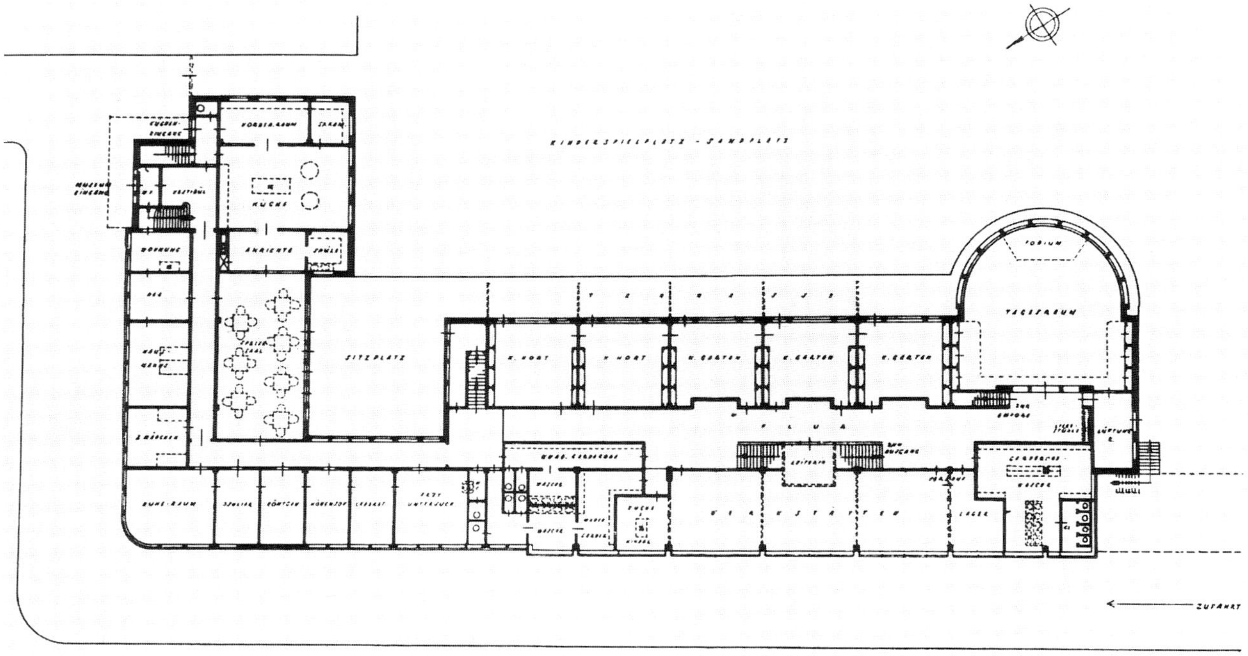

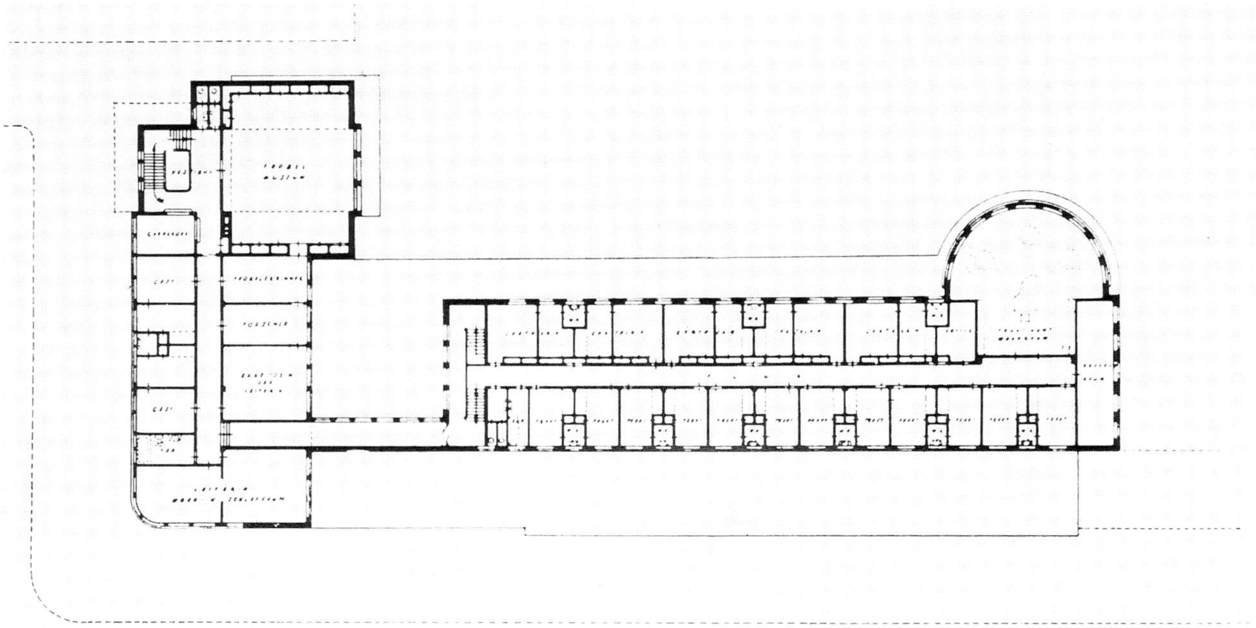

Entwurf für das Friedrich-Fröbel-Haus in Bad Liebenstein. Baubüro Gropius. 1924

Ansicht von Süden. Kohlezeichnung

Erdgeschoßgrundriß Hauptbau

Obergeschoßgrundriß Hauptbau

meinschaft in einen architektonischen Zusammenhang zu bringen und die Idee von einer Welt im Kleinen baulich umzusetzen. Im formalen Sinne ist diese Mikrokosmos mit dem rektangulären Linienspiel wohl definiert, doch er wirkt nicht klosterartig umschlossen und introvertiert, sondern allseitig offen; er ist mit der Umwelt in einer Weise vernetzt, als würde eine Zentrifugalwirkung von dieser dynamisierten Baumasse ausgehen, gleichsam die Ausstrahlung der hier konzentrierten Kräfte der Gelehrsamkeit symbolisierend.

Das Projekt versandet, nachdem das Vorhaben wegen unredlicher Handlungen des Vorstandes und Prof. Hoffmanns, der sich ins Ausland begibt, scheitert. Der Auftraggeber bleibt am Ende den beteiligten Architekten und Mitarbeitern das Honorar schuldig.[128] Die Akademie löst sich schließlich 1925 wieder auf. Das formale Architekturkonzept und die Idee von einer baulich organisierten Gemeinschaft, die gedanklichen Schwerpunkte des Entwurfs für Erlangen, fließen später in die Planung des Bauhausgebäudes in Dessau ein.

Eine Gemeinschaftseinrichtung ganz anderer Art beschäftigte die Architekten des Baubüros noch in den letzten Monaten des Bauhauses in Weimar. Anlaß ist der am 21. Juni 1927 bevorstehenden 75. Todestag von Friedrich Fröbel, des Pädagogen und Pioniers der Kindergartenerziehung. In einer Denkschrift veröffentlichen Gropius und Meyer wohl Anfang 1925 einen Vorschlag für ein Friedrich-Fröbel-Haus, das auf dem bewaldeten Hang des Aschberges in Bad Liebenstein stehen soll.[129] Das Programm umfaßt Kindergarten, Kinderhort und Jugendheim, außerdem ein Kindererholungsheim und das Fröbelmuseum. Die Anlage besteht aus einem zwei- und dreigeschossigen Winkelbau sowie acht Pavillons für Erholungskuren. Die Bauform des Hauptkomplexes ergibt sich maßgeblich aus der Logik der funktionellen Gliederung der Raumgruppen, die an Mittelfluren liegen und zum Teil mit Terrassen verbunden sind. An den Enden der Trakte befinden sich das Fröbelmuseum bzw. Tages- und Klubräume, die als bauliche Akzente – Kubus und Halbzylinder – in Erscheinung treten. Die Halbkreisform ist nicht einmalig, sie setzt sich in der abgerundeten Ecke und in der Umfriedung fort. Die Hanglage wird

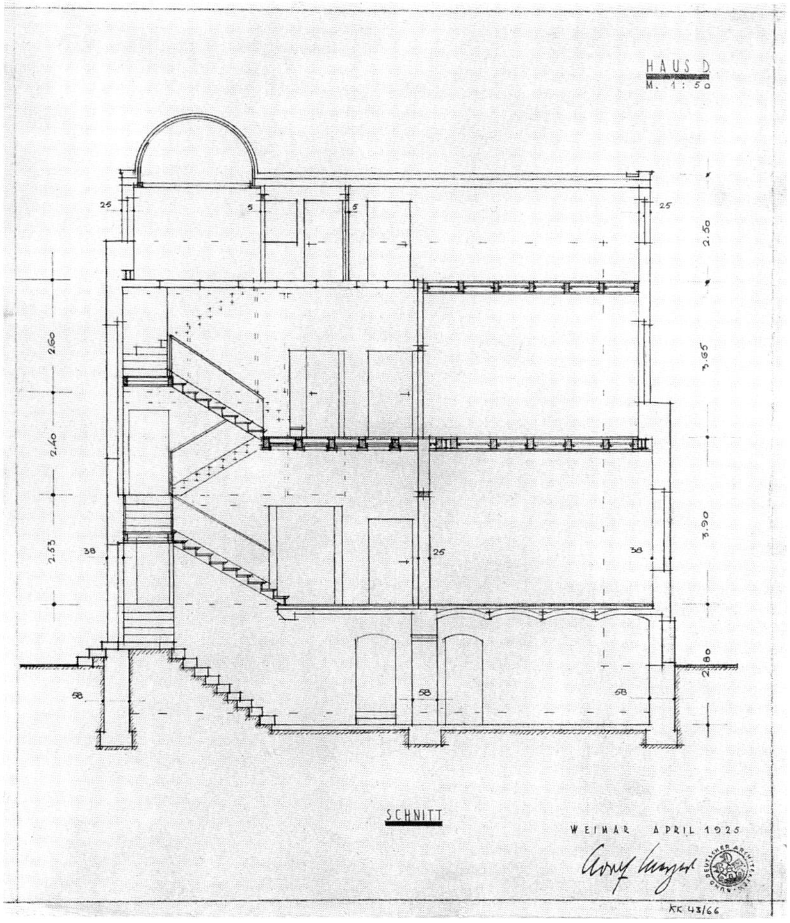

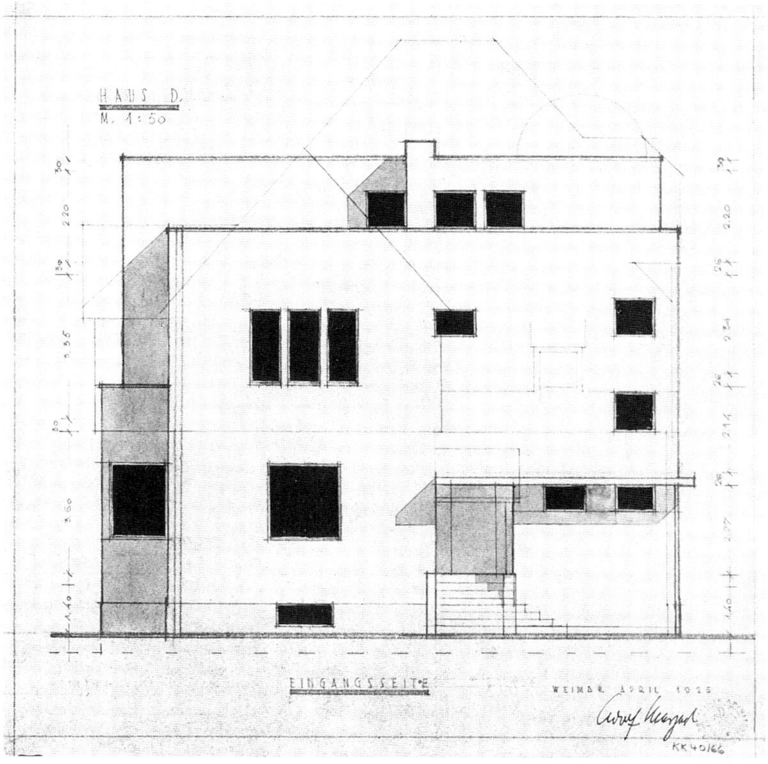

Projekt für den Umbau des Hauses Determann in Weimar. Adolf Meyer. 1925

Schnittzeichnung

Südfassade
(s. auch Farbteil Seite 155)

zur Differenzierung der langgestreckten Trakte genutzt; der Eingang liegt ohne besondere Akzentuierung im Untergeschoß an der Straße.

Der Entwurf dient den Architekten weniger der Demonstration formaler Gestaltungsmittel, als der Veranschaulichung der sorgfältigen Umsetzung eines überlegten Raumprogramms. Es kommt ihnen wohl darauf an, einen Nachweis für die hohe Funktionalität des Bauwerks zu erbringen. Hier erscheint die Form eher als ein Resultat und nicht als das Ziel des Entwerfens. Einzig die baulichen Akzente wirken wie willkürlich aufgegriffene Kunstformen, insbesondere der Museumsbau mit dem dreiteiligen Fensterrisalit folgt noch Monumentalformen Wrightscher Architektur (z. B. Unitarier-Kirche in Oak Park 1906).

Die beiden Entwürfe für Erlangen und für Bad Liebenstein lassen eine beachtliche Variationsbreite in der Entwurfsmethode erkennen, die sich im Spannungsfeld zwischen Funktion und Form abzeichnet. Bemerkenswert ist auch, daß die angewandten Gestaltungsmittel noch nicht zu einem endgültigen Kanon erhoben wurden. Der Weg zur Architektur des frühen Dessauer Bauhauses aber ist vorbereitet; im Bauhausgebäude und in den Meisterhäusern wird die erste Synthese meisterhaft vollzogen.

Mit dem Weggang des Bauhauses aus Weimar übersiedelt auch das Baubüro Gropius nach Dessau, um sogleich an den großen Bauaufträgen der Stadt zu arbeiten: geplant werden das Bauhausgebäude, die Meisterhäuser und die Siedlung in Dessau-Törten. Fast alle Mitarbeiter des Baubüros gehen mit nach Dessau, und es kommen neue hinzu. Adolf Meyer, der sich selbständig macht, verbleibt zunächst noch in Weimar, projektiert Einfamilienhäuser in Weimar und Jena, folgt 1926 durch Vermittlung von Gropius einem Ruf von Ernst May nach Frankfurt/Main, wo er als Leiter der Bauberatung am Städtischen Hochbauamt tätig sein wird. In Dessau schließt sich eine überaus produktive Arbeitsperiode für das Baubüro an. Ihre Zeit ist hier aber nur relativ kurz bemessen, denn nach dem Ausscheiden von Gropius als Direktor des Bauhauses im Jahr 1928 übersiedelt er mit seinem Privatatelier nach Berlin.

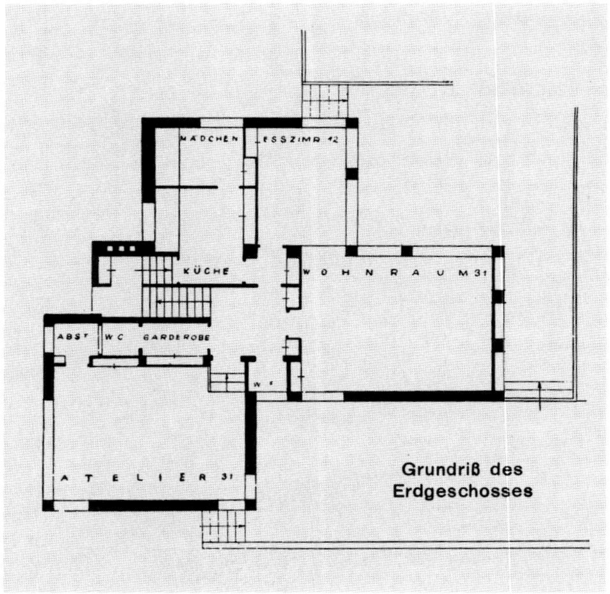

Grundriß des Erdgeschosses

Situationsskizze des Baukörpers

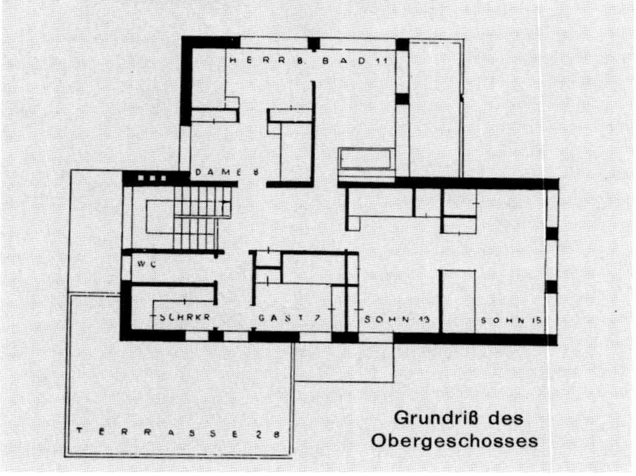

Grundriß des Obergeschosses

Projekt Wohnhaus Dr. Brauckmann in Jena. Adolf Meyer. 1925

Perspektive

Grundrisse

Die Frage, wie ein Denkmal für die während des rechtsradikalen Kapp-Putsches im März 1920 in Weimar erschossenen Arbeiter zu gestalten sei und wo es in einer würdigen Form ausgestellt werden könnte, entwickelt sich zu einem scharfen öffentlichen Streit, bei dem sich die gegensätzlichen politischen Kräfte des Bürgertums und der Arbeiterschaft und die unterschiedlichen künstlerischen Gruppierungen des Traditionalismus und des Avantgardismus gegenüberstehen. Da auch der Wettbewerbsentwurf von Walter Gropius schließlich zur Ausführung favorisiert wird, ist auch das Bauhaus unmittelbar mit einbezogen. Gropius erhält bei dieser Gelegenheit seinen ersten öffentlichen Bauauftrag.

Aufgrund eines Dringlichkeitsantrages von Emil Friedrichs, dem Vorsitzenden des Gewerkschaftskartells, beschließt der Gemeinderat am 16. Juli 1920, die Gräber der sieben Gefallenen auf dem Friedhof in Weimar in städtische Obhut zu nehmen.[130] Dies ist offenbar Anlaß, daß im Stadtbauamt unter Heinrich Vogeler Entwürfe für eine würdige Gestaltung der Grabstätten angefertigt werden. Das in den Akten erhaltene Projekt[131] zeigt eine traditionelle Grabstelle mit nebeneinanderliegenden Gräbern, hinter denen sich eine 1,20 m hohe durchgehende Mauer befindet. Sie ist mit einem Gesims abgedeckt, über dem sich ein flacher Dreiecksgiebel erhebt. Auf der Vorderseite sind rundbögige Schrifttafeln angeordnet. Die Pläne werden an Hellmich, den Vorsitzenden des Gewerkschaftskartells, übergeben, um mit den Gewerkschaften über Kostenbeteiligung und Erlangung weiterer künstlerischer Entwürfe zu verhandeln.[132] Seit Frühherbst tritt das Gewerkschaftskartell als »Bauherr« auf und macht die Denkmalsangelegenheit zur Sache der Arbeiterschaft selbst. Eine Denkmalskommission wird gebildet[133], die zunächst die Weimarer Künstler auffordert, Entwürfe für das geplante Denkmal einzureichen. Auch an das Bauhaus ergeht dazu eine entsprechende Bitte, der schließlich nachweislich fünf Bauhauskünstler entsprechen: Richard Engelmann, Carl Fieger, Johannes Itten, vermutlich Gerhard Marcks und Walter Gropius. (Überliefert sind Entwurfsskizzen der drei Letztgenannten.).[134] In einem Pressebericht wird davon gesprochen, daß insgesamt zahlreiche Künstler Entwürfe und Modelle eingereicht hätten, die im Städtischen Museum ausgestellt werden sollen.[135] In den Mittelpunkt der folgenden Diskussion rücken jetzt die Entwürfe von Walter Gropius und dem Bildhauer Josef Heise.

Gropius hatte sich von den in den ersten Entwürfen des Stadtbauamtes geäußerten Gedanken freigemacht, das Grabmal in einem von den Nachbargräbern abgezäunten Grabfeld anzuordnen, und konzipiert es als »Endgrab der langen Brüderkette«. Über den sieben Grabstellen liegt eine einzige große Platte in der Reihe der anderen, gedachten Grabstätten, die in der Geländeaufteilung vorgesehen waren. Die Platte wird seitlich und rückwärts von einer niedrigen abgeböschten Mauer umschlossen. An der linken Seite ist sie im spitzen Winkel weit nach vorn gezogen, so daß sie den Vorplatz räumlich umfaßt. An ihrem Ende erhebt sich über dreieckigem Grundriß eine dynamisch aufsteigende, mehrfach gebrochene und in einer Spitze auslaufende kristalline

Trauerzug zu Ehren der während des Kapp-Putsches in Weimar gefallenen Arbeiter. März 1920

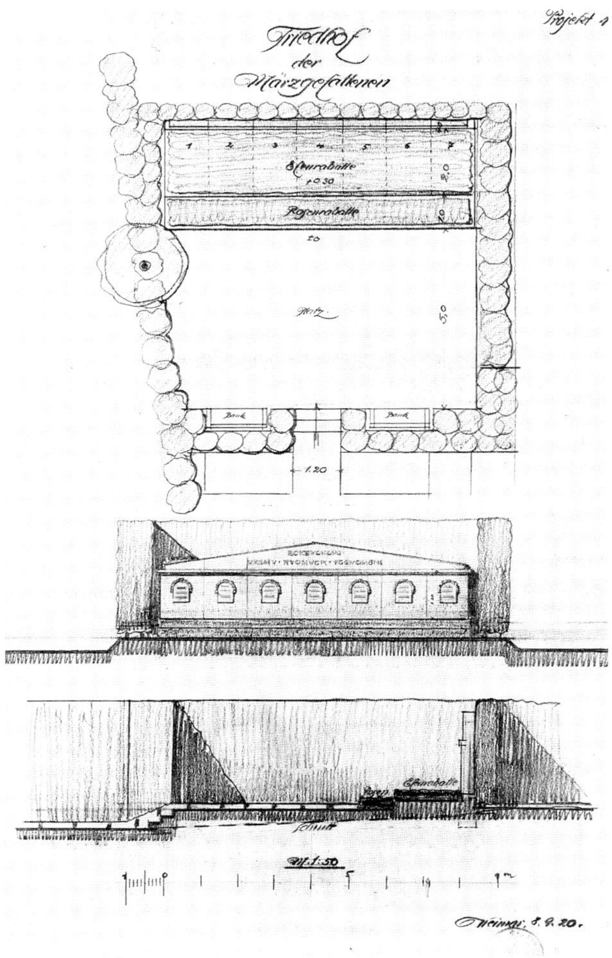

Entwurf der Grabanlage für die Märzgefallenen in Weimar. Stadtbauamt Weimar, Max Vogeler, August Lehrmann. Im August 1920

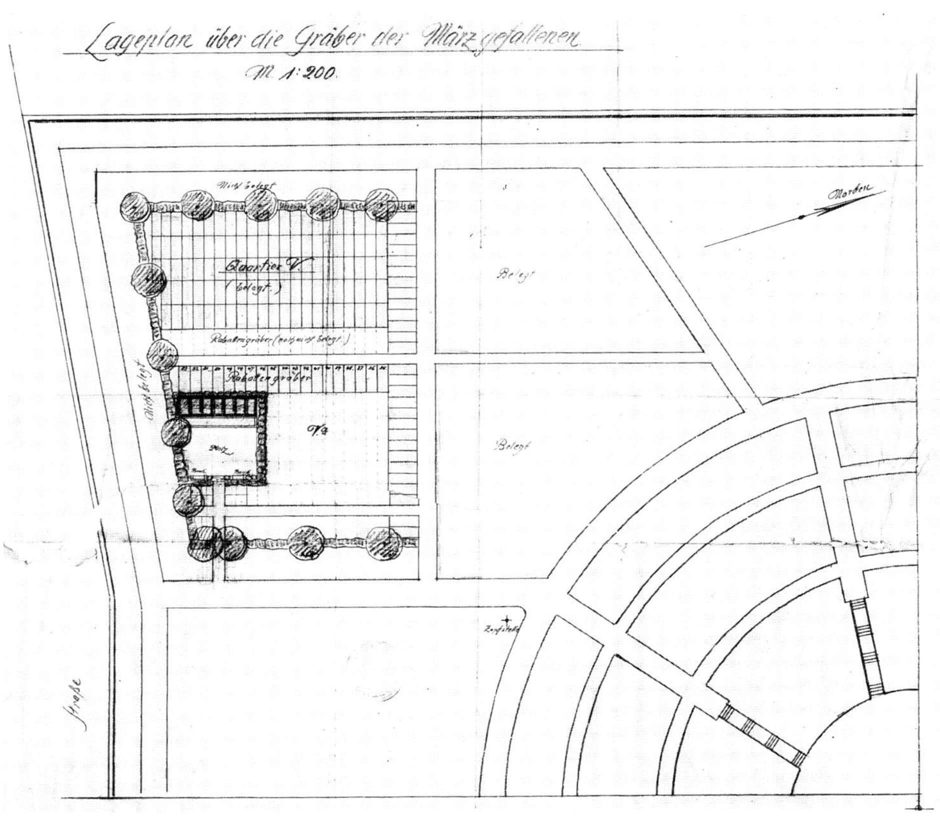

Lageplanentwurf des Stadtbauamtes. Im September 1920

Form. Ihren Inhalt erklärt Gropius so: »Der Blitz-Strahl aus dem Grabesboden als Wahrzeichen des lebendigen Geistes!« Grabplatte, Mauer und Hochkörper sollen in scharfkantig behauenem, glatten Kalkstein ausgeführt werden.[136]

Gegenspieler zu diesem Entwurf ist der Weimarer Bildhauer Josef Heise, der zwei Entwürfe eingereicht hat. In beiden Fällen konzipiert er überlebensgroße figürliche Plastiken. Unter dem Motto »Opfer« stellt er in der einen Version eine Mutter mit ihrem toten Sohn dar. Heise schreibt dazu: »Der Leichnam liegt lang hingestreckt. Die Mutter beugt sich über ihn und schließt ihm, seine Hand an die Brust pressend, die Augen. Liebende Hände haben ihn auf Frühlingsblumen gebettet.« Der zweite Entwurf trägt das Motto »Lodernde Flamme« und sieht die Figuren eines stehenden und eines knieenden Genius vor. »Ich stelle mit der Figur den Genius für Freiheit und Recht im Geiste die große Idee dar. Durch ihn werden die Opfer durch Niederlegen des Kranzes aus Frühlingsblumen geehrt, aber über ihnen lodert aufrecht das unvergängliche Wahrzeichen, die ewig brennende Fackel, mit der es dann weitereilt, denn es trauert nicht.«[137] Die für die Ausstellung ausgeführte Komposition bedeutet aber schließlich einen »Umbau« in der Gruppierung: Einem Pressebericht nach stellt der Entwurf »einen lang hingestreckt in Todesstarre liegenden Jüngling dar, dem ein in vollster Kraft strotzender junger Mann aus dem Volke, die Flamme der Wahrheit und des Lichtes aufgerichtet im Arme tragend und beim Vorwärtsschreiten sich zu dem Gefallenen niederbeugend, den Lorbeerkranz auf die Stirn drückt.«[138]

Über die Ausstellung, der man einen »lebhaften Besuch« und rege Diskussionen bescheinigt sowie die begleitenden Presseberichte, wird das Bauvorhaben in der Öffentlichkeit bekannt. Die Bedeutung des Denkmals, wie sie die Auftraggeber in einem Artikel der Zeitung »Das Volk« sehen, bestehe darin, »der Nachwelt ein Zeichen aufzurichten zum Gedenken an die Zeit, in der die politische Freiheit mit Blutopfern erkauft werden mußte ...« Die Mehrzahl der Entwürfe trüge aber dem

Thema

Schwarze Ordnung (Oktaeder) drückt hervorstechenden Kampf (Eisenspitzen) Alles ruht auf dem Würfel gesetzt.

Material

Muschelkalkstein
schwarzer u. weisser Marmor
versilberte Eisenspitzen

Kennzeichen:

Der Blitz-strahl aus dem Grabesboden als Wahrzeichen des lebendigen Geistes !!

Kein gegen die Nachbargräber abgezäuntes Grabfeld sondern das Endgrab der langen Brüdergräberkette, die sich daran anschließt und – offen für Jedermann.

Wahrzeichen, Grabplatte und Mauer in scharfkantig behauenem glatten Kalkstein.

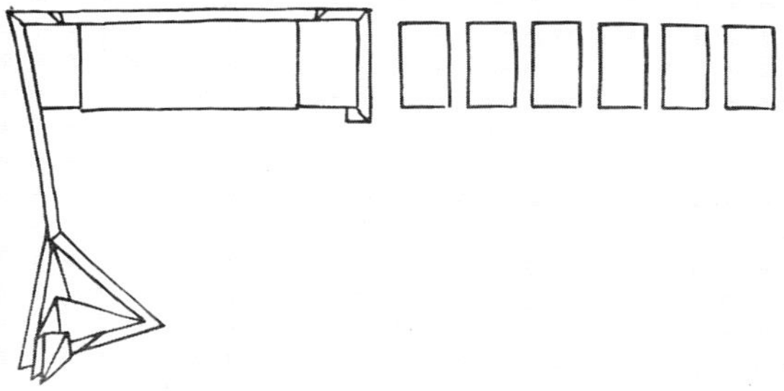

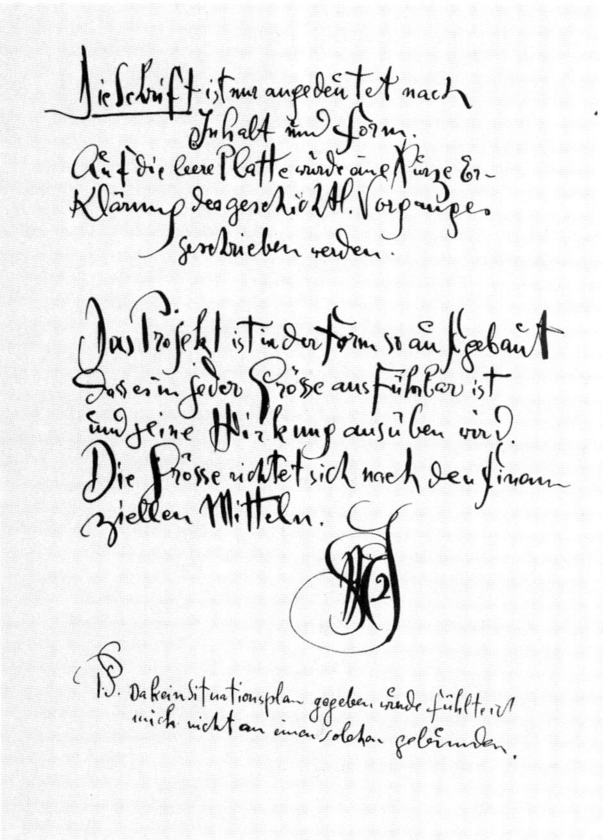

Die Schrift ist nur angedeutet nach Inhalt und Form. Auf die leere Platte würde eine kurze Erklärung des geschichtl. Vorganges geschrieben werden.

Das Projekt ist in der Form so aufgebaut dass es in jeder Grösse ausführbar ist und seine Wirkung ausüben wird. Die Grösse richtet sich nach den finanziellen Mitteln.

P.S. Da kein Situationsplan gegeben wurde fühlte ich mich nicht an einen solchen gebunden.

Wettbewerbsentwürfe von Bauhauskünstlern. 1920

Johannes Itten (links oben, unten)

Gerhard Marcks (rechts oben)

Walter Gropius (rechts unten)

proletarisch-revolutionären Gedanken keine Rechnung. Mehr oder minder beherrsche sie nur der allgemeine Gedanke der Trauer. Nur zwei Entwürfe ragen heraus, die von Gropius und Heise. »Ganz eigenartig berührte der Entwurf eines Künstlers: Aus dem Grabmal der Gefallenen züngelt in phantastischer Form ein Blitz zum Himmel empor, sich losreißend von dem umgebenden starren Gestein einer Grabplatte ...« In der Ausdeutung dieser Form wird die elementare Kraft des Geistes der revolutionären Bewegung dargestellt, die »sich durch keine noch so schwere Last und Macht erdrücken läßt und sich immer wieder mit unwiderstehlicher explosiver Kraft der einengenden Fesseln zu entledigen trachten werde.« Aber das Werk befriedige nicht, der Blitz klebe zu sehr am Boden, entwickelt sich nicht zu gigantischer Größe. So habe die Wirkung nichts Erhebendes und Begeisterndes. »Im Vergleich zu der mächtigen Grabplatte und der umgebenden Einfassung erscheint der wildzakkige Blitz wie ein kleiner Feuerwerkskörper«.[139] Trotz der kritischen Einschätzung vermerkt der Berichterstatter, daß es Stimmen gibt, die diesem Entwurf den Vorrang vor allen anderen einräumen.

Das zweite herausragende Projekt von Heise wird nur sachlich beschrieben. Über eine Rangfolge und über eine Zuerkennung von Preisen übermittelt die Arbeiterpresse keine Information. Dagegen schreibt die Weimarer Kunstkritikerin Mathilde von Freytag-Loringhoven in der bürgerlichen Zeitung »Deutschland«, daß die Auswahlkommission dem Entwurf mit dem Jüngling (Heise) den ersten Preis zugesprochen und damit feinen Geschmack und Sinn für Dauerwerte bewiesen habe. Dieser Künstler habe es am besten verstanden, »in ruhig rhythmisch bewegter Gruppe Gegenwart und Zukunft zugleich ins Auge zu fassen«. »Der zweite und dritte Preis hat einige sehr neue, etwas absonderliche Sachen getroffen. An einen Feuerblitz aus stehendem Stein zu glauben, dazu gehört denn doch zu viel Illusion. Immerhin ist diese Idee noch in strengen, ernsten Formen gehalten, trotz ihrer Leere, – manche andere Einsendungen tragen fast ... mehr den Charakter des sich Lustigmachens ...«[140]

Mit diesen recht unterschiedlich geäußerten künstlerischen Auffassungen und Wertungen beginnt ein »Denkmalstreit« zwischen den beiden Lagern, die sich in erster Linie aus weltanschaulichen und politischen Motiven gegenüberstehen. Entfacht wird der Konflikt von der bürgerlichen Seite, da nicht der erwartete konventionelle Entwurf Heises, sondern der expressionistische von Gropius zur Ausführung bestimmt wurde. Diese Entscheidung steht aber im Widerspruch zu dem von Fräulein von Freytag-Loringhoven favorisierten Entwurf Heises, für den sich angeblich die Denkmalskommission entschieden hatte. Aber das Gewerkschaftskartell bestreitet später in der Zeitung »Das Volk« diese Aussage.[141] Fräulein von Freytag-Loringhoven habe aus Unterhaltungen mit Kommissionsmitgliedern geschlossen, daß das Heisesche Modell zur Ausführung gelange. Das stimme aber nicht. Andererseits vermerkt aber Hellmich in einem Brief an Gropius, daß die Kommission wohl Heises Entwurf zur Ausführung empfohlen, die Arbeiterschaft sich aber anders entschieden habe.[142]

In einem Schreiben an die Denkmalskommission im Dezember 1920 legt Heise Protest ein gegen eine ihm zugetragene, in einer Sitzung geäußerte Meinung, sein Denkmalsentwurf sei nach einem schon vorhandenen Motiv kopiert worden.[143] Die Kommission reagiert in einem späteren Artikel in der Zeitung »Das Volk« und bezeichnet die Behauptung, die Kommission habe Heises Entwurf als Plagiat bezeichnet, als falsch. Allerdings habe es allgemeine Erörterungen gegeben wie: »... die dem Entwurf zugrunde liegende Idee sei vielfach in ähnlicher Ausführung an vielen Orten zu sehen; es sei eben die allgemein vertretene bürgerliche Idee vom Sterben und Auferstehen, von Sieg und Tod, die nichts enthalte, was den Zusammenhang mit den Opfern des Kapp-Putsches in Erinnerung bringe.«[144] Die offensichtlich ungenügende künstlerische und inhaltliche Kontraposition zu traditionellen bürgerlichen Denkmälern scheint also der Grund zu sein, weshalb der Heisesche Entwurf nicht die einhellige Zustimmung der Arbeiterschaft und ihrer Vertreter findet. Die zwei gegensätzlichen Standpunkte gehen auch innerhalb der Kommission so weit auseinander, daß keine Einigung erzielt werden kann. Die Kommission entschließt sich deshalb, die Entscheidung einer Vollversammlung des Gewerkschaftskartells zu übertragen, die dann im Zeitraum Dezember bis Anfang Januar 1921 stattfindet.[145] Dort wird über die anonym ausgestellten Entwürfe von Gropius und Heise ausführlich diskutiert und schließlich abgestimmt. Die Vollversammlung entscheidet sich einstimmig für das Projekt vom Bauhaus. Die Begründung lautet: Gropius habe mit seiner Idee die Arbeiterschaft packen und fesseln können, weil er sich »leichtverständlich und kühn« über »althergebrachte geltende Formen« hinwegsetzte und »in weitausholendem Wurf« den Märzereignissen »Gestalt und Inhalt« verlieh.[146] Sind nun mit diesem Entscheid die

Modellentwurf. Baubüro Gropius. Erste Fassung. 1921

Würfel bereits gefallen, so geben sich aber die Gegner des Gropiusschen Projektes auf der bürgerlichen Seite doch noch nicht damit zufrieden.

Heise versucht auf dem Rechtsweg, über das Rechtsanwaltskollegium Mardersteig, seinen Anspruch auf Ausführung des Projektes durchzusetzen; da ihm jedoch keinerlei definitive Zusagen gemacht worden waren, kommt er aber offenbar mit der Klage nicht durch.[147]

Nun wird Kritik an der Form des Wettbewerbes geübt. Fräulein von Freytag-Loringhoven unterstellt Mitte 1921 in der Zeitung »Deutschland«, daß es dabei nicht mit rechten Dingen zugegangen sei.[148] Noch Ende Juni beschäftigt sich auch der Bund Deutscher Architekten vermutlich auf Landesebene mit der Denkmalsangelegenheit. Gropius, der selbst Mitglied ist, teilt Hellmich mit, daß in der Sitzung falsche Angaben über die Auftragserteilung gemacht worden sind, die er korrigiert habe.[149] Hellmich drückt in der Antwort an Gropius sein Befremden über die Haltung der Künstlerverbände aus, die sich offenbar auch auf die Seite der Kritiker des Wettbewerbs geschlagen haben. Hellmich habe selbst alle am Wettbewerb Beteiligten persönlich aufgesucht und ihnen erklärt, wie das Preisausschreiben zustandekommen sollte. Alle seien mit diesen Bedingungen für eine Beteiligung einverstanden gewesen.[150] Inzwischen war aber die Verwirklichung des Gropiusschen Projektes längst begonnen worden, so daß derartigen Angriffen allein eine meinungsbildende Wirkung zukommt. Die bürgerliche Gegeneite läßt aber nichts unversucht, dem Bau des Denkmals im Prozeß seiner Realisierung Hindernisse in den Weg zu legen, um ihn womöglich doch ganz zu Fall zu bringen.

Mitte Januar 1921 reicht die Denkmalskommission im Stadtbauamt das Projekt zur Genehmigung ein. In seiner kompositorischen Lösung entspricht es im Prinzip dem Wettbewerbsentwurf, ist aber weiter im Maßstab 1:50 durchgebildet worden. Da an dem ursprünglich vorgesehenen Standort am Rande eines Gräberfeldes südwestlich des Krematoriums das Denkmal wegen vorgesehener Erbbegräbnisse nicht genügend zur Wirkung kommen würde, taucht der Gedanke auf, es an einem anderen Platz zu errichten.[151] Stadtbaurat August Lehrmann, der die Verhandlungen führt, verfolgt dabei offenbar den Hintergedanken, auch eine Änderung der in den Augen mancher Bürger anstößigen Form des Denkmals erreichen zu können. Nach einer Ortsbesichtigung wählen Gropius und Hellmich mit Lehrmann den Eckplatz am neuen Friedhof aus, den Ort, an dem das Denkmal später errichtet wird. Eine Antragstellung zur Standortveränderung, die auch die Umbettung der Leichen einschließt, macht nun die Zustimmung der Friedhofskommission nötig. Die neue Sachlage bietet jetzt für die gegnerischen Kräfte eine Chance, das Projekt zurückzuweisen. Unter dem Vorsitz von Stadtbaurat Lehrmann berät die Kommission am 10. März 1921 die Denkmalsangelegenheit. Den Hauptangriff führt Mathilde von Freytag-Loringhoven, die auch Mitglied des Gemeinderates ist, indem sie zwei Argumente vorbringt: Zum einen habe sich das Gewerkschaftskartell in seiner Mehrheit über die ursprüngliche Entscheidung zugunsten des Entwurfs von Heise hinweggesetzt. Eine »Laienmeinung« habe nicht das Recht, in einer solch künstlerischen Frage den Ausschlag zu geben. Des weiteren widerspräche das Denkmal »in Form und Erscheinung den Anschauungen des Hauptteils der Einwohnerschaft Weimars, dem immerhin ein gewisses Kunsturteil zugesprochen werden muß«.[152] Die Kritikerin stellt den Antrag, die Angelegenheit bis zur weiteren Klärung abzusetzen. Dieser wird abgelehnt, ebenso auch ein weiterer Antrag, der darauf abzielt, die Aufstellung des Denkmals überhaupt nicht zu genehmigen. Das Ergebnis der Beschlußfassung ist trotzdem negativ: »Der jetzt gewählte Platz soll für dieses Denkmal nicht gegeben werden.« Es wird ein weniger auffälliger Platz gefordert, »auf dem das Denkmal nicht so bestimmend für die anderen umliegenden Gräber wirkt«.[153]

Auf die Mitteilung des Beschlusses der Friedhofskommission durch Lehrmann, der eine Verschiebung der Denkmalsanlage nach der Mitte des Gräberfeldes empfiehlt,[154] reagiert Hellmich mit einem Dringlichkeitsantrag an den Gemeinderat, er möge in seiner Sitzung am 18. März beschließen, das Denkmal auf dem neugewählten Platz aufzustellen. Der Gemeinderat legt aber nur eine Ortsbesichtigung fest,[155] die am 22. März stattfindet. Insgesamt 21 Personen, darunter der Oberbürgermeister, der Gemeinderat, die Friedhofskommission und weitere Vertreter der städtischen Öffentlichkeit – Gropius ist nicht darunter – nehmen daran teil. Zur Beratung liegen Zeichnungen vor; die Höhe des geplanten Denkmals wird durch ein Holzgerüst kenntlich gemacht.

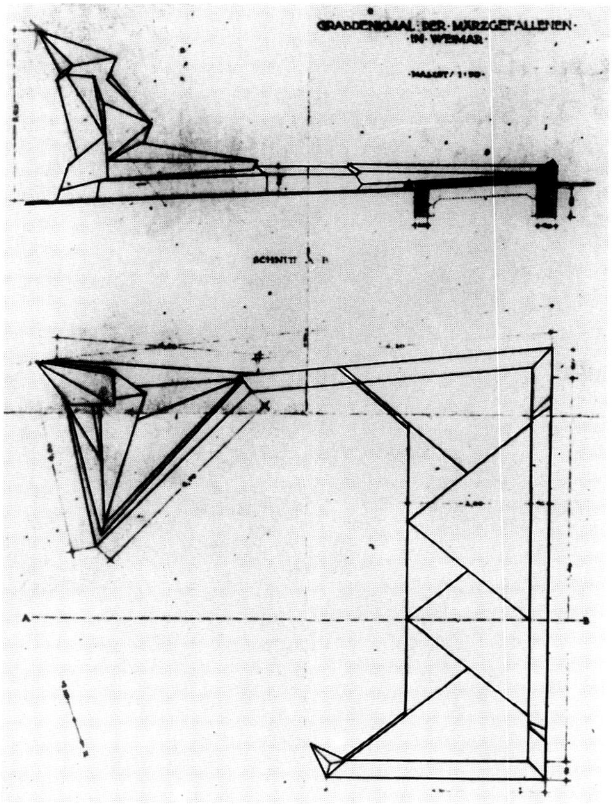

Bauzeichnung. Baubüro Gropius. Erste Fassung

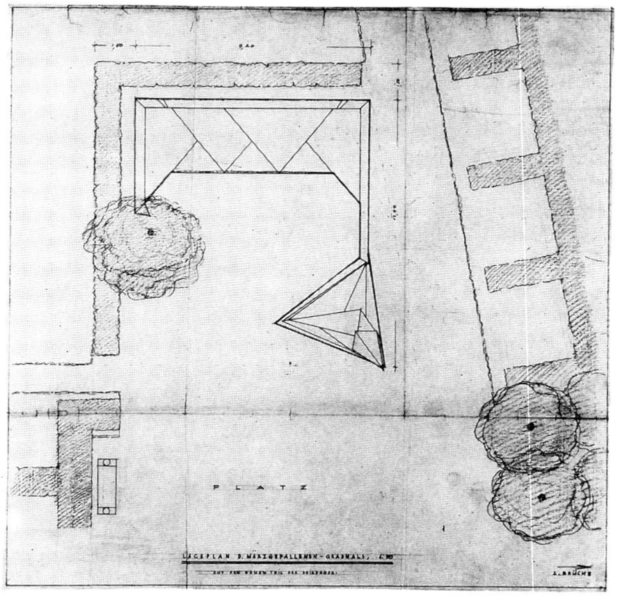

Gartenplan für den zweiten Standort des Denkmals im neuen Friedhofsteil. Zweite, spiegelbildliche Fassung

Ein neuer Entwurf hatte sich für den neuen Standort nicht erforderlich gemacht. Gropius verwendet dieselbe Anlage wie für den ersten Platz, ordnet sie nun aber spiegelbildlich an. Einen positiven Vorschlag für das Projekt bringt aber diese Beratung ein: Der »Blitz« soll nicht in den Weg ragend auf die Ecke gesetzt, sondern abgewinkelt und nach innen gerichtet werden, so daß er von Ankommenden mehr von der Breitseite her erfaßt wird.[156] In dieser Form wird das Denkmal schließlich auch ausgeführt.

Eine grundsätzliche Entscheidung kommt bei der Ortsbesichtigung jedoch nicht zustande, und eine Beschlußfassung über den Platz wird zunächst ausgesetzt. Die Denkmalskommission, die auf eine rasche Realisierung bis zu den Maifeierlichkeiten drängt, muß dieses Verhalten als Verschleppungstaktik ansehen. Hellmich drängt darauf den Oberbürgermeister Mueller in einem Schreiben, die vorgeschlagene Grabparzelle freizugeben: »Die Stellungnahme der Friedhofskommission gegen die formale Ausgestaltung des Denkmals erkennen wir nicht an, um so mehr als mit der Ausführung ein öffentlich anerkannter Künstler betraut wurde, dessen Kompetenz wir in diesen Fragen als maßgebend ansehen. Da das Denkmal am 1. Mai eingeweiht werden muß, werden wir den Bau des Denkmals auf der Parzelle des neuen Friedhofs nunmehr unverzüglich in Angriff nehmen.«[157]

Dieses Ultimatum veranlaßt den Oberbürgermeister zu einer erneuten Beratung über die Denkmalsangelegenheit, die am 26. März stattfindet. Die Meinung des Oberbürgermeisters und einiger anderer gegen den Platz und die Größe des Denkmals steht der Hellmichs und Lehrmanns, der nunmehr allerdings für diesen Standort spricht, gegenüber. Nachdem Hellmich nach Aufforderung des Oberbürgermeisters sein ultimatives Schreiben zurückgezogen hatte, kommt es zu einer Vereinbarung: Das Denkmal wird den Anregungen der Kommission entsprechend abgeändert; der Platz wird zur Verfügung gestellt, der Gemeinderat um seine Genehmigung ersucht und die Grundsteinlegung zum 1. Mai in Aussicht genommen.[158]

Nun muß zuerst die Friedhofskommission wieder darüber befinden. Der Widerstand in ihrer Sitzung am 1. April gegen das Denkmal ist unverändert groß, so enthält man sich eines Beschlusses über das Denkmal, kommt aber überein, die Genehmigung zur Belegung des neuen Friedhofes zu erteilen und einen entsprechenden Antrag an den Gemeinderat zu stellen.[159] Eine

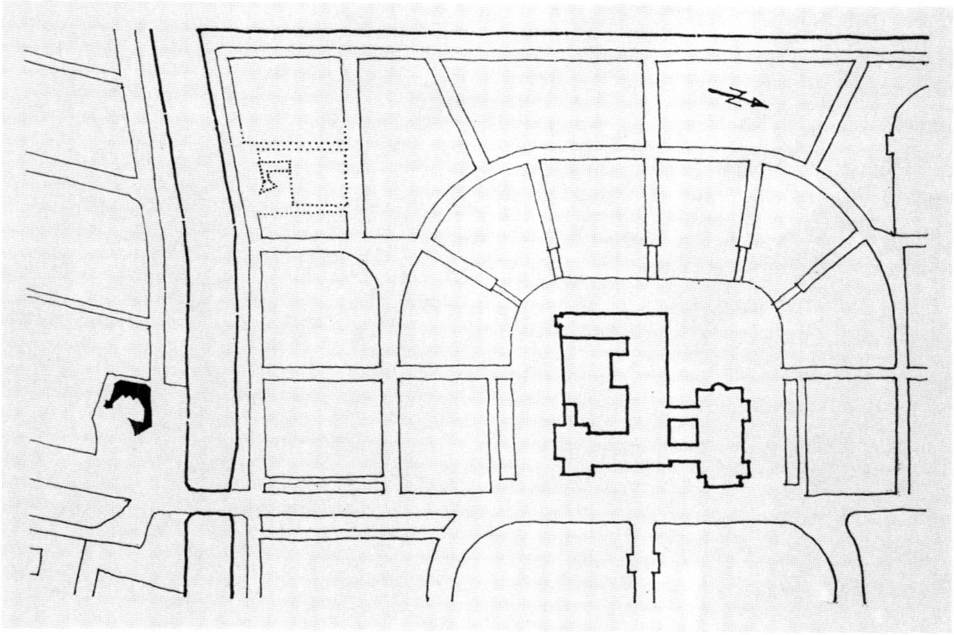

Gipsmodell für den Hochkörper. Vermutlich 1922

Lageplan mit Eintragung der ersten Standortplanung nahe der Feierhalle und des endgültigen Platzes

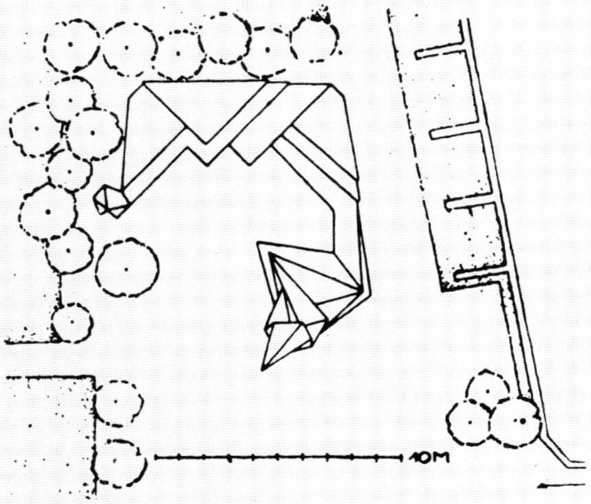

Woche später befaßt sich der Gemeinderat wieder mit der Angelegenheit. Fräulein von Freytag-Loringhoven spricht erneut in scharfer Form gegen das Denkmal, wobei sie ihr Recht auf ein künstlerisches Urteil hervorhebt. Trotzdem faßt der Gemeinderat den Beschluß zur Freigabe des Standorts, allerdings »ohne jede Kostenübernahme durch die Stadt und gegen eine Bezahlung des Platzes«.[160] Nachdem auf Anforderung des Stadtbauamts neue Pläne eingereicht werden mußten, wird am 18. August 1921 nun endlich die Ausführung des Denkmals genehmigt.[161]

Der Bau beginnt nach der Umbettung der Toten vom ersten zum neuen Begräbnisplatz Ende Oktober. Die Ausführung erfolgt durch die Soziale Bauhütte Weimar. Da die Kosten für eine Ausführung in Ehringsdorfer Travertin dem Auftraggeber zu hoch sind, wird das Denkmal schließlich in »Kunststein«, d. h. in Stampfbeton mit einem Vorsatz, der Ehringsdorfer Muschelkalk und schwarze und weiße Terrazzokörnung enthält, ausgeführt.

Am 1. Mai 1922, der erstmals in Thüringen als gesetzlicher Feiertag begangen wird, findet die feierliche Einweihung des Denkmals im Kreise von rund 4000 Demonstranten statt. Die Ansprache hält Emil Friedrich, der Vorsitzende des Gewerkschaftskartells. Nach einem Zeitungsbericht führt er unter anderem folgendes aus: »So ungewöhnlich der Anlaß des Todes, so ungewöhnlich auch die Form des Denkmals, die mancherlei Anfechtung erfahren. Es soll ein Mahnruf sein, eine Erinnerung für die Arbeiterschaft, nicht zu lassen von den Errungenschaften unserer neuen Zeit ...«[162] Die erforderlichen

Grundriß des ausgeführten Denkmals. 1922

Ansicht des Denkmals von Südosten. 1922

Einweihung am 1. Mai 1922 (s. auch Farbteil Seite 154)

Mittel für den Bau, die durch die Inflation höher als die ursprünglich geplanten 20000 bis 25000 Mark ausfallen,[163] mußten die Arbeiter durch eine Spende von drei Mark je Mitglied selbst aufbringen. Aus Anlaß der Denkmalsweihe gibt das Gewerkschaftskartell eine von Gropius gestaltete Erinnerungsschrift heraus, deren Verkaufserlös die durch fortschreitende Teuerung entstandenen Mehrkosten decken helfen soll. Weder der thüringische Staat noch die Stadt Weimar sind an der Finanzierung beteiligt. Die Stadt stellt zudem die Begräbnisstelle in Rechnung und ist erst nach langen Bemühungen der Gewerkschaften bereit, auf eine Bezahlung zu verzichten und die Herrichtung des Denkmalplatzes sowie seine jährliche Pflege der Fiedhofsverwaltung zu übertragen.[164]

Die Dramatik in der Entstehungsgeschichte des Denkmals findet ihre Entsprechung in der Zerstörungsaktion zu Beginn des Dritten Reiches. Die bisherigen Gegner sehen offenbar jetzt, unter der Macht der NSDAP, ihre Chance für gekommen, endlich die Beseitigung des Denkmals durchsetzen zu können. Politische Gründe, insbesondere die Verwurzelung der Denkmalsidee in der Arbeiterbewegung, haben in der Begründung den Vorrang. Auch bietet dafür die antimodernistische Kulturpolitik der Nationalsozialisten unter dem Motto der Bekämpfung des »Kulturbolschewismus«, der im Bauhaus seinen Ausdruck gefunden habe, eine ideologische Grundlage.

In der Sitzung der Hygiene- und Gartenkommission Weimars am 3. Juli 1933 kommt es zu einer längeren Debatte über »die Beseitigung bzw. zweckmäßige Änderung« des Gropius-Denkmals. Man beschließt, die Eigentumsverhältnisse zu überprüfen, denn mit den soeben verbotenen und enteigneten bzw. gleichgeschalteten Gewerkschaften hatte sich eine neue offene Rechtslage ergeben. Außerdem sollen Vorschläge für eine eventuelle Korrektur der Grabstätte gemacht werden.[165] Da die Stadtverwaltung offenbar monatelang nichts tut, verstärkt die NSDAP ihren Druck. Der Gauwalter Thomas schreibt im Oktober 1933 an Oberbürgermeister Mueller: »Es wird von vielen Volksgenossen Anstoß an dem Blitzdenkmal auf dem hiesigen Friedhof genommen. Ich bitte zu erwägen, ob dieses ›Denkmal‹ nicht entfernt werden kann.«[166] Im Dezember 1935 unterbreitet die Firma Bruno Müller ein Leistungsangebot über die Entfernung des Denkmals: »Absprengen des Betonkegels bis 15 cm unter Geländehöhe, die Betonblöcke zerschlagen und zur Verwendungsstelle (neue Friedhofswege – K.-J. W.) anfahren.« Es wird eine Pauschalsumme von 375 Mark vereinbart.[167] Die Zerstörung folgt bald darauf. Anstelle des Hochkörpers wird in den 30er Jahren ein Brunnen mit einem dorischen Säulenfragment aufgestellt.

Neuklassizistischer Brunnen, errichtet nach dem von den Nationalsozialisten veranlaßten Abbruch des Hochkörpers. Nach 1935

Unter der Überschrift »Irrwege der Baukunst« veröffentlicht die »Deutsche Bauhütte« Anfang 1934 eine kurze Kritik des Denkmals, die unmißverständlich die nationalsozialistische Antihaltung zum Ausdruck bringt: »Es ist ja kein Obelisk aus Stein, der so im Sturze niederbräche, sondern ein hingerichteter Betonklotz zwischen Schalung als bildnerische Fixierung, zu der die Idee dem photographischen Monumentalbild entnommen ist. Was aber in der Photographie wirksam sein mag, ist es noch lange nicht als architektonische Idee ... Echte heroische Gedanken streben nach Formenklarheit, nicht nach Literaturphrasen.«[168] Das angeblich falsche Pathos, die Interpretation als äußerliche Effektabsicht in der Darstellung eines Blitzes im Unterschied zur erstrebten klassisch-heroischen Architekturform kennzeichnet die beschränkte Ebene dieser Kritikführung. Eine Begründung für den Abbruch geben die »Leipziger Neuesten Nachrichten« vom 26. November 1935, ganz in der Diktion der Nationalsozialisten: »›Der Blitz‹, dieses steinerne Kennzeichen eines völlig **kulturlosen und undeutschen** ›Kunststils‹, wie ihn bewußt das Bauhaus und seine Anhänger pflegten und propagierten, war ein Hohn

Heutige Situation mit dem 1946 rekonstruierten Hochkörper

auf jeden gesunden Geschmack und daher längst reif zur Beseitigung ...«[169] Das Märzgefallenendenkmal wird von den Nationalsozialisten in die Kategorie der »entarteten Kunst« eingestuft.

Im Jahre 1946 errichtet die Weimarer Arbeiterschaft den zerstörten Hochkörper in einer dem Original annähernd nahekommenden Gestalt wieder.

Die »Phylogenese« des Denkmalentwurfs nahm – wie schon dargestellt – vier Stufen bis zur Ausführung. Der einzelne, gedrungene und etwas schräg gestellte kristalline Hochkörper im Wettbewerbsentwurf war in Winkelform über eine Umfassungsmauer mit der aus Rechteckplatten bestehenden Grabfläche verbunden. Im nächsten Entwurf galt für die annähernd rechteckig gefaßte Plattenstruktur das Dreieck als bestimmendes Grundmotiv. Auch hier gibt eine, in einer kleinen Pyramide endende Mauer der Komposition den Rahmen, die wie ein Relikt geometrisierenden Jugendstildekors erscheint. Schließlich wurde die ausgeführte Fassung wegen der veränderten Standortsituation spiegelbildlich gedreht angeordnet. Sie besteht nur aus Flächenkörpern ohne eine Randfassung, und die Elemente selbst gewinnen in ihrer Wechselwirkung größere Dynamik. Diese nimmt ihren Ausgangspunkt in der kleinen Eckpyramide, breitet sich mittels gebrochener und sich überdeckender Schollen des Grabfeldes aus, erfaßt ein formberuhigtes Zwischenstück und findet konzentrierten Ausdruck im Hochkörper. Der wuchtige geneigte Grundkörper, der hinten aufgespalten zu sein scheint, trägt einen unregelmäßig geformten spitzigen Kristall auf seinem Haupt. Aber als Formelement erlangt der Kopf nur eine relative Selbständigkeit, da er mit dem Massiv verschmolzen ist. Die im Zickzack aufsteigenden Linien und Dreiecksflächen führen nicht weiter in die schräg aufsteigende Richtung, sondern werden auf die gedachte Achse des Hochkörpers orientiert, die in der Spitze endet. Im Umriß entstand eine doppelt geknickte Figur, einem aufgepflanztem Bajonett ähnlich. So ist die skulpturale Form nur als ein Ganzes erfaßbar. Die Körpermassen scheinen im Grundriß wie eine Spirale um die Mitte zu kreisen und sich im Wechsel der nach innen geneigten Flächen auf den Höhepunkt einer Entladung von Massenkräften zu drängen. Es liegt nahe, darin eine stilisierte Naturform, vergleichbar etwa mit einer Brandungswelle, zu erblicken. Die Gestalter benutzten die Mittel der Abstraktion und Verfremdung organischer, naturhafter Gebilde und schnitten zunächst aus Gips Körper, die aus ebenen, aber unregelmäßigen Dreiecken und Trapezen bestehen. Diesem expressionistischen Credo entsprechend entstand eine »absolute Plastik«. Mit den Mitteln der Natur, ihr abgelauscht, war freischaffend eine vom Menschen erfundene, andere Natur erzeugt worden.[170]

Die künstlerische Gestalt des Märzgefallenendenkmals ist ein in verschiedenen stilistischen Formen vorbereitetes Ergebnis des Nachkriegsexpressionismus in der Architektur und Plastik, des Kubismus in der Malerei und insgesamt des sich auf allen formschaffenden Gebieten verbreitenden Abstraktionismus im Sinne von Ungegenständlichkeit und Ornamentlosigkeit. In der Geschichte der deutschen Grabmalkunst steht das Denkmal als Repräsentant dieser Bestrebungen ganz im Vordergrund bei wenig Vergleichbarem und künstlerisch Ebenbürtigem.[171] Ein Blick auf andere formstarke expressionistische Beispiele läßt seine Besonderheit gut erkennen.

Max Taut gestaltet 1919 das Erbbegräbnis Wissinger in Stahnsdorf bei Berlin als steinerne Inszenierung eines Reigens antropomorpher Wesen, die sich um die Grabplatten aufgestellt haben. Es sind skulpturhafte Stützen, die sich zum Fußpunkt hin verjüngen und durch flache Spitzbögen miteinander verbunden sind. Hans Walther errichtet das Grabmal der Gebrüder Schmidt in Erfurt etwa gleichzeitig mit dem Märzgefallenendenkmal in Form einer etwa fünf Meter hohen Kuppel aus steinernem Astwerk, das aus dem Grabesboden emporzuwachsen scheint und den Kenotaph mit einer spitzbogigen offenen Rippenkuppel überdeckt. Die eher vegetabilen als kristallinen Rippenformen treffen sich im Spiralmotiv des Schlusses, der Unendlichkeit symbolisiert. Der Ausdruck des Erhabenen wird durch große naturhaft-kristalline Formen hervorgerufen. Ihr Thema ist Werden und Vergehen, Natur und Mensch, und ihre Komposition führt von dem Zustand der Bewegung zu Erstarrung und Ruhe. Gerade in diesem Punkte, der üblichen feierlichen Statuarik, die beide Beispiele auszeichnet, unterscheidet sich das Märzgefallenendenkmal. Auch die verwandten Anlagen, beispielsweise die Gedenkstätte für die Märzgefallenen in Gera (1921), stehen im Geiste dieser Tradition mit ihren erhabenen strengen neuklassizistischen Formen, ebenso die Gedenktafel in Arnstadt zum gleichen Anlaß.

Das dynamische Moment mit solcher Wucht und Energie wie in Weimar sucht man selbst bei den phantastischen Entwürfen der Revolutionsarchitekten im Kreise des Arbeitsrates für Kunst und anderen expres-

Erbbegräbnis Wissinger in Stahnsdorf bei Berlin. Max Taut. Anfang der 20er Jahre

Grabmal der Gebrüder Schmidt in Erfurt. Hans Walther. 1922

sionistischen Künstler, die Gropius als Anreger und Formvorbild gedient haben mögen, meist vergebens. »Der Weltbaumeister«, ein Architekturschauspiel für symphonische Musik von Bruno Taut aus dem Jahre 1920, läßt eine phantastische kosmische Welt entstehen. Wie in einem Zeitraffer pflanzlicher Sprossungs- und Entfaltungsvorgänge bildet sich das Bauwerk vor dem Hintergrund des Universums und vergeht wieder. Jedoch ist diese, Naturvorgängen entlehnte architektonische Metamorphose ein Prozeß in harmonischen Abläufen, der in der Ruhe des Alls endet. Auch das in der Reflexion auf Scheebarts Poesie verwertete Kristallmotiv in den Architekturphantasien Bruno Tauts (Alpine Architektur), Wenzel Habliks (»Phantasie«) und anderer Künstler[172] ist als strahlende Erscheinung in relativer Ruhestellung gestaltet. Einer dynamisierten Komposition am nächsten kommt wohl Wassili Luckhardt mit dem Blatt »Formphantasie« von 1920.[173] Es zeigt einen aufgetürmten Fels, aus dem ein Keil herauszudrängen scheint, einem Keimling, der die Erde aufbricht, ähnlich. Doch trotz kräftiger Aufwärtsbewegung der Form scheint er wie allmählich gewachsen zu sein, erhebt sich voller Würde und Pathos. Das Weimarer Märzgefallenendenkmal ist dagegen unruhevoll, unausgeglichen, nervös-bewegt, im Detail oft unbestimmt orientiert, aber im Ganzen wie eine Explosion gestaltet, die in der Dramaturgie der spiralförmigen Aufwärtsbewegung ihre Dynamik erhält. Der methaphorische Zusammenhang zu den Bildern Kampf, Krieg, Revolution, Volkserhebung ist leicht herstellbar und wird von den Auftraggebern und ihren Gegnern auch so gesehen. Der Zusammenhang zu den revolutionären Ereignissen erschließt sich aber nur auf der skizzierten Abstraktionsebene bei einer adäquaten Sinndeutung der Zeitvorgänge. Die Frage nach einer Ausdeutung des Denkmals beantwortet Gropius in einem Brief im Jahre 1968: »Ich zögere, irgendeine literarische Erklärung für das Denkmal zu geben. Es muß der Vorstellung des Betrachters überlassen bleiben, wie er es interpretieren will. Es wurde gewiß zu jener Zeit mit einem echten Gefühl für die fortschrittliche Tat der Arbeiter gemacht, die das neue Denken der Zeit verteidigen wollten.«[174] Tatsächlich läßt die Deutbarkeit vieles offen; sie findet in der Bezeichnung »Blitz« ihren sinnfälligen Ausdruck in der Öffentlichkeit und als »revolutionäres Denkmal« Anerkennung in der Arbeiterschaft. Sie führt aber auch zur Kritik, die Adolf Behne zu dem Vorwurf einer Abstraktion, die »ängstlich unpolitisch« sei, führt, denn als allgemein gehaltenes Symbol der Erhebung hätte es ebensogut für die Kappisten gesetzt werden können.[175] Behne verkannte aber, daß die expressionistische Ästhetik diese Alternative wegen ihrer Irrelevanz ausschloß.

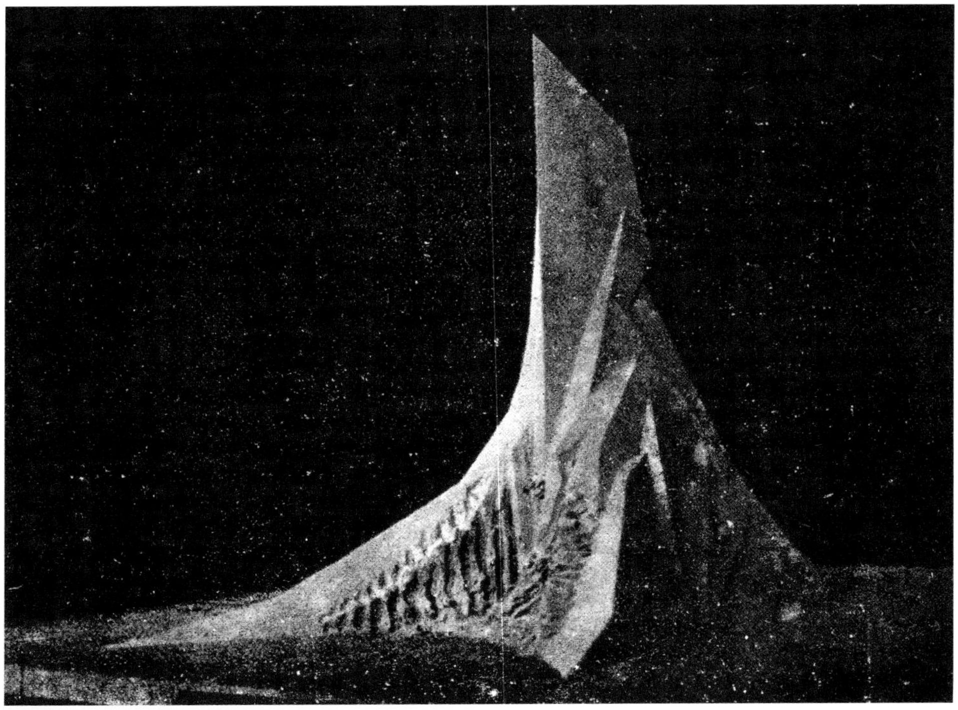

»Formphantasie«. Wassili Luckhardt. 1920

Wesentlich ist allerdings die Verknüpfung der politischen Utopie der Arbeiterschaft mit der künstlerischen Form. Emil Friedrich, einer der politischen Urheber des Denkmals, schreibt in seinen Erinnerungen: »Hier an dieser Stätte, wo alles nach herkömmlichen Begriffen in ewiger Ruhe, strebt diese mächtige Bewegung nach oben und mündet in Kristallform. Kein nach Maßstäben berechneter Obelisk, der mit geschickter Hand gemeißelt eine Vollendung darstellt, ist mit dem Denkmal vergleichbar. Jede Bewegung hat Widerstände zu überwinden und muß von unten aus in schräger Stellung gehen, um zur Entfaltung zu kommen. Liegt die Masse noch in Ruhe, so tritt der Kristall in der Spitze in Bewegung und reißt alles mit sich in die Höhe. Und diese Bewegung ist immerwährend, weil sie neugestaltendes Leben ist. Nicht festgewachsener Stein ist als Material verwendet. Millionenweise sind Sandkörner aufeinandergefügt. Millionenweise schließen sich auch die Menschen zusammen, um alle Widerstände zu überwinden und eine neue Gesellschaft zu errichten.«[176]

In einem weiteren, die »Öffentlichkeit« erregenden Fall, kommt es zu einem Konflikt zwischen den Auffassungen am Bauhaus und den in Weimar verbreiteten Gestaltungsvorstellungen im städtebaulichen Raum, und zwar im historisch geprägten Altstadtbereich in der Geleitstraße, die eine der wichtigen mittelalterlichen Querverbindungen vom Westen der Stadt zum Herderplatz und Schloß bildet. Der Ingenieur Carl Boger läßt im Oktober 1922 die Fassade seines Wohnhauses in der Scherfgasse 1 erneuern, wobei er sich auf eine Farbkonzeption von Walter Gropius stützt. Das sogenannte Geleithaus ist eines der markantesten Renaissancegebäude der Stadt und bestimmt in seiner abgewinkelten Form das Bild des Straßenzugs wesentlich mit, es liegt – aus westlicher Richtung kommend – in der Blickachse und ist nicht ohne malerischen Reiz. Boger ist sich des »künstlerischen und historischen Wertes« des Hauses bewußt, »nimmt Rücksprache mit mehreren von der Thüringer Regierung berufenen Professoren, welche in der gesamten deutschen Kunstwelt anerkannt sind« und läßt sich von Gropius den Entwurf anfertigen.[177] Auf dieser Grundlage beginnt die Ausführung: Die Wandflächen sind grell Preußischblau, die Steingewände erhalten einen weißen Ölfarbenanstrich (Ölfarbe wurde bereits beim vorherigen Anstrich verwendet), und die Fenster erscheinen im Zinnoberrot.

Die angewandte Farbgebung erregt Aufsehen, als mit der Gestaltung begonnen wird; die Stadtverwaltung fühlt sich übergangen und untersagt mit Berufung auf das Ortsstatut kurzerhand die Ausführung. Im Ortsstatut vom 23. Februar 1907, Ziffer 2 wird vom Recht der Behörde zum Verbot von »Änderungen am Äußern von Bauten, deren Erhalt wegen ihres geschichtlichen, kunstgeschichtlichen oder künstlerischen Wertes von hervorragender Bedeutung für die Stadt ist« gesprochen und nun auf den Fall Boger angewandt. Die Stadtverwaltung teilt ihm mit, daß die Fortsetzung der Anstricharbeiten untersagt ist, bis Sachverständige die beabsichtigten Änderungen geprüft haben. Boger wird ein Berufungsrecht an das Thüringische Ministerium des Inneren eingeräumt, das er innerhalb einer Woche wahrnehmen kann, anderenfalls kann er bestraft oder zur Beseitigung des nicht genehmigten Anstrichs gezwungen werden.[178] Da er gerade auf einer Reise ist, verstreicht die Frist für das Berufungsrecht. Um der Gefahr weiterer Ärgernisse zu entgehen, verspricht Boger nach seiner Rückkehr, die erforderliche Eingabe bei der Baupolizeibehörde einzureichen und erbittet ein abschließendes Urteil an Ort und Stelle, denn er ist nach dem Fortgang der Malerarbeiten gezwungen, das Gebäude vollständig fertigzustellen. Sein Einlenken drückt er in einem Brief mit der Bemerkung aus, daß er sich nicht »in den Gegensatz zur öffentlichen Meinung stellen wolle«.[179] Stadtrat Lehrmann bestimmt daraufhin eine Reihe von Sachverständigen, die im Sinne des Ortsstatuts, betreffend den Schutz gegen Verunstaltung des Stadtbildes aus dem Jahre 1907, den Fall erörtern und beraten sollen. Zu den bestellten Sachverständigen zählen die erfahrenen auswärtigen Architekten Stadtbaurat Hossfeld aus Naumburg, Baurat Mühlfeld aus Jena, außerdem Vertreter der Weimarer Künstlerkammer und des Bundes der Architekten, Regierungsbeamte und Architekten des Stadtbauamtes, die in der Sitzung vom 11. November 1922 die Frage der Farbgestaltung des Geleithauses behandeln. Gropius ist nicht darunter. Stadtrat Lehrmann macht sich zum Anwalt der »erregten Öffentlichkeit«, die den blauen Farbton in seiner Stärke und Wahl nicht akzeptiere. Im Protokoll heißt es: »Herr Stadtrat Lehrmann ist dafür, daß bei Neuanstrich klassischer Häuser Einhalt geboten werde. Das Blau sei jedenfalls zu kräftig, und (es) spreche auch das Streichen der Steinwände mit weißer Ölfarbe gegen sein Empfinden.« Dagegen bejahen Hossfeld und Mühlfeld eine farbintensive Stadtbildgestaltung, wie sie von ihnen selbst in ihren Städten schon mehrfach angewandt wurde. Den farbigen Anstrich an dieser Stelle könne Hossfeld »nur gutheißen, da das Haus eine beherrschende Stelle einnimmt und in der Farbe als führend stehen kann. Auch sei der farbige

Anstrich für das aus der Renaissance-Zeit stammende Haus passend. Die gewählten Farben, die ja etwas zu kräftig seien, halte er nicht für geschmacklos, zumal nicht so viele verschiedene Farben durcheinander gebracht seien. Er empfiehlt, auf den niedrigen Anbau nach der Gasse zu etwas Weiß hinzuzubringen; auch durch weiße Rahmen werde das Ganze noch gewinnen.« Mühlfeld hebt hervor, daß die Farbe »nicht Selbstzweck sein« darf, sondern sie soll »nur die Architektur heben«. »Er ist dafür, daß Fensterberahmungen und Eckquaderung **weiß** herausgehoben werden, wodurch die blauen Flächen vorteilhaft unterbrochen werden.« Diese Meinung stimmte offenbar auch mit den Vorstellungen von Gropius überein, denn Assessor Dr. Koch vom Finanzministerium weiß zu berichten: »Prof. Gropius beabsichtige noch (eine) weiße Bemalung der Querung (Quaderung) und Streifen um den Giebel herum, so daß ein Absatz geschaffen wird.« Neben kritischen Hinweisen zum Ölfarbenanstrich, zu einigen Details, setzt sich aber die positive Grundeinstellung zur farbigen Bemalung »solcher Häuser« durch. Abschließend heißt es: »Die blaue Farbe als erste Farbe in Weimar ist zu scharf gewählt und hätte etwas gemildert werden können. Eine dritte Farbe wie Gelb muß unterbleiben. Dagegen wird eine dritte Farbe (Weiß) für notwendig gehalten bei der Bemalung der Rahmen, der Fenster, Gewände und des niedrigeren Nebenhauses.«[180]

Mit diesen im Detail erweiterten Empfehlungen von Stadtbaurat Lehrmann läßt Boger den Farbanstrich an seinem Haus vermutlich vollenden.[181] Bemerkenswert ist, daß dieser Vorgang zum Auslöser wird, um das Ortsstatut im Hinblick auf die Stadtbildgestaltung zu präzisie-

Das Geleithaus vom Westen in der Geleitstraße in Weimar. Foto 1907

ren und es so der Öffentlichkeit vorzutragen. Die Zeitungen »Deutschland« und »Das Volk« bringen dazu Informationen in Verbindung mit einem Beschluß vom 7. Dezember 1922, der vor allem folgende Festlegungen enthält: In den letzten Jahrzehnten sei eine Verflachung und Verödung im Stadtbild eingetreten, deshalb ist eine »farbige Behandlung der Hausflächen an Plätzen – und für sich – zu fördern«. Allerdings muß künftig in Weimar zwischen den Haustypen je nach Kunstepoche unterschieden werden: Bauten der »vorklassischen Zeit (Renaissance)« sollten »freudige, kräftige Farben« erhalten können. Den »klassischen Gebäuden« steht ein »warmer, gelblichbrauner Ockerton in Verbindung mit Weiß« zu. Die übrigen Gebäude »aus den letzten Jahrzehnten« sollen an das Straßenbild harmonisch angepaßt werden. »In den neueren Stadtteilen wird jedoch die individuelle Kunst, aber immerhin mit Maß und Ziel und feiner Empfindung vorherrschen.«[182]

Gropius, der dieses Farbprojekt niemals erwähnt, geht hier den Weg wie andere gleichgesinnte Berufskollegen seiner Zeit. Die Farbe als billiges, d. h. kostengünstiges Mittel zur Belebung und Aufwertung des Stadtbildes und als ästhetischer Ausdrucksträger der Erneuerungsbestrebungen war insbesondere von Bruno Taut propagiert und angewandt worden. Die Verbindung architektonischen Gestaltens mit dem Expressionismus, zu dessen Kunstmitteln auch eine kräftige Farbigkeit gehört, spielt für Gropius eine Rolle, wohl kaum aber die Wiederentdeckung der Stilistik der Renaissance und eine Ehrerbietung vor dem klassischen Weimar. Es ist wohl vor allem eine Kontraposition zu dem staubigen, »verflachten und verödeten Stadtbild« der Vorkriegsjahrzehnte, das ja den Ausdruck jener bürgerlichen Welt in sich trug, die überwunden werden soll. Selbst bei dieser unbedeutenden Aufgabe verbirgt sich im Farbkonzept Gropius' ein ästhetisches Programm, das sich mit dem Avantgardismus dieser Jahre verbindet. Einen anderen Bezugspunkt in der Stadt zur Veranschaulichung programmatischer Vorstellungen über die Handhabung neuer Gestaltungsmittel finden junge Künstler am Bauhaus im Bild des Weimarer Theaters, wofür Gropius 1921 einen Umbau der Hofloge projektiert. Der Studierende Peter Röhl schreibt ein Manifest mit einer Huldigung an de Stijl in der gleichnamigen Zeitschrift unter der Überschrift »Die Ausgestaltung des Residenztheaters in Weimar«: »Bei der Ausmalung des Residenz-Theaters in Weimar kommt die Architektur nicht in Frage. Es kann hier nur eine **Manifestation der neuen**

Das Geleithaus an der Scherfgasse in Weimar. Foto 1907 (s. auch Farbteil Seite 154)

Gesinnung in Farbe sein. Es soll ein Bekenntnis sein für unser Streben zur elementaren Kunst. Die Farben des Theaters leuchten, und die Manifestation der Farben soll eine Fahne sein, ihren Führer zu begrüßen, den Maler Theo van Doesburg ...«[183]

In einem Buch über Weimar aus dem Jahre 1920 beschreibt Baurat Unruh das Theater so: »Wohltuend ist überall die zarte künstlerische Tönung in der inneren Ausstattung, es wird selten ein so ruhig auf den Beschauer wirkendes Innenhaus zu finden sein, das sich dem Charakter der Traditionen anschmiegt.«[184]

Das Theater wird in diesem Jahre nicht neu ausgemalt. Röhl benutzt vermutlich die Metapher Theater, um den Bruch zwischen Tradition und Neuerertum zu veranschaulichen. Sein Pathos entspricht der Proklamation der Elementarformen und -farben, die Theo van Doesburg als Ausdruck »des Stils der Neuen Welt« vertritt, als er sich 1921 und 1922 in Weimar aufhält und Einfluß auf das Bauhaus gewinnt. Es ist denkbar, daß auch das Preußischblau des Geleithauses vom November 1922 unter diesen Wirkungen seine bissige Schärfe erhalten hat.

Die Idee zur Gründung einer Bauhaussiedlung für Meister und Schüler folgt aus einem zwingenden Bedürfnis nach angemessenem Wohnraum und wird am Anfang einer in Weimar zu erwartenden Aufbauphase von vielen Hoffnungen genährt. Anders als bei zukunftsweisenden Architekturvisionen, müssen die damit verknüpften Überlegungen in der rauhen Realität der Nachkriegskrise realisierbar sein. Mit diesem Regulativ wird das Bestreben, Ideen der Erneuerung gleichzeitig mit dem Bauvorhaben zum Durchbruch zu verhelfen, wesentlich gesteuert. Jedoch führt keine der Planungen unter den mißlichen Umständen in Weimar wirklich zum Ziel, vom Sonderfall des Ausstellungshauses einmal abgesehen. Aus dem Werdegang und den Planungsstufen erhellt sich ein Stück architekturkonzeptionelles Denken, das teils am Rande, teils aber auch im Zentrum des Geschehens am Bauhaus liegt.

Im Juni 1920 übernimmt das Bauhaus auf seinen Antrag hin von der Staatsregierung das Kiefernwäldchen und benachbartes Brachland in gärtnerische Nutzung zugunsten der Bauhausküche. Diese außerhalb der Stadtgrenze auf einem Flurstück der Gemeinde Oberweimar liegende Fläche von 1,65 ha wird in der Folgezeit von den Bauhausangehörigen urbar gemacht und hilft, durch Kartoffel- und Gemüseanbau die Ernährungsgrundlage zu sichern. Die Idee zur Besiedlung des Geländes liegt nahe und wird zuerst von Gropius aufgeworfen, der sie dann im Kreise der Meister und Schüler verbreitet und zur Sache des Bauhauses macht.

Einen ersten Versuch zur planerischen Einordnung von Siedlungshäusern unternimmt der ehemalige Meisterschüler bei Mackensen, Walter Determann, offenbar in Zusammenarbeit mit dem Baubüro Gropius.[185] Determann hatte bis auf den vierwöchigen Schnellkurs der Baugewerkenschule am Bauhaus und folgende Lehrveranstaltungen nur einige elementare Kenntnisse für eine Architektentätigkeit erwerben können und war für diese anspruchsvolle Aufgabe wohl überfordert. Dennoch läßt die unvollkommene Studie einige Schlüsse auf die frühen Überlegungen der Siedlungsplanung zu. Eine ausgearbeitete Höhenschichtenkarte des Siedlungsgeländes, das südlich an das Kastanienwäldchen anschließt, gibt einen Eindruck vom stark abschüssigen und bewegten Gelände mit 10 bis 15% Gefälle. Seine Eignung für einen rationellen Aufschluß und eine sinnvolle Bebauungsform ist von vornherein problematisch.

Determann ordnet an diesem Hang 16 eingeschossige Blockhäuser an, die meist einen quadratischen Grundriß besitzen und auf einem kräftigen Natursteinsockel stehen. In dieser Form hätten sie wohl umfangreiche Terrassierungen und Bodenbewegungen erfordert. Die Anlage der Siedlung ist ohne erkennbares Regelmaß und in der Art einer Streusiedlung gestaltet, die sich zum Teil in den wertvollen Baumbestand hineindrängt. Der Charakter des Zufälligen wird verstärkt durch eine individuelle Gestaltung jedes Hauses, in den romantisierenden, expressiven Formen des Blockbaus, ähnlich dem gleichzeitig vom Baubüro Gropius entworfenen Haus Sommerfeld in Berlin. Obwohl ein einheitliches Raumprogramm für jedes Haus in die Planungsphase angenommen werden kann, sind alle Anklänge an die Wiederholung nur eines Typs im Äußeren vermieden; jedes Haus, es ist für eine kleine Künstlergemeinschaft konzipiert, soll als ein besonderes erscheinen.

Der Grundriß des Doppelblockhauses enthält zwei Wohneinheiten für je vier Personen, denen eine Werkstatt zugeordnet ist. Diese Wohn-Arbeitseinheiten sind in dieser Form analog auch im Einzelhaus vorgesehen. Das Grundmuster der Siedlung ist eine Werkgemeinschaft, die von romantischen Vorstellungen einer mittelalterlichen Bauhütte getragen sein könnte und die außerdem an die neuen Erziehungsgedanken einer Versuchsschule anknüpft. Ohne besondere ideelle Hintergründe – die Holzbauromantik von Gropius einmal ausgenommen – ist wohl die Entscheidung für diese Blockbebauung zustande gekommen, da sich die billige und verfügbare Holzbauweise in den ersten Nachkriegsjahren geradezu aufdrängte.

Die ursprünglichen Siedlungspläne, zu denen dieser Entwurf zu rechnen ist, schätzt Gropius jedoch ein Jahr später in einem Brief an die Thüringische Landesregierung wegen der »Enge und Abschüssigkeit des Geländes« als »nicht erfüllbar« ein, außerdem »müßte eine große Zahl der Kiefern abgeschlagen werden, die als besondere Schönheit gelten«.[186]

Der Entwurf Determanns hat wohl nur den marginalen Wert einer architektonischen Studie in der Frühphase der Bauhausgeschichte. Aber er ist auch Hintergrund oder möglicherweise sogar Auslöser für eine erste große Bürgerpetition in Weimar gegen das Bauhaus. In einem Brief an den Gemeindevorstand vom 21. Juli 1920 berufen sich dreißig Bürger der Straße Am Horn auf Gerüchte, wonach das Bauhaus beabsichtige, »in dem sogenannten Kiefernwäldchen am Horn eine Siedlung aus Holzhäusern, mit Beihilfe der noch gänzlich unausgebildeten Schüler« zu bauen. Sie erheben Protest gegen die geplante »Verunstaltung« des Charakters der Straße Am Horn, wo ältere Leute »zurückgezogen und in ruhiger Weise zu leben gedenken«. Ihre Befürchtungen gründen sie auf dem Vorurteil, daß durch »das sattsam geschilderte Auftreten und stadtbekannte Leben der genannten Schüler der Zustand des Parkes und der herrlichen Birkentrift ... in bedenklicher Weise gefährdet« werden könnten.[187] Die Petition zieht zahlreiche Vorgänge um eine Klärung durch die Stadtverwaltung nach sich. Da aber kein Bauantrag vom Bauhaus gestellt war und auch in der nächsten Zeit keiner folgt, erweist sich die Eingabe als gegenstandslos.[188] Ihre Wirkung auf die späteren Entscheidungen der Stadt gegenüber dem Bauhaus dürfte sie aber nicht verfehlt haben.

Gropius, der die Meister und Schüler des Bauhauses um Vorschläge für die Siedlung gebeten hatte, fordert Anfang Oktober zur Abgabe der Arbeiten zum 15. Okto-

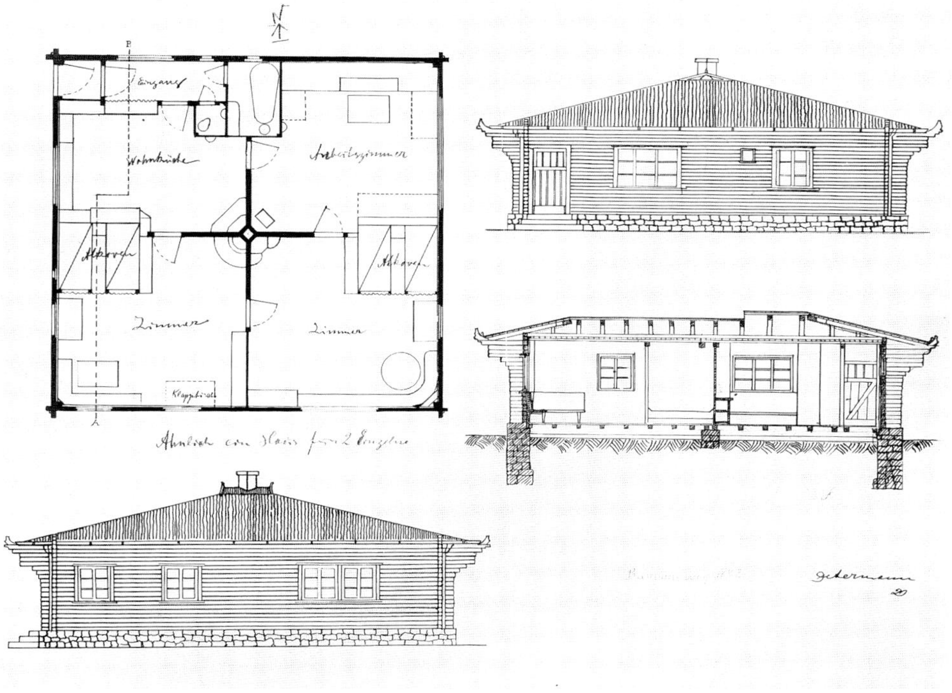

Entwurf für die Bauhaussiedlung mit Blockhäusern am Tannenwäldchen in Weimar. Walter Determann. 1920

Gesamtansicht. Kohlezeichnung

Blockhaus am Bauhausweg Nr. 2

ber auf, verbunden mit der Absicht, sie gemeinsam nach einer Geländebesichtigung im Oberlichtsaal des Kunstschulgebäudes zu besprechen: »Die ganze Idee als solche ist vielleicht noch sehr verworren und unklar, es muß viel darüber gesprochen werden, um zunächst erst einmal eine klare gemeinsame Basis zu befestigen. Ist diese erst gefunden, so könnte der Winter weiter benutzt werden, um ausführlichere Pläne aufzustellen, so daß vielleicht im Frühjahr mit den ersten Anfängen zum Bau begonnen werden kann. Die Vorschläge sollen also nicht allein entwurfsmäßig sein, sondern vor allem auch den gedanklichen Plan des Ganzen zu einer eindeutigen Klärung bringen.«[189]

Im November mahnt Gropius wiederum an, denn es sind nur sehr wenige Arbeiten abgeliefert worden.[190] Über den Inhalt schweigen die Akten, aber es ist wahrscheinlich, daß der zweite Siedlungsentwurf des Studenten Determann in dieser Zeit entsteht.[191] Dies zeigt sowohl die Wahl eines anderen Standorts außerhalb von Weimar auf ebenem Gelände, der allein mit der Bezeichnung »Tor in Richtung Buchfahrt« auf eine konkrete Lagebezeichnung schließen läßt, als auch der programmatische, idealstadtähnliche Charakter der Anlage. In einem großen Wurf modelliert Determann eine Art architektonisch-städtebauliches Gesamtkunstwerk, das man als durch und durch expressionistisch bezeichnen kann. Auf einem schildförmigen Tableau in Form eines in den Seiten verzogenen, aber symmetrischen Sechsecks ist nach den Prinzipien einer geometrischen Konstruktion ein teppichartiges Muster aufgetragen, dem sich die bauliche Anlage unterwirft. Den kompositionellen Schwerpunkt bildet das Bauhaussymbol. Ein Kristall – das Sinnbild der Glasarchitektur – wächst aus einem siebeneckigen Postament heraus und betont denkmalartig den Platzmittelpunkt. In der vom Eingang abgewandten Seite wurde in die Pflasterung ein flammender Strahlenkranz, der vom Kristall ausgeht, hineingezeichnet. Vom Eingang her, in der Achse des in der Ebene versenkten Amphitheaters und Stadions erscheint der Kristall als Hauptakzent im Bühnenhintergrund. Vier kleinere »Nebenkristalle« liegen im Schwerpunkt der kleinen unteren Platzfläche; sie finden ihre plastischen Entsprechungen in vier Leuchttürmen in den Strahlenachsen am Rande der Siedlung. Dieser Symbolismus in der städtebaulichen Dramaturgie setzt sich in anderen Einzelheiten fort. In der Hauptachse stehen sich gegenüber das dominante, mit einem Mittelturm versehene Gemeinschaftshaus, das »Verwaltungs-, Fest- und Ausstel-

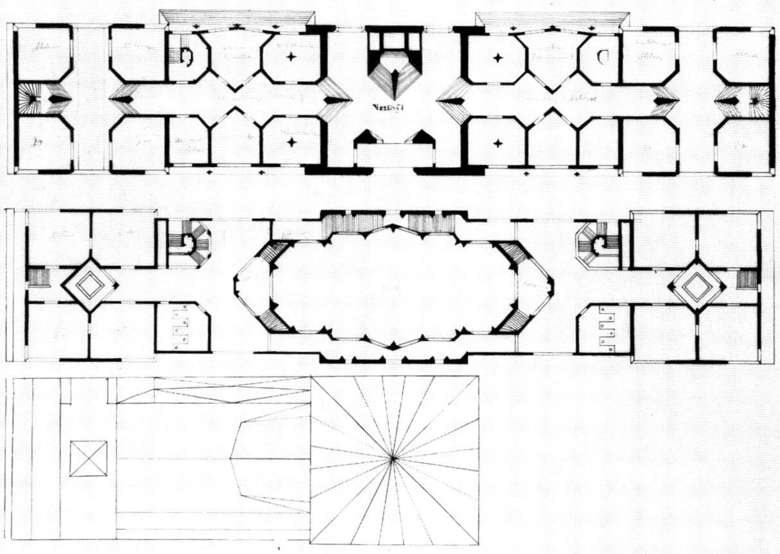

Entwurf für die Bauhaussiedlung südlich von Weimar. Walter Determann. 1920

Verwaltungs-, Fest- und Ausstellungshaus. Ansichten

Verwaltungs-, Fest- und Ausstellungshaus. Grundrisse und Dachdraufsicht
(s. auch Farbteil Seiten 156/157)

lungshaus« und das »Haus der Körperbildung« (auch bezeichnet mit »Speise- und Geselligkeitshaus«). Ein gedachter Strahl führt vom Eingang durch das Tor; er wird am »Haus für Körperbildung« optisch »gebrochen« und wie in einem vielfach reflektierenden Spiegel der Häuserwände zum Kristall geleitet, wo er »verstärkt« wird und sich nach allen Richtungen ausfächert. Etwa in dieser Weise können die gewählten Mittel der städtebaulichen Struktur und der architektonischen Formen als Ausdruck der weltverändernden Ideen des Bauhauses wahrgenommen und ausgedeutet werden. Zugleich ist das festgefügte Schema der Komposition auch Ausdruck der Gemeinschaftsidee. Die Wohn- und Werkgemeinschaft grenzt sich wie ein Kloster durch eine Mauer scharf von der Umgebung ab. Auch formal würde eine bauliche Veränderung im Detail oder eine Erweiterung die Zerstörung der Einheit des Ganzen bedeuten.

Das Funktionsprogramm greift in manchen Zügen auf die Ideen einer mittelalterlichen Bauhüttengemeinschaft und der Wohnkommunen der utopischen Sozialisten zurück. An beinahe alle Funktionen des Lebens in der Siedlungsgemeinschaft ist gedacht. Die beiden Quartiere am Eingangstor nehmen zum einen die wirtschaftliche Versorgung und Verwaltung (Gutshof) und zum anderen die Vorbereitungsschule für Kinder mit einem großen Freibad auf. Im Anschluß an das große Areal mit Werkstätten und Wohnhäusern liegen Fernheizung mit Schwimmhalle sowie Metallgießerei und Brennofen für Glas- und Tonwarenherstellung. Zwölf würfelförmige Wohnhäuser für je vier Familien folgen genau der Staffelung der »allgemeinen« und »einzelnen« Werkstätten und umsäumen so den großen Platzraum. Im unteren Teil ergänzen Gasthäuser und Wohnappartements für Ledige das großzügige Funktionsprogramm, das weit entfernt von einer zeitgemäßen Realistik ist.

Alle Häuser zeichnen sich durch eine plastisch gebildete Körperform mit einem kräftigen Dach aus. Dach- und Hauskörper der repräsentativen Bauten zeigen das Kristallmotiv. Die Fassaden des Gemeinschaftshauses entstanden mit Lineal und Zirkel nach geometrischen Proportionierungsverfahren einschließlich der Triangulatur, die sich gleichseitiger Dreiecke bedient. Im Unterschied dazu ist der Entwurf für das Haus der Körperbildung das Ergebnis eines Knetvorgangs; die biomorphe skulpturale Form erinnert an Jugendstilplastiken und steht in gewisser Analogie zur Methode Rudolf Steiners bei der eigenhändigen Modellierung der anthroposophischen Bauten in Dornach. Mit diesen Mitteln, zu denen

Haus der Körperschulung. Tonmodell

noch eine expressive Farbigkeit gehört, ist Determann bestrebt, eine neue Monumentalität zu finden, die dem Bauhausgedanken gerecht wird. Er folgt zugleich der Idee vom »großen Bau« und kommt so expressionistischen Projekten der Berliner Revolutionsarchitekten nahe. Der Entwurf kann durchaus zu den Blüten der romantischen Bauhauszeit gerechnet werden, die aber keine Früchte in der weiteren Entwicklung des Bauhauses hervorbringen sollten. Der Entwurf Determanns wird kaum bekannt und spielt wohl in der folgenden Architekturdiskussion keine Rolle; zu fern liegt er der Realität, und es mangelt ihm auch an Professionalität.

Ende Juni 1921 beantragte Gropius beim Thüringischen Finanzministerium, weiteres Gelände im Anschluß an das bereits vom Bauhaus genutzte in Pacht zu nehmen. Während der südliche Teil als Gartenland verbleiben soll, schlägt Gropius für die geplante Siedlung vor, die Häuser auf dem Plateau hinter dem Kiefernwäldchen zu errichten. Allerdings müßten dafür noch Pläne erarbeitet werden.[192] Auf dem Gartengelände entsteht etwa in dieser Zeit ein schuppenartiges Holzhaus, das dem Wirtschaftsbetrieb des Bauhauses dienen soll. Eine Voraussetzung für den beabsichtigten Siedlungsbau muß jetzt in einer organisatorischen und rechtlich gesicherten Vereinigung der Bauwilligen geschaffen werden. Im April wird deshalb die Bauhaus-Siedlungsgenossenschaft als eine G.m.b.H. gegründet, der anfangs neben Gropius als Mitglieder Lothar Schreyer, Johannes Itten, Adolf Meyer, Fred Forbat, G. Pfleumer und Richard Wienkelmeyer angehören; im Sommer, als sich reale Möglichkeiten für den Bau abzeichnen, kommen weitere 16 bauwillige Interessenten aus dem Lehrkörper, der Studentenschaft des Bauhauses und dem Freundeskreis hinzu.[193] Das Siedlungsvorhaben wird nach der Gründung unter der Führung von Gropius Zug um Zug vorangetrieben. Die Finanzlage läßt es sogar zu, daß der Architekt Fred Forbat vorübergehend als Planer in den Dienst der Genossenschaft gestellt werden kann.[194] Der damals erst 25jährige Ungar hatte an den Technischen Hochschulen in Budapest und München Architektur studiert und kam 1920 mit dem Diplom ans Bauhaus, wo ihn Gropius als Mitarbeiter in seinem Architekturbüro beschäftigt. Er ist seitdem an einigen Projekten beteiligt; eine zeitlang betreut er als Bauführer in Berlin die Baustellen der Gropius-Häuser für Sommerfeld sowie ein anderes Objekt. Alle in der kurzen Zeit gesammelten Berufserfahrungen entstammen somit dem Baubüro Gropius.

Forbat entwirft einen neuen Plan der Bauhaussiedlung zunächst nach einem »ganz vorläufigen Programm«.[195] Das Gelände ist jetzt gegenüber dem ersten, von Determann benutzten Planungsgebiet mit einer zusätzlichen Fläche nördlich und westlich des Kiefernwäldchens erweitert. Darauf sind 20 freistehende Doppelwohnhäuser in die Hanglage, die von der Straße Am Horn hinauf bis zur Besselstraße reicht, eingefügt, während die Fläche südlich des Kiefernhanges unbebaut bleiben soll. Das nördliche Plateau nimmt an den senkrecht zueinander stehenden Erschließungsstraßen 50 Einfamilienreihenhäuser auf. Sie sind einreihig bzw. doppelreihig an den Straßen angeordnet und haben rückwärtige Nutzgärten. Außerdem ist dort eine Reservefläche ausgewiesen für Schul- und Werkstattgebäude, deren zeilenförmige Konturen die beabsichtigte Planung aber nur andeuten. In der Mitte, am Kreuzungspunkt der drei Erschließungsstraßen, liegt ein an zweiundeinhalb Seiten gefaßter Platzraum, dessen Bebauung mit Wohnheimen für Schüler ausgewiesen ist.

Eine nach funktionellen Gesichtspunkten strukturierte, auch sozial separierte Bebauung, die eine hervorgehobene Mitte erhielt, fügt sich zu einer offenen städtebaulichen Komposition. Die später nach diesem Plan gezeichnete Perspektive von Molnar verstärkt die Idee des Schwerpunktes durch eine vier- bis fünfgeschossige Baugruppe im Osten des Platzes, der hier mit einem Eckturm betont wird. Sogar eine brückenartige Überbauung der Straße – ein Motiv des späteren Bauhausgebäudes in Dessau – läßt sich daraus ablesen. Einen weiteren Akzent stellt das an der Nordostecke des Areals befindliche mehrgeschossige und turmbekrönte Schulhaus dar. Für die städtebauliche Ordnung gelten bereits die Prinzipien der geometrisierenden Straffung und der freien, eurhythmischen Gestaltung,

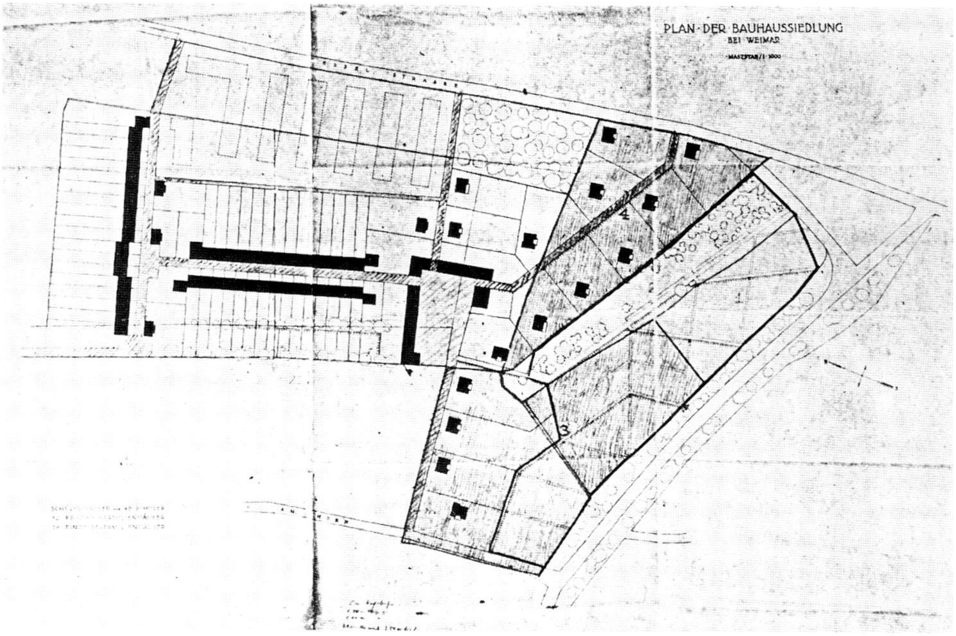

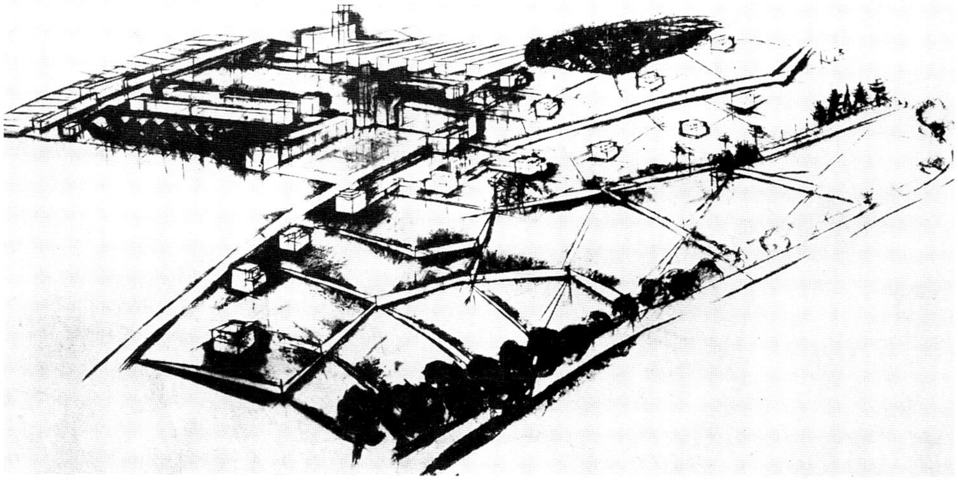

Planung der Bauhaussiedlung Am Horn in Weimar. Walter Gropius und Fred Forbat. Sommer 1922

Lageplan

Perspektivische Darstellung. Farkas Molnar

wenn auch »Platz« und »Straße« mit ihren räumlichen Aufweitungen als Relikte aus der »klassischen« Stadtbaukunst noch erscheinen.

Diese erste Studie ist für eine öffentliche Vorstellung der Planungsidee gedacht und bleibt insgesamt recht skizzenhaft, denn zunächst soll erst mit einigen wenigen freistehenden Häusern ein praktischer Anfang für die Ausführungsplanung gefunden werden. In einer Hinsicht demonstriert jedoch die Planung einen besonderen Neuigkeitswert: Der moderne Typenbau unter dem von Gropius benannten Thema Vereinheitlichung und Variation ist als eine aktuelle Problematik des Wohnungsbaus in den Blick genommen. Die Häuser werden als variierbare Typen dargestellt.

Im Sommer 1922 wendet sich Gropius in der Siedlungsangelegenheit an das Ministerium für Volkswohlfahrt in Berlin und erreicht, daß der zuständige Baurat Fischer Interesse bekundet und an Ort und Stelle vom Vorhaben Kenntnis nehmen will. Seinen beabsichtigten, aber erst später realisierten Besuch in Weimar am 22. Juni verbindet Gropius mit einer Ausstellung der Baupläne und Modelle,[196] die so aufbereitet werden, daß die allgemeine Nützlichkeit zur Beförderung des Wohnungsbaus erkennbar wird und hervortritt. Dazu gehört vor allem der Typisierungsvorschlag.

Forbat schreibt darüber rückschauend: »Das Prinzip für die zukünftigen Siedlungshäuser legte Gropius darin fest, daß nur Bauteile typisiert werden sollten, aus denen dann die verschiedenen Baukörper zusammengestellt werden. Im aktuellen Fall handelte es sich um die Normung der Schalung für den Guß in Schlackenbeton. Aber neben dieser technischen Begründung spielte auch der baukünstlerische Vorteil eines einheitlichen Moduls für die ganze Siedlung eine nicht geringe Rolle.«[197]

Die im Siedlungsplan eingezeichneten Typenhäuser gehen von dieser Idee aus, die Gropius mit »Wabenbau« bezeichnet. Nach einem Baukastenprinzip werden verschiedene Variationsmöglichkeiten genutzt: Vier Häuser entsprechen dem Grundkörper; drei erhalten einen einseitigen Anbau, neun zwei seitliche Vorbauten und drei schöpfen das ganze Programm der Ergänzungsmöglichkeiten aus. Es gilt das Prinzip der Vereinheitlichung des Haustyps bei größtmöglicher Variation der Formen. In einer ersten Entwicklungsstufe, für die wohl maßgeblich Forbat verantwortlich zeichnet,[198] bildet ein als Einfamilienhaus funktionsfähiger zweigeschossiger Grundkörper den Kern. Er trägt auf einer Seite einen Mittelrisalit und

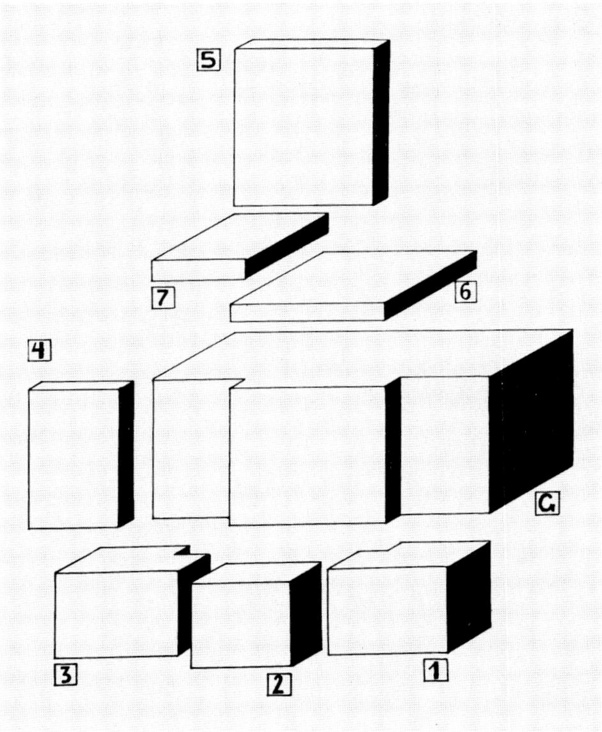

»Wabenbau«. Schema der Raumzellen, aus denen sich verschiedene Serienhäuser zusammensetzen lassen. 1922

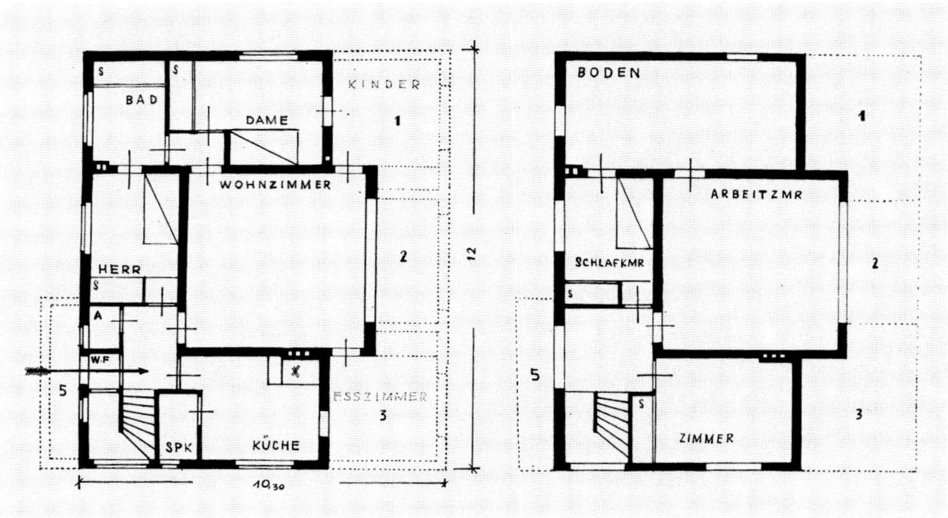

»Wabenbau«. Grundrißvariation. 1922

Modelle von Siedlungshäusern. Demonstration der Variationsmöglichkeiten des Baukastens. 1923

kann nach verschiedenen Richtungen hin durch Anlagerung von sieben verschiedenen Modulen »wachsen«. Im Grundkörper liegen die inneren Raumstrukturen bereits fest; allerdings ermöglichen die »Ergänzungen« verschiedene Raumerweiterungen: minimale Zusatzräume, eine größere Raumhöhe und ein veränderbares Dach (Terrasse oder Dachplatten). Quasi nur von »außen«, durch Addition der Raumkörper wird eine Variation des Haustyps erreicht. Die beabsichtigten Formresultate sind recht merkwürdig, denn es entstehen einesteils streng symmetrische Massenkompositionen, die auch nach den Maßstäben der klassischen Gestaltung als akzeptabel beurteilt werden könnten, andere Varianten erscheinen in »gestörter Symmetrie«, und einige wenige neigen zu einer eurhythmischen Anordnung. Es herrscht der strenge ungeschmückte, weiße Kubus vor, in dem die Öffnungen scharfkantig als Rechtecke und Quadrate eingeschnitten sind.[199]

Das in einer zweiten Stufe ausgearbeitete »Wabensystem«, das Gropius auf der Internationalen Architekturausstellung in Weimar 1923 vorstellt und im Bauhausalbum abdruckt, wird auf einen klaren Begriff gebracht; es heißt »Baukasten im Großen«. Ganze Raumkörper lassen sich nunmehr nach diesem Prinzip zu einem zwei- bis dreigeschossigen Typenserienhaus in siebenfacher Kombination zusammenfügen.

Ausgehend von der Vorstellung einer Maschinenmontage aus vorgefertigten Teilen, werden hier Einzelraumkörper dargestellt, die wie nach einer seriellen Herstellung abgerufen und zu einem mehrteiligen Haus-Apparat addiert werden können. »Je nach Kopfzahl und Bedürfnis der Bewohner« lassen sich so verschiedene »Wohnmaschinen« zusammenfügen.[200] Auch hier ist ein Grundkörper das Ausgangselement, allerdings wird dieser allein vom großen Wohnraum ausgefüllt, der zwei normalen Geschoßhöhen der übrigen Raumkörper entspricht. Alle anderen Körper mit zwei und mehreren Räumen ergänzen ziegelsteinartig das Gebäude zum gewünschten Haus. Dieses ist jetzt vollkommen nach dem eurhythmischen Kompositionsgesetz formiert und wird von Spannungsgesetzen, wie sie auch konstruktivistische Plastiken demonstrieren, beherrscht. In einem Fall wird ein Typ, bestehend aus den Raumkörpern 1, 2, 3, 4 und in einer Kavaliersperspektive näher vorgestellt. Da aber das Diktat der Addition von invarianten Elementen herrscht, kommt es zu funktionellen Nachteilen z. B. bei der Erschließung der außenliegenden Schlafzimmer, die als »gefangene« Räume in Kauf genommen werden müssen.

Fragt man nach dem Sinn dieses Baukastensystems, dann geht es offensichtlich um die Idee, die Technologie der Maschinenproduktion in den Hausbau zu übertragen. Doch von einem technologischen Standpunkt aus gesehen sind hier Teilefertigung und Montage eine nebulöse Fiktion, jedenfalls fehlen dazu stichhaltige Aussagen. Selbst die monolithische Fertigung mittels eines genormten Schalungssystems könnte nach diesem Planungsschema nur unwesentlich begünstigt werden, denn eine Schalung ist variabel gestaltbar und läßt sich im Rahmen einer Modulation jeder anderen Hausform anpassen. Bleibt der Vorteil der Typisierung bei der Auswahl des gewünschten Hauses durch den Bauherrn und im Projektierungsprozeß, der sich auf die Vorteile des Baukastens stützt. Doch diese vergleichsweise untergeordneten Momente im gesamten Baugeschehen können nicht die Großzügigkeit dieses Baukastens begründen. Vielmehr ist er wohl ein Konzept mit sozialer und ästhetischer Relevanz. Es kommt Gropius darauf an zu demonstrieren, daß die Architekten jetzt vor die Aufgabe der Massenproduktion gestellt sind und eine der Maschinentechnologie entsprechende Anschauung finden müssen.

Der »Baukasten im Großen« wirkt wie ein Paradigma der neuen Baugestaltung; er kennzeichnet wie nur wenige andere Beiträge den Wendepunkt am Bauhaus in der Abkehr von der eigenen romantischen Frühzeit hin zum rationalen Industriezeitalter. Im Entwurf der ersten Typenreihe auf dem Reißbrett Forbats ist bereits ein Grundrißprinzip verwirklicht, das in der Folge, bei der weiteren Siedlungsplanung, eine Bedeutung erhalten sollte: Um einen großen quadratischen Wohnraum, dem Zentrum des Familienlebens, liegen die niedrigeren »Nebenräume«. Beim kleinsten Typ sind Küche, Schlaf- und Nebenräume an den drei Seiten des Wohnzimmers angeordnet, während eine Seite sich zum Außenraum hin öffnet. Die größeren Typen besitzen kleine Vorbauten, die innere Räume allerdings nur vergrößern und nicht eigenständig ergänzen. In der maximalen Variante wird auch die Grundrißlösung nicht ausgeschlossen, die den zentralen Raum nach innen drängt und vollständig in der Baumasse einschließt.[201] Eine Varianz besteht auch in vertikaler Richtung. Außer dem eingeschossigen Haus gibt es teilweise oder vollständig aufgestockte Typen; das zweite Geschoß ermöglicht bei separater Erschließung sogar die Aufteilung für ein Zweifamilienhaus.

Vier Häuser mit dieser sparsamen zweigeschossigen Anlage arbeitet Forbat weiter aus, so daß sie Mitte Juli 1922 als Bestandteil eines Baugesuchs bei der Stadtverwaltung eingereicht werden können.[202] Wegen der allgemeinen wirtschaftlichen Misere und der zur Verfügung

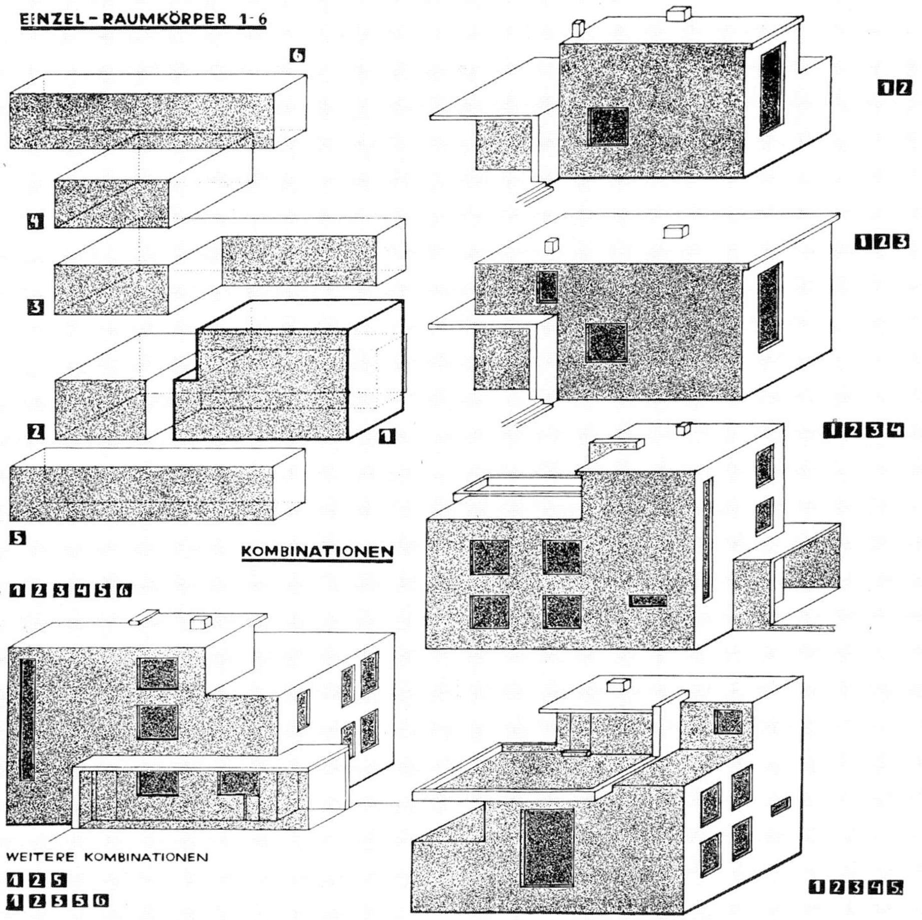

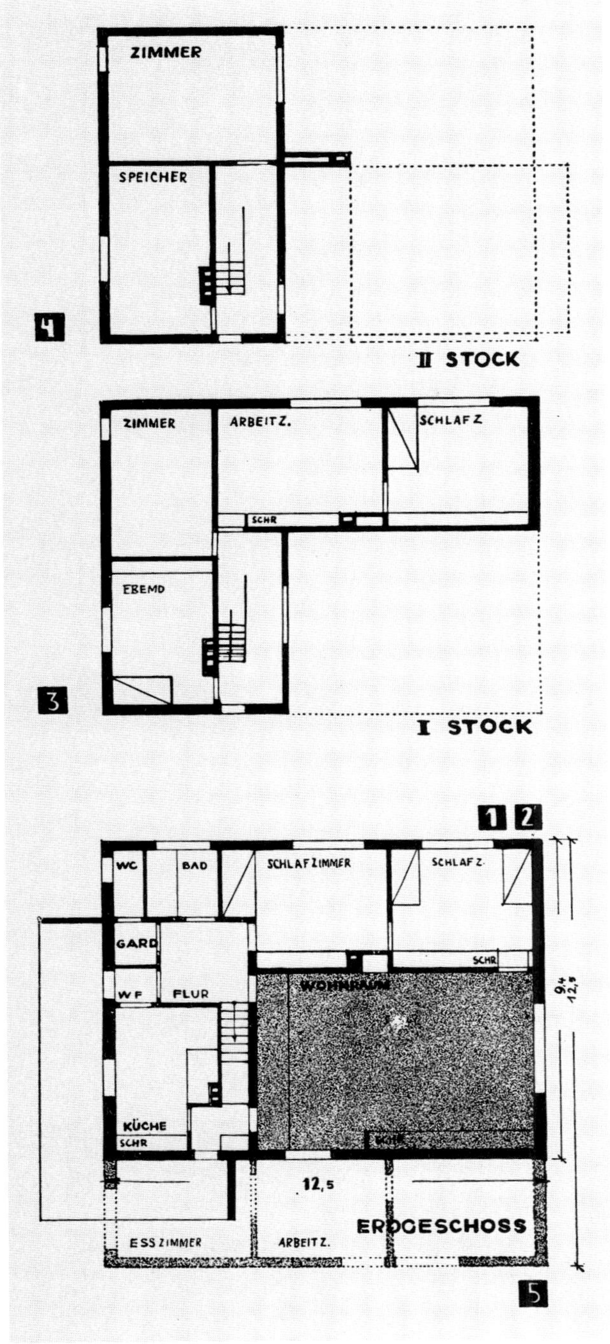

»Baukasten im Großen«. Walter Gropius. 1922/1923

Seite 86:
Übersicht

Modell eines Einfamilienhauses für die Serienherstellung

Seite 87:
Grundrisse eines Haustyps

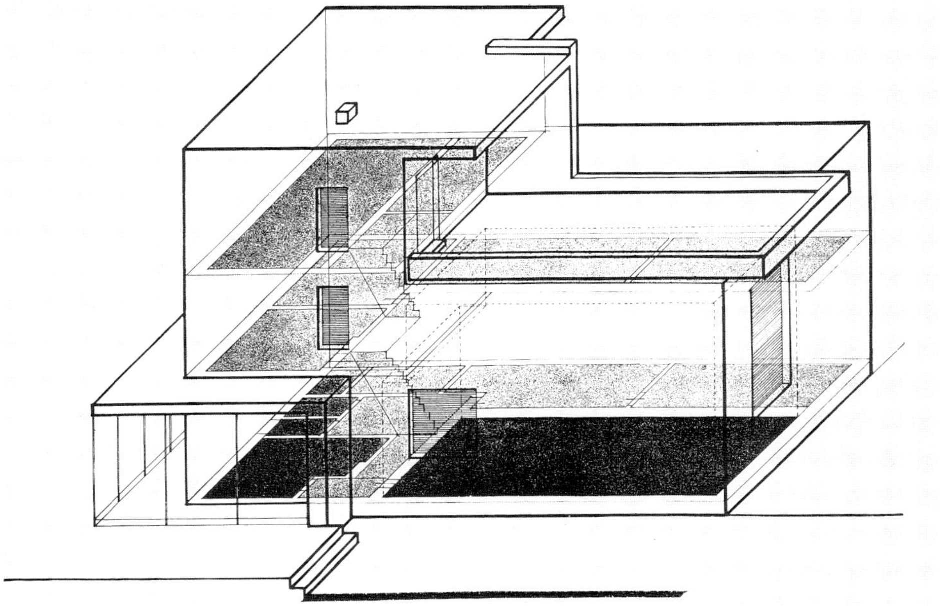

Isometrie des Serienhauses. »Die geometrische Darstellung im Winkel von 45 Grad hat den Vorzug der unmittelbaren Meßbarkeit der Größen.« Fred Forbat

stehenden knappen Finanzmittel muß der im Projekt ausgewiesene Bauaufwand so weit wie möglich minimiert werden. Dieses Ziel versuchen die Architekten zunächst durch eine Verminderung des umbauten Raumes zu erreichen. Bei einer relativ großzügigen Grundrißlösung auf einer Grundfläche von 92 m^2 soll das Haus nur unter der Küche unterkellert werden; die Raumhöhen unterschreiten mit 2,40 m im Lichten die gebräuchlichen Maße; ein Flachdach ist vorgesehen. Die Kubatur des Hauses erreicht insgesamt 644 m^3; daraus ergeben sich die Baukosten nach einem inflationären Kubikmeterpreis von 1 200,– RM mit 772 800,– RM. Hinsichtlich der Baustoffe und Konstruktionen sind die Vorstellungen noch unbestimmt, jedoch gilt: »Die Ausführung ist die einfachste.«[203] Allein die kostengünstige Holzbalkendecke liegt für die Planung fest. Der Baukörper erscheint als ein klarer, nur durch Wandöffnungen gegliederter Kubus. Seine Gestaltung ist von extremer Schlichtheit. Der Zwang zur Minimierung des Bauaufwandes scheint die Tugend einer puritanischen Architektur herausgelockt zu haben. Allerdings hat daran die damit konform gehende aktuelle ästhetische Tendenz zur Abstraktion und Vereinfachung, der Elementarismus, einen gewichtigen Anteil.

Das Baugesuch mit diesem Projekt stößt aber im Stadtbauamt auf heftigen Widerstand. Bereits am 9. Juni hatte das Bauhaus einen Antrag auf Kreditbewilligung an das Thüringische Finanzministerium gerichtet, der offenbar wohlwollend behandelt wurde, aber die Bedingung einschloß, daß ihm erst nach Genehmigung des Gemeindezuschusses und der Bauerlaubnis durch die Stadtverwaltung stattgegeben werde.[204] Am maßgeblichen Stadtbauamt unter Baurat Lehrmann führt somit kein Weg vorbei. Ende Juni lädt Gropius in einem freundlichen Schreiben Lehrmann zur Eröffnung der kleinen Architekturausstellung mit den Siedlungsplänen ins Bauhaus ein, um ihn für das Vorhaben zu gewinnen.[205] Lehrmann geht vermutlich nicht darauf ein, denn er nutzt alle ihm zur Verfügung stehenden Mittel, um das Vorhaben zu hintertreiben. Während der Ferienzeit schreibt Forbat an Gropius, der sich im Urlaub befindet, und berichtet ihm, daß Lehrmann der Siedlungsgenossenschaft weitere Schwierigkeiten in den Weg legt. Dadurch, daß er nicht alle acht Wohnungen (d.h. vier Häuser), sondern nur vier für einen Gemeindezuschuß befürwortet, entsteht wegen der hohen Erschließungskosten der Zwang, die Wohnungen in zwei Geschossen unterzubringen und nicht – wie beabsichtigt – zunächst die Häuser eingeschossig zu bauen und erst später zu komplettieren. Dazu kommen noch weitergehende Forderungen nach einer ordnungsgemäßen Kanalisierung, die den Bau einer aufwendigen Kläranlage erforderlich machen würde. Gropius rät zu einer flexiblen Taktik; er antwortet Forbat: »Jeden denkbaren Vorschlag der Behörden, ans Bauen zu kommen, sollten wir annehmen, auf den Anfang hin wird dann mehr zu ermöglichen sein.«[206] Erst in der Gemeinderatssitzung am 1. September trägt Lehrmann das Baugesuch vor, der dort zugleich auch »gewichtige baupolizeiliche Bedenken« äußert.[207] Schließlich wird die Gewährung des Gemeindedarlehns von der Erfüllung anspruchsvoller Bedingungen abhängig gemacht. Anstoß erregt vor allem das ungewöhnliche Flachdach. Deshalb sollen »aus wirtschaftlichen Gründen« Nebenräume im Bereich des Dachbodens geschaffen werden. Weiterhin wird festgelegt: »Mit Rücksicht auf das Landschafts- und Stadtbild muß eine Umgestaltung des Gebäudeäußeren vorgenommen werden.«[208] Dazu kommt die Forderung, die Straße Am Horn auszubauen und gleichzeitig für die erforderliche Kanalisation zu sorgen. Dieser Punkt bedeutet einen erheblichen finanziellen Mehraufwand, so daß sich die Chancen auf eine Realisierbarkeit stark verringern. Das Forderungspaket des Gemeinderates steht wie eine Mauer vor diesem Projekt, das in der Folge auch durch den Ausfall Forbats als Bearbeiter wegen Krankheit nicht weitergeführt wird.

Forbat beschäftigt sich bei dieser Aufgabe nicht nur

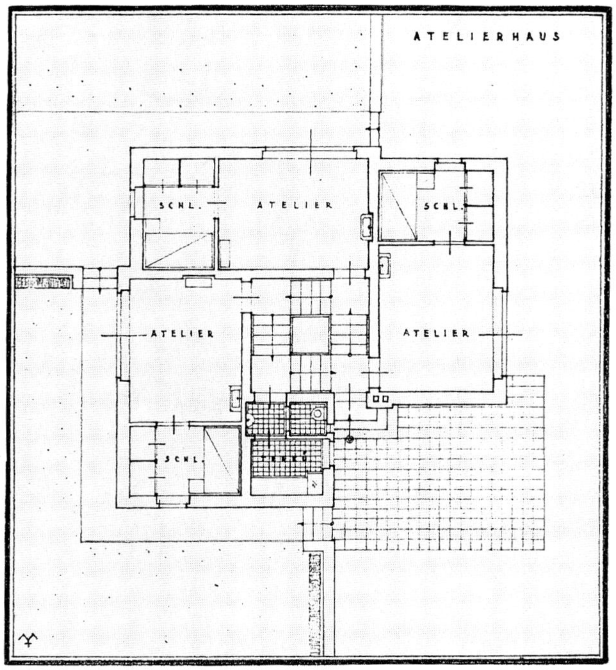

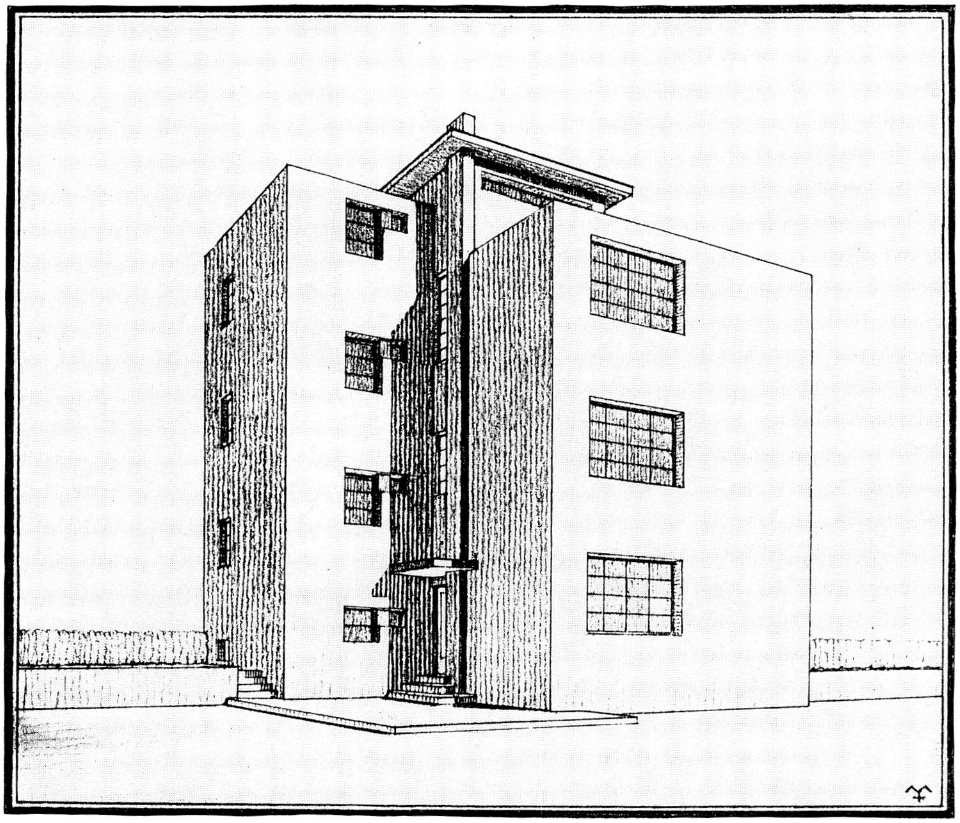

Entwurf für ein Atelierhaus der Bauhaussiedlung. Fred Forbat. 1922

Grundriß

Perspektive

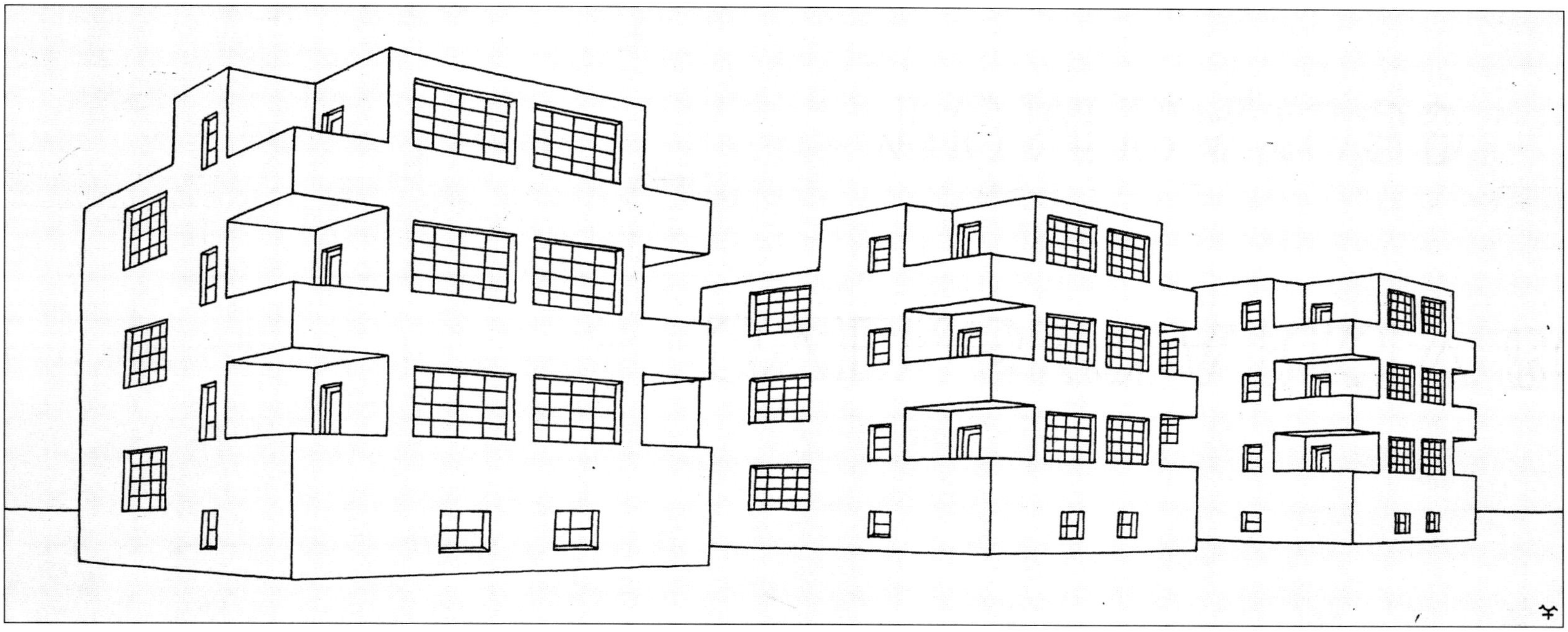

Entwürfe für Atelierhäuser. Fred Forbat. Veröffentlicht 1926

mit dem Typenhaus. In dieser Zeit entsteht auch der Entwurf für ein Atelierhaus, der als ein Beispiel für die neue strukturale Methode im Komponieren der Architekturform gelten kann. Zum Jahresende hin arbeitet Forbat die Lösung weiter aus, und er greift auch später wieder bei einem Wohnhauskonzept auf diese Idee zurück.[209]

Den Ansatz für das Prinzip der Grundriß- und Baustruktur könnte Forbat in Analogie zum »Baukasten im Großen« in einem ähnlichen additiv ausgeführten Modell, bestehend aus gleichartigen Elementen, gesucht haben. Typisierte kubische Raumeinheiten mit je einem Atelier und einem Schlafkabinett werden, spiralförmig aufsteigend, um ein quadratisches Treppenhaus geordnet. Für drei der Ateliereinheiten sind eine Teeküche und eine Toilette vorgesehen. Die vierte Einheit entfiel, um das Treppenhaus zu belichten und wohl auch aus kompositorischen Gründen. Der Außenbau, der ein konsequentes Resultat der innerstrukturellen Lösung ist, wird von der baulichen Struktur der dreigeschossigen Vertikalblöcke bestimmt, die zueinander in einem spannungsvollen Verhältnis stehen. Im offenen Winkel, an der Eingangszone, tritt das Treppenhaus turmartig heraus; der separierte Schornstein wirkt wie ein Zeichen für die Drehachse der zentrierten Anlage. Das Atelierhaus sollte in Schlackenbeton oder aus sogenannten Jurko-Steinen errichtet werden, also in Bauweisen, die eine gewisse Normierung voraussetzen. Eine maßgebende Bedingung für die gewählte strukturelle Lösung sind sie aber nicht.

Während dieses Atelierhaus kompositorisch die plastischen Verhältnisse eines gegliederten Aufbaus in rhythmischer Ballance und ein dynamisches Prinzip nach außen hin verdeutlicht, zeigen die 1926 veröffentlichten Varianten[210] eine blockartig geschlossene Struktur bei symmetrischer Anlage. Das Körperhafte des Hausganzen tritt mit den ausgesparten Eckloggien, dem Versatz in der Dachebene und den großen, tief eingeschnittenen Fenstern besonders hervor. Die Häuser wirken kubisch-apparatehaft etwa wie Architekturvisionen Mendelsohns der ersten Nachkriegsjahre, die jetzt dem Prinzip der Rechtwinkligkeit unterworfen werden.

Für den Fall, daß die große typisierte Siedlung nicht zustande käme, konzipiert Forbat ein kleines Einfamilienhaus in mehreren Variationen. Diese Studie, die Forbat später als »den letzten Rest« der Bauhaussiedlung bezeichnet,[211] beschäftigt ihn auch noch im Frühjahr 1923, als die Vorbereitungen für das Versuchshaus Am Horn bereits im Gange sind. Der erste Versuch für ein würfelförmiges Einfamilienhaus kann als eine Modifikation des Typenhauses angesehen werden, denn seine Entstehungsfigur wird von einem 5 m × 5 m großen Wohnraum und angelagerten »Nebenräumen« bestimmt. Allerdings flankieren den Wohnraum die anderen Räume nur zweiseitig und übereck, und eine erweiterte zweite Geschoßebene soll der Erfüllung des notwendigen Raumprogramms dienen. Das Wohnzimmer ist unter Einschränkung der Raumhöhe des darüberliegenden Bodenraumes in der Vertikalen vergrößert. Mit dem

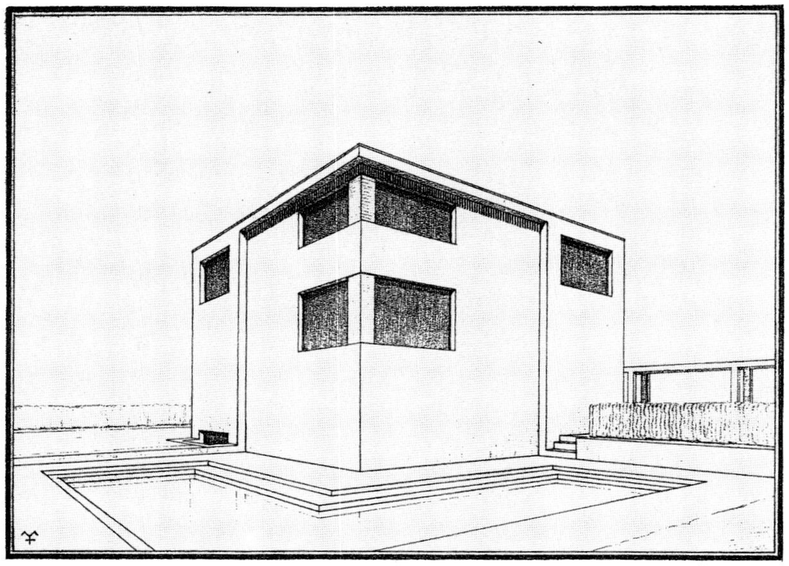

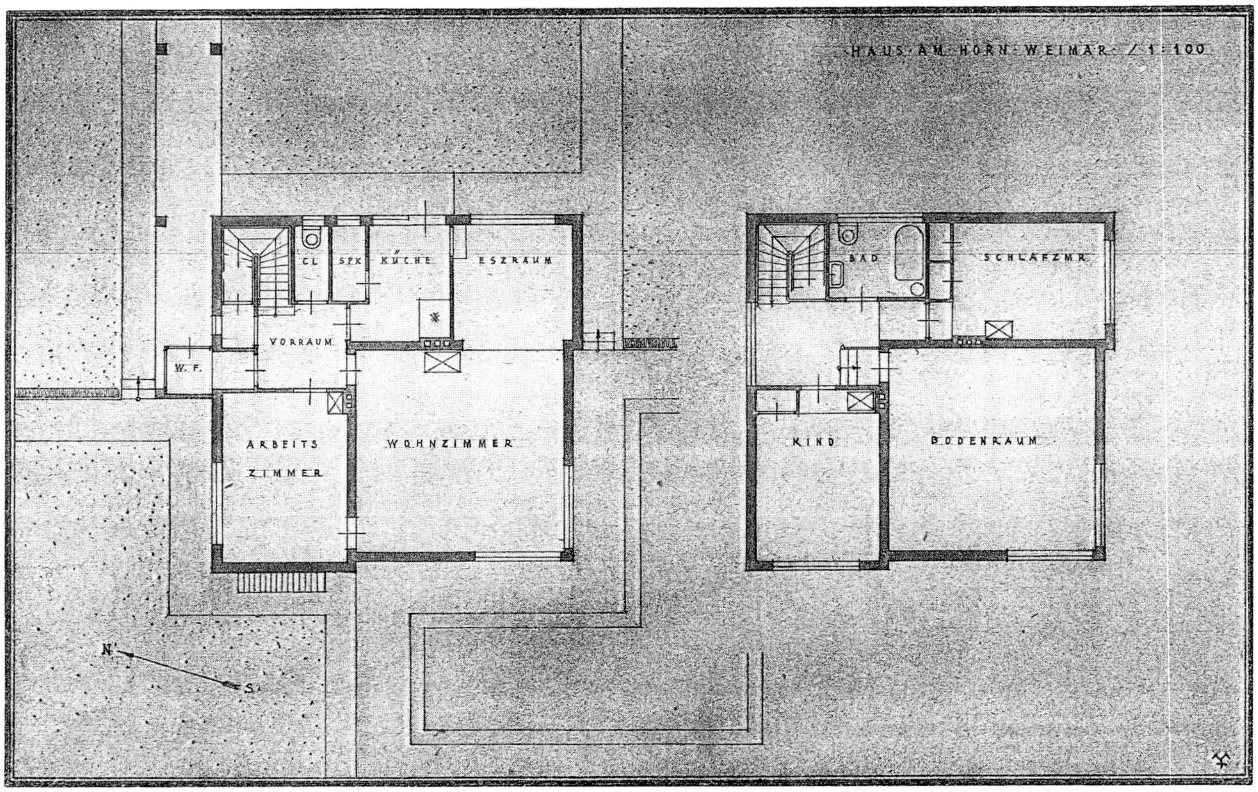

Vorschlag für ein Typenhaus Am Horn. Fred Forbat. 1922/1923

Gartenansicht

Nordansicht

Grundrisse

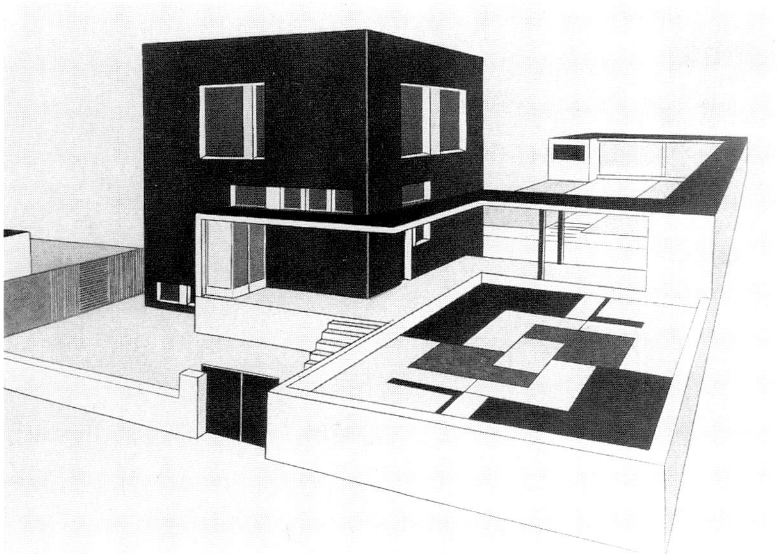

Speisezimmer erhält es eine angenehme räumliche Ausweitung nach Osten. Trotzdem wirkt es merkwürdig in sich abgeschlossen. Die zwei großen, hochliegenden Fenster an der Ecke sorgen zwar für reichliche Belichtung, lassen aber eine optische Verbindung zum Garten hin nicht zu. Selbst an einen Austritt in den Garten ist hier nicht gedacht. Der windige Westhang im klimatisch kühlen Weimar mag Forbat zu dieser Lösung bewogen haben. Die Gartenansicht vermittelt eine große Form. Der Würfel des Hauses wird im Verbund mit dem winkelförmigen Wasserbecken und der über die Diagonale führende Symmetrieachse zu einer erhabenen Form gesteigert. Die nach oben gerückten Fensterflächen verleihen dem Haus außerdem einen strengen und abweisenden Habitus. In kompositorischer Hinsicht kann der Hauskörper als eine Verschachtelung eines geschlossenen und eines aufgeschnittenen Kubus angesehen werden. Wie ein in einem euklidischen Raum ausgebreitetes Mäander läuft das »Flächenband« der ersten Treppenstufe in den Wandvorsprung, wird unter der Dachplatte um die Ecke weitergeführt und geht schließlich in die Geländestufe über. Verschiedene Kunstformen begleiten so das Thema Würfelhaus, und es hat den Anschein, daß der Architekt zwischen Gestalt und Zweck eine Synthese erstrebt. Während aber im Äußeren die regelhaft komponierte Form noch bestimmend ist, wird die innere Raumbildung wesentlich von Zweckmäßigkeitskriterien beherrscht.[212]

Etwa gleichzeitig bringt der Bauhausstudent Farkas Molnar seinen Einfamilienhausentwurf »Der rote Würfel« in die Architekturdiskussion am Bauhaus. Der Entwurf

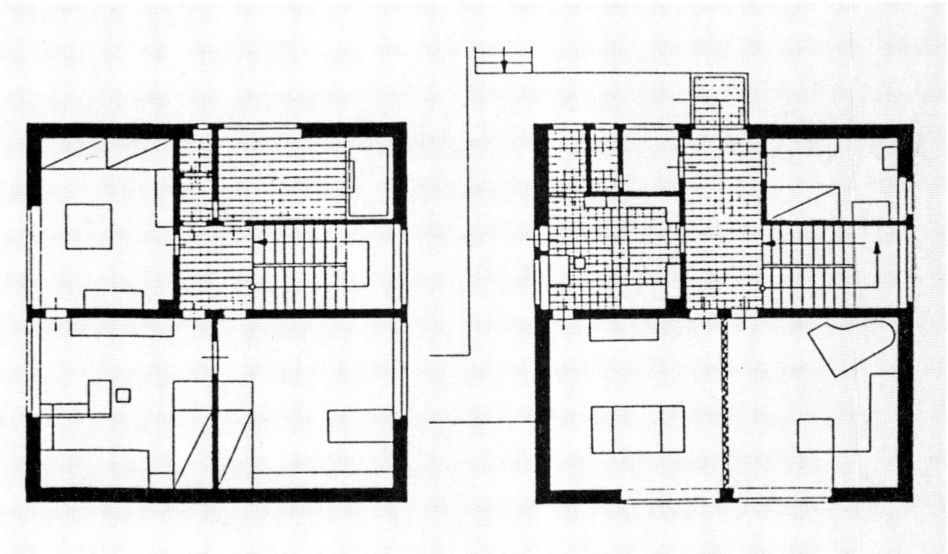

»Der rote Würfel«. Entwurf für ein Einfamilienhaus. Farkas Molnar. 1922/1923 (s. auch Farbteil Seite 159)

Perspektive von der Eingangsseite

Perspektive von der Gartenseite

Grundrisse

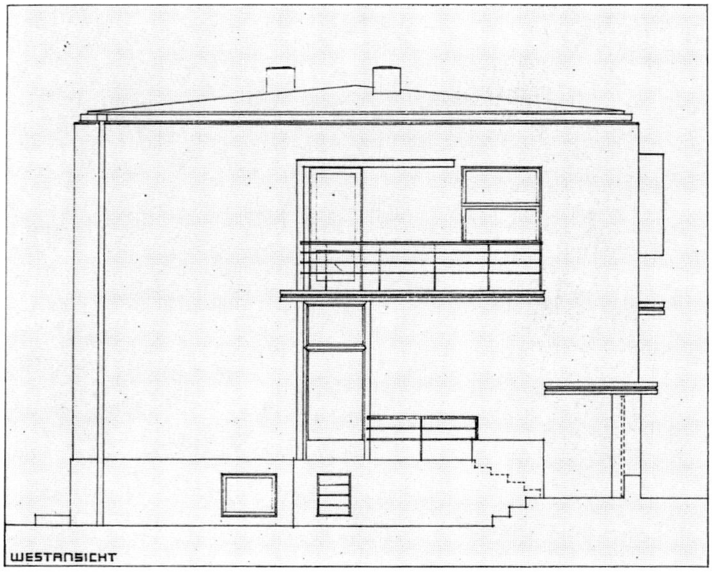

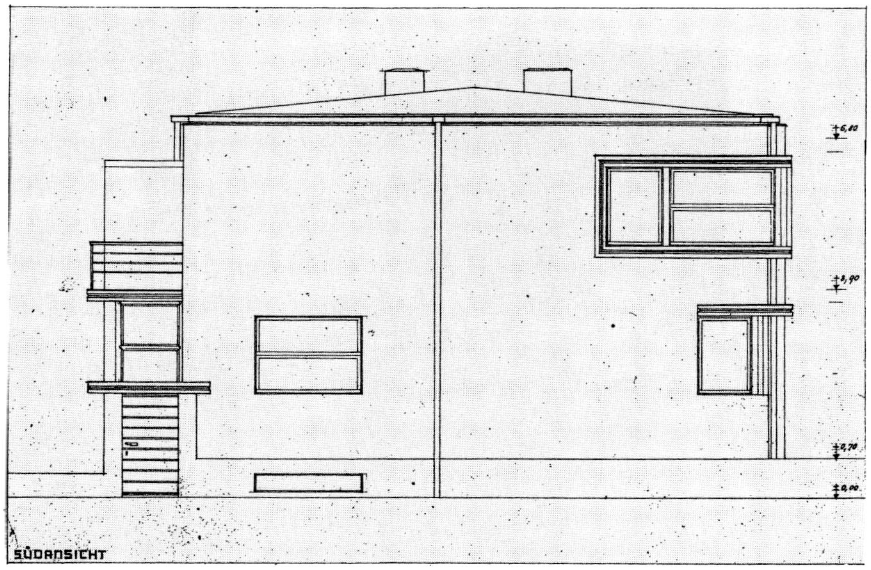

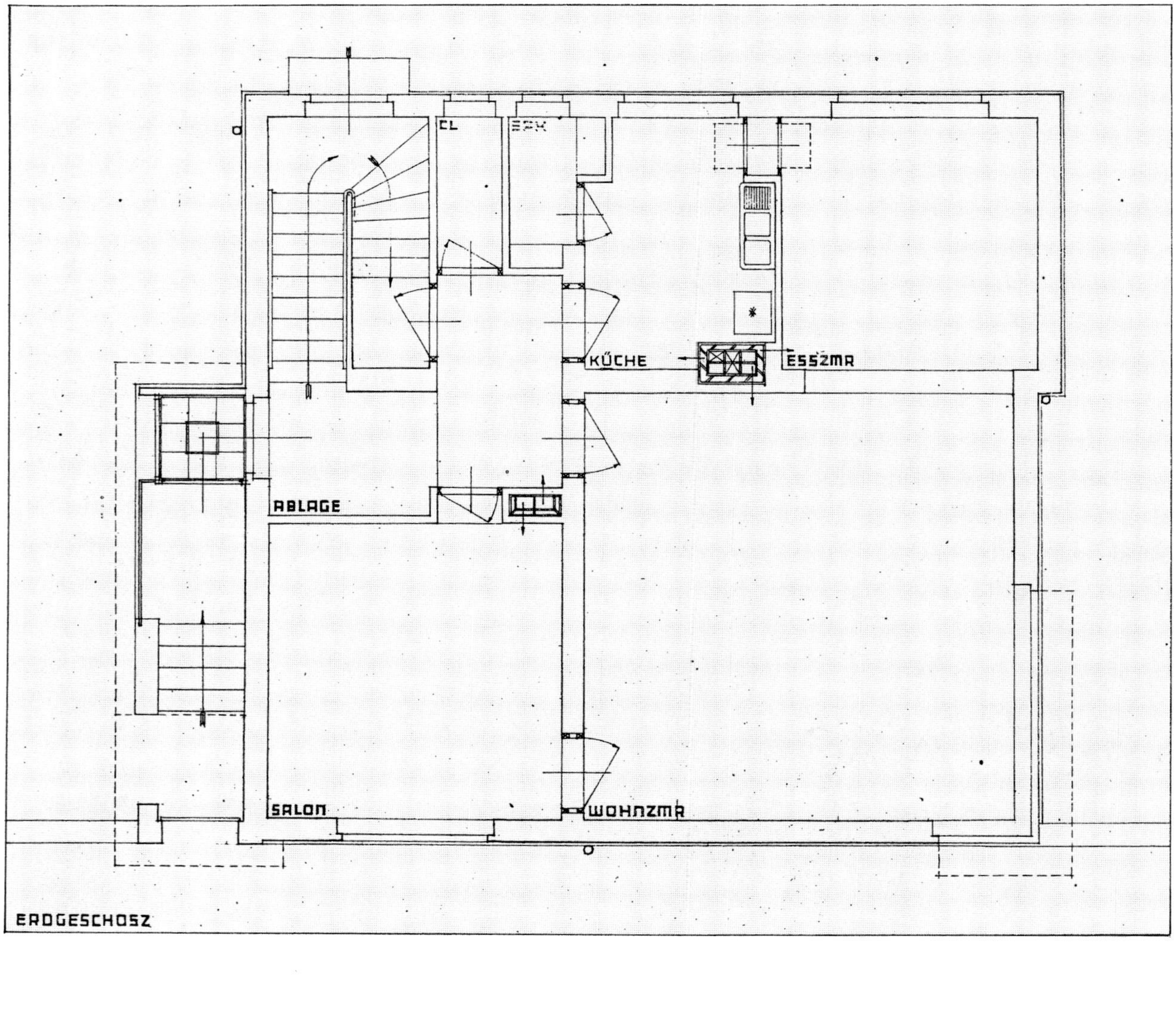

Vorschlag für ein Typenhaus Am Horn. Fred Forbat. 1923

Westansicht

Südansicht

Erdgeschoßgrundriß

kann in den Abmaßen und verschiedenen Details seine Nähe zu den Ideen Forbats nicht verleugnen. Aber Molnar, der aus den fachlichen Erfahrungen seines Landsmanns schöpft, geht völlig unbeschwert von allen klassischen Gestaltungsregeln an den Entwurf heran. »Der Würfel ist rot, ...«, diese These aus der Formtheorie Kandinskys nimmt er als Thema; die Elementarformen des Stijl liefern ihm die gestalterischen Mittel; es entsteht eine Kompositionsform des Elementarismus. So ist es nicht verwunderlich, daß die Prägnanz der Elementarform gewählt wird, um damit ein Beispiel der neuen Bauhausarbeit in der Öffentlichkeit vorzustellen. Molnars Modellentwurf wird auf der Internationalen Architekturausstellung im August 1923 im Kunstschulgebäude gezeigt und von Gropius auch mehrfach veröffentlicht.[213] Zum gleichen Thema Einfamilienhaus entwirft Molnar einen Skelettbau, vermutlich in Eisenbeton, der ein weitausragendes Obergeschoß zeigt und als ein »Fachwerkbau« gestaltet ist.[214] Gleichgerichtete Versuche, ein modernes Einfamilienhaus zu entwerfen, sind von den Studierenden Friedl Dicker und Franz Singer bekannt.[215]

Bei einer weiterführenden Variante des Würfelhauses kommt Forbat einem realisierbaren Projekt (Maßstab 1:50) sehr nahe.[216] Er vervollkommnet die letzte Funktionslösung durch ein zweites gleichwertiges Wohnzimmer anstelle des niedrigen »Bodenraumes« und nimmt die Formalismen im ersten Entwurf, z. B. die kräftige Eckdiagonale, zugunsten einer freien Fassadengestaltung zurück. Überlegt werden die haustechnischen Erfordernisse berücksichtigt, z. B. bei der zentralen Anordnung der vorgefertigten Schornsteine. Die Dimensionierung der Wände läßt auf die Anwendung der rationellen Jurko-Bauweise schließen. Um bei einem flachen Dach das Problem der Innenentwässerung zu umgehen, schlägt Forbat ein flaches Zeltdach und eine Dachrinne an der Kante des Hauskubus vor. Forbats klares Konzept läßt sich durchaus mit gleichartigen Versuchen der bekannten Architekten des Neuen Bauens vergleichen, und es besticht durch Solidität.

Alle diese Entwürfe verbleiben aber auf dem Papier. Die Inflation, die schon 1922 einsetzt, läßt das Vermögen der Siedlungsgenossenschaft, das durch großzügige Spenden angereichert worden war, zu einem Nichts hinschmelzen. Forbat, der nur eine befristete Anstellung hatte, kann nach seiner Krankheit im Herbst 1922 aus finanziellen Gründen nicht mehr beschäftigt werden. Zum Bauen kommt die Bauhaus-Siedlungsgenossenschaft in Weimar nicht mehr, und der Bau des Ausstellungshau-

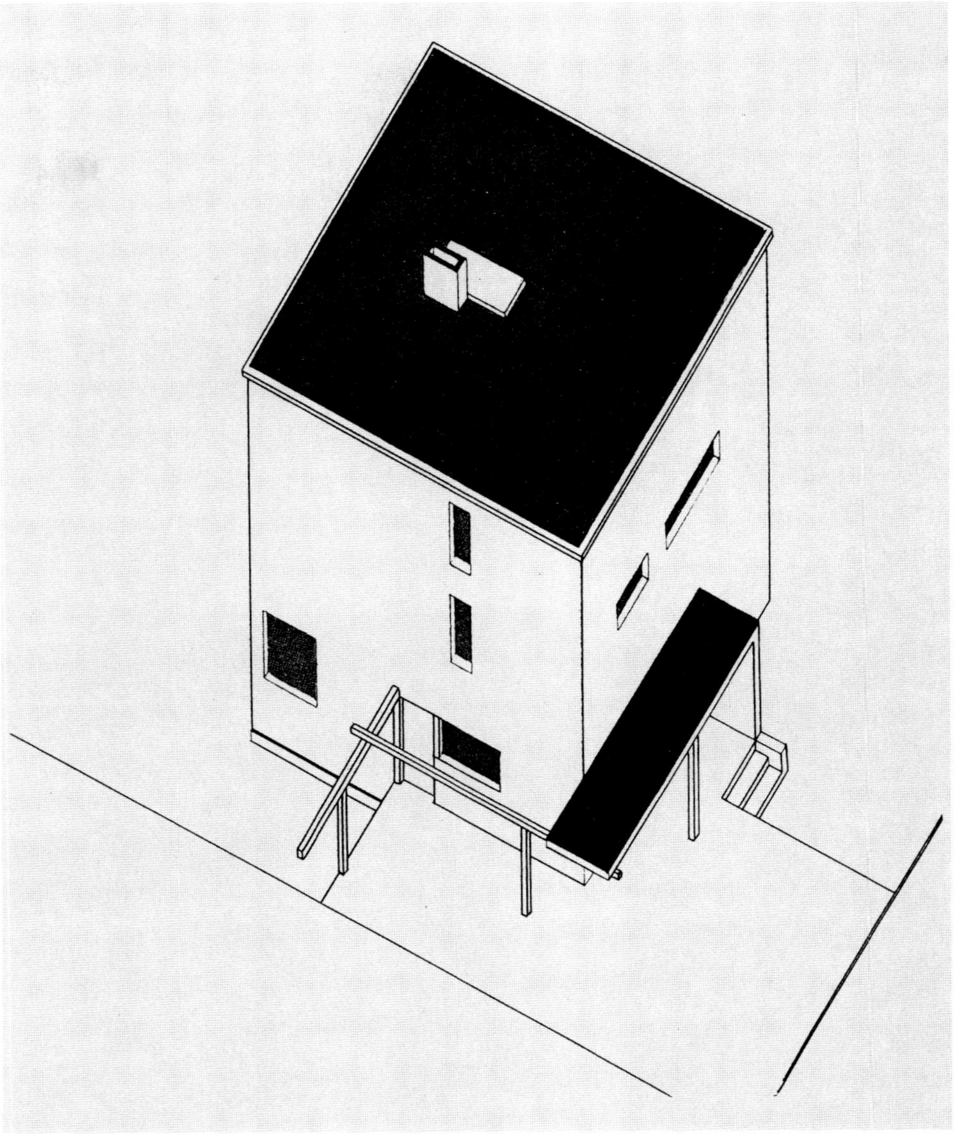

Entwurf zu einem Einfamilienhaus. Farkas Molnar. 1922/1923

Entwurf eines Einfamilienhauses in Fachwerk (Eisenbeton). Farkas Molnar. 1923

ses vollzieht sich außerhalb ihres Anspruchs.[217] In der Aufsichtsratssitzung der Genossenschaft am 28. Mai 1924 schätzt Gropius das Verhältnis zur Stadtverwaltung ein: Das städtische Hochbauamt bringe dem Siedlungsgedanken des Staatlichen Bauhauses nicht nur »keine Sympathie« entgegen, sondern stehe ihm sogar »feindlich« gegenüber. Zum Beweis führt er »die Wegnahme und Bebauung des einzigen von der Bauhaus-Siedlungsgenossenschaft erschlossenen Eckgrundstücks neben dem Versuchshaus« an.[218] Nach der Übersiedlung des Bauhauses von Weimar nach Dessau verliert die Genossenschaft ihren eigentlichen Zweck, bleibt jedoch noch wegen laufender Pachtverträge und der Verwaltung des Blockhauses bis zur Auflösung im Jahre 1930 bestehen.[219]

Mit der Kreditbewilligung für den Haushalt durch das Thüringische Staatsministerium Ende Juni 1922 wird dem Bauhaus die Auflage erteilt, mit einer großen Ausstellung im nächsten Jahr seine Leistungsfähigkeit nachzuweisen.[220] Unter diesem Druck muß die Bauhausleitung nach der Sommerpause dafür entscheidende Schritte einleiten. Am 18. September unterbreitet Gropius einen Vorschlag für das Ausstellungsprogramm, das als einen Hauptpunkt den Bau eines »Musterwohnhauses« vorsieht.[221] Dieses soll einen modernen Haustyp repräsentieren, der aus den Elementen eines variablen Baukastens, dem »Wabenbau«, entstehen könnte. Zugleich ist mit einer solchen Aufgabe Gelegenheit gegeben, die Leistungen der Werkstätten des Bauhauses an einem Projekt einer breiten Öffentlichkeit unter Beweis zu stellen und die von Anfang an beschworene künstlerische Gemeinschaftsarbeit zu realisieren. Trotz einer komplizierten allgemeinen wirtschaftlichen Situation und ungeachtet wohl auch innerschulischer Spannungen und Widerstände finden sich allmählich die aktiven Kräfte zusammen. Sie bekennen sich zu dem Vorhaben des Musterhausbaus und wirken schließlich mit Enthusiasmus für das gemeinsame Ziel. Im Herbst 1922 formiert sich eine Kommission, in der sich »Interessierte« zusammenfinden, um das Projekt vorzubereiten. Ihr gehören die Meister Georg Muche, Oskar Schlemmer, Paul Klee, Josef Hartwig und Kurt Schwertfeger sowie die Studierenden Marcel Breuer und Herbert Bayer an, wobei Muche die vorbereitenden Arbeiten leitet.[222] In einer Beratung mit allen Bauhausangehörigen am 6. Oktober stehen nacheinander die Konzeptionen für das geplante Ausstellungshaus von Gropius und von Muche zur Diskussion. Gropius, der einen Typenentwurf vermutlich aus seinem »Baukasten im Großen« vorstellt, kann jedoch nicht überzeugen; der Mehrheit der Studierenden erscheinen die Pläne als zu nüchtern. Dafür begeistern sie sich für den Entwurf und die leidenschaftliche Rede des jungen Muche, der als Maler eigentlich fachlich inkompetent, aber aus der Situation der bevor-

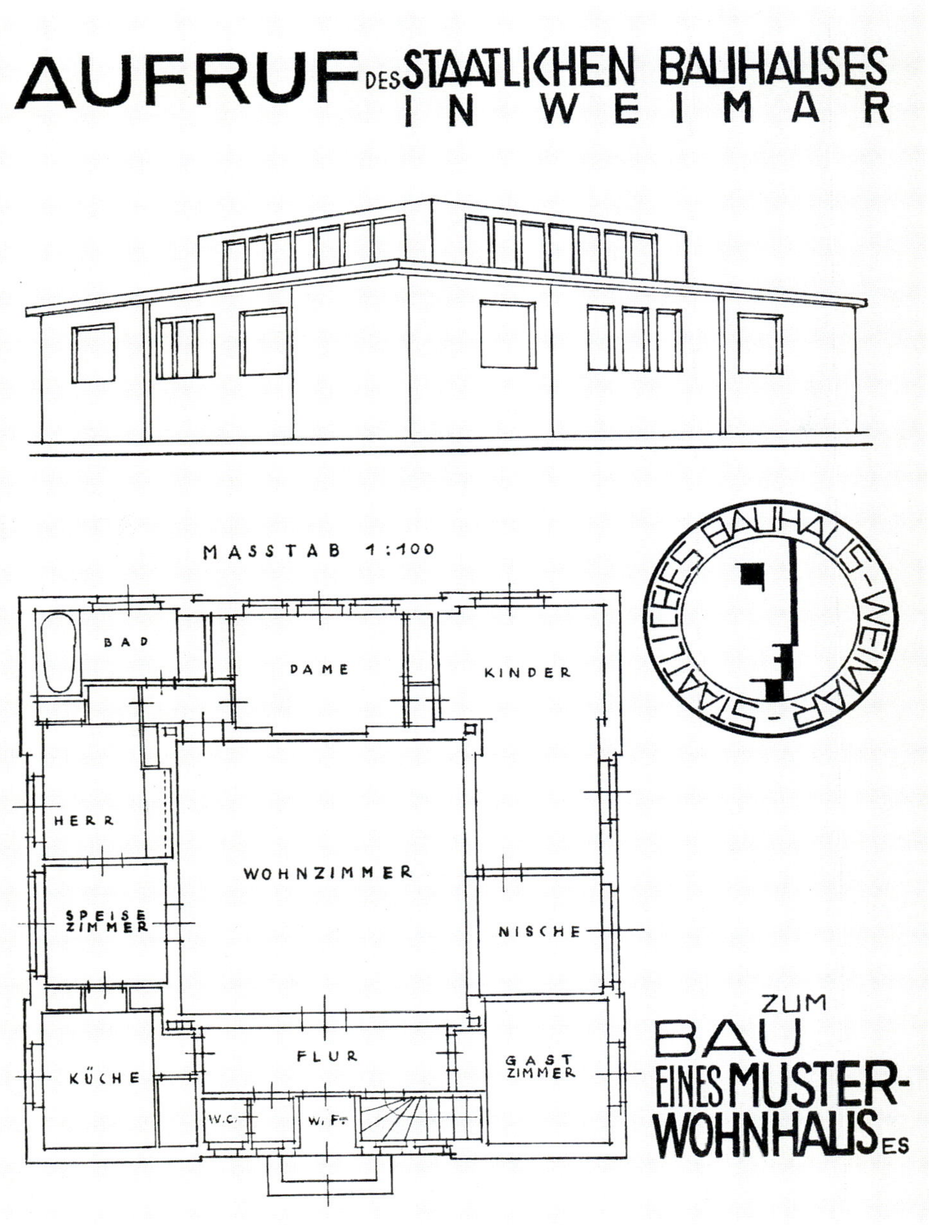

Aufruf zum Bau eines Musterhauses mit der ersten Fassung des Entwurfs von Georg Muche. Faltblatt. Anfang 1923

stehenden eigenen Familiengründung heraus in der Lage ist, ein lebendiges Raumkonzept und das entsprechende Haus für eine moderne Familie vorzustellen.[223] Die Verwirklichung einer neuen Konzeption der Lebensform scheint der Bauhausgemeinschaft mehr Programmatik und Ideengehalt zu bieten als der Rationalismus eines Typenhauses. Nach der entscheidenden Sitzung, die für Gropius eine Niederlage bringt, schreibt er einen kurzen Brief an Muche: »Ihr Schwung – und sei er auch aus Wahn geboren – ist der Nerv unserer Ausstellung. Ich bin bereit und mache mit.«[224] Den mit Muche geweckten Elan für das Vorhaben nutzend, stellt sich Gropius auf die Seite der Mehrheit, der Anhänger der anderen Entwurfsidee, greift sie auf und setzt sein Baubüro ein, um sie in eine baureife Form zu bringen. Adolf Meyer wird mit der Projektierung beauftragt. Die schwierigste Frage, um dem Ziel des Hausbaus näherzukommen, aber ist die Beschaffung der finanziellen Mittel.

Im Dezember geht vom Bauhaus ein »Aufruf zur Beteiligung am Hausproblem des Staatlichen Bauhauses« an die deutsche Industrie.[225] Die Agitation beginnt in dem Schreiben mit der programmatischen Werkbund-These von der allgemein erforderlichen »Werkverbindung«, die Werkarbeit, Handwerk und Industrie sowie die Arbeit des Künstlers umfassen sollte. In Deutschland fehle eine Zentrale, die die zahllosen Erfindungen in einer einheitlichen Weise zusammenfaßt und nicht nur in der Theorie, sondern auch am praktischen Werk erprobt und weiterentwickelt. Das Problem sei ein künstlerisches, technisches und wirtschaftliches, wobei es gerade auf die »Bindung« der drei Gebiete ankäme. Im Hausbau der Bauhausausstellung 1923 wäre nun zur tatkräftigen Zusammenarbeit Gelegenheit gegeben. Schließlich wird die Überweisung von Kapital erbeten, das nicht verlorenginge, sondern im Haus günstig angelegt werden könnte.

In einem Brief an Schade van Westrum, den Aufsichtsratsvorsitzenden der Zollbaugesellschaft, fragt Gropius in ähnlicher Weise nach einer eventuellen Mitwirkung und finanzieller Unterstützung an.[226] Die allgemeinen wirtschaftlichen Probleme in der Nachkriegskrise sind jedoch so groß, auch mangelt es wohl an ernsthaftem Interesse, so daß am Ende dieser Aktion nur wenige positive Antworten bleiben. Besonders großzügig sind die Zusagen der Spiegelglasindustrie und des Bauunternehmers Sommerfeld.[227]

Im Zeitraum Ende Januar bis Ende Februar 1923 verschickt das Bauhaus Briefe mit ähnlichem Inhalt an die »Dollarkönige« in die USA, an Henry Ford, John Rockefeller, Charly Fuge, Willy Hearst und Paul Warburg. Sie tragen die Unterschriften der Lehrer und Studierenden des Bauhauses und gehen von der Hoffnung auf eine Spende des kulturfördernden Großkapitals aus: »Wir brauchen zum Bau dieses Hauses 30 Millionen Mark (3000 Dollar), und wenden wir uns daher an Sie ... und bitten Sie, ... uns in der Erreichung unseres Zieles zu unterstützen und uns einen Beitrag zu überweisen, der Ihnen für den bedeutenden Zweck angemessen erscheint.«[228] Die Aktion, für die Gropius bereits Anfang November 1922 im Kreise der Meister um Zustimmung gebeten hatte, verläuft ohne Erfolg. Die zwei Antwortbriefe, die sich in den Akten befinden, darunter ein hektografierter Standardbrief von Fords Sekretär, enthalten abschlägige Antworten.[229] Die Erwartung, von der amerikanischen Hochfinanz einen Tribut für die Verwirklichung der gemeinnützigen Ziele des Bauhauses zu erhalten, erfüllt sich nicht.

Zu Jahresbeginn 1923 informiert Gropius den Reichskunstwart Dr. Erwin Redslob über die Absichten des Hausbaus. Im Hinblick auf die beabsichtigte Bildung eines Baukonsistoriums, das 10 Mio Mark zeichnen soll, bittet er ihn um ein befürwortendes Schreiben.[230] Redslob geht darauf ein und begrüßt das Vorhaben: »Im allgemeinen bin ich skeptisch gegenüber Hausbauten für Ausstellungen, aber hier handelt es sich um die Aufstellung eines neuen Bautyps, der ohne Zweifel für die kommende Zeit von maßgebender Bedeutung werden wird und dessen Verwirklichung daher weitgehende kulturelle und wirtschaftliche Folgen haben dürfte. Die Notwendigkeit einer sparsamen Bauweise und die Änderung unserer Lebensformen scheinen eine Baueinteilung vorzubereiten, die das Einfamilienhaus nicht mehr zu einer reduzierten Imitation der Villa mit gleichmäßig verkleinerten Zimmern macht. Es scheint, als ob sich eine Bauweise herausbildet, die mehrere kleinere Räume um einen großen fügt, und die daher in der Formgebung und in der Wohnkultur eine völlige Veränderung bringt. Von allen mir hierzu bekannt gewordenen Entwürfen erschien mir keiner so geeignet, das Problem zu veranschaulichen, wie der mir vom Bauhaus vorgelegte ... Denn der Bau dokumentiert, daß die Notlage, in die wir geraten sind, uns auch dazu bringt, zuerst vor allen Völkern die Lösung neuer Bauprobleme zu betreiben und somit Wegbereiter zu werden.«[231] Diese positive Reaktion bestärkt Gropius, auch die Reichsregierung um Unterstützung zu bitten. Am 20. Januar geht ein entspre-

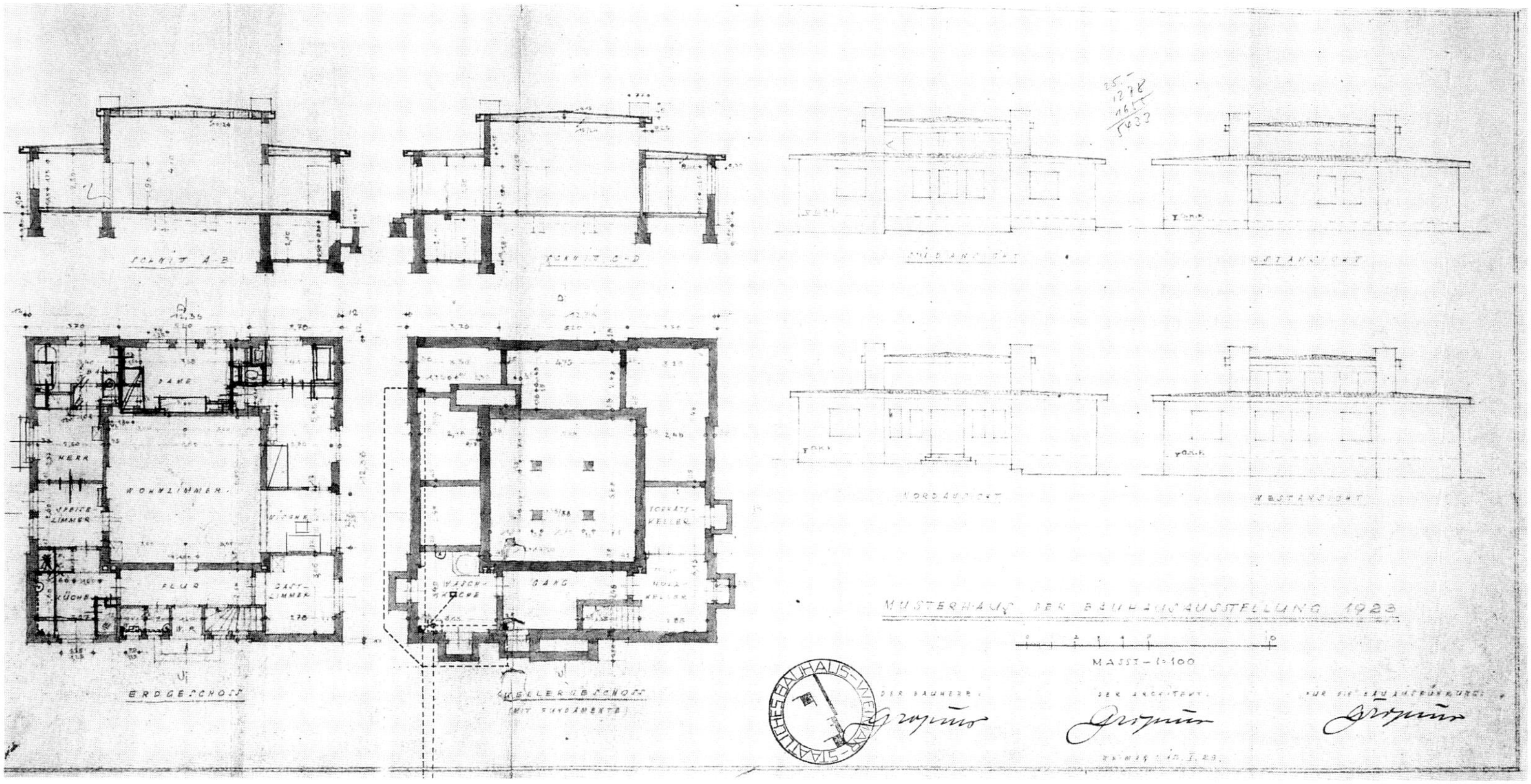

Baupläne des Versuchshauses. 12. Januar 1923

chendes Schreiben mit den Unterschriften der Bauhausmeister an den Reichspräsidenten Ebert ab. Die Antwort enthält gute Wünsche für den Erfolg und die Information über die Bewilligung der sehr bescheidenen Summe von 20000,– M für die Ausstellung.[232] Auch die folgende, im Mai geäußerte Bitte an den Reichspräsidenten, die Ausstellung »Ende Juli feierlichst zu eröffnen«[233], erfüllt sich nicht. Immerhin kann schließlich zur Eröffnung am 15. August der Reichskunstwart Redslob anwesend sein. So war für das Ausstellungsvorhaben und den Hausbau zwar kein ausreichend materieller, allerdings ein deutlicher moralischer staatspolitischer Rückenhalt vorhanden.

Obwohl die Finanzierungsfrage noch nicht geklärt ist, beginnt wohl im Januar im Baubüro Gropius die Projektierung des Ausstellungshauses. Leitender Architekt ist Adolf Meyer. Ihm zur Seite steht der Bauingenieur Emil Lange, der als Syndikus des Bauhauses auch die Projektierungsgeschäfte erledigt. Am Entwurf wirkt der Architekt Ernst Neufert mit; an den Zeichenarbeiten beteiligen sich Kaiser, Meinecke und Molnar; die statischen Berechnungen stammen vom Baumeister Schumann.[234] Für die Bauausführung auf der Baustelle werden von April bis August der Baumeister Walter March, Absolvent der Berliner Städtischen Baugewerkenschule und ein erfahrener Bauführer, eingestellt.[235]

Am 9. Februar reicht das Bauhaus die Pläne zum Neubau eines Wohnhauses der Straße Am Horn zur Genehmigung im Stadtbauamt ein. Grundmaße und Baustruktur entsprechen im wesentlichen schon dem späteren Ausführungsprojekt. Die Aussagen zur Baukonstruktion sind in vielen Punkten noch offen oder werden alternativ angegeben, so zu den Wänden und Decken. Der Ofen der Zentralheizung soll seinen Standort entweder im Keller oder im mittleren Wohnraum bekommen. Verschiedene offene Positionen werden mit der schwierigen wirtschaftlichen Situation bei der Beschaffung der Baumaterialien begründet.[236] Zwei Wochen später übergibt das Bauhaus die Bauzeichnungen der städtischen Baupolizei zur Bestätigung. Ende März folgt ein Gesuch um die Schachtungsgenehmigung, das allerdings nicht bearbeitet wird, da die prinzipielle Zustimmung des Stadtrats noch aussteht.[237] Die Verzögerung in der Stadtverwaltung ist bedingt durch ernsthafte »Bedenken«, die vom Standpunkt des Heimatschutzes aus geäußert wurden. Die Beratungsstelle für Heimatschutz und Denkmalpflege schaltet sich deshalb ein und fordert die Bauzeichnungen ab, um sich ein eigenes Urteil zu bilden.[238] Die Meinungsbildung muß negativ gewesen sein, denn alle folgenden Handlungen der Stadtverwaltung tragen dem Vorhaben gegenüber den Geist der Halbherzigkeit und des Unwillens. Da eine grundsätzliche Ablehnung formell nicht möglich ist, werden mit einer Reihe von Anforderungen alle nur möglichen Hindernisse aufgetürmt. Die von der Baupolizei (Stadtbaurat Lehrmann) aufgestellte Liste enthält insgesamt sieben zu erfüllende Bedingungen, darunter die Forderung nach vollständigen Anschlußverhältnissen des Hauses am Ende der Straße, d. h. Straßenbau, Anlage des Zugangs, der Entwässerung und Beleuchtung. Der verlangte Ausbau der Straße ist mit der geschätzten Summe von 25 Mio Mark besonders kostenaufwendig, da auch das benachbarte unbebaute Grundstück mit einbezogen werden müßte. Dafür soll eine entsprechende Summe hinterlegt und eine Sicherheitshypothek von 5 Mio Mark auf das Grundstück eingetragen werden. Zu den Straßenbauverpflichtungen gehört die Herstellung einer Gesamtentwässerungsanlage in Verbindung mit der Ilm. Allerdings wird dem Bauhaus für den Straßenbau eine sparsamere Lösung, der Bau eines mindestens 5 m breiten befahrbaren Weges eingeräumt.

Große Bedenken gibt es zur Diagonalstellung des Gebäudes, die so »kaum zur Durchführung eines künstlerischen Rhythmuses« beitragen könne. Da aber das Gebäude »in allen Teilen symmetrisch« sei, wird die von der Straßenflucht abweichende Einordnung in den Lageplan »nicht zur ausschließlichen Bedingung gemacht«. Wegen der abgelegenen Lage des Hauses finden offenbar die Stimmen der kritischen Heimatschützer nicht das gewünschte Gehör, um sich gegen die baukünstlerische Lösung erfolgreich durchzusetzen. Der Bauausschuß bestätigt schließlich am 22. März in wesentlichen Teilen die Vorlage Lehrmanns.[239]

Im April geht das ausgewählte Grundstück, das bisher Eigentum des Staates war, in die Hand der Bauhaus-Siedlungsgenossenschaft über. Damit ist eine wichtige Voraussetzung für die Baugenehmigung erfüllt. Nachdem am 18. April endlich das Bauprojekt in kritischer Form, aber zustimmend beurteilt wurde, erteilt der Stadtrat endlich am 10. Mai die grundsätzliche Genehmigung,[240] zu einem Zeitpunkt, als der Bau schon einen Monat im Gange ist. Als äußerst schwierig stellt sich das Finanzierungsproblem im Inflationsjahr 1923 dar; es entwickelt sich infolge der Geldabwertung geradezu dramatisch. Nach Verhandlungen Anfang März mit dem Berliner Industriellen Adolf Sommerfeld, der stets ein ideelles Interesse an der Bauhausarbeit bekundet hat und bereit ist, die Finanzierung des Baus zu übernehmen, kommt es Ende Mai zum Vertragsabschluß mit dem Bauhaus. Sommerfeld sichert die Abdeckung aller Baukosten (ausgenommen der Inneneinrichtung) zunächst mit einem zinslosen Darlehn von 20 Mio Mark zu. Er stellt zugleich die Bedingung, daß Haus und Grundstück drei Monate nach der Fertigstellung in seinen Besitz übergehen oder zu seinen Gunsten an einen Dritten veräußert werden soll.[241] Gleichzeitig erwirbt die Firma Sommerfeld das Recht auf den Erwerb der Inneneinrichtung.[242]

Mit allen beteiligten Firmen wird eine relative Kostenminderung ausgehandelt. Da sie sich an einem für sie werbewirksamen Ausstellungsobjekt beteiligen können, müssen sie sich verpflichten, die Leistungen zu den Selbstkosten ohne Gewinnanteil abzurechnen.[243] Für die Rohbauarbeiten greift das Bauhaus das Angebot der Sozialen Bauhütte G.m.b.H. Weimar auf; weitere zwölf, zum Teil namhafte Firmen der Bauindustrie aus ganz Deutschland beteiligen sich mit dieser Maßgabe seit März am Bau.[244] Infolge der »galoppierenden« Inflation – von Ende Februar bis Ende Juli steigen z. B. die bereits hohen Indexziffern der Großhandelspreise um rund das Elffache auf 79462 gegenüber 1 im Jahre 1913 – läuft der Bargeldbedarf für die Finanzierung der Baubetriebe den Zahlungsmöglichkeiten der Firma Sommerfeld stets voraus. Aufgrund der schwer bestimmbaren Zudeutung der wirklichen Ursachen kommt Sommerfeld zu ungerechten Anschuldigungen gegenüber der Bauleitung wegen angeblicher Verschwendung der Mittel.[245] Am 15. März gibt Gropius die Baukosten mit 100 Mio Mark an; am 23. August werden die Ausführungs- und Bauleitungskosten bereits mit rund 450 Mio Mark beziffert. Bis zum letztgenannten Termin hat Sommerfeld insgesamt 208 Mio Mark bereitgestellt, dann scheint die Quelle zu versiegen.[246] Um die restlichen Rechnungen zu begleichen, bittet Gropius noch nach der Fertigstellung des Hauses um weitere 350 Mio bzw. 650 Mio Mark für alle noch ausstehenden Leistungen.[247] Sommerfeld verzögert die Zahlung und wirft Gropius leichtsinniges und vertragswidriges Verhalten vor, worauf Gropius die Vorwürfe zurückweist: »Sie können uns nicht für die Markentwertung verantwortlich machen.«[248] Noch Anfang Dezember ist die Restsumme von rund 12500 Goldmark durch Sommerfeld nicht beglichen.[249]

Die Finanzierungsfrage wirkt sich später noch auf den Verkauf des teuer gewordenen Hauses aus. Es erweist sich für das Bauhaus als schwierig, einen Käufer zu finden; erst Ende des Jahres 1924 übernimmt es als neuer Besitzer der Rechtsanwalt F. A. Kühn. Der Verkaufspreis ist im November 1923 mit 28 500 Goldmark ausgewiesen; im Januar setzt Sommerfeld 58 800 Goldmark fest.[250] Am Ende wird aber das Haus für 20 000 Goldmark veräußert.[251] Mit dem »vom Bauhaus so herrlich gelegten Ei« (Sommerfeld)[252] war kein Geschäft zu machen.

Besondere Anstrengungen unternehmen die Architekten seit Beginn der Projektierung, um das Haus auf den modernsten technischen Stand zu bringen und es im Sinne eines Musterhauses mit neuesten Materialien und nach entwickelten Verfahren auszuführen. Die Verhandlungen mit den Baufirmen und der Bauindustrie beginnen im März, wobei bereits die wichtigsten Entscheidungen über einzelne Konstruktionen fallen.[253] Als bautechnische Neuerung wird die Kombination von großformatigen Schlackenbetonsteinen (Format 54/32/10 cm; 32/26/8 cm) und einer Torfoleumschicht, die zwischen einer äußeren und inneren Wandschale liegt, eingeführt. Diese Konstruktion verspricht eine großzügige Mauertechnologie und eine verbesserte Wärmedämmung.[254] Die ursprünglich für den großen Mittelraum geplante Holzbalkendecke wird jetzt in Frage gestellt; stattdessen kommt der Vorschlag einer Massivleichtdecke, d. h. einer Eisenbetondecke mit Hohlkörpern in die Diskussion. Aber einen Monat später erörtern Meyer und Sommerfeld die Frage nach der Art der Deckenkonstruktion erneut, da der Bauunternehmer wohl auch aus Reklamegründen Interesse für eine Ausführung in Holz zeigt. Meyer entwickelt eine Idee, »Decke und Dachkonstruktion gleichzeitig zu verbinden und mit sogenannten Bohlenbindern die Last aufzunehmen ...« und erbittet auf der Grundlage der eingereichten Zeichnung ein Angebot durch die Firma Sommerfeld.[255] Der Vorschlag wird aber von den Ingenieuren der Firma aus vermeintlichen statischen, technischen und ökonomischen Gründen brüsk zurückgewiesen. Statt dessen legen sie eine normale Balkendecke mit leichten Bohlensparren zur Herstellung der Dachneigung vor.[256] Diese Version findet allerdings keinen Eingang in den Bau, denn die Zeit drängt, die Kosten sind erheblich und die Vorteile gegenüber der nunmehr ausgewählt neuartigen Berradecke, einer wirtschaftlichen Beton-Hohlsteindecke,[257] sind offenbar gering. Die Holzkonstruktion hätte auch keinen Neuwert geboten.

Die Bauzeit beträgt nur vier Monate; durch konzentrierten Einsatz der Kräfte der beteiligten Firmen und der

Annonce im »Berliner Tageblatt«. Dezember 1923

Grundsteinlegung am 12. April 1923. Georg Muche (links) und Walter Gropius

für den Ausbau und die Ausstattung zuständigen Werkstätten des Bauhauses wird das Ausstellungshaus rechtzeitig fertiggestellt. In der Spitzenzeit des Endausbaus nach der Mitte Juli sind auf der Baustelle acht Maurer, vier Bauarbeiter, ein Lehrling und vier Gärtner beschäftigt.[258] Mit besonderer Dramatik gestaltet sich das Geschehen der letzten Bautage, als ein Generalstreik in ganz Deutschland für den Sturz der Cuno-Regierung zum 11. bis 14. August ausgerufen wird und der Fortgang der Arbeit bedroht ist. In dieser Situation schreibt der Syndikus Lange an den Vorsitzenden des Gewerkschaftskartells, Emil Friedrich, und bittet im Namen der Bauhäusler und des Direktors Gropius bei Eintritt des Streiks um eine Weiterführung der Arbeiten der Bauhütte und weiterer sechs Betriebe.[259] Die Streikleitung, die die Bauhausausstellung nicht in Gefahr bringen möchte, erlaubt den Bauarbeitern die Weiterarbeit bis zur Fertigstellung. So kann der 15. August als Endtermin und Tag der Ausstellungseröffnung gehalten werden.

Das Ausstellungshaus, der »kleine weiße Würfel« Am Horn,[260] ist – so gesehen – auch ein beachtliches Bauprodukt, entstanden in der schwierigen Zeit der Nachkriegsrezession und ein Spiegel dieser Verhältnisse. Er wird nun von einer erwartungsvollen und kritischen Öffentlichkeit in Augenschein genommen.

Der zu erwartende Neuwert liegt in der architektonischen Durchbildung, die den ideellen Standort der Bauhauskonzeption markieren soll. Geht man den Ursprüngen der Entwurfsidee am Bauhaus nach, so läßt sich ein Ansatz bereits in den Typisierungsversuchen von Gropius, Meyer und Forbat finden. In einigen Grundzügen war der Grundriß Muches schon vorgedacht. Die Idee Forbats, die Organisation des Einfamilienhauses auf den großen Wohnraum, das Zentrum des Familienlebens, zu gründen und kleinere Nebenräume anzulagern, nahm Muche auf. Selbst die Dimensionen der Raumgrößen und der Deckenspannweite kommen denen der Typenhäuser Forbats nahe. Forbat hatte die allseitige Umbauung des Wohnraumes wegen seiner Beziehung nach außen nicht gewagt und nur in einer Variante als Möglichkeit angedeutet; für Muche führte aber diese Überlegung zum Grundprinzip des Hauses. Den baukörperlich herausgehobenen, sehr hohen Wohnraum (4,15 m) – sein Licht erhält er von zwei übereck liegenden großen Oberlichtfenstern mit Milchglasscheiben – näherte er der reinen Würfelform an. Damit war der Typus des Hauses festgelegt. Es entstand ein in der Längs- und Querachse doppelt-symmetrischer, zentrier-

Baustelle etwa im Juni 1923

Baustelle etwa im Juli 1923. Verlegungsarbeiten der Steineisendecke

Seite 101:
Lageplan mit Gartengestaltung. 15. August 1923 (Umzeichnung)

ter Baukörper ähnlich dem antiken Haus mit dem Atrium und dem Tablinum. Es drängt sich aber auch der Vergleich mit den palladianischen Landhäusern geradezu auf. Der Geometrismus der Grundrißfigur mit dem kleineren Quadrat des Wohnzimmers und dem großen Quadrat des Umrisses ist offensichtlich. Dies alles hat Konsequenzen für die äußere Erscheinung. In der Freiaufstellung am Hang, abweichend von der Bauflucht und übereck zur Straße, wird der Doppelkubus zu einer Art Rundumplastik, erlebbar wie ein griechischer Tempel. Das Haus erscheint auch wie ein Nachkomme der expressionistischen Glashausvisionen in der reduzierten Form eines streng kubisch geschliffenen Kristalls. Seine äußere Farbe ist merkwürdigerweise nach der Fertigstellung nicht rein-weiß wie bei Le Corbusiers »strahlenden Körpern im Sonnenlicht« und bei späteren Bauten von Gropius, sondern silbergrau, putzfarben.

Die Ausdeutung dieser vom Ornament befreiten stereometrischen Architektur mag vielfältig möglich sein. Nicht verleugnen kann sie aber die klassische Regel als Bildungsprinzip. Bei den Fassaden ist der Fensterzuschnitt den funktionalen Erfordernissen der Innenräume angepaßt, ihre Einordnung in die Wand wird aber von einer ausgewogenen harmonisierenden Flächengrafik bestimmt. Die gegenüber den Mittelfeldern herausgehobenen Wandflächen wirken wie stabilisierende Eckverstärkungen. Sie sind keine genaue Abbildung der inneren Raum- und Mauerstruktur, sondern erhalten ihre Breite durch eine ästhetische Ausdeutung der Fassade. Alle diese Faktoren beweisen, daß es mit diesem Entwurf darauf ankommt, einen Idealtypus eines Hauses zu finden, der durchaus auch klassischen ästhetischen Regeln genügt. Heißt es doch auch im Werbeblatt zur Bauhausausstellung: »Das weitgesteckte Ziel des Bauhauses schließt den metaphysischen Bau nicht aus, der über die Schönheit des Zweckvollen hinaus als wahres Gesamtkunstwerk die Verwirklichung einer abstrakten monumentalen Schönheit erstrebt.«[261] Der Zwang zur Formbildung, der von dieser Vorstellung ausging, steht bereits der von Muche beabsichtigten Methode gegenüber, das Haus maßgerecht auf die Bedürfnisse einer modernen Familie zurechtzuschneidern.[262] Dafür läßt der Grundriß – als Vorgabe für die Raumordnung und nicht als ihr Resultat – durchaus Spielraum zu. Alle Funktionsbereiche des Wohnens sind präzise bestimmt und zueinander wohl geordnet.

Die Küche ist als eine reine Arbeitsküche organisiert. Muche schreibt: »In der Küche sollte alles, was man

Das fertiggestellte Haus vor der Ausstellungseröffnung am 15. August 1923

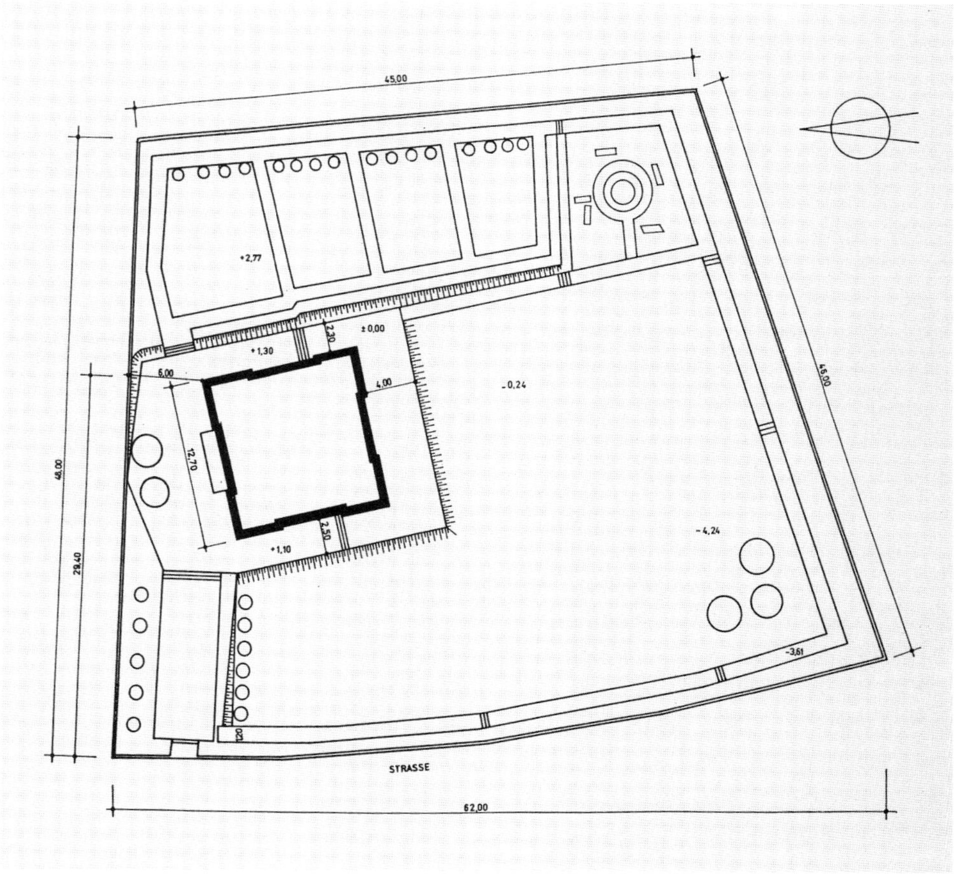

brauchen würde, von einer Seite aus zu erreichen sein ...«[263] Die Erleichterung der Hausarbeit war Kriterium für Muches Entwurf und sollte durch Verkürzung der Wege und rationellen Gebrauch der Einrichtung ermöglicht werden.[264] Die Randzone des Küchenraumes ist mit Spüle, Arbeitstisch, Herd und entsprechenden eingebauten Behältnismöbeln ausgestattet. Das praktische Kipp-Drehfenster befindet sich über dem Arbeitstisch. Wohl erstmals wird hier der Typ einer modernen Einbauküche vorgestellt, die in der vollkommen »taylorisierten« Frankfurter Küche von Grete Schütte-Lihotzky in der zweiten Hälfte der 20er Jahre ihre Fortsetzung finden wird und als ein Vorläufer der heutigen Einbauküchen anzusehen ist.

Die gesamte Raumorganisation folgt ähnlichen Zweckmäßigkeitsüberlegungen: Neben der Küche liegt das Eßzimmer. Im Anschluß daran – noch im Sichtbereich der Hausfrau – befindet sich das Kinderzimmer, das eine direkte Verbindung zum Schlafzimmer der Dame besitzt. Der Schlafbereich für das Ehepaar ist in getrennten Räumen, zwischen denen das gemeinsame Bad liegt, in der östlichen Ecksituation des Hauses eingerichtet. Auch diese Idee war bereits in Forbats Typenhaus vorgebildet und fand bereits im ersten Entwurf Muches Anwendung. Jedoch erfolgt im Ausführungsprojekt eine Umgruppierung zugunsten der Lage des Kinderzimmers. Vom Schlafzimmer des Herrn kann die Arbeitsnische, die einzige Sichtverbindung des Wohnzimmers zum Außenraum, erreicht werden.

Bei dieser peripheren Anordnung der Nebenräume fungiert der große Mittelraum auch als Erschließungszone. Der üblicherweise repräsentativ und statuarisch gestaltete Hauptraum des Familienlebens ist hier wichtiges Funktionsglied des Hausorganismus und notwendigerweise mit Bewegung, mit Leben erfüllt. Außer für das Wohnzimmer trifft aber für die anderen Räume eine strenge Separierung nach ihrem funktionalen Gebrauch zu: Die Küche ist nur Arbeitsraum der Hausfrau; das Essen findet ausschließlich im Speiseraum statt. Die Kinder halten sich im Kinderzimmer oder in dem davorliegenden Freiraum auf. Für Schreibarbeiten ist die Arbeitsnische bestimmt usw. Der Grundgedanke des tayloristischen Produktionsablaufes ist hier gewissermaßen auf das Wohnen in einem Einfamilienhaus übertragen. So gesehen, kommt das Haus Am Horn durchaus der »Wohnmaschine« Le Corbusiers nahe, und entspricht wohl auch dem Begriff, wie ihn Gropius auffaßt. Die neue Lebensweise, so, wie sie sich Muche vorstellt und wie

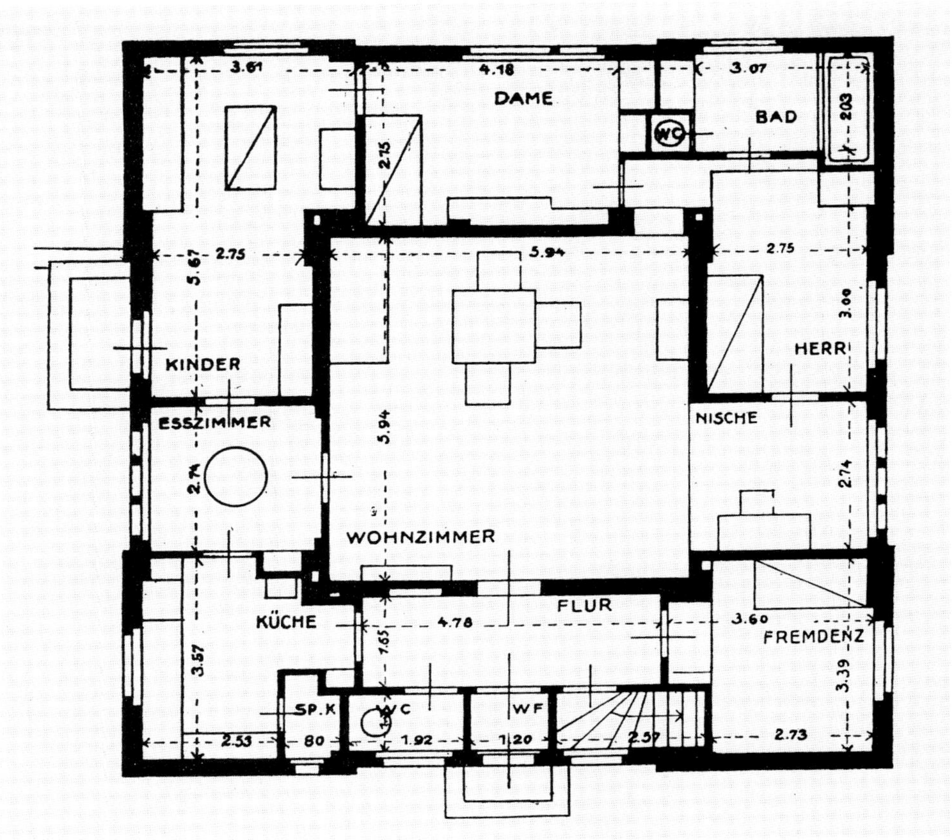

Grundriß

Gasbadeofen im Badezimmer

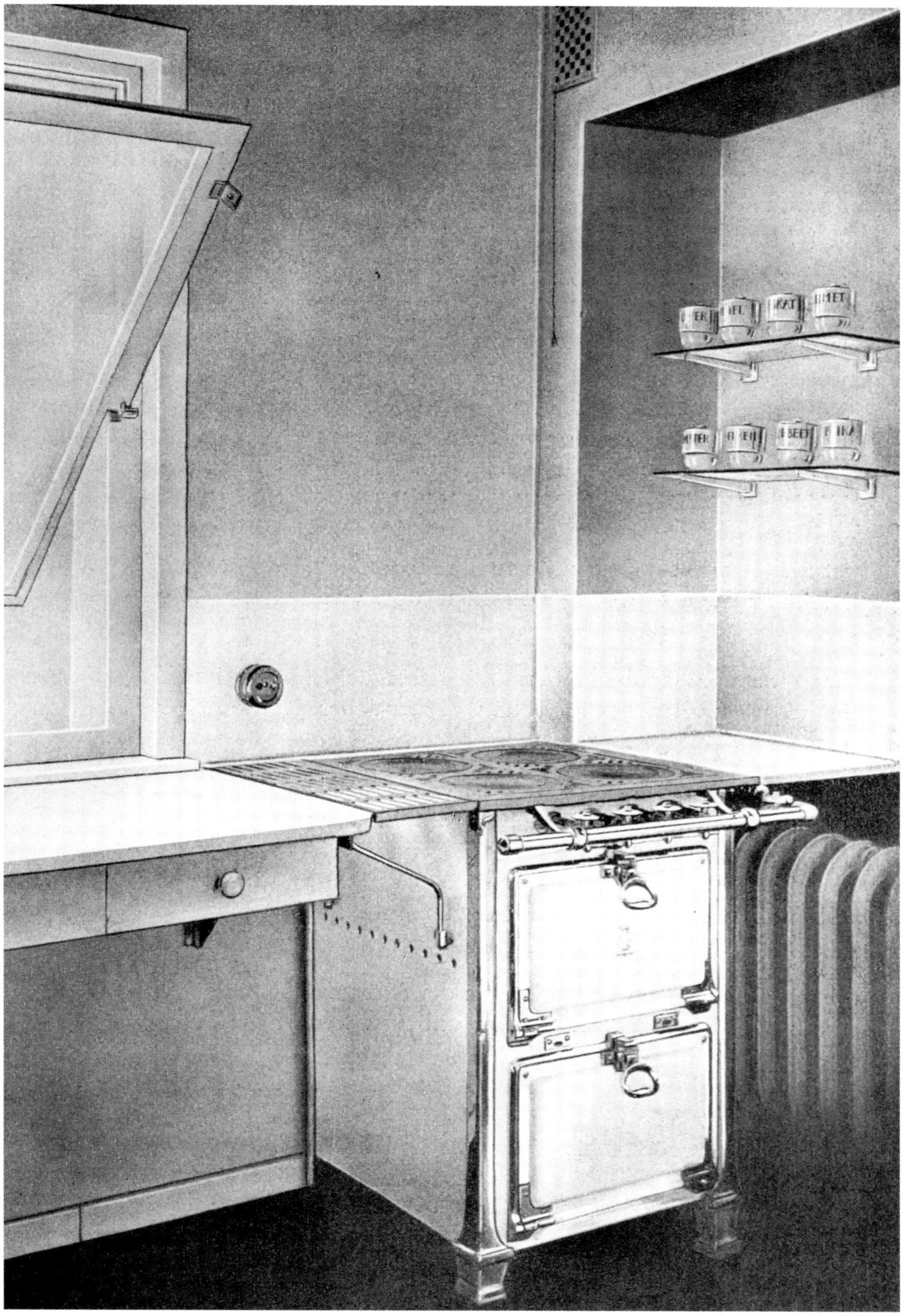

Küche. Einrichtung Benita Otte und Ernst Gebhardt. Gefäße Theodor Bogler

Drehflügelfenster. Entwurf Bauhaus

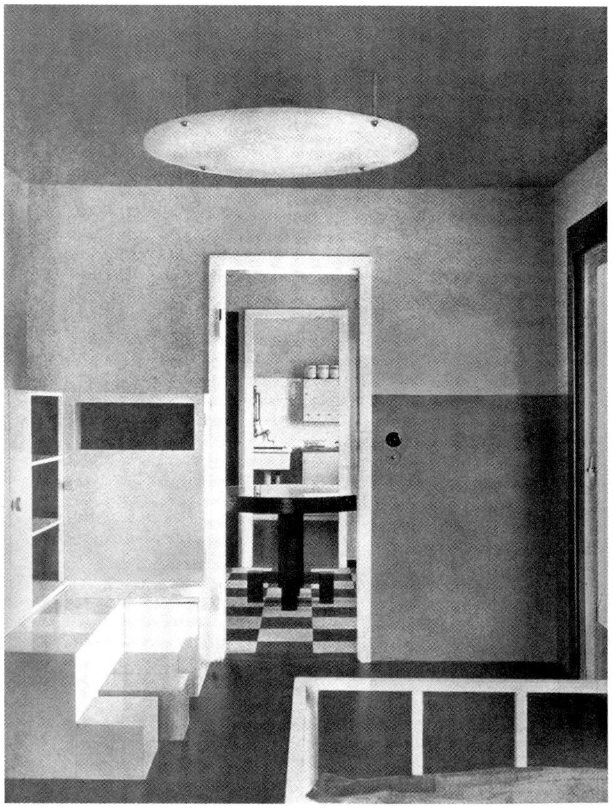

Kinderzimmer mit Durchblick zu Speiseraum und Küche

Kinderzimmer. Einrichtung Alma Buscher und Erich Brendel

Wickelkommode (oben)

Spielschrank (unten)

Blick vom Speisezimmer in den Wohnraum

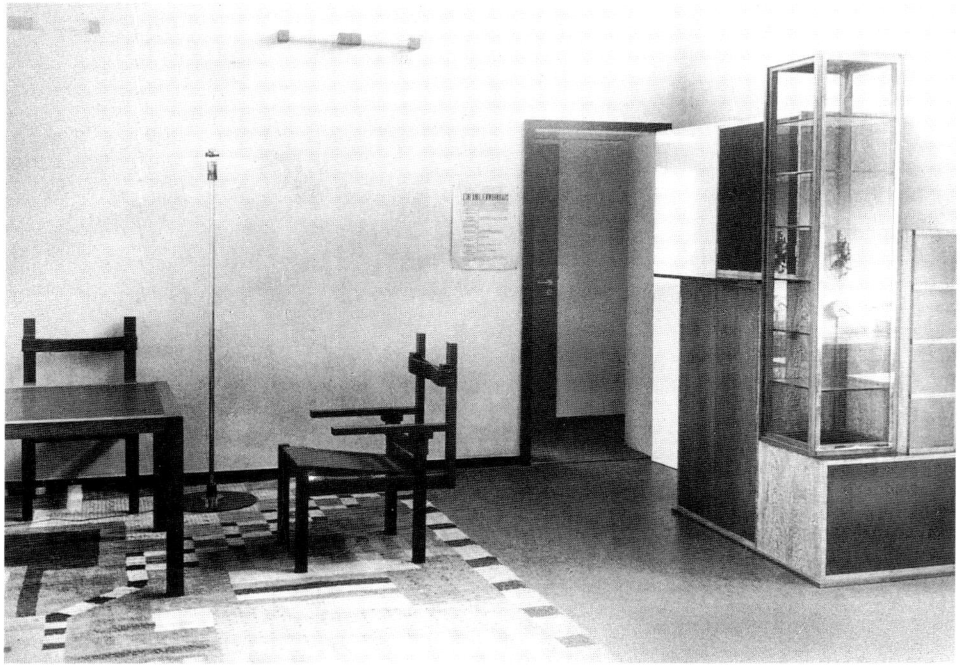

Sitzgruppe im Wohnzimmer. Möbel von Marcel Breuer

sie hier in eine architektonische Struktur übertragen wurde, ist dem gemütvollen, traditionsgebundenen Wohnen geradezu entgegengesetzt, sie ist versachlicht und überschaubar, ökonomisch und rational. Das Ehepaar des gehobenen Mittelstandes, dem dieses Haus seinem sozialen Standard nach entsprechen würde, muß aber mit der Zeit gehen und hätte ohne Hausangestellte auskommen müssen, denn dafür waren keine Räume vorgesehen.

Als eine Gemeinschaftsleistung par excellence des gesamten Bauhauses und der Industrie kann die Ausgestaltung des Ausstellungshauses angesehen werden. Unter Leitung Muches und des Baubüros gelingt es, die Werkstätten auf die Aufgabe einzustimmen und zu eigenständigen Leistungsanteilen herauszufordern. Die Werkstatt für Wandmalerei ist für die Ausmalung der Innenräume (Josef Malthan und Alfred Arndt) zuständig. Die Quellen lassen eine lebendige, aber zurückhaltende und wenig auffällige Farbgestaltung in hellen Pastelltönen vermuten. Offenbar werden ganze Räume und auch einzelne Wandflächen nach einem geschlossenen Farbkonzept ausgestaltet.[265]

Am umfangreichsten ist der Beitrag aus der Tischlerei. Marcel Breuer entwirft und baut die konstruktivistischen Möbel für das Wohnzimmer und das Zimmer der Dame: die aus einem Brettprofil gefertigten Lattenstühle mit Sitzflächen aus Spannstoff, den streng kubisch geformten Tisch, das zweiteilige Sofa und den aus Kuben und Flächen gebildeten Wohnzimmerschrank. Es sind excellente Möbel, die von den planoplastischen Formprinzipien des Stijl beeinflußt sind, allerdings in ihrer gediegenen handwerklichen Durchbildung und relativen Zweckmäßigkeit sich nicht zu reinen Kunstobjekten erheben, wie manche Arbeiten der Holländer aus dieser Zeit. Der Frisiertisch der Dame mit den drehbaren Spiegeln, die an die Apparatur eines optischen Gerätes erinnern, wirkt wohl am stärksten wie eine konstruktivistische Erfindung. Erich Dieckmann stattet das Eß- und das Herrenzimmer mit Möbeln aus, die kubisch-blockhafte Formen zeigen und noch am meisten handwerklichen Koventionen folgen. Die Kinderzimmereinrichtung von Alma Buscher und Erich Brendel wird von variablen Möbeln für einen kindgemäßen Gebrauch bestimmt. Der Schrank kann in ein Puppentheater verwandelt werden. Die transportablen Spielkästen dienen gleichzeitig als Behältnismöbel. Die Elemente sind kubisch geformt und neben vorherrschendem Weiß stark farbig akzentuiert.

Von besonderer Novität ist die funktional gestaltete Kücheneinrichtung der bereits geschilderten Arbeitsküche von Benita Otte und Erich Beckmann. Aus der Metallwerkstatt kommen ungewöhnliche Beleuchtungskörper in elementaren stereometrischen und technizisti-

Wohnzimmerschrank. Marcel Breuer

Wohnzimmer mit Arbeitsnische

schen Formen: Soffittenlampen in würfelförmigen Holzfassungen, Deckenleuchten mit abgehängten Blendscheiben (Alma Buscher) oder als Milchglaskästen, eine ausziehbare, grobmechanistische Schreibtischlampe (Karl Jacob Jucker) und eine Stehlampe mit Fuß und Schirm aus Kreisscheiben (Gyula Pap). Alle Wand- und Fußbodenteppiche fertigten Studierende der Weberei. Der Wohnzimmerteppich von Martha Erps nimmt im geometrischen Muster Bezug auf die Gruppierung der Möbel im Raum und unterstützt durch eine Diagonalachse die Bewegung von der Tür des Eßzimmers zur Raummitte. Keramische Seriengefäße (Theo Boger und Otto Lindig) aus der Töpferei des Bauhauses runden das Ausstattungsprogramm ab. Obwohl alle Gestalter bemüht waren, von ähnlichen Prämissen in der Gestaltung auszugehen, wird – bedingt wohl auch durch das Tempo der Arbeiten – die erstrebte einheitliche Ensemblewirkung nur partiell und noch unvollkommen erreicht.

Das Haus Am Horn ist wegen der komplexen Verkörperung der Gemeinschaftsleistung des Bauhauses das wichtigste Ausstellungsobjekt der großen Bauhausaus-

Toilettentisch einer Dame. Marcel Breuer

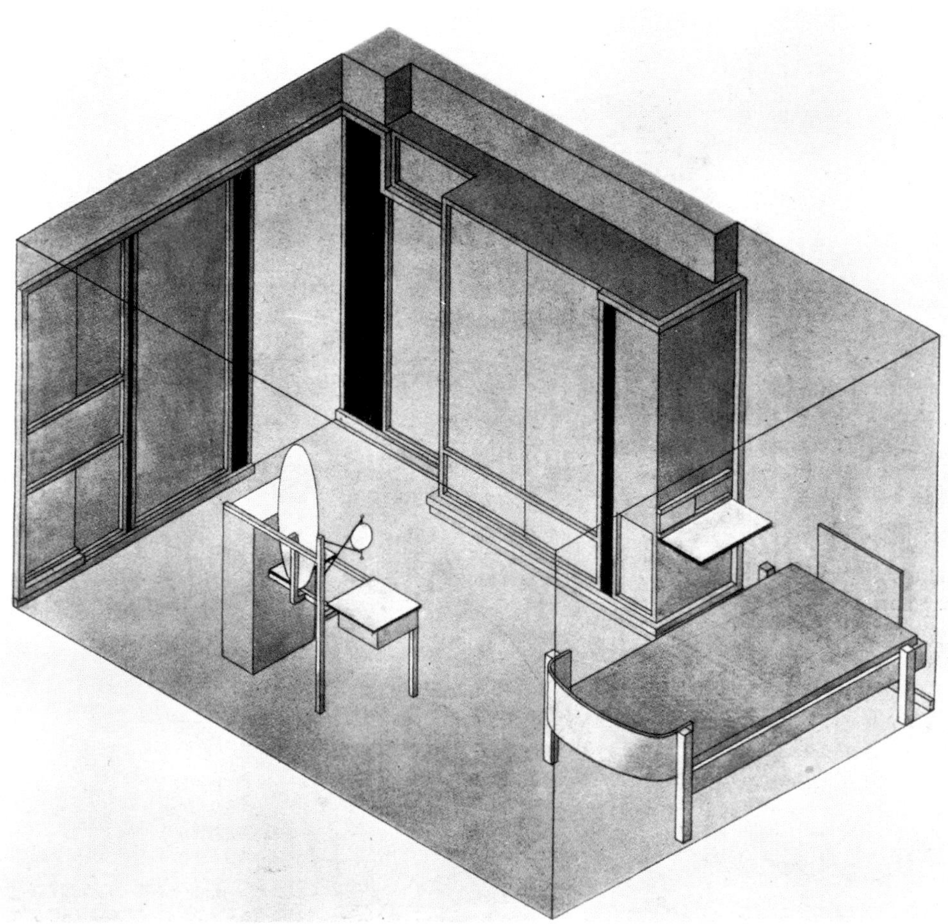

Schlafzimmer der Dame. Isometrie. Einrichtung Marcel Breuer

stellung. Obwohl es fernab von den anderen Ausstellungsorten in Weimar, den Schulbauten van de Veldes und dem Landesmuseum, liegt und nur über einen zusätzlichen Fußmarsch zum Horn erreichbar ist, sehen es viele der insgesamt rund 15 000 Besucher. In der Tages- und Fachpresse erscheinen zahlreiche Berichte, die meistens über das gesamte Geschehen zur Bauhauswoche informieren und das Versuchshaus dabei erwähnen.[266]

In den Redaktionen der bürgerlichen Lokalpresse nutzt man die ungewöhnliche Erscheinung und manche Unvollkommenheit des Hauses, um gegen das Bauhaus zu polemisieren. Insbesondere bietet die starke Abweichung vom traditionellen Bild eines Wohnhauses, das sich ganz »undeutsch« gibt, Stoff für die Gegner der Moderne. In der Weimarer Zeitung »Deutschland« bezeichnet die Kunstkritikerin Mathilde von Freytag-Loringhoven das Versuchshaus als einen »eigenartig geschmacklosen Unterschlupf«, der von außen »keinerlei Reize« bietet.[267] Viele solcher Darstellungen verlassen oft den Boden der Sachlichkeit; ihre Verfasser haben es darauf

Postkarte zur Bauhausausstellung 1923. Gerhard Marcks

Ausstellung des Staatlichen Bauhauses Weimar 1923

EINFAMILIENHAUS AM HORN. Entwurf Georg Muche

Neue Wohnprobleme, neue Techniken, Aufbau unter Mitwirkung der deutschen Industrie durch die Architekturabteilung des Staatlichen Bauhauses. Gesamte Inneneinrichtung durch die Werkstätten des Staatlichen Bauhauses

Bauleitung: Adolf Meyer, Walther March, Georg Muche

ZEMENTLIEFERUNG: Deutscher Zement-Bund G. m. b. H. durch Zementwerk Göschwitz
JURKOWANDSTEINE: Verband Sozialer Baubetriebe, Berlin W. 50, Augsburgerstr. 61, durch Soziale Bauhütte, Weimar
KUNSTSTEINARBEITEN: Johann Hermann Trebitz, Kunststein- und Plattenfabrik, Jena
TERRANOVAPUTZ: Terranova-Industrie Freihung (Oberpfalz), durch Rudolf Heinze, Weimar
FULGURIT-ZEMENT-ASBEST-FENSTERSOHLBÄNKE: Fulguritwerke Adolf Oesterheld, Eichriede b. Wunstorf (Hannover)
BERRA-HOHLSTEINDECKE: Berkes & Rücker, Worms a. Rh.
BERRA-STEINE: Berra-Vertriebs-Gesellschaft G. m. b. H., Naumburg a. S. Ausführung durch A. & R. Heuring A.-G. Mellrichstadt (Unterfranken)
SCHOFERS RAUCH- UND LÜFTUNGSKAMINE: Dampfziegelei Waiblingen A.-G. Vertreter Ing. Junker, Erfurt
AUSFÜHRUNG DER ERD- UND MAURERARBEITEN, DES INNEN- UND AUSSENPUTZES: Soziale Bauhütte G. m. b. H., Weimar
DACHEINDECKUNG: Ruberoid A.-G., Hamburg 8, Dovenhof
TORFOLEUMISOLIERUNG, FUSSBODEN-, WAND-, DECKE- UND HEIZUNGSROHRE: Torfoleumwerke Ed. Dyckerhoff, Poggenhagen bei Neustadt a. Rübenberge. Vertreter Ing. Junker, Erfurt
ZENTRALHEIZUNGSANLAGE: Joh. Haag, Berlin SW. 29, Mittenwalderstr. 56. Ausführung durch Zweigniederlassung Weimar, Ob.-Ing. Standfuß
RADIATOREN: Berlin-Burger Eisenwerk A.-G., Berlin W. 8, Friedrichstr. 77 durch Joh. Haag, Berlin
GROSSE OBERLICHT- UND DECKENFENSTER, KELLER-LICHTSCHÄCHTE: Hermann Bulnheim, Bautzen, schmiedeeiserne H. B.-Fenster
HOLZFENSTER: Glasermeister Martini, Weimar
KOPTOXYLPLATTEN-TÜREN: B. Harrass G. m. b. H., Böhlen b. Großbreitenbach. – Türfutter und Bekleidungen von Tischlermeister Finn, Weimar
BESCHLAGARBEITEN, SPEZIALBESCHLAG FÜR DIE DREHFENSTER: C. Arnoldi, Hamburg, Rathausstr. 5. Ausführung Schlossermeister Paul u. Ernst Meyer, Weimar
OLIVEN UND EINREIBER: S. A. Loevy, Berlin N. 4, Gartenstr. 96
TÜRDRÜCKER: S. A. Loevy, Berlin
FENSTERSONNENSCHUTZ: C. Arnoldi, Hamburg, Rathausstr 5.

SCHLOSSERARBEITEN: Schlossermeister Paul u. Ernst Meyer und Schlossermeister Arno Müller, Weimar
TÜRZARGEN UND ECKSCHONER: L. Mannstaedt & Co. A.-G. (Klöckner-Werke A.-G. Abteilung Mannstaedtwerke) Troisdorf b. Köln
SANITÄRE INSTALLATION: Tritonwerke A.-G. Hamburg 6. Ausführung Karl Schmidt, Weimar
WARMWASSERVERSORGUNG FÜR BAD UND KÜCHE: Prof. Junkers Badeofen und Warmwasser-Stromapparat, Junkers & Co., Dessau
HAUSWÄSCHEREIEINRICHTUNG: J. A. John, Erfurt-Ilversgehofen
KÜCHENHERD: Imperial Gas-Grill-Herd D. R. P. Industriewerke Vogel K. a. A. Bünde i. Westf.
ELEKTRISCHE INSTALLATION: Allgemeine Elektrizitäts-Gesellschaft, Berlin. Ausführung A. E. G., Zweigniederlassung Erfurt
SPEZIAL-BELEUCHTUNGSKÖRPER: (Schwabelampen) Osram-Gesellschaft, Berlin O. 17, Ehrenbergstr. 11–14
SCHALTTAFEL: Westfälisch-Anhaltische Sprengstoff A.-G. Chemische Fabrik, Berlin
KLINGELLEITUNG UND TELEFONANLAGE: Thüringische Telefongesellschaft, Erfurt
SPIEGELGLAS: Verein Deutscher Spiegelglas-Fabrikanten, Köln für die Gesamtlieferung durch die Hütten Altwasser i. Schlesien, Deutsche Spiegelglas A.-G. Freden, Waldhof b. Mannheim
FARBIGES OPAKGLAS für Wandbekleidung, Bad, Küche, Fußleisten und Fensterbänke: Deutsche Spiegelglas A.-G. Freden. Ausführung durch Ernst Kraus, Weimar
GUMMIFUSSBODEN: Harburger Gummiwarenfabrik Phönix A.-G., Harburg
TRIOLINFUSSBODEN: Venditor Verkaufskontor Köln-Rottweil A.-G. und Rheinisch-Westfälische Sprengstoff A.-G., Berlin NW., Zweigniederlassung Leipzig
DAMENSCHLAFZIMMER: Eingebaute Möbel durch G. H. Schütze, Hoftischlermeister, Berlin S. 59, Urbanstr. 64
PATENTFEDERMATRATZEN: G. Arendt & Sohn, Weimar
VORHANGSTOFFE: Reibstein & Co., Erfurt
STEINGUTGESCHIRR: Bogler, Bauhaus mit Steingutfabrik Velten G. m. b. H., Velten b. Berlin
GLASGEFÄSSE: Duraxglas Schott u. Gen., Jena
GARTENANLAGE: Conrad Gramm, Baumschulen, Weimar
EINFRIEDIGUNG: Gustav Arendt & Sohn, Weimar, mit patentierter Drahtzaunverbindung der Norddrahtwerke, Rostock

Die Durchführung des Baues wurde außer durch die bereitwillige Mitarbeit der Industrie durch die tatkräftige Unterstützung der Firma Adolf Sommerfeld, Bauausführungen, Berlin ermöglicht

Werbeblatt mit den am Ausstellungshaus beteiligten Firmen

angelegt, auf diesem Wege die Öffentlichkeit für den Kulturkampf gegen das Bauhaus zu gewinnen. Eine seriöse Architekturkritik war nur spärlich gesät und ging nur in wenigen erwähnenswerten Beiträgen, die überwiegend aus der Feder von Freunden des Bauhauses kam, wirklich auf. Übereinstimmend wird von verschiedenen Kritikern das Vorpreschen zu einer neuen Ästhetik in einer Zeit des Aufbruchs herausgestellt und problematisiert. Fritz Wichert, der Direktor der Städtischen Kunstschule in Frankfurt/Main, beschreibt in einem Artikel mit der bezeichnenden Überschrift »Ein Haus, das Sehnsucht weckt« die Kühnheit des »Pfadfinders« Gropius, der mit einer bis ins Utopische reichenden Folgerichtigkeit vorginge. Er setzt eine Warnung dazu: »Das Kühnste ist in seinem Bestand bedroht, wenn es, bunt, fremd und verlassen wie ein verirrter Tropenvogel, keine nähere Verbindung mit der körperlichen und geistigen Umwelt findet.« Das Haus Am Horn sei aus seiner Sicht eine Art »Marshaus«, denn es wecke »Sehnsucht nach der Zukunft und nach einem Leben ohne Wirrwarr und Ballast«. Als ein zeitgemäßer Versuch ist es wahrscheinlich gerade deshalb wertvoll und sollte als Anregung entsprechend verarbeitet werden.[268] Während diese Wertung noch im Einflußbereich des nachrevolutionären Erneuerungsgeistes steht, geht Paul Klopfer in einem Artikel der Weimarer Zeitung »Deutschland« von einem höheren, traditionsgebundenen Kulturbegriff aus. Er zieht den Vergleich mit dem nahegelegenen Gartenhaus Goethes heran und stellt fest: Dem Versuchshaus fehle »all das urwüchsig heimatlich Kulturhafte«, und es habe »nichts mit Nachtigallen zu tun«. Doch sei hier der »Typ Mensch als Symbol der Gegenwart« als Ausgangspunkt der neuen Architektur bestimmt worden. »Wir werden ein Teil von diesem fremden All«, wo der Gegensatz von Natur und Gesetz herrscht. So vollziehe sich hier das Wohnen in einem außernatürlichen Raum, der klar vom Grünraum des Gartens abgesetzt ist. Eine ästhetische Wertung folgt in diesem Satz: »Unsere Gegenwart schließt sich in der Romantik(?) des Konstruktiven ein.« Diese »Flucht ins Abstrakte und Konstruktivische« schätzt er abschließend auch als eine mögliche »Kunst-Pause« ein, was aus seiner Sicht bedeuten könnte, einen vorübergehenden und leeren Zwischenakt im großen Prozeß wahrhaftigen Kunstschaffens oder auch Gestaltung außerhalb dieses einzulegen.[269] Trotz enthaltener Skepsis distanziert sich Klopfer damit nicht vom Bauhaus.

In ähnlichem Sinne argumentiert der Kunstkritiker Bruno Adler in der sozialdemokratischen Lokalzeitung »Das Volk«. Er geht von dem damals durch Le Corbusier aufgekommenen Begriff »Wohnmaschine« aus und deutet ihn positiv: »Wohnmaschine« zu Haus verhalte sich wie Kochmaschine zum Herd. An dieser Überlegung setzt die Kritik am Versuchshaus an: »Gern stimmt man dieser Absage an den sentimentalen Wust von Überflüssigem und Häßlichem, den unsere Häuser und Wohnungen im allgemeinen darstellen, zu. Aber das bedingt noch nicht solche völlige Loslösung eines Gebäudes von der Landschaft, in die es gestellt ist, und es läßt noch manche Möglichkeit der Ausführung zu, die auf den Menschen Rücksicht nimmt – als auf die Schwärmerei für die Konstruktion. Die Zweckidee wurde überspitzt und nun ist das Haus nicht mehr als ein Mittel für den Menschen, auf daß er wohne, sondern es hat sich selbstherrlich etabliert: Der Zweck an sich wird geheiligt.«[270]

Auf der Ebene der Fachleute, in der Zeitschrift »Bauwelt«, formuliert Adolf Behne, der unermüdliche Streiter für die Moderne, eine Kritik, die in ihrer Präzision und Sachkunde zu den treffendsten gehört.[271] Behne mißt dem Ausstellungshaus eine besondere Bedeutung bei, da er es in einem Umschlagpunkt in der Geschichte des Bauhauses sieht: Nach einer Phase, in der ein »Kult des Romantischen« gepflegt wurde, komme es nun »zur ersten Umstellung auf das antiromantische technische Prinzip«. Doch dem Neuen fehle noch »jede originale, d.h. mit der Kraft des Notwendigen wirkende Note.« Gerade das Musterhaus, das als große Gemeinschaftsleistung die »Probe auf das Bauhaus-Exempel« darstelle, zeige diese Schwäche.

Behnes Analyse beginnt mit einer Besprechung der Grundrißstruktur, die von äußerster Regelmäßigkeit sei und eine »schematische unlebendige Flächenaufteilung (statt aktiver Raumgliederung)« aufweise. »Die Räume um ein genau die Mitte haltendes Quadrat so herumzulegen, daß abermals genau ein, genau doppelt großes Quadrat entsteht, ist Reißbrettgeometrie.« Dieses Entwurfsverfahren wertet er als »äußersten Gegenpol« zu einem »dynamischen und funktionalen Bauen«, wie es im Gegensatz dazu die Internationale Architekturausstellung in vielen Arbeiten vertrat. Bei einer Anerkennung der Differenzierung in einen dominierenden Hauptwohnraum und bescheidenere Nebenräume, stellt er fest, daß das Prinzip der Zentrierung zu einer »allseitigen Abschirmung« des Hauptraumes führe. »Seine Lage wird die eines Hofes. Klösterlicher Weltflucht entspricht am ehesten dieser Grundriß.« Die Behauptung des Bauhauses, daß der Grundriß alle Qualitäten einer »Norm« besitze und wegen der einfachen Grundform maschinell vervielfältigt werden könne, kennzeichnet ein allgemeines Problem der Gestaltungstheorie der Schule, auf das Behne zielt: Es komme dagegen darauf an, »eine Grundform zu finden, die unserem Lebensgefühl entspricht, jede andere Norm ist sinnlos.« Behne setzt auf den Kulturwert einer lebendigen Grundrißerfindung, der aus einem neuen Lebensbedürfnis erwächst, und er lehnt den bloßen Zweckrationalismus einer abstrakten Bau-Form ab. Was für den Grundriß gelte, sei ebenso auch in der äußeren Erscheinung ablesbar: Die Regelmäßigkeit und »tote Symmetrie« des Grundrisses bringt eine »gekrampfte Starrheit in den Baukörper«. Dazu komme, daß viele Formen z. B. solche von Oud und Wils nur »als dekorative Elemente an eine innerlich tote Sache gebracht« sind. Ähnlich fällt auch die Wertung der Einrichtung des Hauses aus.[272] Die Wirkungsrichtung der Kritik Behnes ist unmißverständlich: Er fordert Lebensnähe in der Bauhausarbeit und eine ungekünstelte funktionale Gestaltungsmethode.

Gegenüber der Polemik Behnes für eine klare Kanalisierung der Bauhausarbeit wirkt die Äußerung von Bruno Taut, dem Schwärmer der Revolutionszeit und damaligen Magdeburger Stadtbaurat, geradezu lapidar und respektvoll. Sein Urteil, das die komplizierten Entstehungsgründe berücksichtigt und nicht auf einer Mängelanalyse und einem idealen Soll-Ist-Vergleich aufbaut, wertet das Haus als ein beachtliches Experiment, das eine große Anregung gibt. Der Bau habe seinen Zweck »im besten Sinne« erfüllt. »Es liegt hier immerhin ein wichtiger Versuch vor, eine Wohnung darzustellen, welche auf Bildchen und überflüssige Kleinigkeiten verzichtet zugunsten einer umfassenden und deswegen genügenden Raumgestaltung. Der Hauptwohnraum, die Küche, das Bad, das Kinderzimmer und manche sonstige Einzelheiten sind Dinge, die zweifellos wirksame Kraft in sich haben, und deren Spuren man im weiteren architektonischen Schaffen begegnen wird.«[273] Setzt hierbei Taut die Leistung realistisch zum allgemeinen Architekturgeschehen, so will Behne, daß aus der Kritik des noch Unvollkommenen ein Impuls für den Fortschritt erwächst.

Der ursprüngliche Bauanlaß lag in der von Gropius gestellten Aufgabe, einen nützlichen Beitrag zum allgemeinen Problem des Wohnungsbaus zu leisten und gilt auch als Maßstab für manche Einschätzung. Adolf Behne schreibt in einem Artikel in der »Weltbühne« eine Nachbetrachtung, die die Stellung des Musterhauses im Rahmen der allgemeinen Erfordernisse der Zeit kennzeichnen soll: »Das Wohnhaus ist verknüpft mit Dienstbotenfragen, mit Erziehungsfragen, mit ökonomischen und sozialen Problemen. Soll es die Zeit überspringen, indem es ›die‹ Lösung sucht – soll es die Not der Zeit an Baustoffen und Arbeitskräften berücksichtigen? Zwischen allen diesen Schwierigkeiten steht das Haus Am Horn etwas uninteressiert und wie unwissend. Es ist halb luxuriös, halb primitiv; halb ideale Forderung und halb Zeitereignis; halb Handwerk und halb Industrie, – halb Typus und halb Idylle – aber in keinem Punkte rein und überzeugend, ist es doch wieder eine ästhetische und papierene Angelegenheit.«[274]

Geradezu bissig wird von der sozialdemokratischen Presse der im Versuchshaus angewandte Luxusstandard glossiert. Bruno Adler schreibt: »Dieses Häuschen, in dem kein Mensch arbeiten könnte, ist für Millionäre – Goldmarkmillionäre – bestimmt, denen es so schlecht geht, daß sie sich z. B. keine Dienstboten halten können. Zur Lösung der wirklichen Wohnungsprobleme trägt es nicht bei ... Wohnprobleme für Kommerzienräte sollte man ein paar Jahrzehnte liegenlassen ...«[275] Der in der Wohnungsfürsorge in Schlesien engagierte Architekt Ernst May sieht das Einfamilienhaus Am Horn ähnlich. Er hält es, wie er schreibt, »trotz mancher feiner Einzellösungen im Sinne rationeller Haushaltsführung insofern nicht für wesentlich, als die reiche Verwendung wie Sperrhölzer, geschliffener Glasplatten, Gummibodenbeläge und dgl., edelster Materialien ... den Bau zur Luxusbehausung stempeln.« Seines Erachtens müßte es eine der vordringlichen Aufgaben des Bauhauses sein, »danach zu streben, endlich wieder den Kontakt zwischen Kunst und Volk herzustellen, sich an Aufgaben zu versuchen, die nicht nur 5% sondern 95% aller Deutschen angehen.«[276]

Auf die sozial motivierte Kritik reagiert das Bauhaus in der Folgezeit mit einer stärkeren Orientierung auf die Gestaltung von Massenprodukten bei einer weiteren Annäherung an die Industrie. Ein Bruch mit Aufträgen des gehobenen und Luxusbedarfs erfolgt allerdings noch nicht.

Als im April 1924 der soeben gegründete Weimarer Kulturrat im Schillerhaus eine Debatte um eine Stellungnahme zum Fortbestand des Bauhauses führt, spricht dazu der Schriftsteller Johannes Schlaf, der sich für die bedrohte Schule einsetzt. Er äußert sich auch zum Ausstellungshaus. Diese Bemerkung kann als ein Urteil jener künstlerischen Kreise in Weimar gelten, die dem Bauhaus als Freunde gegenüberstehen: »Von der baukünstlerischen Leistung des Bauhauses haben wir hier in Weimar zwar bloß das Haus hinterm Horn. Und gegen das wäre freilich alles mögliche einzuwenden. Vor allem in dem ... Sinn, daß künstlerische Theorie und Ausführung (praktische Verwendbarkeit) zu keinem vollendeten Einklang gelangt sind. Andererseits muß man aber doch sagen, daß der kleine weiße Würfel mit seinen feinen klaren, reinen Flächen- und Linienwirkungen einen ansprechenden Eindruck macht, und daß er gerade damit etwas besonderes bedeutet. Es ist doch gut, ja ist ein Umstand, der eine nicht zu unterschätzende sittliche Bedeutung besitzt, daß der dem Bauhaus zugrundeliegende Gedanke die Baukunst zunächst mal von allem sogenannten Schmuck ..., von aller heutzutage dann doch zu sehr ins Kitschige ausgearteten, künstlerisch gewissermaßen ornamentalen Hypertrophie ... auf die Wirkung der reinen mathematischen Linien, Flächen und Grundverhältnisse zurückgeführt hat. Das ist gut, ist eine Tat ...«[277] So eng auch der Begriff des Neuen in den baukünstlerischen Bestrebungen des Bauhauses von Schlaf noch gefaßt wird, er reicht in die Zukunft, während die meisten der Kulturratsmitglieder der Klassikerstadt nicht den Zugang zu solchen Überlegungen finden.

Das Haus Am Horn ist ein frühgeborenes, auch mit Muttermalen der klassischen Bautradition behaftetes Kind des Neuen Bauens, das mit großen Anstrengungen des Bauhauses in dem düsteren Jahr der Inflation zur Welt gebracht wird. Seine Umwelt reagiert auf sein Erscheinen verschieden. Für die traditionsbewußten und ehrbaren Bürger Weimars ist es eine Provokation gegen den Geist der deutschen Klassik, der sich den Idealen der antiken griechischen Architektur verpflichtet sieht sowie außerdem ein unangenehmes Sinnzeichen des Internationalismus, das sein tief verwurzeltes deutsches Nationalgefühl verletzt. Für die Zukunftsgläubigen und auf gesellschaftliche Veränderungen drängenden Kräfte kann es Anregung geben, ja es gilt als Orientierungspunkt für eine bessere Welt, aber man nimmt es in den Wirren der Zeit kaum wahr. In der progressiven Fachwelt akzeptiert man es als ein anregendes bescheidenes Studienobjekt, das einen Trend zu einer neuen Ästhetik und zum rationellen Bauen kennzeichnet. Vor allem hier wird es gut aufgenommen. Den Beweis des praktischen Lebens bleibt es allerdings in mancher Hinsicht schuldig. Als relativ teures und schwer bewohnbares Haus bietet es zwar in Teilen angenehmen Komfort, verursacht aber manches Ärgernis für seine Besitzer und Bewohner. Die Bauhäusler werden aber mit dem widersprüchlichen Resultat ihrer Schöpfung durchaus in ihren Zielen bestärkt und gehen zwei Jahre später im gleichen Gemeinschaftsgeist bei der Errichtung des Bauhauses und der Meisterhäuser in Dessau ans Werk.

UM- UND AUSBAU DES STADTTHEATERS IN JENA

Den ersten Bauauftrag in Thüringen erhält Walter Gropius bezeichnenderweise nicht in Weimar, sondern von der Stadt Jena im Mai 1921.[278] Trotz der bescheidenen Aufgabe für einen Umbau des bestehenden Kleinen Theaters, das man als ein Provisorium bezeichnet und das zugleich das eingrenzende Maß der vorhandenen Bausubstanz am ungünstigen Standort in den neuen Entwurf einbringt, ist für die Architekten am Bauhaus Gelegenheit gegeben, im umliegenden Territorium Fuß zu fassen und mit praktischen Ergebnissen ihre architektonischen Vorstellungen zu demonstrieren. Mit besonderer Akribie und Intensität nimmt sich Gropius persönlich dieser Aufgabe an, betrachtet sie als Herausforderung, der er mit der ganzen Kraft des Baubüros und der Werkstätten entsprechen will. Selbstbewußt und mit dem Blick auf eine sich bereits herausbildende Gegnerschaft gibt er Ende September 1921 eine Erklärung ab, in der er die erste Arbeitsetappe einschätzt: »... ich habe weit über den Wert dessen hinaus, den man mir dafür bezahlt, Arbeit und Mühe in den mich interessierenden Bau gesteckt, weil er der erste ist, den ich in Thüringen baue, seit ich das Bauhaus leite. Alle Kräfte an Malern und Bildhauern, die mir hier zur Verfügung stehen, habe ich mit in die Aufgabe eingezogen. Für die farbige Behandlung usw. liegen zahllose Entwürfe vor. Es wird an diesem Objekt mit einer Sorgfalt und Liebe gearbeitet, die aus der Lage der Dinge heraus ein anderer gar nicht daran wenden könnte.«[279]

Der Bau führt zu einem ersten Erfolg; er findet nicht nur lokale Anerkennung als zweckmäßiger und sachlich gestalteter Theaterbau für das kulturbedürftige Jenaer Publikum, sondern gilt auch als Beitrag zur Architektur, die sich in diesen Jahren aus einer romantischen und expressiven Formenwelt hin zu nüchternen Gestaltbildern strenger Sachlichkeit bewegt. Gropius setzt ein frühes Zeichen für den neuen Kurs, der ein Jahr nach der Fertigstellung des Theaters mit der neuen Programmatik zur Bauhausausstellung 1923 allgemein bekannt wird.

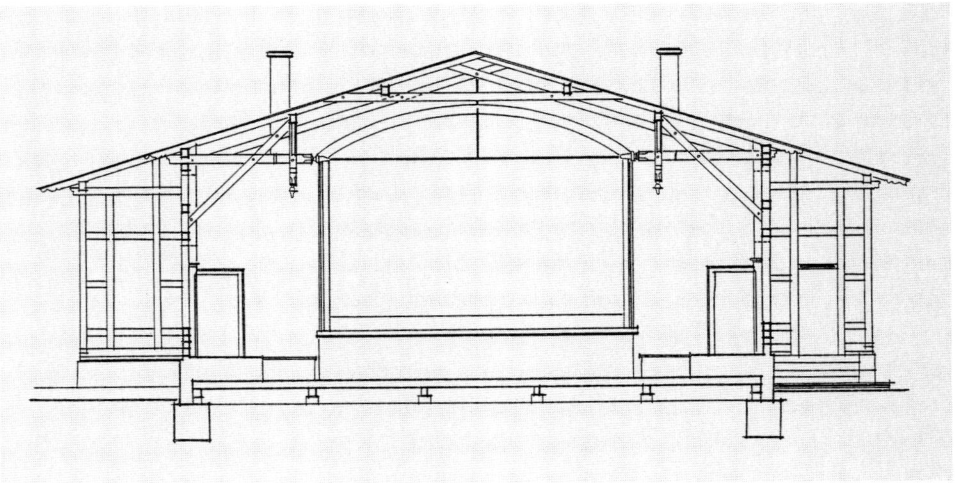

Stadttheater Jena. Ester Bau

Ansicht

Schnitt durch den Saal

Das Vorhaben für einen angemessenen Theaterbau in der Stadt Jena geht auf die letzten Vorkriegsjahre zurück, als der Oberbürgermeister Dr. Fuchs bemüht war, im Verein mit dem damals gegründeten Theaterausschuß, einen Neubau zu fördern. Erste Spendenmittel gehen im Frühjahr 1913 ein; und die Vorstellungen verdichten sich zugunsten eines Neubaus, obwohl es Stimmen gibt, die sich aus finanziellen Gründen für einen billigeren Umbau aussprechen.[280] Dr. Fuchs recherchiert in verschiedenen Städten, so in Osnabrück, Heilbronn und Freiburg, um eine Vorstellung über die Architektur und die Aufwendungen bei jüngsten Theaterbauten zu erhalten.[281] Aber alle diese Hoffnungen zerstäuben in der Folge des Krieges, und es scheint auf lange Jahre hinaus unmöglich, in Jena Räumlichkeiten zu erhalten, die eines Theaters würdig sind. Als Spielstätte für auswärtige Bühnen dient provisorisch das Volkshaus der Carl-Zeiss-Stiftung von Ernst Abbe. In der Nachkriegszeit wird das Band mit dem Deutschen Nationaltheater in Weimar immer enger geknüpft, und die Frage eines Theaterbaus rückt wieder in den Bereich der Realität, als es zwischen der Stadt Weimar und dem D.N.T. am 20. April 1921 zu einem Vertragsabschluß kommt, der eine Angliederung des Jenaer Stadttheaters vorsieht. Er enthält für die Stadtgemeinde Jena die Verpflichtung zur Umgestaltung des bestehenden Theatergebäudes im Inneren, wie es heißt, »in bescheidener Weise, aber nach künstlerischen Grundsätzen«, wobei die Konzeption vom D.N.T. und hinzugezogenen Sachverständigen bestimmt werden soll.[282] Der Generalintendant des D.N.T., Ernst Hardt, seit 1919 nach Weimar berufen, schlägt mit Beginn der Verhandlungen im Februar 1921 für die architektonische Aufgabe Walter Gropius vor.[283] Der Schriftsteller Hardt kennt Gropius von der Werkbundausstellung in Köln 1914 her und ebnet ihm manche Wege bei seiner Berufung nach Weimar. Er gehört zu dem Kreis der »Gleichgesinnten« in Weimar, die das Bauhaus unterstützen.[284] Im Mai 1921 wird Gropius von der Stadtverwaltung beauftragt, die Umgestaltungspläne auszuarbeiten und zur Ausführung zu überreichen.[285] In den Monaten Mai/Juni laufen die Verhandlungen über den Beginn der Umbauarbeiten, die dann im August im Bereich des Saales einsetzen. Für den Ausbau stehen aber nur 200 000 M als ausschöpfbare Bausumme zur Verfügung, so daß dem Architekten enge Grenzen gesetzt sind.[286] In dieser Zeit beginnt sich eine Gegnerschaft unter den Jenaer Architekten namentlich im Stadtbauamt gegen Gropius zu entfalten. Sie findet zunächst einen Ansatzpunkt für einen Angriff wegen einer angeblichen Bevorteilung, die dem nicht ortsansässigen Architekten bei der Beanspruchung von Honorarmitteln erwachsen könne. Außerdem habe er die Chance, bei wachsender Bausumme einen über Gebühr hohen Verdienst einstreichen zu können.[287] Gropius sucht hier jedoch den Kompromiß, verzichtet auf jede zusätzliche Honorarforderung und mindert die Belastungen des Stadtbudgets, indem er die Aufwendungen für seine Mitarbeiter so gering wie nur möglich halten will sowie größte Disziplin und Sparsamkeit in der Verwendung der Mittel verspricht.[288] Ein anderer Konfliktpunkt aber folgt aus der unentschiedenen Regelung in der Arbeitsteilung. Gropius war allein mit der künstlerischen Lösung des Innenausbaus betraut worden, während das Hochbauamt die bautechnisch-konstruktive Seite des gesamten Projekts zunächst noch in der Hand behielt. Gewiß scheiden sich an der künstlerischen Haltung und vermutlich auch an der Qualität des Erweiterungsprojektes vom Stadtbauamt die Geister, denn Gropius ist in diesen Punkten nicht bereit, Kompromisse einzugehen. Dieser Konflikt muß für den weiteren Fortgang der Dinge und insbesondere bei der beabsichtigten Ausweitung der Bauaufgabe nach einem einheitlichen Konzept, zu der sich der Gemeinderat endgültig im Januar bekennt,[289] einer vernünftigen Lösung zugeführt werden. Sie kann aber nur in der konsequenten Abtrennung der Projektverantwortung und Bauleitung von der Zuständigkeit des Stadtbauamtes liegen. Die Entscheidung trifft der Oberbürgermeister am 19. November mit der alleinigen Beauftragung von Gropius.[290] Etwa gleichzeitig ordnet er die Ablösung des Stadtbaudirektors Bandlow und des Beigeordneten Pögel als Verantwortliche des Dezernats für Theaterneubau an und setzt dafür Stadtrat Dr. Alexander Elsner ein,[291] der in der Folge ein außerordentlich hilfreicher Partner für Gropius sein wird.

Die großzügige Fassung des Projektes scheint auf einen Vorschlag von Gropius zurückzugehen, der sich in einem Brief an Hardt gegen den Umbau in einzelne langfristig aufeinanderfolgende Abschnitte wendet und ihn als eine durchgreifende Gesamtmaßnahme nach einheitlichen gestalterischen Gesichtspunkten aufgefaßt wissen will.[292] Hardt greift diesen Gedanken auf und gewinnt dafür die zuständigen Behörden. Am 2. Dezember spricht sich die Theaterbaukommission für den zweiten Bauabschnitt unter der Gesamtleitung von Gropius aus, dessen Pläne schließlich am 13. Januar einhellige Zustimmung im Gemeinderat finden.[293]

Schaubild des umgebauten Theaters. Baubüro Gropius. 1922

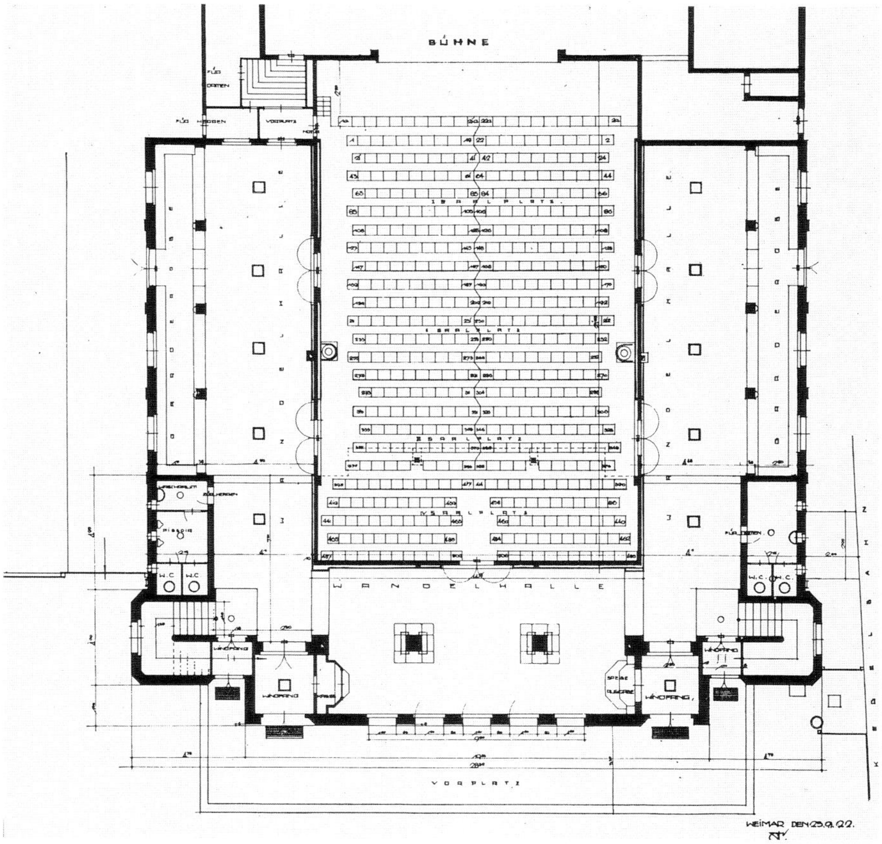

Erdgeschoßgrundriß des Umbaus

Der erste Bauabschnitt wird mit den Arbeiten im Saal und den seitlichen Umgängen im Dezember/Januar im Rohbau nach Plänen von Bandlow und Gropius fertiggestellt. Der zweite Bauabschnitt umfaßt eine großzügige Erweiterung der Eingangszone mit Kasse, Foyer, zwei Treppenhäusern, Kleiderablagen und Abortanlagen. In einer dritten, späteren Bauphase ist an einen Ausbau der Bühnenräume gedacht.[294] Das Finanzierungsproblem wird mit Mitteln aus der Erwerbslosenfürsorge (90 000 M) aber vor allem über ein großzügiges Darlehn von 500 000 M durch das Gebiet Weimar an die Stadtgemeinde Jena gelöst, für dessen Zinsen die Carl-Zeiss-Stiftung aufkommt. Mit der Übergabe des Darlehns ist allerdings die Bedingung verknüpft, daß die künstlerische und finanzielle Verantwortung für den Bau der vom D.N.T. Weimar benannte Sachverständige, d. h. Gropius, übernehmen müsse.[295] Die Gesamtkosten für das Gesamtunternehmen dürften 863 000 M nicht überschreiten.[296] Für die nun größer gewordene Bauaufgabe setzt Gropius Ernst Neufert ein, der im Dezember als Bauleiter eingeführt wird und ein Gehalt von der Stadtverwaltung erhält. Die angefallenen beträchtlichen Nebenkosten deuten darauf hin, daß er täglich zwischen Weimar und Jena pendeln muß.[297] Die Projektierungsarbeiten für den Entwurf liegen allerdings maßgeblich in den Händen von Adolf Meyer. In der zweiten Bauphase im Jahre 1922 gibt es verschiedene Hindernisse und Probleme, mit denen die Architekten konfrontiert werden. Durch eine anhaltende Frostperiode verzögert sich der Beginn der Arbeiten am zweiten Bauabschnitt. Im Februar erhält der

Maurermeister Roßbach aus Jena den Zuschlag für die Ausführung der Rohbauarbeiten.[298] Im gleichen Monat bleibt die Lieferung von 20000 bestellten Mauersteinen wegen eines Eisenbahnerstreiks aus; gleichzeitig steigen die Preise in der Ziegelindustrie.[299] Anfang März werden die Fundamente fertiggestellt.[300] Gropius schätzt Ende März ein, daß es möglich sein wird, außergewöhnliche Ereignisse ausgenommen, das Theater im Juni für die gewünschten Zwecke zur Verfügung zu stellen.[301] Besondere Schwierigkeiten bereiten die extremen Forderungen der Feuerpolizei. Gropius schreibt: »Ich kann mich des Eindrucks nicht erwehren, daß der Jenaer Branddirektor aus für mich nicht nachweisbaren Gründen besondere Schwierigkeiten macht. Herr Branddirektor Probst in Weimar ist sehr viel zugänglicher, beruft sich aber auf die Verantwortung des Jenaer Branddirektors ...«[302] In der Folge gelingt es aber, den Jenaer Verantwortlichen auszuschalten, denn alle Auflagen gehen seitdem von dem Landesbranddirektor Probst aus. Die Anforderungen an Notausgänge, Fluchtwege, die Sicherung der nötigen Entleerungszeiten sowie Erfordernisse des Feuerschutzes, der Eiserne Vorhang, Entlüftungsklappen usw., ziehen erhebliche Projektänderungen und damit einhergehende Kosten nach sich. Im Interesse der Aufgabe werden aber auch Kompromisse gefunden; die Feuerpolizei besteht z. B. nicht auf der Wiederherstellung einer zugemauerten Tür an der Nordwand des Zuschauerraumes und auf der Anbringung des Eisernen Vorhangs. Trotzdem ergeben sich Mehrkosten in der Höhe von 125000 M.[303]

Die Rohbauarbeiten sind Anfang Mai beendet, und in den folgenden Monaten schließen sich Ausbau und Ausmalung des Theaters an. Die Malerarbeiten übernimmt das Bauhaus unter der Leitung von Oskar Schlemmer. Gropius beschreibt das Vorhaben in einem Brief an Elsner: »Es war meine Absicht gewesen, die Ausmalung des Theaters mit aller Sorgfalt und allen mir zur Verfügung stehenden Hilfsmitteln vorzunehmen. Wir benutzten hier am Bauhaus die seltene Gelegenheit, diese Aufgabe gleichzeitig als Lehraufgabe für unsere begabten Schüler zu verwenden.«[304] Gropius ist aber mit der Schlemmerschen Wandgestaltung nicht einverstanden – sie löst sich offenbar zu stark von dem strengen kubischen Gefüge der Architektur und führt ein malerisches Eigenleben. Er läßt den Hauptraum noch einmal auf eigene Kosten übermalen, denn es kommt ihm darauf an, wie er schreibt, »dieser Aufgabe die größte künstlerische Sorgfalt angedeihen zu lassen«.[305] Die Zwischenbilanz, die Gropius der Theaterbaukommission am 13. Juni vorstellt, weist infolge der Verteuerung eine beträchtliche Kostenerhöhung auf. Allerdings kann Gropius nachweisen, »daß, obgleich die Steigerung allgemein 120% beträgt, bei Bauabschnitt II nur eine solche von 37% gegenüber dem Voranschlag eingetreten ist«. Dieses günstige Ergebnis sei nur durch frühzeitige Materialbeschaffung und äußerster Sparsamkeit in der Ausführung erreicht worden. Eine Streichung der für das Foyer vorgesehenen Position »Pfeilerspiegel« geht beispielsweise auch zu Lasten der beabsichtigten Architekturkonzeption.[306] Der Fehlbedarf an Mitteln beträgt im Juli rund 870000 M. Wieder springt die Firma Carl Zeiss ein und übernimmt großzügig die Verzinsung des Dahrlehns von 900000 M.[307] Der gesamte Bauaufwand erreicht im Oktober einschließlich der noch hinzugekommenen baulichen Umgestaltung des Hofes die Summe von 1730450 M.[308] Schon vor der Übergabe und Einweihung des Bauwerkes kommt der Gemeinderat zu einem positiven Werturteil über die Arbeit des Architekten. Elsner teilt Gropius am 25. Juli mit, »daß von allen Seiten (auch von den Kreisen, die dem Theaterbau anfangs stark ablehnend gegenüberstanden) Ihrer Ausgestaltung des Theaterneubaus, insbesondere der Innenräume uneingeschränktes Lob gezollt worden ist«.[309]

Am Sonntag, dem 26. September findet die feierliche Wiedereröffnung des Stadttheaters mit einer Ansprache des Oberbürgermeisters Dr. Fuchs und der Aufführung von Goethes »Tasso« statt. Die lokale Presse lobt das Bauwerk in den Berichten. Die »Jenaische Zeitung« äußert sich am 26. September zur baukünstlerischen Erscheinung, zum »architektonischen Vierkant-Stil Gropius'«: »Man mag sich zu dem ... stellen wie man will, selbst der Gegner wird zugeben müssen, daß die inhaltliche, folgestrenge Durchführung im Äußeren – hier abgesehen vielleicht von der im oberen Teil noch auszugestaltenden Fassade – sowohl als auch im Inneren durchaus künstlerisch wirkt und nur wenig Anlaß bleibt, Änderungen und Verbesserungen anzuregen ... man merkte, wie sich bei so manchen Gegnern der Stilrichtung doch die Anerkennung der künstlerischen Leistung nach und nach durchrang, wenn natürlich auch hier und da noch Anlaß zu Ausstellungen genommen wurde ...«[310] Auch die Gegner melden sich bald öffentlich zu Wort, insbesondere wird die Affäre zwischen dem Stadtbaudirektor Bandlow und Gropius in einem Zeitungsartikel wieder aufgerollt. Sie behaupten, die Pläne Bandlows hätten, wären sie ausgeführt worden, der

Stadtgemeinde erhebliche Kosten gespart. Außerdem seien von Gropius mit Ausnahme der äußeren Gestaltung, der Aussicht und der Decke im Zuschauerraum alle Grundgedanken dem Entwurf des Hochbauamtes entnommen.[311] Die Argumente dienen der Selbstbehauptung, sind kleinlich und meist ungerecht; sie reflektieren im Nachhinein nochmals den Streit um die bessere Lösung, aus dem Gropius als Sieger hervorgegangen war.

Das neue Stadttheater, dessen Einweihung man als Wendepunkt im geistigen Leben der Stadt feiert, ist für Schauspiel und kleine Opern besonders geeignet. Es dient in den folgenden Jahren in oft über Monate reichenden Abständen den Aufführungen des D.N.T. Weimar und der freien Volksbühne. Häufiger noch finden Filmvorführungen, zuweilen auch Lichtbildervorträge und andere öffentliche Veranstaltungen statt.[312] Der Kunstverein nutzt die Foyerbereiche in den Sommermonaten 1923 für eine Ausstellung deutscher Konstruktivisten, die von Adolf Behne zusammengestellt und auch eröffnet wurde.[313] Zu einem besonderen Ereignis im Jahr nach der Fertigstellung werden die Aufführungen des Mechanischen Balletts von der Bühnenwerkstatt des Bauhauses, die am 17., 20. und 21. August anläßlich der großen Bauhausausstellung von sich reden machen.

Der ursprüngliche Bau war in den 70er Jahren des 19. Jahrhunderts in Fachwerk als Versammlungs- und Tanzsaal – »einer Schützenbude nicht unähnlich«[314] – errichtet worden. Während der Bereich der Bühne als zukünftiger dritter Bauabschnitt durch die Umbaumaßnahmen vorerst nicht berührt wird, verändert sich unter Gropius' Regie der Saal bei Verwendung der baulichen Struktur des ehemaligen Kerngebäudes wesentlich. Alle weiteren Baumaßnahmen bedeuten eine Erweiterung im Sinne eines Neubaus: die seitlichen Foyers und die Eingangszone des zweiten Bauabschnitts. Einer durchgängigen gestalterischen Lösung sind somit von vornherein Grenzen gesetzt, da sie mit der gegebenen Bausubstanz und dem beengten Standort rechnen muß. Zugleich gilt für den Entwurf das selbstbestimmte Prinzip, »mit sparsamster Ausstattung eine möglichst hohe künstlerische Wirkung hervorzubringen«.[315]

In städtebaulicher Hinsicht bringt die Erweiterung in der beengten Lage nahe dem Engelplatz keine besonderen Vorteile. Der seitliche Zugang über die Schillergasse bleibt der alte und beengte, wenngleich auch mittels des werbenden Eingangsportals, der Pergola und der Terrassierung des Vorplatzes die baulich-räumliche Qualität verbessert werden kann. Der beabsichtigte Abriß der Kegelbahn der Gaststätte »Engel« im Bereich der Schillergasse, der einen günstigeren Zugang ermöglicht hätte, scheitert am Widerstand des Jenaer Kegelklubs.[316] In der Komposition des Massenaufbaus bietet die Gesamtanlage kein einheitliches Bild, denn die Partie des Bühnenhauses bleibt zunächst unverändert, allerdings ist die Frontseite wirklich neu und von besonderer Schönheit. Als der Kunstkritiker Walter Dexel im Herbst 1925 nach einigen Jahren die Stadt Jena wieder besucht, schildert er seine Eindrücke von einem Stadtrundgang in einem Zeitungsartikel: »... Der Botanische Garten bringt meine Seele wieder ins Gleichgewicht und ein Gang um die Zeisswerke gibt mir den Respekt von Jena zurück ... Von einem Postamt kann man bekanntlich nichts verlangen, aber ein neues Theater soll es ja auch geben. Ein paar neue Läden von angenehmer Einfachheit fallen mir auf, der Zugang zum Theater ist so umständlich wie einst. Nun stehe ich allerdings vor einer Überraschung: Hier ist ein schlichter, sachlicher Bau, – in schweren Zeiten errichtet, sparsam, einfach und schön. Ich finde einen freundlichen Mann, der mich hineinsehen läßt und bin direkt betroffen von dem schönen harmonischen Anblick des Zuschauerraumes und der Wandelhalle, der ohne alle ›Mittelchen‹, ohne Verkleidungen und Verzierungen erreicht ist. Um diesen Bau könnte man Jena beneiden.«[317]

Der ursprüngliche Saalkörper in einer Länge von rund 25 m und einer Breite von 14 m ist mit einem leicht an-

Szene aus »Das Mechanische Ballett« von Kurt Schmidt (Georg Teltscher, Friedrich Wilhelm Bogler). Aufführung während der Bauhauswoche im Stadttheater Jena am 17. August 1923

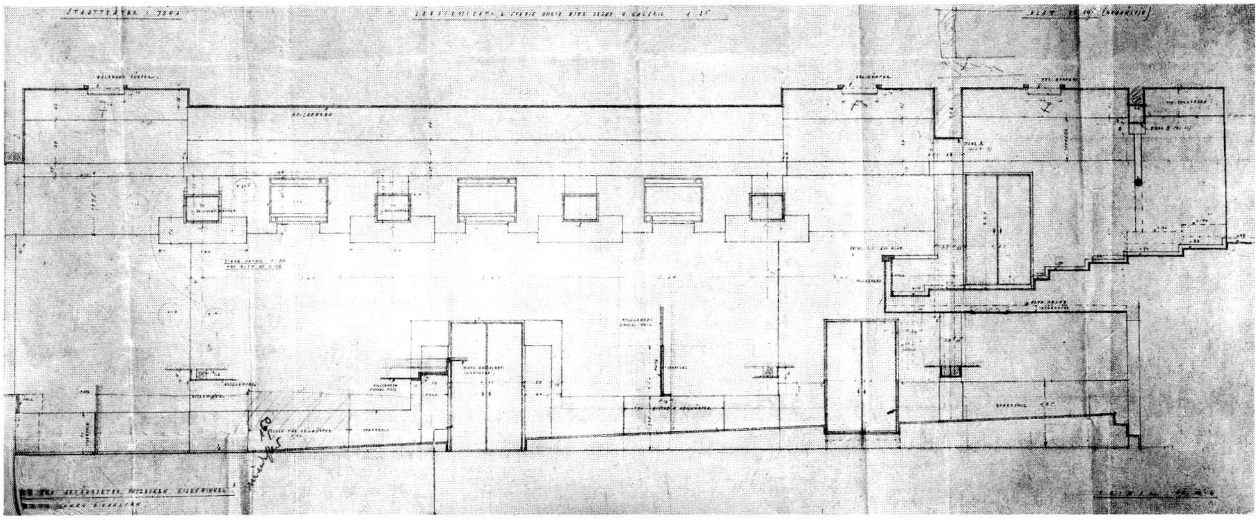

Längsschnitt durch Saal und Galerie. Baubüro Gropius. Im April 1922

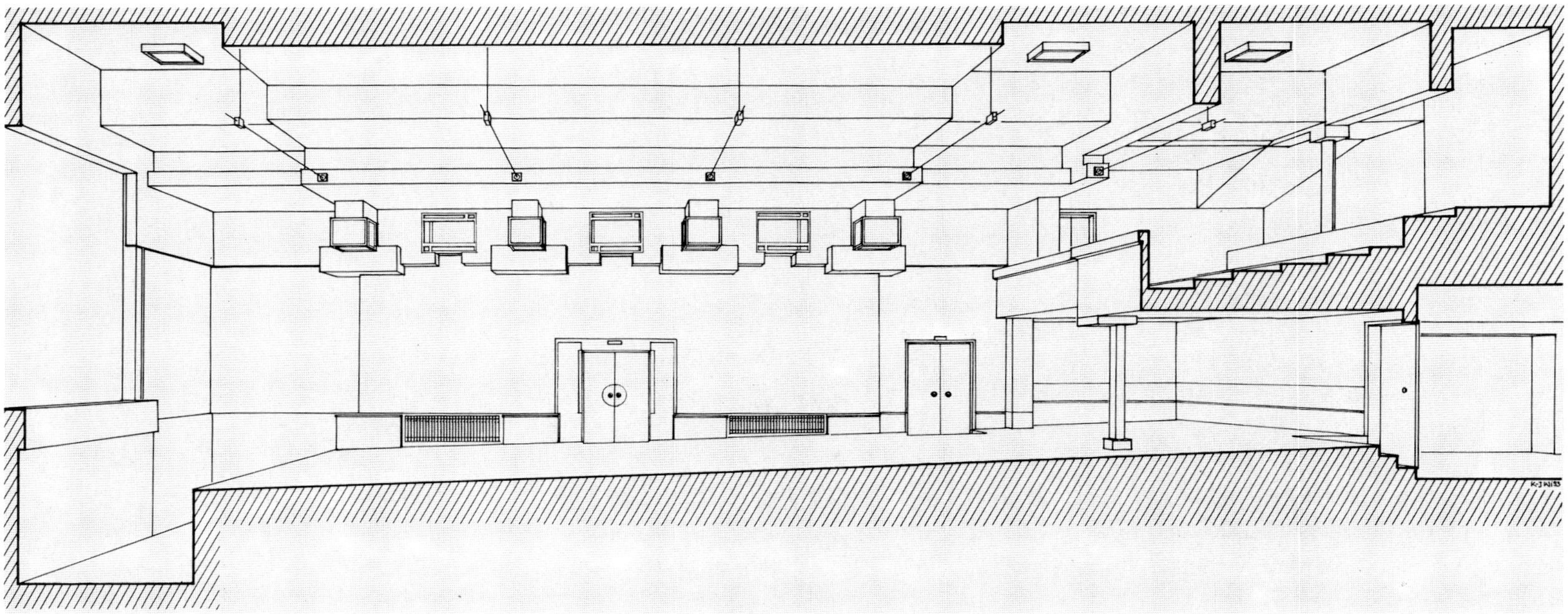

Rekonstruktion des Zuschauerraumes nach den originalen Revisionszeichnungen von 1922 (Rekonstruktion: Klaus-Jürgen Winkler)

steigenden Parkett, das 509 Sitzplätze aufnimmt, und einer Empore für rund 100 Zuschauer ausgebaut. So ergibt sich dem Typ nach ein kleiner Theaterraum, der für Schauspiel und kleine Oper nach Sichtbedingungen und Akustik recht gut geeignet ist. Problematisch für Musikaufführungen erscheint allerdings der kleine Orchesterraum, der auf einer minimalen Fläche im Vorbühnenbereich eingerichtet werden kann. Je zwei seitliche Zugänge und ein Hintereingang mit neuartigen Fluchttüren gewähren einen günstigen Zugang, während der Rang über seitliche Türen vom Obergeschoß aus betreten werden kann.

Der Zuschauerraum ist an allen drei Seiten von Wandelgängen umgeben, wobei der mittlere Raum gleichzeitig als Foyer mit Kasse und Buffett dient. Die seitlichen Wandelhallen enthalten großzügig angelegte Garderoben und Toilettenanlagen. Die Empore erreicht man über zwei seitliche Treppen neben den Eingängen und einen oberen schmalen Flur, der über zwei große Oberlichtfenster belichtet wird. Diese einfache wie sinnvolle Raumorganisation brachten die Architekten des Baubüros durch klugen Umgang mit den baulichen Mitteln in eine schlichte, neuartige Form.

Eine besondere Herausforderung für die Architekten stellt die architektonische Beherrschung des Ausbaus im Zuschauerraum unter Verwertung der vorhandenen

Fachwerkkonstruktion des Dachwerkes dar. Um eine genügende Raumhöhe zu erreichen, muß die Unterdecke in den Bereich des Dachstuhles hineingebaut werden. Das Pfettendach mit Hängesprengwerk und liegendem Stuhl läßt das zu, wenn man in Kauf nimmt, daß die Zugstange des Binders sichtbar im Raum verbleibt. Der Schräge des Binders folgend, nimmt Gropius seitlich eine Abtreppung aus zwei Deckenfaltungen vor, die einen eigenartigen, zur Mitte eingestuften Deckenraum ergibt. Die untere Binderzone wird mit Kuben verkleidet, an denen die gläsernen Lampenkästen hervortreten. Diese Zone erscheint wie ein gigantischer Zahnschnitt, wo sich Lichtkästen und Fenster im Rhythmus des Binderabstandes von 3,80 m abwechseln. Unterhalb der Kuben unterstreichen querliegende Blöcke die Folge in der Wandgliederung und verweisen symbolisch – Konsolen gleich – auf die Lasteintragung des Binders in die Wand. In der Deckenzone sind das erste und letzte Binderfeld an der Bühne bzw. im Bereich der Empore durch einen Rücksprung erhöht, so daß der Raum hier ausgeweitet wirkt. Der Logik der Konstruktion und der Raumfunktion folgend, deuteten die Architekten mit kräftigen stereometrischen Formen die Struktur des Baus auf ihre Weise aus. Nichts entgeht diesem

Zuschauerraum (oben links)

Zuschauerraum mit Blick zur Bühne (oben rechts)

Zuschauerraum mit Blick zur Galerie (unten)

Prinzip: Selbst die Verkleidung der Spannschlösser erhält eine Kastenform, und der Wandanschluß der Zugstange wird mit einer Kreisscheibe und einer flachen quadratischen Platte markiert. Die blockartig schwere Empore, die wie ein riesiger Kasten in den hinteren Raumteil hineinragt, wird durch eine von zwei Stützen getragene Platte mit Randbalken in der Mitte statisch und optisch stabilisiert. Dazu kommen sparsame Gliederungsmittel des Wanddekors, die als Linie oder Band Bauglieder verbinden oder rhythmisch begleiten. Das rechtwinklige Bandmuster und Mäanderdekor hatte Meyer bei seinem Lehrer Lauweriks in Düsseldorf kennengelernt; auch Gropius griff zuweilen bei seinen neuklassizistischen Bauten vor dem Weltkrieg auf diese Formen zurück.

Eine Putzkante unter der Fensterzone markiert das Ende des Deckenbereichs und den Beginn der Wandfläche, sie läuft durch die Konsolenblöcke hindurch und endet im oberen Drittel der Bühnenleibung. Diese Linie sei sogar in den ersten Bühnendekorationen des »Tasso« aufgenommen worden und habe so eine Raumaufweitung über den Rahmen der Guckkastenbühne hinaus suggeriert.[318] Das graue Putzband der Sockelzone zieht sich seitlich neben den Türen hoch und läuft weiter in Richtung Bühne, wo es, von unten kommend, in die Leibung der Bühnenöffnung übergeht. Selbst das schlichte hölzerne Theatergestühl mit der überdimensionalen Numerierung in einer kantigen Blockschrift ist vom Geist des Geometrismus und der Rechtwinkligkeit durchdrungen.

Die Eingangsfront erhebt sich über einem zweistufigen Podest am bescheidenen Vorplatz und scheint aus der kubisch verschachtelten und in die Tiefe gestaffelten Baumasse hervorzudringen. Ein klarer, nur an den Ecken gebrochener Kubus und zwei zu beiden Seiten angelagerte vertikale Rechteckkörper – die Treppenhäuser und die hochgezogenen Wandfelder über dem Eingang – bestimmen die insgesamt symmetrisch angelegte Baukörperkomposition. An den Ecken tritt jeweils die Eingangssituation mit den zwei in der Tiefe zueinander versetzten Türen hervor. Sie wird von einem scheibenförmigen Vordach überdeckt und formal in einer Weise gefaßt, daß die Bauplastik wie eine Durchdringungsform mit Körpern und Flächen erscheint. In der großen Wand sind axial fünf Eingangstüren eingeschnitten. Die Strenge der kubischen Formen und die betont gesetzte Symmetrie bewirken eine Monumentalität, die nach zeitgenössischen Berichten auch von Gegnern der

Eingangssituation

betont elementaren und schmucklosen neueren Architektur anerkannt wird.[319] Selbst Feinheiten in der Fassadenbildung wie z. B. das graue Band des Sockels, das mäanderartig in die Gewände der Mitteltüren und zu den Flächen der Eingangstüren geführt wird, sowie die um 15 cm zur Mitte hin überhöhte Oberkante der Wandfläche – gedacht als Parallelaxenausgleich im Sinne der optischen Korrekturen in der klassischen griechischen Architektur –, zeugen davon, daß allgemeine Gestaltungsmittel Geltung besitzen und schöpferisch verarbeitet werden sollen. Geradezu mustergültig ist das Vestibül nach einem Schema von Quadrat- und Rechteckformen gestaltet, das bereits auf den später am Bauhaus herrschenden Geometrismus verweist. Bemerkenswert ist der Umgang der Architekten mit den Pfeilern, die etwa den Standort der ehemaligen Außenwand markieren und die obere Saalwand abstützen. Die obere Zone, der Bereich des »Kapitells« ist von gläsernen Lampenkästen umgeben. Im unteren, dunkel abgesetzten Drittel sind auf kreuzförmigen Konsolen quadratische Sitzflächen geschaffen worden. Die Stütze erhält darunter eine Verbreiterung wie eine Basis. Die klassische Säule wird – möglicherweise mit ironischer Absicht – umgedeutet: Sie erhält mit den Sitzbänken eine weitere praktische Aufgabe: Ihre Tragfunktion wird optisch negiert, Lampen leuchten dort, wo die Krafteintragung am größten ist und durch plastische Formen zu veranschaulichen wäre. Schließlich soll durch Spiegel, die aber leider aus Kostengründen nicht angeschafft werden können, das Stützglied optisch vollständig entmaterialisiert werden. Architektur ist offenbar für die Gestalter bereits eine Kunst im Umgang mit den elementaren Mitteln der Fläche und des Kubus im Raum geworden. Aber es blickt noch die künstlerische Tradition durch, auf deren elementare Prinzipien die Architekten nicht verzichten möchten und deren Gesetze sie in Verbindung mit den neuen Gestaltungsmitteln anwenden.

Die Farben, die in der Raumfolge zur Anwendung kommen, zeugen von einem bewußten gestalterischen Herangehen auf der Grundlage von künstlerischen Farbvorstellungen und Erkenntnissen der Farbpsychologie dieser Zeit. Vorwiegend in Weiß mit Grau abgesetzt – »nackt und strahlend« – präsentiert sich der Baukörper im Außenraum. Über den blauen Windfang gelangt man in das Vestibül, das mit einer »freudigen gelblichen Tönung« versehen ist. In mattem Violett erscheinen die Wandelhallen vor den Garderoben. Der Theatersaal trägt

Vestibül

Eingangsseite nach der Fertigstellung

einen rötlichen Grundton an der Decke, mit den in Grauwerten differenzierten Wandflächen kontrastiert der tiefblaue Bühnenvorhang. Die Treppenhäuser sind in Terrakotta gestrichen; den oberen Gang beherrscht ein helles Gelb.[320] Die Farbfolge beim Durchschreiten der Räume verspricht in dieser Form eine Einstimmung auf das besondere, festliche Theatererlebnis.

Mit der Ausmalung des Jenaer Theaters verbindet sich der legendäre Konflikt zwischen Walter Gropius und Oskar Schlemmer, der als ein Wendepunkt in der Bauhausprogrammatik zum Verhältnis von Architektur und bildender Kunst gewertet wird.[321] Gropius' Entscheidung, die Wandgestaltung Schlemmers zu übermalen, soll von Theo van Doesburg, der Weimar und Jena 1922 besuchte, beeinflußt oder zumindest durch ihn ausgelöst worden sein.[322] Andor W. Weininger berichtet rückschauend: »Es war ein wunderschönes Schachbrettmuster in verschiedenen Farben ... Doesburg meinte, daß die Malerei die Architektur zerstöre, weil er die Decke in einer Fläche und in einer Farbe gestrichen hätte und Schlemmers Entwurf verschiedene Flächen suggerierte. Dadurch entstand ein Gefühl der Unruhe.«[323] Diese malerisch aufgefaßte Wandgestaltung – Lothar Schreyer bezeichnete sie sogar mit »Deckengemälde«[324] – steht offenbar mit dem strengen, strukturalen Wesen der Architekturform im Widerspruch, die Gropius erstrebt. Die Entscheidung fällt somit aus ästhetischen Gründen und bedeutet vor allem eine Zurückdrängung des bildenden Künstlers vom Territorium der Architekten, die sich jetzt vom künstlerischen Subjektivismus abwenden und der »objektiven Form« in dem neuen, rationalistischen Zeitalter zu huldigen beginnen. Dies heißt aber nicht Abkehr vom Prinzip des Künstlerischen überhaupt und von der künstlerischen Komplexität in der Architektur.

Die Architektur des Zuschauerraumes liegt stilgeschichtlich zwischen expressionistischen Visionen des gotischen Domes, des faltwerküberspannten Volkshauses, der planoplastischen Raumkonzeption der de-Stijl-Künstler und der eurhythmischen Kompositionen der Konstruktivisten. Sie tendiert jedoch zu der aus strengen Kuben gebildeten Hallenform. Der Begriff eines »dynamischen (Kunst)Wollens« im Unterschied zum »statischen«, d. h. des klassisch-traditionellen, in der zeitgenössischen Kritik bei der Einschätzung der Architektur des Stadttheaters (Rhode)[325] bezeichnet treffend einen wichtigen Aspekt der gewonnenen ästhetischen Qualität. In manchem ist dies aber noch Kompromiß und trägt die Merkmale des Experimentellen. Aus der Sicht der führenden Theoretiker der Moderne gelten das Stadttheater gemeinsam mit dem Weimarer Entwurf der »Chicago Tribune« als herausragende Beispiele. Karel Teige bezeichnet sie als »wahre und einflußreiche Manifestanten einer neu beginnenden Baugesinnung«.[326]

In der Geschichte der bis dahin spärlichen architektonischen Bestrebungen am Bauhaus bezeichnet das Jenaer Stadttheater einen Wendepunkt weg vom Expressionismus und hin zur Formensprache einer neuen Sachlichkeit. Es wirkt wie ein Paukenschlag in der Ouvertüre des Neuen Bauens.

Am 2. November eröffnet der Jenaer Kunstverein eine Ausstellung über moderne Architektur, zu deren Eröffnung anstelle des erkrankten Ludwig Mies van der Rohe der Architekt Adolf Meyer die Eröffnungsansprache hält. In kurzen treffenden Worten führt er das zahlreich erschienene Publikum anhand der Zeichnungen und Pläne in den Sinn der modernen Architektur ein. In einem Zeitungsbericht heißt es: »Es gilt der Grundsatz von der Zweckmäßigkeit. Kein unentbehrliches Bauglied und kein unnützer Schmuck sollen den Bau in seiner Wirkung als Ganzes beeinträchtigen. Das konstruktive Wollen muß darauf bedacht sein, Innen und Außen, Raum, Wände und Fassade zur vollendeten Einheit zu bringen. Künstler wie Bruno und Max Taut, Mies van der Rohe, Gropius, Meyer u. a. haben diese Probleme gelöst, indem sie durch Zusammenfassung der Masse des festen Baustoffes und des Lichtes Raum und Mauern gliederten. Es ist ihnen gelungen, das Haus nicht mehr als etwas von der Natur, der Welt Abgeschlossenes darzustellen, sondern es in Harmonie mit dem Lichte und der Umwelt zu bringen ...« Mit dieser Ausstellung sei es dem Kunstverein gelungen, »ein treffendes Bild von dem neuen Geiste, der unter unseren Architekten herrscht und von ihrem ernsten Wollen zu zeichnen.«[327]

In enger Verbindung zum Kunstverein steht der Jenaer Physikprofessor Dr. Felix Auerbach, dessen neuerrichtetes Wohnhaus in der Schefferstraße in diesen Tagen der Ausstellung fertiggestellt wird. Der Entwurf stammt aus dem Baubüro Gropius, und Adolf Meyer zeichnet für die Projektausführung verantwortlich. Es ist zudem das letzte gemeinsame Projekt, das Gropius zusammen mit Adolf Meyer bearbeitet. Nach dem Theaterumbau steht der zweite Bau von Gropius in Jena schon schärfer im Licht des Neuen Bauens, so wie es sich jetzt in der Jenaer Ausstellung zeigt. Der Schritt, der mit diesem Bau getan wird, liegt hinter den Erfahrungen mit den Improvisationen des Ausstellungshauses Am Horn und führt ein Stück weiter nach vorn: in die Richtung des Funktionalismus.

Es ist nicht ganz zufällig, daß Gropius gerade in der sich weltoffen und liberal gebenden Stadt Jena einen weiteren Bauauftrag erhält. Ein Vorgang kann diese Situation gut charakterisieren: Die für die moderne Kunst aufgeschlossene Bürgerschaft um den Kunstverein mit Walter Dexel an der Spitze reiht sich im April 1924 in die Kundgebungen für das Bauhaus ein. Mit einem Aufruf wendet sich diese Gruppe an den Haushaltsausschuß des Landtages von Thüringen, um für den Fortbestand des nach dem Wahlsieg des Bürgerblocks ernsthaft bedrohten Bauhauses einzutreten.[328] Mitunterzeichner der Petition ist auch Prof. Auerbach.

Auerbach war bereits 1889 von Breslau nach Jena übergesiedelt, als er ein Extraordinariat für theoretische Physik in der Nachfolge für Ernst Abbé besetzen konnte. Zu einer ordentlichen Professur kam der damals bereits bekannte Wissenschaftler nicht, weil er Jude war. Erst im Oktober 1923 wurde eine »persönliche ordentliche Professur« eingerichtet. Auerbach wirkt insgesamt 44 Jahre erfolgreich in Jena und wird noch geschätzt als ein glänzender, seine Hörer begeisternder Hochschullehrer und als Wissenschaftler, der über 100 Publikationen veröffentlicht. Ein breites Spektrum in seinen Forschungen nehmen physikalische Untersuchungen zu kulturellen Phänomenen, namentlich zur Musik ein. 1924 schreibt er beispielsweise einen Aufsatz mit dem Titel »Tonkunst und bildende Kunst vom Standpunkt des Naturforschers«.[329] Es ist denkbar, daß derartige Untersuchungen auch das Interesse am Bauhaus finden. Das Ehepaar Auerbach gehört dem Jenaer Kunstverein und vor seiner Gründung auch der Gesellschaft der Kunstfreunde von Jena und Weimar an. Zu bedeutenden Künstlerpersönlichkeiten in Weimar, darunter Henry van de Velde und vermutlich auch Walter Gropius, pflegen sie freundschaftliche Beziehungen.[330] Auerbach, der auf dem Höhepunkt der beruflichen Laufbahn steht, entschließt sich noch im Alter von 68 Jahren zum Bau eines eigenen Wohnhauses und wählt dazu Gropius als Architekt. Nach der Fertigstellung bietet

Hofrat Prof. Auerbach mit seiner Frau (ihre Ehe war kinderlos geblieben) in seinem neuen Haus einen Ort vorbildlicher Geselligkeit, wo sich zahlreiche Gäste, Wissenschaftler und Künstler einfinden. Als nach der »Machtergreifung« Hitlers im Klima des Antisemitismus das Leben für sie unerträglich wird, wählt das Ehepaar den Freitod.

Am 15. April 1924 reicht Walter Gropius die Bauunterlagen bei der Jenaer Baupolizei ein.[331] Die Bauberatungsstelle stimmt am 23. April dem Bauvorhaben zu, wobei allerdings festgestellt wird, daß der Entwurf nicht in das Stadtbild hineinpasse. Von einer Beanstandung wird aber abgesehen, da der Neubau »in Zukunft im Stadtbild nicht störend wirkt«.[332] Die Lage im westlichen Stadtteil, nördlich der nach Weimar führenden Humboldtstraße, an einem Hang, der stark mit Bäumen durchsetzt ist, würde das Haus nicht sonderlich hervortreten lassen. Der Gemeindevorstand genehmigt tags darauf den Bau mit zwei Gegenstimmen; ganz ausdrücklich verwahrt sich der Bauunternehmer Carl Gretscher im Votum gegen die Genehmigung.[333] Der Bauerlaubnisschein wird aber erst am 12. Mai 1924 ausgefertigt.[334] Die Bauzeichnungen, die den Prüfstempel vom 15. Mai 1924 tragen, enthalten im Maßstab 1:100 das Minimum notwendiger bautechnischer Aussagen mit Lageplan, Schnitt, Grundrissen und zwei Ansichten.[335] Den Auftrag für die Ausführung des Rohbaus erhält die »Bauhütte Jena und Umgebung. Soziale Baugesellschaft m.b.H.«, die alle Eisenbeton- und Steineisenbetonarbeiten in sehr kurzer Bauzeit bis Ende Juli ausführt. Die Schlußabnahme der Baupolizei wird am 31. Oktober beanstandungslos vorgenommen.[336]

Die baukonstruktive Durchbildung schließt unmittelbar an die Erfahrungen des Baubüros mit dem Weimarer Ausstellungshaus an. Als Hauptbaustoff werden auch hier Schlackenbetonsteine, sogenannte Jurko-Steine, im Einheitsformat (54/32/10 cm und 32/26/8 cm) verwendet. Sie versprechen eine rationelle Fertigung und weisen günstige Wärmedämmeigenschaften auf. Auf diesen Elementen bauen die Systemmaße des Mauerwerkes auf; so sind die Außenwände mit 32 cm, die Pfeiler im Inneren mit 54 cm und die Innenwände mit 8 cm Dicke angegeben. Für die Decken kommen Steineisenkonstruktionen bis zu 6 m Spannweite zum Einsatz. Es ist wahrscheinlich, daß hier die gleiche »Berra-Hohlstein-Decke« wie über dem Wohnraum im Haus Am Horn eingebaut wurde. Eisenbetonkonstruktionen sind für die innere Deckenauflagerungen in Form durchgehender

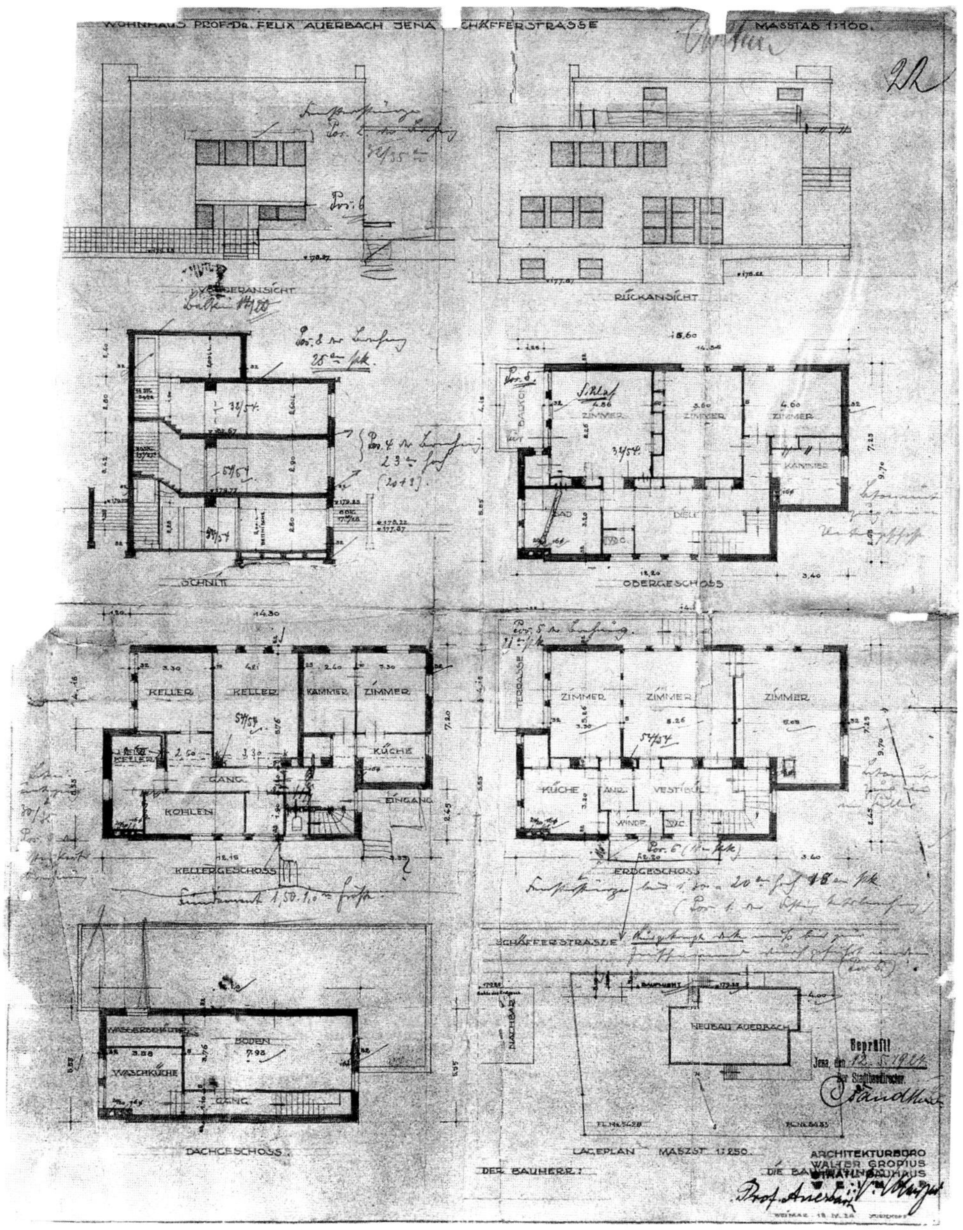

Ansichten und Grundrisse in den Bauakten. 1924

Grundrisse. Nord- und Südansicht

Seite 123:
West- und Ostansicht

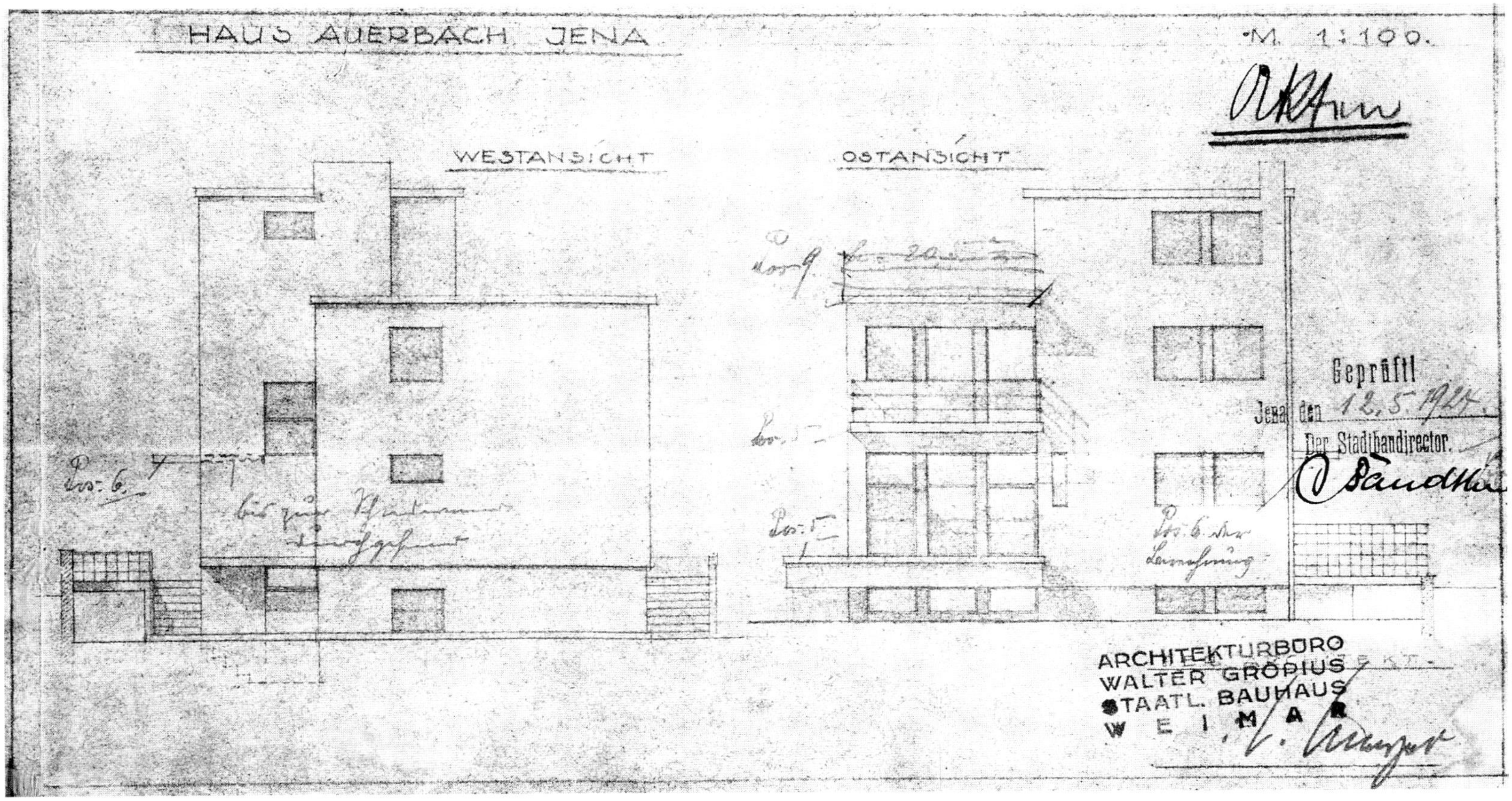

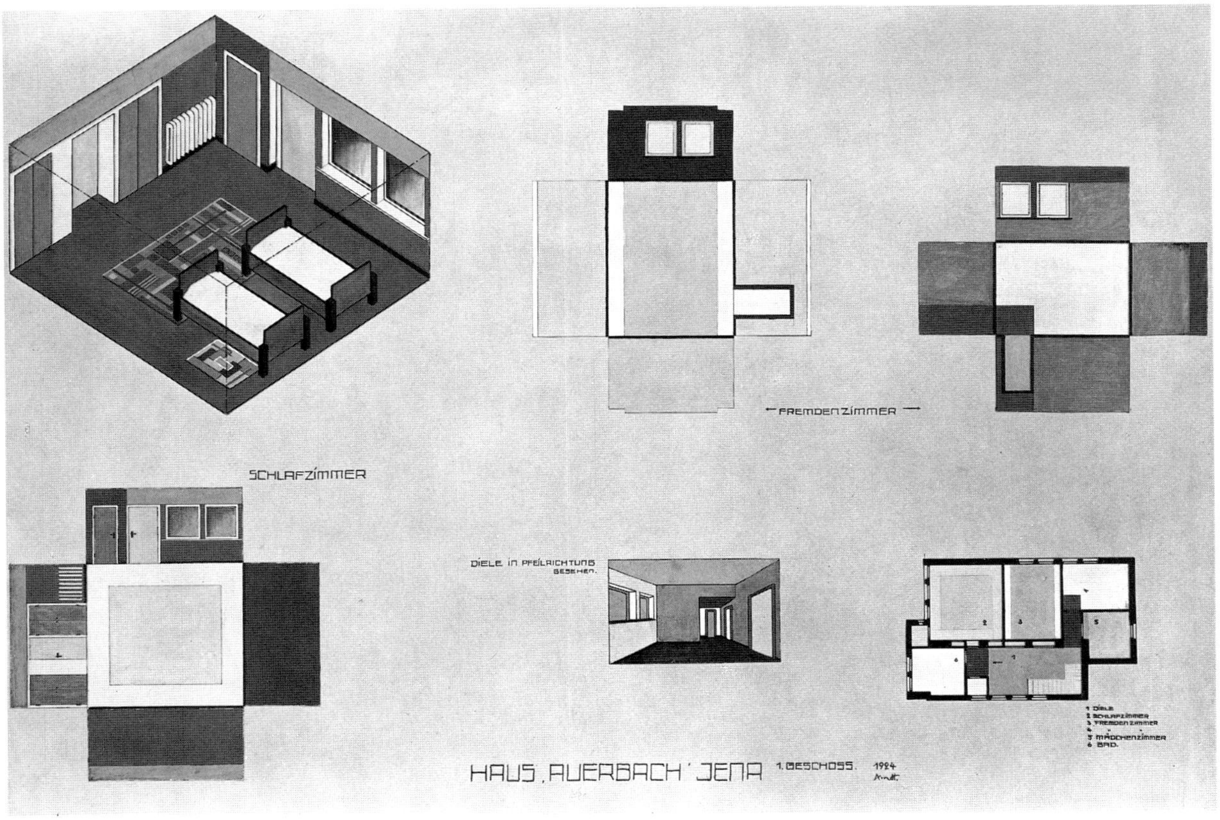

Farbgestaltung. Alfred Arndt. 1924 (s. auch Farbteil Seite 158)

Obergeschoß

Balken in Längsrichtung des Bauwerks sowie für die Sturzbalken über den Langfenstern und bei den Treppen vorgesehen. Das Flachdach entspricht dem frühen Entwicklungsstand dieser Konstruktion: Über einer Torfoleumlage wird auf einer Estrichschicht Teerpappe aufgebracht; in der Randzone des Dachs ist die Rinne eingearbeitet, die im Bereich der überkragenden Dachplatte verdeckt liegt. Alle Wandflächen sind glatt verputzt. Die Fenster werden in Holz, die Verglasung des Wintergartens in Winkeleisen gefaßt.[337] Das Prinzip durchgehender Rationalisierung des Bauens mit dem Ziel der Vereinfachung der Bauform, der Verbilligung und der Verkürzung der Bauzeit bestimmt die bautechnische Durcharbeitung. Alle anderen architektonischen Fragen erscheinen als Ableitung davon oder stehen in enger Wechselbeziehung mit diesen Prämissen.

Die Bedingung der Hanglage und die Himmelsrichtung bestimmen die Baumassenverteilung. Die Komposition erfährt eine rhythmische Steigerung im Hauskörper, der sich aufgliedert in die Kellergeschoßzone und die nach Südosten vorspringenden Terrassen sowie in die zwei- und dreigeschossigen Kuben, die gegeneinander versetzt sind. Der Eckschornstein an der Straßenseite bildet einen plastischen Akzent. Alle Hauptwohnräume liegen in den bevorzugten Himmelsrichtungen und ermöglichen einen günstigen Ausblick in die Jenaer Landschaft.

Die funktionelle Gliederung des Hauses folgt Vorstellungen vom gutbürgerlichen Wohnen; sie berücksichtigt die Ansprüche der Familie nach Geselligkeit und nach zurückgezogener Tätigkeit des Wissenschaftlers, schließt aber auch die Stelle einer Hausangestellten und des Hausmanns mit ein. Unmittelbar von der Straße aus gelangt man über einen Windfang entweder in das Vestibül mit Garderobe, das geradlinig in den Wohnraum überleitet, oder über einen Nebenraum in die Küche und in das Speisezimmer. Neben dem Wohnzimmer schließt sich, über drei Stufen erreichbar, das große Arbeitszimmer mit Bibliothek an.

Die optisch und funktionell miteinander verbundenen Hauptwohnräume stehen mit Wintergarten und Terrasse, die über eine Treppe Zugang zum Garten hat, in Verbindung. Diese Zone ist als eine moderne großzügige Wohnebene gestaltet, in der formale Sachlichkeit herrscht. Sie gestattet eine Separierung in einer intimen Arbeits- und Wohnsphäre, läßt aber verschiedene Kombinationen als Ort der Geselligkeit zu. Die optischen Beziehungen zur Außenwelt sind, der Raumbestimmung entsprechend, graduell abgestuft. Das Wohn- und Mu-

Ansicht Veranda

Gartenansicht nach der Fertigstellung

sikzimmer läßt einen freien Blick in den Garten zu, vom Speisezimmer aus kann man nur über den Wintergarten und das Wohnzimmer ins Freie sehen. Das Arbeitszimmer ist niedriger gehalten und erscheint durch kleinere Fenster und große Wandflächen intimer. Die Farbstudie von Alfred Arndt verweist auf einen strengen Geometrismus in der Anlage klarer Farbflächen in vornehmen Pastelltönen bei einem funktionell differenzierten Tonus, der nach farbpsychologischen Vorstellungen festgelegt sein mag.[338] Im Obergeschoß liegen außer Bad und WC das Schlafzimmer, zwei Gästezimmer und eine Mädchenkammer. Im zweiten Obergeschoß befinden sich die Waschküche und der Trockenboden, der zum begehbaren Dach einen Zugang besitzt. Im Keller ist die Zentralheizung mit Kohlenbunker untergebracht. Im westlichen Teil, unter dem Arbeitszimmer, liegt die separat zugängliche Hausmannswohnung. In verschiedener Form finden Einbauschränke und nutzbare Restflächen für sinnvolle Nebenräume Anwendung. Die Zone zwischen den Pfeilern der Tragkonstruktion füllen neben Durchgängen praktische Wandschränke aus. Eine Minimierung der Verkehrsfläche konnte durch das quergelagerte Vestibül mit Treppenhaus erreicht werden. Alles in der Durchbildung der Grundrisse zielt auf eine optimale Nutzbarkeit.

Merkwürdigerweise ist die Grundrißkonfiguration als Durchdringungsform der südlichen Haupträume und der nördlichen Nebenräume, getrennt durch die Stützen-Riegel-Zone, nicht im Äußeren des Baukörpers ablesbar und wird sogar noch gestalterisch überspielt, indem der dreigeschossige nördliche Kubus in seinem Volumen scheinbar vergrößert wird und sich über die Masse des zweigeschossigen Körpers auszudehnen scheint. So ergibt sich eine Baumassenkomposition, die nicht eine konsequente Widerspiegelung der innerstrukturellen Verhältnisse im Äußeren ist, sondern eine relativ eigenständige eurhythmische baukörperliche Gliederung aufweist und quasi wie eine große kubische Plastik wirkt. Große Wandflächen im Verhältnis zu den wenigen Fenstergruppen und -bändern bestimmen die Architektur, die auf einen Elementarkörper, die Durchdringungsform zweier versetzter geometrischer Kuben, anspielt. Allein an der Südostecke werden die Quaderformen durch obere Terrasse, Wintergarten und untere Terrasse miteinander verzahnt. Noch wagen es offenbar die Architekten nicht, auf das Bauglied »Dach« zugunsten einer klaren kubischen Form zu verzichten. Die Dachdecke scheint wie eine Platte einen oberen Abschluß zu bilden, ist aber ihrer baulichen Bestimmung nach nur noch Rinnenkasten. Bei den 1925/26 errichteten Meisterhäusern in Dessau wird Gropius den Schritt zugunsten der klaren plastischen Form vollenden. Die Straßenfassade wirkt mit ihrer Flächenteilung wie nach klassischen Proportionsregeln komponiert. Abgesehen vom abweichenden Rhythmus im Türbereich ist die Figur der Öffnungen als Rechteckform symmetrisch in die Fläche gesetzt; die angenäherte Quadratform gilt als die Bildungseinheit der Eingangsfront, die wiederum als zurückgesetzte Fläche ein einbeschriebenes Quadrat ausfüllt, und setzt sich in der Fensterreihe fort. Im Unterschied dazu sind die übrigen Fassaden in freier eurhythmischer Manier, unter Beachtung der kompositorischen Spannungsverhältnisse zwischen den Flächen gegliedert, wenngleich sich auch Proportionierungsfestlegungen mittels der Flächendiagonalen nachweisen lassen. Abgesehen von solchen Atavismen klassischer Gestaltungsregeln ist jedoch nicht zu übersehen: Der Weg zur spannungsvollen Komposition unter Verwertung der »Elementarformen« und der modernen baulichen Mittel wird fortgesetzt. Das Haus Auerbach – ein baugeschichtlich bisher wenig beachtetes Werk aus dem Baubüro Gropius – nimmt gewissermaßen den entwicklungsgeschichtlichen Sprung, den das Bauhaus auf dem geistigen Weg von Weimar nach Dessau nehmen sollte, bereits vorweg.

ENTWÜRFE FÜR NEUE WOHNBAUTEN

Eine kleine Gruppe von Baubeflissenen unter den Bauhausangehörigen, Georg Muche, Marcel Breuer und Farkas Molnar, regt Anfang April 1924 in einem Schreiben an den Direktor die Einrichtung einer regulären Architekturabteilung an.[339] Als ›Architekturabteilung‹ hatte man am Bauhaus zuletzt jene Gruppe bezeichnet, die unter Leitung von Muche für den Ausbau und die Koordinierung der Innenausstattung im Haus Am Horn zuständig war und den Bau projektierte.[340] In der neuzugründenden Abteilung, sie ist als eine selbständige Organisationsform gedacht, soll dagegen die dauernde Beschäftigung mit Wohnungsbauproblemen der Hauptinhalt einer systematischen Architektentätigkeit werden. Beginnend mit der Erforschung der Wohnungsprobleme will man, darauf aufbauend, zur Ausarbeitung von »Normprojekten« übergehen, die dann über Veröffentlichungen an »interessierte Kreise« herangetragen werden sollen. Zugleich ist daran gedacht, die Abteilung als ein Architekturbüro zu betreiben, das mit der Beschaffung und Erledigung entsprechender Aufträge betraut ist. Über diesen Weg soll die Eigenfinanzierung mit einer Gewinnabführung an das Bauhaus gesichert werden. Anknüpfend an die jüngsten Erfahrungen mit dem Ausstellungshaus und weiteren Studien zielen die Initiatoren zunächst auf die Ausarbeitung neuer Typen von Einfamilienhäusern. Im Bau eines zweiten Musterhauses, diesmal in einer Großstadt, erhoffe sie sich ein erstes praktisches Arbeitsfeld. Der erste Teil der Arbeit sei mit einigen Entwürfen für neue Wohnhäuser schon begonnen. Die Architekturabteilung soll anfangs drei Mitglieder, einen technischen und wirtschaftlichen Rat und einen Ingenieur sowie weiteres Personal für die Organisation umfassen. Sie könnte interessierten und entsprechend vorgebildeten Gesellen am Bauhaus eine Möglichkeit zur Mitarbeit bieten. Aber dieses Konzept versandet mangels Realität in einer schwieriger werdenden Zeit, denn das Ende des Bauhauses in Weimar kündigt sich nach dem politischen Kurswechsel des Landesregierung bereits an. Syndikus Lange, der den Antrag bearbeitet, reagiert in einem Kommentar mit bissiger Ironie auf die weitgesteckten Pläne und ihre Urheber, die mit einer gewissen Selbstgefälligkeit bei mangelnder Fachausbildung große Ziele verfolgen wollen.[341] Das durchaus berechtigte Bemühen um eine Architekturabteilung zeigt aber ein weiteres Mal, daß die Bauhausarbeit besonders auf dem Gebiet der Architektur nach weiteren Entfaltungsmöglichkeiten im Rahmen einer Institution drängte.

Im Nachgang zum Bau des Ausstellungshauses Am Horn stellt Adolf Meyer die dritte Veröffentlichung in der Reihe »Bauhausbücher« zusammen, in der neben der Dokumentation des Baues auch Entwürfe für Einfamilienhaustypen vorgestellt werden.[342] Hier sind außer Meyer auch Molnar und Breuer beteiligt. Sie greifen die Grundidee des Versuchshauses mit dem hohen zentralen Wohnraum und den umgebenen niedrigeren Räumen auf und schlagen weitere Typenhäuser (Typ Nr. 2 und 3) in dreiseitiger bzw. zweiseitiger Umbauung vor. Das Problem der optischen Abgeschlossenheit des Hauptraumes nach außen hin wird auf diese Weise gelöst. Außerdem entstehen im Unterschied zur »neuklassizistischen« Symmetrie des ausgeführten Baus eurhythmisch komponierte Hauskörper, die als eine vielgestaltige »Rundumarchitektur« begriffen werden wollen. Diese Entwürfe gehen ebenfalls auf die Ideen der Siedlungshäuser von Fred Forbat zurück. Merkwürdig und eigenwillig mutet dagegen der Vorschlag Molnars für ein zweigeschossiges Reihenwohnhaus an (Typ Nr. 4). Auch hier wird von der Kompositionsidee des Mucheschen Entwurfs ausgegangen; unter Weglassung der flankierenden Nebenräume läßt sich dieser Haustyp in einer Reihe addieren. Dem Mittelraum wird ein weiteres Geschoß aufgesetzt, so daß ein nach beiden Seiten abgetreppter langgestreckter Baukörper entsteht. Die seitlichen Dachflächen sind gleichzeitig als Terrassen ausgebildet. Der hohe Wohnraum wird an beiden Seiten über zwei große Oberlichtfenster belichtet; eine optische Verbindung zur Außenwelt besteht allerdings nur indirekt über das Eßzimmer und das Arbeitszimmer. Im Obergeschoß

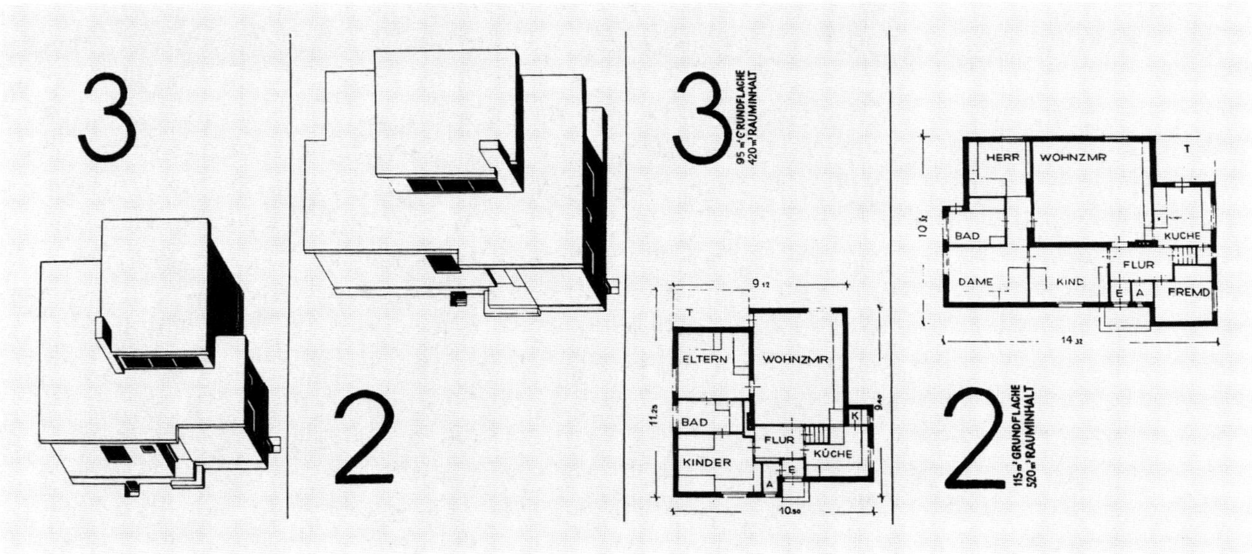

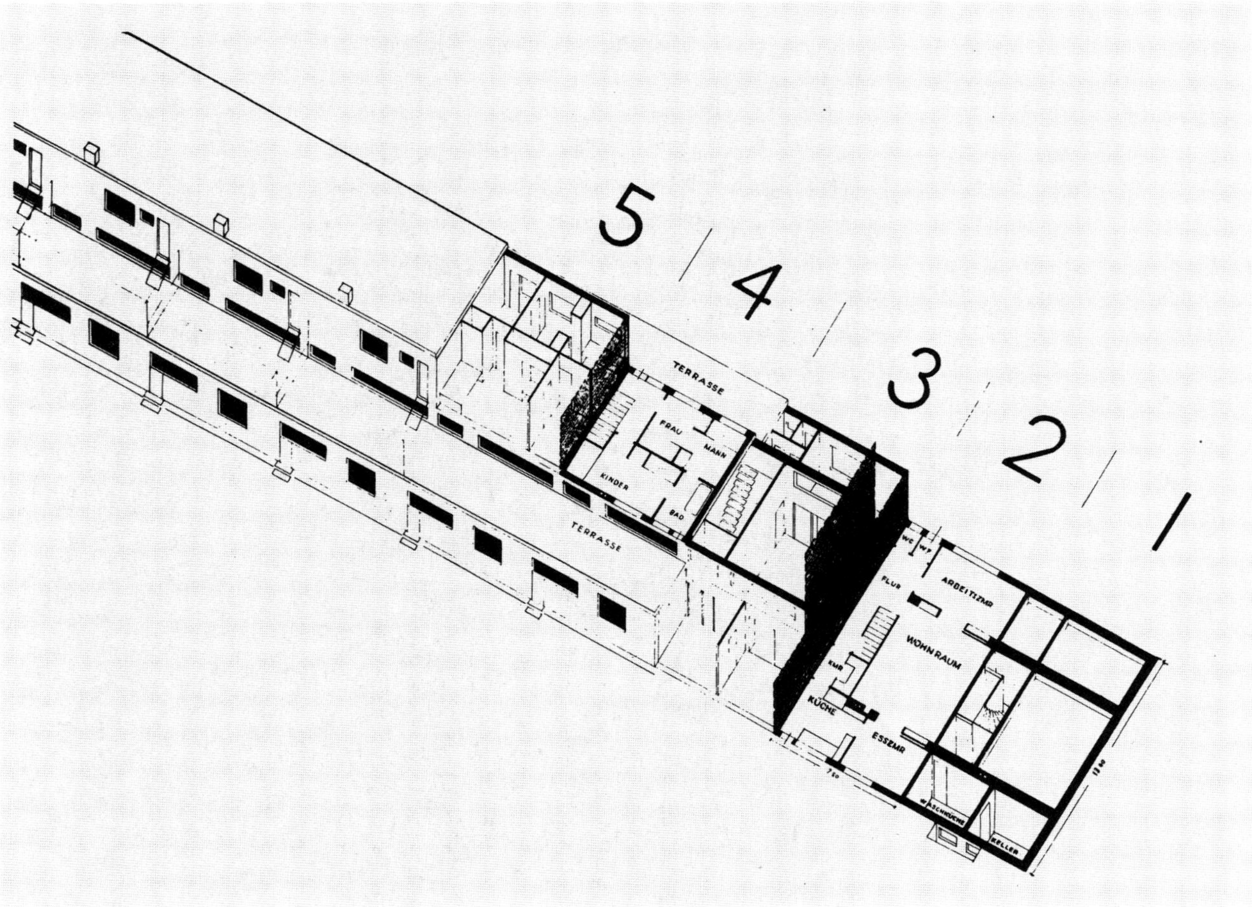

Entwurfsvariationen zum Versuchshaus Am Horn. 1923/1924

Typ 2. Adolf Meyer.
Typ 3. Marcel Breuer

Reihenwohnhaus mit überhöhtem Wohnraum. Farkas Molnar

Seite 129:
Entwurf zu einem Etagenreihenhaus mit Kleinwohnungen. Farkas Molnar

liegen die Schlafräume des Ehepaares und der Kinder. Jedes Bett ist in eine Schlafnische eingeordnet; das Bad befindet sich zwischen dem Schlafzimmer des Herrn und dem der Dame. Der Konstruktion, die auf den gleichen Dimensionen des Ausstellungshauses aufbaut, liegt eine Längswandbauweise wohl unter Verwendung der Berra-Hohlstein-Decke zugrunde. Dieser Entwurf, der als eine interessante Weiterführung der Idee des Ausstellungshauses angesehen werden kann, ist aber in verschiedenen Punkten recht problematisch oder mangelhaft.

In einem folgenden Entwurf für ein Etagenreihenhaus führt Molnar diese Idee auf der Grundlage einer Eisenbeton-Skelettkonstruktion fort. Das Skelettsystem baut auf dem Quadrat des großen Mittelraumes auf; es besteht aus Stützen, Riegeln und Deckenfeldern. Die Auskragungsmöglichkeiten von Riegeln und Decke nutzend, springen die Außenwände in jedem Geschoß abwechselnd zugunsten einer durchgehenden Zugangs- bzw. Terrassenfläche zurück. Jede Wohnung ist maisonetteartig in zwei Geschoßebenen, die über eine Treppe miteinander verbunden sind, organisiert. Die benachbarten Wohnungen wurden spiegelbildlich zueinander geordnet, wobei sie sich das dritte quadratische Segment mit den Treppen, Fluren und kleineren Räumen teilen. In der äußeren Erscheinung tritt die stark plastische Struktur des geschichteten langgestreckten Baukörpers hervor, den die Fensterbänder in ihrer Gerichtetheit noch betonen. Der Entwurf wird geprägt von einer Strukturform, deren Tektonik auf den Möglichkeiten des Eisenbeton-Skelettbaus basiert und ungeachtet klassischer Regeln des Tragens und Lastens zur Versinnbildlichung der neuartigen konstruktiven Verhältnisse dient. Gegenüber dem ersten Entwurf zeigt dieser Reihenhaustyp einen

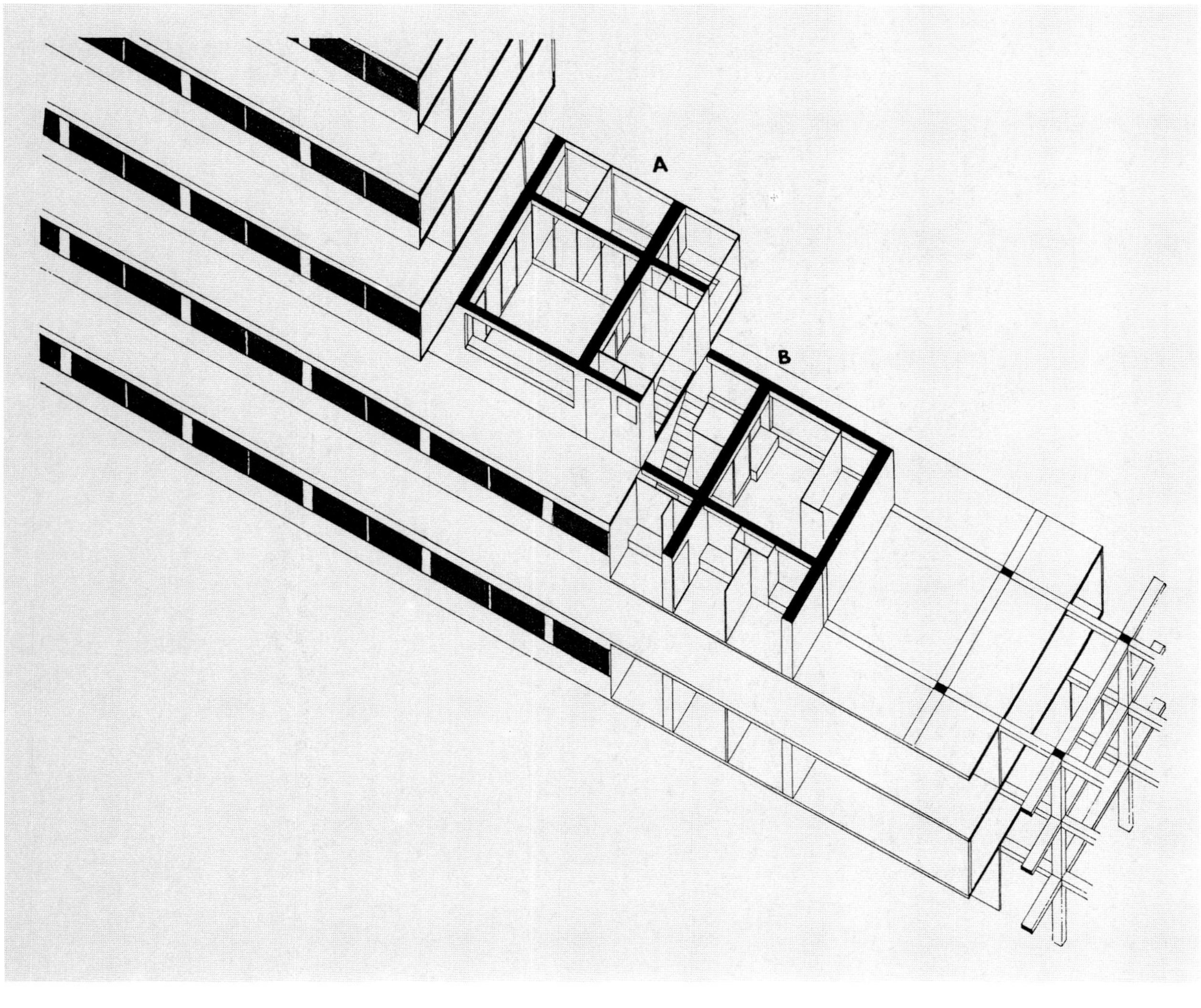

vorteilhafter angeordneten und proportionierten Wohnraum. Nachteilig sind aber die Einsichtmöglichkeiten für die vorbeigehenden Nachbarn. Das größte Problem für eine Realisierung hätte in der konstruktiven Struktur gelegen, die hinsichtlich der Statik der Decken und Riegel-Auskragung und wegen bauphysikalischer Probleme reichlich überfordert ist. Gropius veröffentlicht den Entwurf in seinem Buch »Internationale Architektur« im Jahre 1925 und bildet ihn direkt neben Le Corbusiers »Entwurf zu einer Stadt« von 1922 ab.[343] Molnars Idee liegt durchaus auf der Ebene einer neuen städtischen Wohnform des Eisenbeton-Skelettbaus, die vergleichbar visionär erscheint wie diese Stadt der Zukunft für 3 Mio Einwohner, die aus ähnlichen Baustrukturen geformt ist.

Während der Bauausstellung in Stuttgart, die von Juli bis Mitte Oktober 1924 veranstaltet wird, treten Muche, Breuer und Molnar mit ihren Entwürfen zum neuzeitlichen Wohnungsbau im Bestand der Bauhausabteilung an die Öffentlichkeit.[344] Mehrere ihrer Entwürfe erscheinen in Fachpublikationen und werden in der Darstellung mit den Bestrebungen des Bauhauses in Verbindung gebracht. Die Ergebnisse dieser Gruppe sind eigentlich nur das Resultat einer »losen Arbeitsgemeinschaft«, die auf Muches Initiative zustandekommt. Die Berührungspunkte der Autoren liegen wohl besonders auf einer allgemeinen thematischen Ebene, und die einzelnen Arbeiten erscheinen als eigenständige individuelle Leistungen. Dazu kommt, daß alle drei Autoren noch keine Vorbildung auf dem Gebiet der Architektur haben.

Nach den Erfahrungen mit dem kleinen Einfamilienhaus Am Horn geht Georg Muche 1924 »aus Freude an der Sache« – wie er in einem Brief schreibt – zu einem anderen, »anspruchsvollen« Haustyp über.[345] Resultat ist ein Entwurf für ein Stadtwohnhaus mit Etagengärten, ein 15geschossiges Bauwerk, konzipiert in einer Eisenbetonkonstruktion.[346] Jede Geschoßebene soll eine große, gutbürgerliche Wohnung, umgeben von umfangreichen Terrassenflächen, einnehmen. Als Vertikalverbindungen dienen innere und äußere Fahrstühle sowie eine Treppe. Dem Haus wird aller moderner technischer Komfort zugedacht. Die unregelmäßige Grundrißform ist Ergebnis einer Raumaufteilung nach Prinzipien der Zweckmäßigkeit und wird nur bedingt von konstruktiv-statischen Überlegungen für einen Hochhausbau mitbestimmt. Alle zeichnerischen Aussagen, die als ein gemischtes Skelett- und Wandbausystem gedeutet werden können, sind unvollkommen und lassen die fehlenden Fachkenntnisse

Entwurf für ein Stadtwohnhaus mit Etagengärten. Georg Muche. 1924

Perspektive

Grundriß

Seite 131: Ansicht

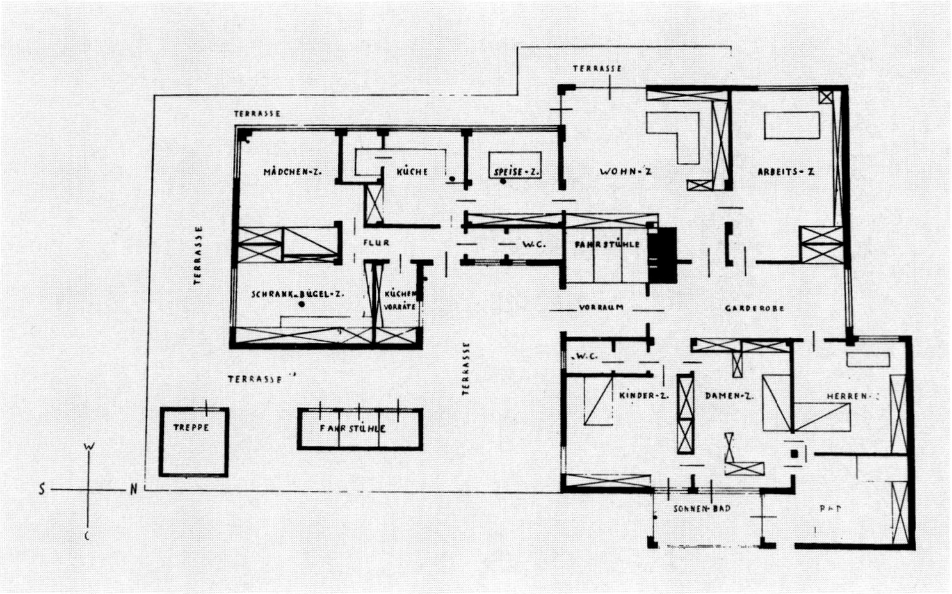

des dilletierenden Künstlers erkennen. Überlegt nimmt Muche dagegen die funktionale Organisation der großzügig bemessenen Wohnung vor. Außer einem weitläufigen halböffentlichen Bereich vor der Wohnung mit umgreifenden Terrassen, der Treppe und dem Fahrstuhlturm lassen sich drei räumliche Komplexe unterscheiden: Nach Westen liegt der Wohnbereich, der über eine breite Flurzone mit dem Komplex der Schlafzimmer im Süden verbunden ist. Südlich schließt sich der separate Arbeits- und Wohnbereich der Hausgehilfin an. Im Unterschied zur anglo-amerikanischen Stadtwohnung, die zu rationalisierter und minimierter Kücheneinrichtung tendiert und meist ohne Personalteil konzipiert wird, strebt Muche das deutsche Ideal der Hausversorgung für das wohlhabende Bürgertum an und setzt dafür alle modernen Mittel ein. Die »taylorisierte« Grundrißform berücksichtigt alle Funktionsabläufe in einer Familie und folgt nicht dem Prinzip der Integration, sondern der Separierung der Einzelräume entsprechend ihrem Gebrauch. Wohl bedacht sind die Verbindung zum Außenraum der begrünten Terrassen, die Ausblicksmöglichkeiten auf die städtische Umgebung und die Besonnungs- und Belüftungsverhältnisse. Das präzise gezeichnete Strukturbild des differenzierten Wandgefüges in der axonometrischen Grundrißdarstellung zeigt zugleich auch alle künstlerischen Merkmale einer planoplastischen, spannungsvollen konstruktivistischen Komposition.

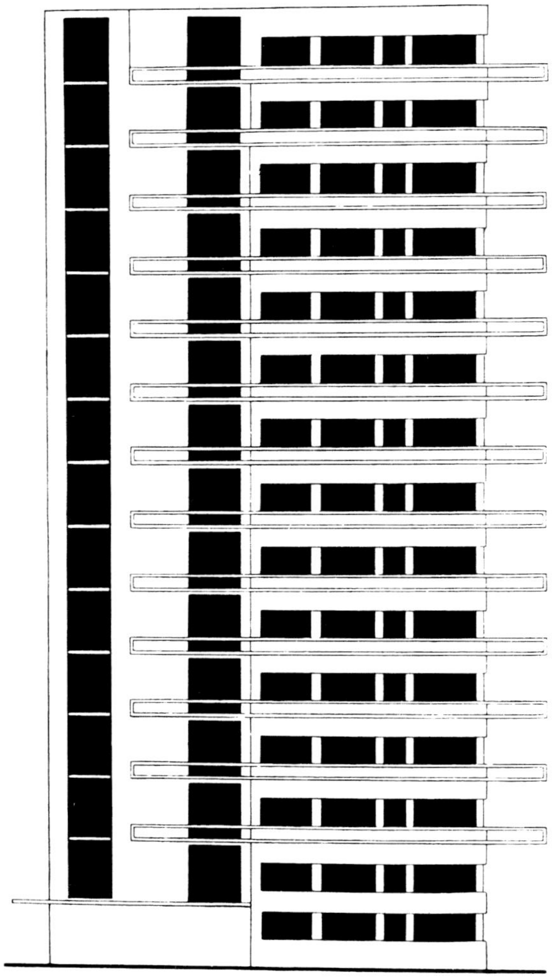

Die neue Kunstform hat Muche aber vor allem in der äußeren Gestalt gesucht. Den verbalen Äußerungen Muches nach scheint er von Le Corbusiers Stadtentwürfen angeregt worden zu sein, denn er schreibt, daß das Hochhaus »als Typ einer langen Straßenreihe von Häusern gedacht« sei, »in der die Fassaden durch das Grün blühender Sträucher in eine Landschaft verwandelt würden.«[347] Muches Zeichnungen zeigen aber nur die baulichen Staffagen für das Grün, von dem er in den Zeichnungen absieht. Das technisch, maschinell erzeugte Hochhaus-Gebilde, das sich scheinbar in der Unendlichkeit des Himmels, in der Perspektive der Linien und Flächenformen nach oben hin zu entfalten scheint, liegt offenbar dem Künstler besonders am Herzen. Die beherrschte und mit tektonischen Formen dynamisierte Materie liefert das Bild für ein modernes Wohnhochhaus. Was Mies van der Rohe mit seinen beiden strukturbetonenden Architekturmodellen auf der Internationalen Architekturausstellung 1923 in Weimar, dem Glashochhaus und dem Bürohaus in Stahlbeton, an neuen ästhetischen Ausdrucksmitteln thematisierte, variiert hier Muche durchaus virtuos für die Bauaufgabe des städtischen Hochhauses. So versteht wohl auch Gropius den Entwurf als beispielhaft im Sinne des Neuen Bauens, als er ihn in seinen Veröffentlichungen publiziert.[348]

In der gleichen Strukturform des Eisenbeton-Skelettbaus mit seinen weit auskragenden Deckenplatten stellt Breuer sein Appartementhaus im Rahmen eines Kleinwohnungswettbewerbs der Zeitschrift »Bauwelt« im Jahre 1924 vor.[349] Die in einem siebengeschossigen Hausblock gestapelten Wohneinheiten werden durch seitlich angesetzte Treppenhäuser sowie durch Aufzugsanlagen, die in sieben Turmaufbauten in Erscheinung treten, erschlossen. Die großflächigen Terrassen dienen als Freisitz für jede Wohnung. Beeindruckend an diesem Entwurf ist die an konstruktivistische Plastiken erinnernde Tektonik, das Zusammenspiel von stereometrischen Kuben, horizontalen Scheiben und vertikalen Stäben, das sich jedoch nicht in einer freien, sondern in streng gebundener Form äußert. In dieser Konsequenz des strukturellen Aufbaus kommt Breuer den Beispielentwürfen Mies van der Rohes nahe; sein Entwurf wird deshalb stark beachtet und als ein Ausweis der Anschauungen des Bauhauses publiziert.

Dem Baustoff Stahl und seiner Fertigungstechnologie neue Möglichkeiten der Formbildung abzugewinnen, ist wohl für Muche eine maßgebende Prämisse, als er sich 1924 mit Entwürfen von Einfamilienhäusern in Stahl-Skelettbauweise zu beschäftigen beginnt. Muche gehört zu den Befürwortern des neuen Kurses am Bauhaus, und bereits im April 1922 äußert er seine Position als Künstler zu den neuen technischen Mitteln: Er schreibt an den Meisterrat, daß es für die Bauhausarbeit maßgebend sei, »in zeitgemäße Bahnen (zu) kommen und zugleich die erhöhten Möglichkeiten technischer Maschinen für die Entfaltung künstlerischer Ideen aus(zu)nutzen«.[350] Mit dem Stahlhausbau wendet er sich nun einem aktuellen Problem industriellen Bauens zu, das durch den beginnenden wirtschaftlichen Aufschwung neue Impulse erhält. Ein Entwurf für ein Einfamilienhaus in Stahl, der allein als Isometrie des Skelettsystems und als Konstruktion einer Raumzelle überliefert ist,[351] erschöpft sich fast ausschließlich in der Entwicklung der Konstruktion des Bauwerkes. Auf einem quadratischen Raster von 3,24 m × 3,24 m steht eine vorgefertigte »primäre« Skelettkonstruktion aus Stützen, Riegeln und Trägern, in die »sekundäre« Ausbauteile – Grundplatte, Füllwände und Deckenelemente – eingepaßt sind. Die Aufteilung der Räume erfolgt nach dem Grundraster, das in einigen Feldern eine weitere Unterteilung erhielt. Allerdings läßt sich daraus nicht die Raumfunktion erschließen.

Die »Raumzelle« – ein würfelförmiges Grundelement des Hauses – verweist auf eine intensive Beschäftigung mit dem Detail. Das kreuzförmige Stützenprofil ergibt sich aus einem Stahlrohrkern, auf dem vier Lamellen aufgeschweißt (?) sind. Die unteren Träger haben die Form eines T-Profiles, das durch Zusammensetzung zweier L-Profile gebildet wird. An den Knotenpunkten ist eine dreieckige Eckverbindung für eine Verschraubung vorgesehen, die aus dem Flansch des Trägers hervorgeht. Merkwürdig kompliziert scheint das obere Trägerprofil geformt, das eine T-Form zeigt, die durch zwei seitliche Flansche in der Mitte des Steges ergänzt wird. Auf diese Gurte sind leichte bogenförmige Decken oder Dachelemente aufgesetzt, deren Materialart allerdings nicht angegeben ist. Mit diesen Raumkörpern entsteht ein in der

Entwurf für ein Etagenwohnhaus. Modell. Im Rahmen des Wettbewerbs der Zeitschrift »Die Bauwelt«. Marcel Breuer. 1924

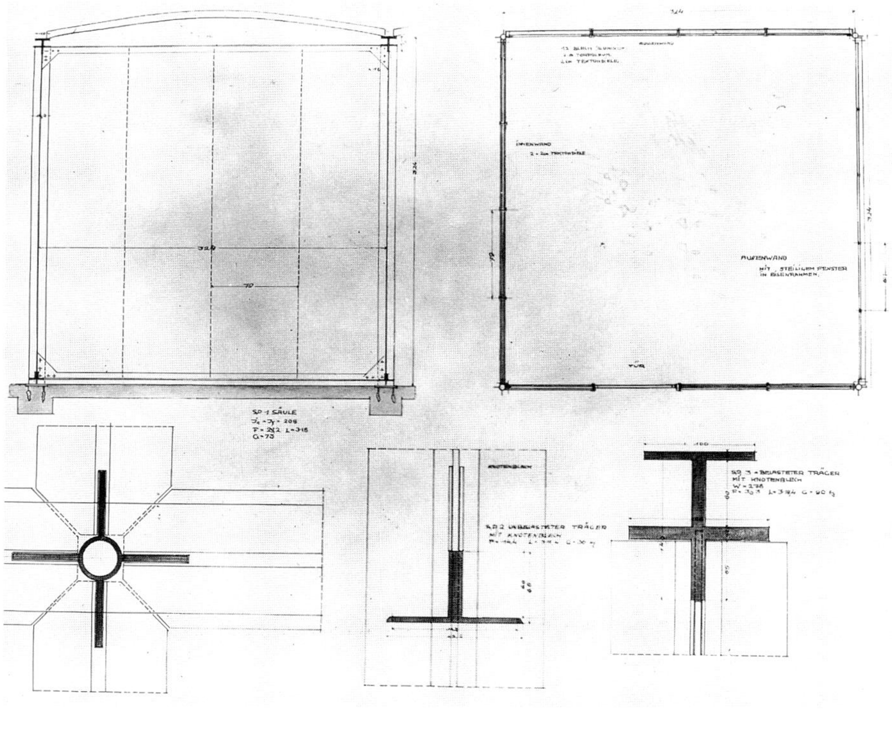

Raumzelle aus Stahl. Georg Muche. Um 1924

Horizontalen nach allen Seiten offenes Bausystem, das im Rahmen des Rasters flexibel und für verschiedenste Anforderungen anpaßbar ist. Die Ausbauelemente werden nur angedeutet. Die inneren Wandfelder sind auf einem Raster von 70 cm aufgebaut, während die Randelemente an den Stützen eine etwas breitere Sonderform besitzen, die auf die Stege der Stützen paßgenau aufgesteckt werden können.[352]

Diese konstruktive Idee wird am Beispiel des Hauses nicht weiter ausgeführt, jedoch kann sie als Vorstufe angesehen werden für die im Jahre 1925 konzipierten Stahlhäuser, die Muche in Zusammenarbeit mit Richard Paulick in Dessau entwickelt.[353] Das »Metalltypenhaus« kann je nach Familiengröße variiert werden; es ist als eine zweihüftige Anlage mit einem Flur auf lang gestrecktem Grundriß (bis zu 45 m Länge) konzipiert. Das Grundraster liegt bei 1,50 m × 1,50 m, und die mittleren Räume erreichen eine Größe von 3,00 m × 4,50 m. Das Stahlskelett soll mit Wandelementen aus Stahlblech ausgefüllt werden, die einen rostschützenden Farbanstrich erhalten. Der kubische Baukörper erhält seine Gliederung durch die Rasterstruktur des Skelettes sowie eine farbige Gestaltung der Wandpaneele in den Varianten Ocker-Rot-Blau oder Braun-Gelb-Türkis. Der in drei Varianten vorgestellte Hausentwurf hat aber keine Chance zur Ausführung. Allein das mit der Firma Carl Kästner AG Leipzig 1926/27 nach einem anderen Prinzip errichtete Stahlhaus in Dessau-Törten gilt als ein Zeugnis für diese Bestrebungen, moderne Architekturformen mit dem Stahlhausbau zu verbinden. Ohne Kompromisse an die traditionelle Hausform, die in den 20er Jahren viele andere Beispiele in England und Deutschland zeigen, wird hier auf die Ausdrucksformen der technischen Struktur gesetzt. Wie im Fahrzeugbau die Formen der Kutsche allmählich abgelegt werden, soll nun auch der Hausbau den ihm eigenen Gesetzen der Fertigung und des Materials sowie den entsprechenden neuen Gestaltvorstellungen folgen.

Auch andere Studierende des Bauhauses, die wohl mehr außerhalb der Gruppe um Muche stehen, beschäftigen sich mit Ideen für das neue Wohnhaus. Dazu gehört Peter Keler, Studierender in der Werkstatt für Wandmalerei, der in dieser Zeit mehrere Entwürfe zeichnet. Außer innenräumlichen Studien konzipiert er 1924 einen Entwurf für ein »fahrbares Haus«;[354] der besonders interessant erscheint, denn hier taucht am Bauhaus erstmals das Problem der Mobilität des Wohnhauses und der Behelfsbehausung auf. Wie die Transportierbar-

Siedlungshaus aus vorgefertigten Einzelteilen in Stahlkonstruktion. Georg Muche. 1924

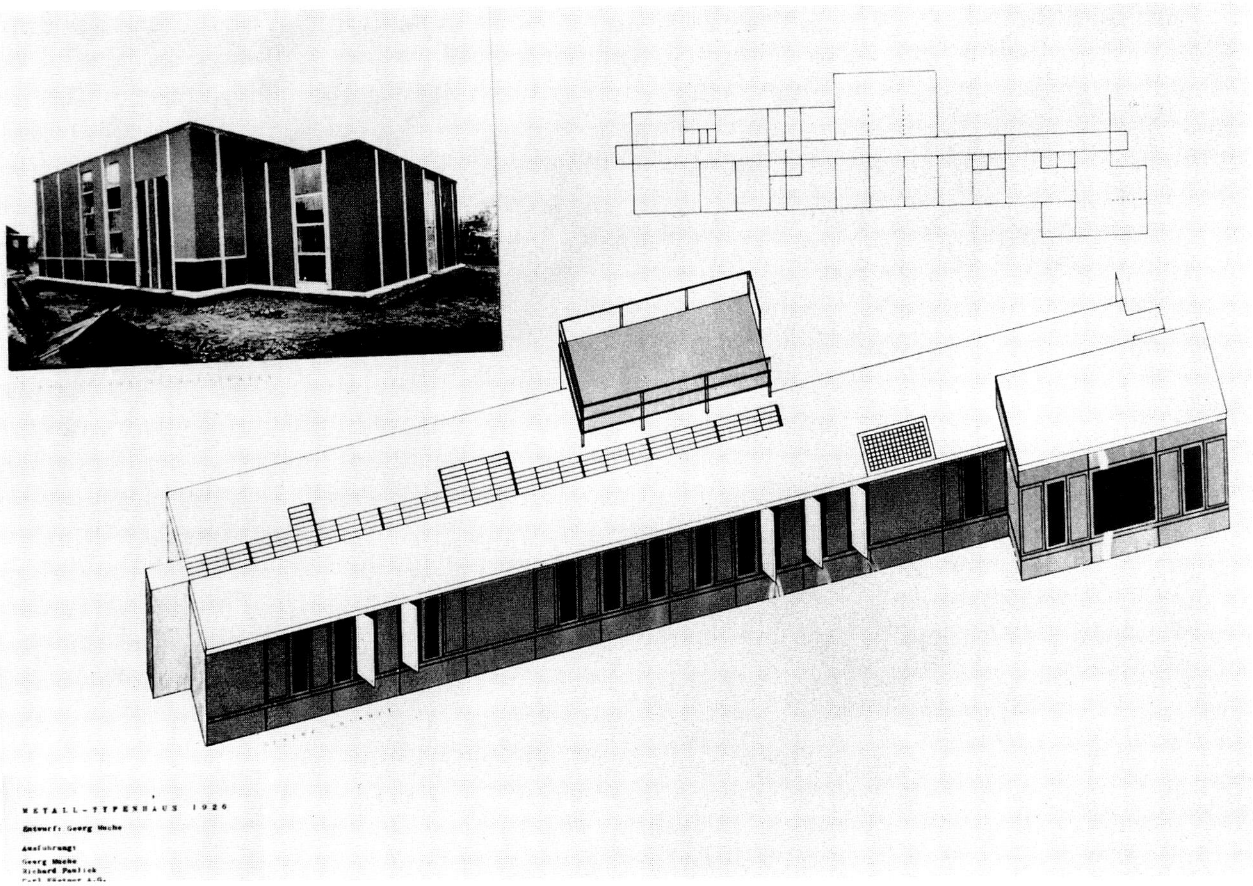

Stahlhaus in Dessau-Törten. Georg Muche und Richard Paulick. 1926

keit gedacht war, ist leider nicht explizit formuliert. Jedoch scheint die kleine dreiräumige Anlage, auf etwa quadratischem Grundriß entwickelt, auf die mobile Möglichkeit einer Art Containertransport zu reflektieren. Auf einem terrassiertem Gelände ist das Häuschen mit Wohnzimmer, Küche und Schlafzimmer mit Schlafkoje wie ein Gartenpavillon plaziert. Die Glaskörperdarstellung läßt eine minimierte Ausstattung erkennen.

Die Entwürfe für neue Wohnbauten, die am Bauhaus außerhalb professionellen Architekturschaffens entstehen, erreichen aber vielleicht gerade wegen ihrer Unvoreingenommenheit den Reiz des Novatorischen und Ursprünglichen, der auf die Herausbildung der Architektursprache des Neuen Bauens seine Wirkung nicht verfehlt. Die Beteiligten hatten sich dem Trend der Avantgarde angeschlossen und wenden sich insbesondere den Fragen der modernen Bautechnik und Baukonstruktion zu und tragen so dazu bei, daß das Bauhaus auf dem Gebiet der Architektur auch über das Baubüro Gropius hinaus präsent ist.

Zwar ist die Beschäftigung mit dem neuen Wohnhaus für architekturinteressierte Studenten und Meister am Bauhaus die wichtigste Domäne, denn sie entspricht einem aktuellen Zeitproblem und berührt zugleich auch die Frage nach neuen Lebensformen, doch erschöpft sie sich nicht darin. Das neue Theater regt ebenfalls zu Entwürfen an, wobei auch die Bauhausbühne mit ihren Experimenten den Hintergrund für neue Überlegungen bildet. Es gehört zur Herangehensweise der Bauhauskünstler, zwischen den Kunstformen wie dem Theater und der Architektur Zusammenhänge herzustellen und Analogien aufzuzeigen. So formuliert Gropius in der programmatischen Schrift »Idee und Aufbau des Staatlichen Bauhauses« 1923: »Das Bühnenwerk ist als orchestrale Einheit dem Werk der Baukunst innerlich verwandt, beide empfangen und geben einander wechselseitig ...« Die Bühnenwerkstatt gab sich darin die mit der Architektur in vielen Punkten vergleichbare Aufgabe, die »Probleme des Raumes, des Körpers, der Bewegung, der Form, des Lichtes, der Farbe und des Tons« zu erforschen.[355] Die Art, wie das geschieht, daß gleichsam im Urgrund des Theatergeschehens, beim Elementaren, die Bühnenversuche unter Lothar Schreyer, aber insbesondere unter Oskar Schlemmer ansetzen, entspricht der »Wesensforschung«, der funktionalen Methode, wie sie die Gestalter und Architekten für sich herausfanden. Der Weg Schlemmers zu einer Typenbühne, bedeutet eine Suche nach dem Allgemeingültigen. Die simultane Präsenz von Figur, Bewegung, Gestik und Raum dient der Demonstration ihrer gesetzmäßigen Beziehungen in neubegriffener Einheit. Alles Zufällige und Individuelle wird hinter Masken versteckt.

Die Inspirationen für architektonische Überlegungen finden auf zwei Ebenen statt: Die Inszenierungen von Raum und Kunstfigur können als ein architekturästhetisches Analogon verstanden werden. Sie stützen den damals noch verschwommenen Begriff von der Architektur als raum-zeitliches Medium und von der Abstraktion der Form, die sich des traditionellen Dekors entledigt und die Darstellungsweisen der Schwerkraftästhetik aufgibt. Es ist anzunehmen, daß die vom Konstruktivismus gewonnenen Gestaltungsmittel, nicht zuletzt die kinematisch begründbaren Kompositionsregeln wie die des spannungsvollen Ausgleichs hier ihre Parallele finden.

Außerdem erscheint das Theater selbst als neue Architekturaufgabe für eine Gesellschaft, die sich nach dem Kriege verändert hatte und weiterhin wandelt. Die Erweiterung der Kommunikationsformen im Verhältnis von Publikum und Darstellung sowie eine neue Bühnenauffassung fordern zu grundsätzlichen Überlegungen zum Theater der Zukunft geradezu heraus. Im Weimarer Bauhaus gibt es zwar nur einige wenige und dabei auch recht zufällige Resultate, aber sie enthalten bereits prinzipielle Ideen, die in den 20er Jahren eine Fortführung erfahren sollten.

Im Jahre 1922 läßt sich Ilse Fehling, Studierende bei Paul Klee und Georg Muche, eine Rundbühne für ein Marionettentheater patentieren. Im Zentrum eines kleinen amphitheatralischen Zuschauerraums mit reichlich 40 Sitzplätzen ist eine allseitig offene kreisförmige Bühne vorgesehen, die durch einen besonderen Bewegungsmechanismus auffällt. Diese Vorrichtung zum mechanischen Transport der Figurinen stellt das eigentliche Patent dar: Auf einer spiralförmigen Bahn können bis zu zehn Marionetten und Kulissen beliebig nach außen oder innen bewegt werden. Die Szene kann außerdem allseitig betrachtet werden; ein totales »Rundumszenarium« wird möglich. Die Mechanisierung des Vorführungsmechanismus soll die Erlebniswelt der Marionettenbühne erweitern. Die Idee abstrahiert allerdings von allen konkreten Formen des Theaterspiels und auch von den Baulichkeiten; sie verbleibt wohl auf dem Papier.[356]

Für das Laternenfest des Bauhauses im Sommer 1922 baut Ludwig Hirschfeld-Mack eine Art Laterna Magica und inszeniert eine Vorführung mit bewegten abstrakten Farbbildern, die später »Reflektorische Lichtspiele« genannt werden.[357] Der Architekt Fred Forbat ist von der

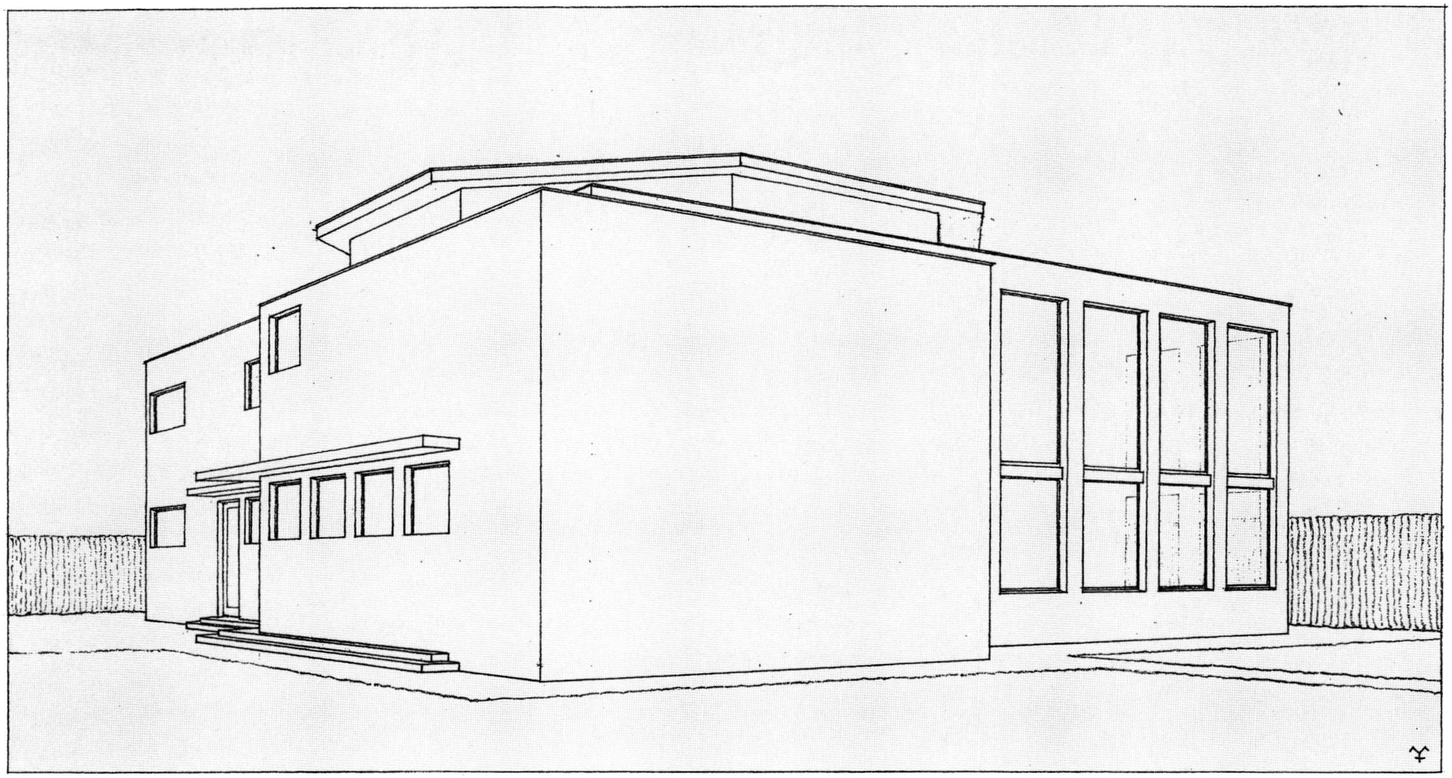

ersten Vorführung stark beeindruckt und entwirft eine Zeit später für diese Inszenierungsart ein kleines Theater. Dafür legt er eine eigene Entwurfsidee zugrunde, die er für einen Wettbewerb in München bereits einmal erfolgreich verwendet hatte.[358] Der neue Entwurf geht von einem achteckigen Zuschauerraum für 200 Plätze bei 12 m Durchmesser aus. Die kleine Bühne besitzt eine Öffnung von nur 3,5 m Breite. Foyers in zwei Geschossen, Garderobe, Toiletten, Treppen und Nebenräume ergänzen die Theaterfunktionen. Die Grundrißfigur ist nach einem konsequenten Geometrismus angelegt und bestimmt in dieser strengen Form auch die äußere Gestalt. Die Symmetrie des Grundrisses wird aber nicht in der äußeren Gestalt fortgesetzt. Zwar tritt aus dem kubischen Grundkörper der prismatische Zuschauerraum klar heraus und markiert zentralbauartig den Kernbereich des Hauses, doch zerstört die in der Ecksituation vorgelegte Treppe hinter geschlossenen Wandscheiben, die im Kontrast zu den großen Fensterflächen der Foyers stehen, die Symmetrie. Die Architektur wird gekennzeichnet durch die Hinwendung zur funktionalen und elementaren Form. Als Theaterentwurf, der solide durchgeführt und auch realisierbar ist, findet er allerdings seine Grenzen durch die Festlegung auf ein sehr spezielles und enges Funktionsspektrum.

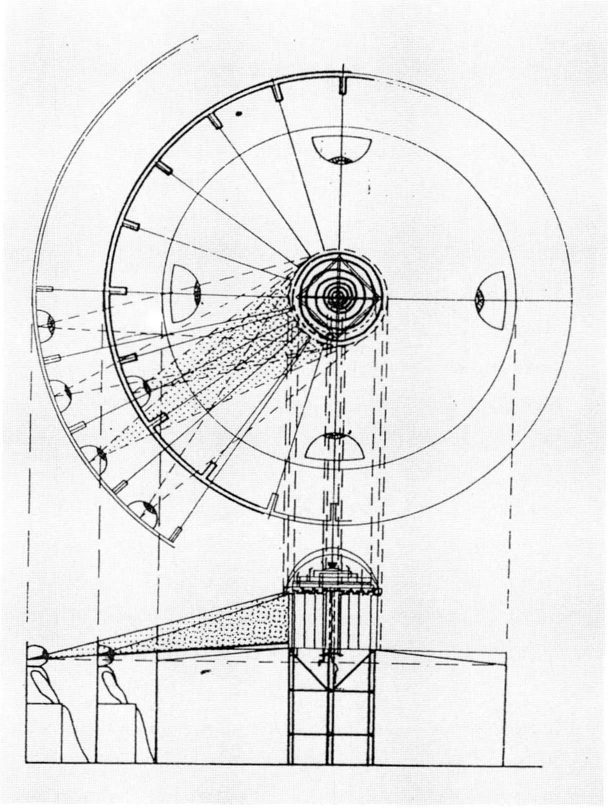

Entwurf für ein Theater der »Reflektorischen Lichtspiele«. Perspektive. Fred Forbat. 1923

Rundbühne für ein Marionettentheater. Ilse Fehling. 1922

Eine besondere Wirkung übt Laszlo Moholy-Nagy aus, da er als konstruktivistischer Künstler nicht nur die Wende des Bauhauses im Sinne der Losung »Kunst und Technik – eine neue Einheit« unterstützt, sondern zugleich auch neue ästhetische Anschauungen und Methoden einbringt. Sie entsprechen einem Funktionalismus, der mit Konsequenz seinen Ansatzpunkt in der modernen Technik und Wissenschaft sucht. Im Kern seiner Lehre steht das universalistisch aufgefaßte Verhältnis von Kunst und Leben, wie es die Konstruktivisten sahen. Er wendet sich gegen »das Gesamtkunstwerk, neben dem das Leben getrennt hinfließt« und fordert »die sich selbst aufbauende Synthese aller Lebensmomente zu dem alles umfassenden Gesamtwerk (Leben) ...«[359]

Diesem Gedanken entsprechen Ideen zu einem Theater der Zukunft, das nach Moholy-Nagy ein »Theater der Totalität« sein soll. Alle theatralischen Elemente einschließlich des Menschen, dem keine einseitig beherrschende Rolle mehr zugewiesen wird, werden hier planmäßig organisiert und zur Synthese gebracht. Schon vor seinem Eintritt in das Bauhaus, im Jahre 1922, zeichnete er ein »kinetisch-konstruktives System«, einen spiralenförmigen »Bau mit Bewegungsbahnen für Spiel und Beförderung«.[360] 1922/24 entsteht unabhängig von der Bauhausbühne die »Partitur-Skizze einer Mechanischen Exzentrik«, worin eine »Aktionskonzentration der Bühne in Reinkultur« vorgeführt wird. Drei Bühnen auf verschiedenen Niveaus und eine Projektionswand gehören zum räumlichen Szenarium, das in den ganz ursprünglich aufgefaßten Elementen Bewegung, Licht und Ton komplex organisiert wird. Moholys Absicht besteht auch darin, Bühne und Zuschauerraum zu einer neuen Aktionseinheit zusammenzufassen.[361] Von solchen Überlegungen für ein »Theater der Totalität« geht der Entwurf eines »U-Theaters« von Farkas Molnar aus, der im Band 4 der Bauhausbücher, »Die Bühne im Bauhaus«, abgebildet ist.[362] In Abstraktion von allen Baulichkeiten ist das Schema eines Zuschauer- und Bühnenraumes dargestellt. Wie in einem antiken Theater sind die steilen Zuschauertribünen U-förmig um eine großflächige Bühnenanlage herumgelegt. Arenaartig bildet die versenkbare 12 m × 12 m große Bühnenfläche »A« die Mitte. Sie ist gedacht für »räumliche Darstellungen wie: menschliche und mechanische Handlungen, Tanz, Akrobatik, Exzentrik«. Die dahinterliegende Bühne ist im Niveau nach oben und unten verstellbar und kann zu Umbauzwecken nach hinten geschoben werden. Auf ihr finden Darstel-

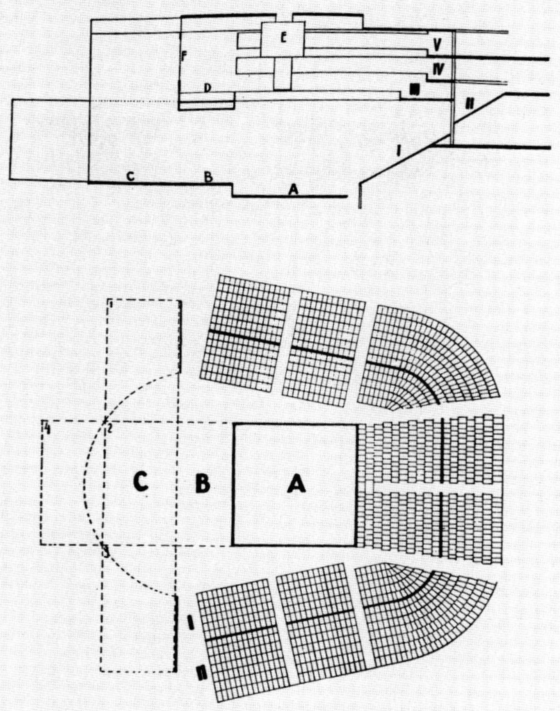

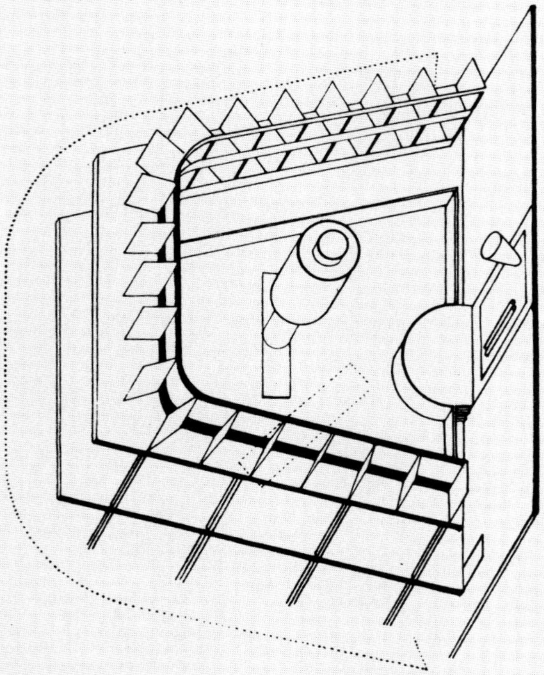

Entwurf für ein »U-Theater«. Farkas Molnar. 1924

Schnitt und Grundriß

Perspektive des Innenraumes

lungen »reliefartiger Erscheinung« statt, »die plastisch aufgebaut sind, aber nur von einer Seite gesehen zu werden brauchen«. Es schließt sich dahinter eine reguläre Guckkastenbühne an, deren Bühnenöffnung in Höhe und Breite verstellbar ist. Die Bühnen stehen in einem unterschiedlichen Wirkungszusammenhang zum Zuschauer. »A«- und »B«-Bühne sind sogar für das Publikum zugänglich, so daß »aus dem räumlichen Zusammenhang eine Mit-Handlung des Publikums entstehen kann«. In der Höhe des obersten Ranges schwebt über der Bühne »B« eine vierte Plattform, gedacht für »Musik und Bühnenhandlungen«. Ein zylinderartiger Hohlkörper über der Bühne »A« dient als »Aufzug und Beleuchtungsapparat«. Abgehängte Ränge und hängende Brükken, Wasserapparate und »Duftverbreiter« ergänzen die technische Anlage.[363]

Die Vision eines Totaltheaters wird auch am Dessauer Bauhaus wieder aufgegriffen. Im Rahmen der Arbeit der Bauhausbühne entwerfen in der Zeit von 1926 bis 1927 Xanti Schawinski eine »konstruktive Raumbühne« und Andor Weininger das bekannte »Kugeltheater«. 1927 plant Gropius für Erwin Piscator ein Totaltheater, das die bisher verwendeten Grundtypen des Theaters, Tiefenbühne, Proszeniumsbühne und Raumbühne in sich vereinigen sollte. Auch hier ist ein dynamischer, wandelbarer Theaterraum für ein neuartiges Theatererlebnis das Ziel.[364] In dieser leider nicht realisierten Fassung gipfelt und endet die Idee vom Totaltheater am Bauhaus.

Auf der Suche nach dem Weg der Architektur hatten die Architekten und die baubeflissenen Schüler am Bauhaus nach den Unbestimmtheiten des Anfangs, noch in der Gefühlswelt des Expressionismus, den Trend in Richtung der künstlerischen Moderne aufgenommen. Er war im Sinne des Rationalismus orientiert und erfaßte die Ergebnisse des modernen Industriezeitalters als kulturbildend, wie er auch einem universalen Sozialethos folgte. Die Beteiligten suchten nun selbst nach vorn zu drängen. Als das Bauhaus Weimar verläßt, sind Ziel und Methode im Sinne des Funktionalismus (»Wesensforschung«) klar bestimmt, hatte es wichtige Formprinzipien der modernen Architektur assimiliert und auch mit ausgearbeitet. Es herrscht die schmucklose Elementarform; die statische Achse wird negiert, stattdessen gilt das Prinzip der eurhythmischen Komposition usw. Noch verbleiben die »herben Formen des Anfangs« (Gropius) im kompositorischen Habitus der kräftigen, schwergewichtigen und rechtwinkligen Schachtelform. Die maschinelle Ästhetik beginnt alle Bereiche der Umweltgestaltung zu erfassen.

Als ein besonderer Höhepunkt für die architektonischen Bestrebungen am Bauhaus gilt die Internationale Architekturausstellung während der großen Bauhauspräsentation 1923. Sie bietet eine gute Möglichkeit für eine Standortbestimmung im Rahmen der jungen Bewegung. Als Gropius bekannte moderne Architekten auffordert, formuliert er auch seine Vorstellungen zum Charakter der Ausstellung. Er wünscht sich eine Bauhausausstellung, »mit eindringlich scharf internationaler Architektur nach einem bestimmten einseitigen Standpunkt«, d. h. »Entwicklung der modernen Architektur nach der dynamisch funktionellen Seite hin« und »weg vom Ornament und Profil«.[365]

Erstmals in der Nachkriegszeit kommen in der Bauhauswoche vom 15. bis 22. August Vertreter der modernen Architektur aus mehreren Ländern nach Weimar, und sie nutzen die Gelegenheit für einen fachlichen Meinungsaustausch. Der holländische Architekt Jacobus

Plakat zur Bauhausausstellung 1923. Joost Schmidt

Johannes Pieter Oud hält am 17. August einen Lichtbildervortrag über »Die Entwicklung der Baukunst in Holland«. Am gleichen Tag findet ein Treffen mit Walter Gropius statt, wobei ein Vorschlag zur Bildung einer internationalen Vereinigung von Künstlern und Architekten erörtert wird, eine Idee, die allerdings noch zu keinem Ergebnis führt.[366] Der Deutsche Werkbund tagt während der Bauhauswoche in Weimar. Für die Internationale Architekturausstellung haben sich etwa 30 Architekten aus Deutschland, den USA, Frankreich, Holland, Dänemark, der Tschechoslowakei und Ungarn gemeldet und stellen ihre Arbeiten zur Verfügung.[367] Die nach heutigen Maßstäben gemessene bescheidene Präsentation, die Gropius arrangieren läßt, findet im ersten Obergeschoß des Kunstschulgebäudes statt. Einen großen Teil der Exponate liefern die Bauhausarchitekten selbst; etwa 15 Arbeiten stammen von Gropius und Meyer, dazu kommen als Aussteller die Architekten Fieger und Forbat sowie die anderen Bauhausangehörigen, Molnar, Breuer, Dieckmann und Bayer. Unter den deutschen Architekten sind viele der später namhaft gewordenen Architekten des Neuen Bauens vertreten, ehemalige Mitglieder des Arbeitsrates für Kunst und der Novembergruppe, darunter Bruno Taut, Ludwig Mies van der Rohe und Erich Mendelsohn. Als stärkste Ausländergruppen stellen sich rund ein halbes Dutzend tschechische Architekten aus Prag und ebensoviele holländische Architekten aus verschiedenen Städten vor. Frank Lloyd Wright, Wegbereiter und Vorbild für die junge Generation, gehört zu den Ausstellern ebenso wie der aufstrebende Le Corbusier.[368] Dieser hatte Pläne und Fotografien zu eigenen Bauten mit vorgefertigten Teilen geschickt; er fällt aber besonders mit acht großen Plänen auf: »Theoretische Untersuchungen von fundamentalen Prinzipien des modernen Städtebaus«. Darunter befindet sich das bekannte Diorama der zeitgenössischen Stadt für 3 Mio Einwohner.[369] Zu den als Exemplifikation moderner Architektur bekannt gewordenen Arbeiten zählen die Architekturmodelle von Ludwig Mies van der Rohe, der Entwurf zu einem Glashochhaus und das Bürohaus in Eisenbeton. Das Bauhaus präsentiert die dem damaligen Arbeitsstand entsprechenden Entwürfe und Bauten aus dem Baubüro Gropius und seinem Umfeld.[370]

In den damaligen Kritiken zur Ausstellung fallen zwei bemerkenswerte Einschätzungen auf. Bruno Adler schreibt in der Lokalzeitung »Das Volk«, daß die Ausstellung »von der einheitlichen Tendenz der zeitgenössi-

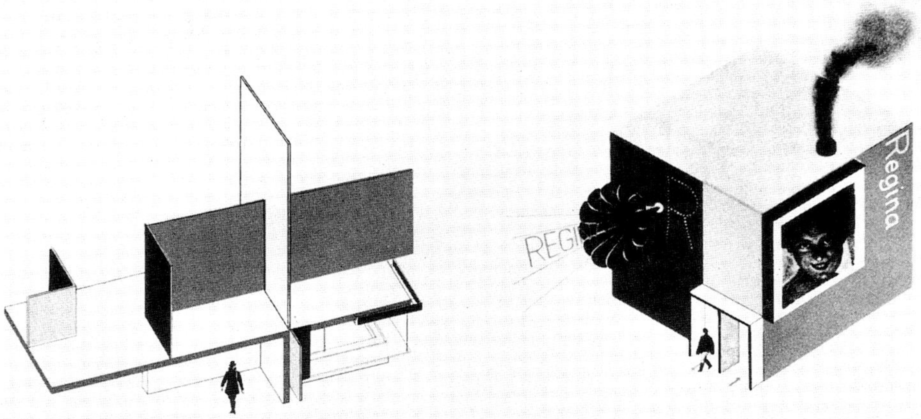

Bauhausausstellung vom 15. August bis 30. September 1923 (s. auch Farbteil Seite 160)

Ausstellung der Werkstattarbeiten im Oberlichtsaal des Kunstschulgebäudes

schen Baukunst aller westlichen Länder« überzeuge.[371] Adolf Behne, der in seiner Bewertung weiter vordringt, stellt als Tendenz der Ausstellung zwei Merkmale heraus: Alle Architekten seien sich zum einen in dem Bestreben einig, alle dekorativen Elemente im Sinne der klassischen Architektur abzulehnen; zum anderen falle deutlich auf, daß die »unbedingte Sachlichkeit« offenbar als Basis aller Arbeit um einen neuen europäischen Stil angesehen wird. Die Betonung der Geraden und des rechten Winkels sei ein auffälliges Gestaltungsprinzip, und er warnt vor der »Erstarrung« in einer »quadratisierenden Reißbrettarchitektur«. Aus diesem Blickwinkel heraus bedauert er, daß in der Ausstellung die Probleme der »sachlichen dynamischen Architektur«, wie sie damals Hugo Häring, Hans Scharoun und Adolf Rading behandeln, ungenügend berücksichtigt worden wären.[372]

Internationale Architekturausstellung. Links Modelle von Mies van der Rohe, rechts Modell für »Chicago Tribune« von Gropius

Internationale Architekturausstellung. Arbeiten des Bauhauses

Internationale Architekturausstellung. Bauten und Entwürfe des Baubüros Gropius

Etwa im Zentrum dieser von Behne charakterisierten Haupttendenz stehen auch die Arbeiten des Bauhauses, die mit besonderer Konsequenz den Weg der Elementarisierung gefolgt waren und die konstruktivistischen Formtendenzen in diesem Sinne für die Architektur übernommen hatten. Noch in der letzten Arbeitsphase war aber am Bauhaus die Programmatik »Gesamtkunstwerk« im Sinne einer komplexen formalen Raumgestaltung bestimmend, aber die Spannweite in den Gestaltungstendenzen ist bereits erweitert worden. Sie reicht jetzt vom gestylten Ausstellungshaus und dem Direktionszimmer als Kunstformen des Horizontal-Vertikal-Prinzips bis zum Serienhaus aus dem »Baukasten im Großen«, der fertigungsgerechten variierbaren, funktionalen und geometrischen Industrieform. Die Bauhausausstellung markiert einen Wendepunkt, der nun auch Anschluß an den Trend der internationalen Bestrebungen in der Architektur bedeutet, und dieser weist in die Richtung, die von Gropius mit »Kunst und Technik – eine neue Einheit« bezeichnet wurde.

Die Bestrebungen des neuen Bauens und Gestaltens finden im Jahr der Ausstellung vereinzelt bereits eine praktische Basis. An solchen Ereignissen des Ideenaustausches und Leistungsvergleichs wie der Bauhausausstellung beginnen sie sich zu verdichten und zu verstärken. Das Bauhaus, das besonders durch sein universelles künstlerisches Konzept und neuartiges pädagogisches Programm von sich reden macht, nimmt, nicht ohne Wirkung, als eine geachtete Institution teil an der Herausbildung der modernen Architektur. Mit den Bauhausbauten in Dessau und der dort beginnenden Architekturlehre sollte es sich später allgemeine Anerkennung als ein führendes Zentrum der Moderne verschaffen.

Im Manifest zur Bauhausausstellung 1923 schreibt Oskar Schlemmer – die Hoffnungen für einen kulturellen Neubeginn ausdrückend – recht pathetisch: »Deutschland, Land der Mitte, und Weimar Herz in diesem, ist nicht zum ersten Mal Wahlstatt geistiger Entscheidung.«[373]

Die Bauhauswoche im August des Inflationsjahres 1923 mit ihren zahlreichen Veranstaltungen in Verbindung mit der ersten großen Exposition offenbart in beachtlicher Öffentlichkeit, daß das Bauhaus zu einem nicht zu unterschätzenden Kulturfaktor von nationalem und internationalem Rang geworden ist. Aber nach der Ausstellung verbleibt dem Bauhaus nur eine kurze Zeit, um sich zu behaupten. Nach dem Wahlsieg des Bürgerblocks im Frühjahr 1924 setzen sich auch die Bauhausgegner im Thüringischen Landtag durch und stellen die Existenz des Instituts ernsthaft in Frage. Die noch offene Entscheidung, die Schlemmer als eine »geistige« apostrophierte, war im Sinne kulturellen Progresses gemeint und findet nun ihren bezeichnenden Ausdruck in der Polarisierung der Richtungen: in den Angriffen des konservativ-retrospektiven Lagers, das im Namen der Tradition vorgeht und dabei provinzielle Borniertheit und deutsch-nationale Beschränktheit zeigt, und in der Verteidigung durch solidarische Kräfte aus dem In- und Ausland, die sich in einer eindrucksvollen Aktion liberal und kulturbewußt vor das Bauhaus stellten.[374] Die politischen Machtverhältnisse besiegeln schließlich das Schicksal der Schule, als im Herbst 1924 nur die Hälfte der erforderlichen finanziellen Mittel in der Haushaltsdebatte des Thüringer Landtages für das Folgejahr bestätigt wird. Eine sinnvolle Weiterarbeit ist jetzt unmöglich geworden. Im Dezember beschließt der Meisterrat, das Bauhaus in Weimar aufzulösen und die Stadt zu verlassen.

Die »Wahlstatt Weimar«, in der Geschichte seit Goethe begründet und oft gewürdigt, ist unwirtlich geworden. Im Frühjahr 1925 geht ein großer Teil der Meister und Schüler des Bauhauses nach Dessau und setzt dort unter günstigeren Bedingungen die Arbeit fort. Damit

Schlagzeilen aus Tageszeitungen

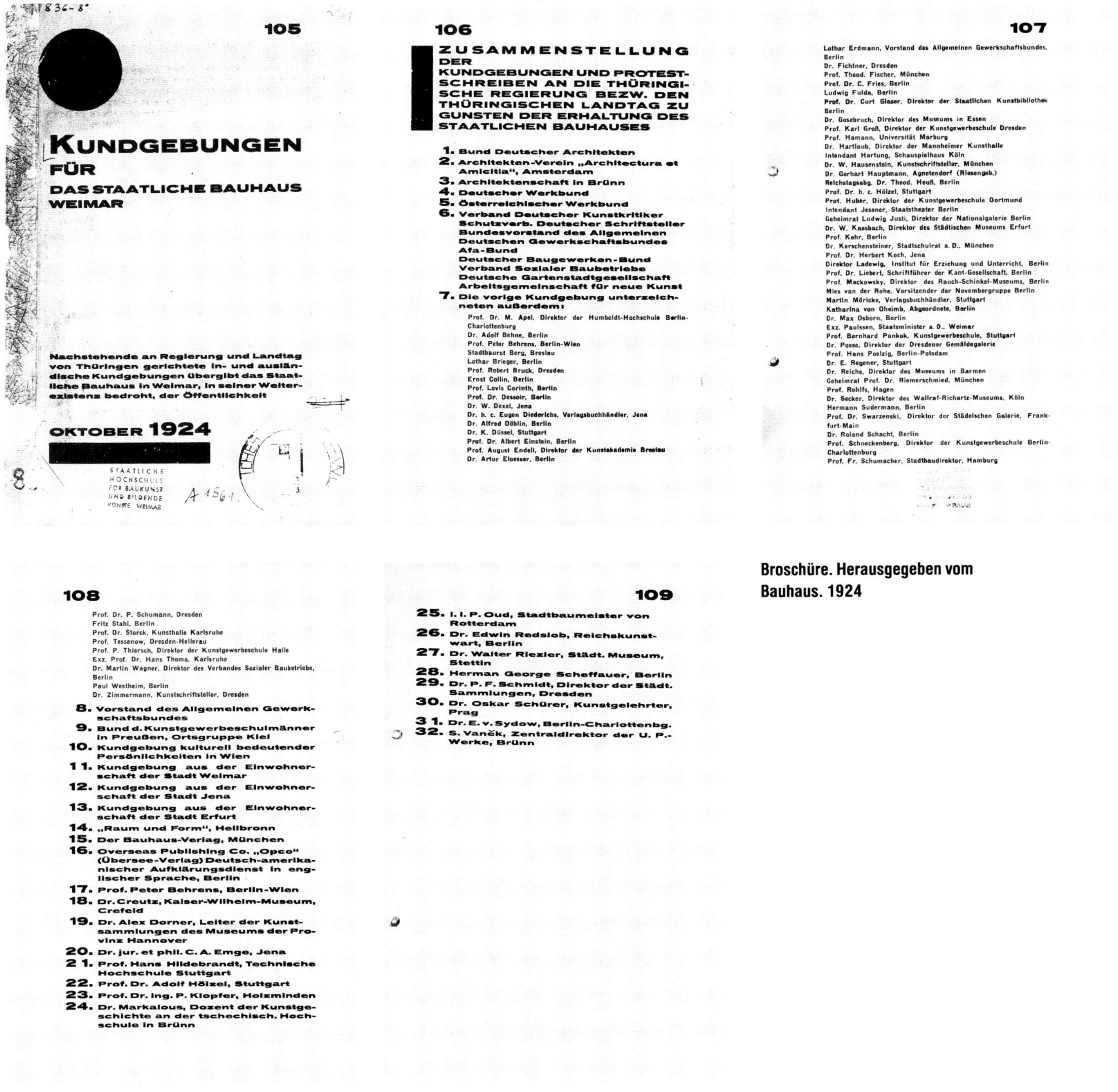

105

KUNDGEBUNGEN FÜR DAS STAATLICHE BAUHAUS WEIMAR

Nachstehende an Regierung und Landtag von Thüringen gerichtete in- und ausländische Kundgebungen übergibt das Staatliche Bauhaus in Weimar, in seiner Weiterexistenz bedroht, der Öffentlichkeit

OKTOBER 1924

106

ZUSAMMENSTELLUNG DER KUNDGEBUNGEN UND PROTESTSCHREIBEN AN DIE THÜRINGISCHE REGIERUNG BEZW. DEN THÜRINGISCHEN LANDTAG ZU GUNSTEN DER ERHALTUNG DES STAATLICHEN BAUHAUSES

1. Bund Deutscher Architekten
2. Architekten-Verein „Architectura et Amicitia", Amsterdam
3. Architektenschaft in Brünn
4. Deutscher Werkbund
5. Österreichischer Werkbund
6. Verband Deutscher Kunstkritiker
Schutzverb. Deutscher Schriftsteller
Bundesvorstand des Allgemeinen Deutschen Gewerkschaftsbundes
Afa-Bund
Deutscher Baugewerken-Bund
Verband Sozialer Baubetriebe
Deutsche Gartenstadtgesellschaft
Arbeitsgemeinschaft für neue Kunst
7. Die vorige Kundgebung unterzeichneten außerdem:

Prof. Dr. M. Apel, Direktor der Humboldt-Hochschule Berlin-Charlottenburg
Dr. Adolf Behne, Berlin
Prof. Peter Behrens, Berlin-Wien
Stadtbaurat Berg, Breslau
Lothar Brieger, Berlin
Prof. Robert Bruck, Dresden
Ernst Collin, Berlin
Prof. Lovis Corinth, Berlin
Prof. Dr. Dessoir, Berlin
Dr. W. Dexel, Jena
Dr. h. c. Eugen Diederichs, Verlagsbuchhändler, Jena
Dr. Alfred Döblin, Berlin
Dr. K. Düssel, Stuttgart
Prof. Dr. Albert Einstein, Berlin
Prof. August Endell, Direktor der Kunstakademie Breslau
Dr. Artur Eloesser, Berlin

107

Lothar Erdmann, Vorstand des Allgemeinen Gewerkschaftsbundes, Berlin
Dr. Fichtner, Dresden
Prof. Theod. Fischer, München
Prof. Dr. C. Fries, Berlin
Ludwig Fulda, Berlin
Prof. Dr. Curt Glaser, Direktor der Staatlichen Kunstbibliothek Berlin
Dr. Gosebruch, Direktor des Museums in Essen
Prof. Karl Groß, Direktor der Kunstgewerbeschule Dresden
Prof. Hamann, Universität Marburg
Dr. Hartlaub, Direktor der Mannheimer Kunsthalle
Intendant Hartung, Schauspielhaus Köln
Dr. W. Hausenstein, Kunstschriftsteller, München
Dr. Gerhart Hauptmann, Agnetendorf (Riesengeb.)
Reichstagsabg. Dr. Theod. Heuß, Berlin
Prof. Dr. h. c. Hölzel, Stuttgart
Prof. Huber, Direktor der Kunstgewerbeschule Dortmund
Intendant Jessner, Staatstheater Berlin
Geheimrat Ludwig Justi, Direktor der Nationalgalerie Berlin
Dr. W. Kaesbach, Direktor des Städtischen Museums Erfurt
Prof. Kehr, Berlin
Dr. Kerschensteiner, Stadtschulrat a. D., München
Prof. Dr. Herbert Koch, Jena
Direktor Ladewig, Institut für Erziehung und Unterricht, Berlin
Prof. Dr. Liebert, Schriftführer der Kant-Gesellschaft, Berlin
Prof. Mackowsky, Direktor des Rauch-Schinkel-Museums, Berlin
Mies van der Rohe, Vorsitzender der Novembergruppe Berlin
Martin Möricke, Verlagsbuchhändler, Stuttgart
Katharina von Oheimb, Abgeordnete, Berlin
Dr. Max Osborn, Berlin
Exz. Paulssen, Staatsminister a. D., Weimar
Prof. Bernhard Pankok, Kunstgewerbeschule, Stuttgart
Dr. Posse, Direktor der Dresdener Gemäldegalerie
Prof. Hans Poelzig, Berlin-Potsdam
Dr. E. Regener, Stuttgart
Dr. Reiche, Direktor des Museums in Barmen
Geheimrat Prof. Dr. Riemerschmied, München
Prof. Rohlfs, Hagen
Dr. Secker, Direktor des Wallraf-Richartz-Museums, Köln
Hermann Sudermann, Berlin
Prof. Dr. Swarzenski, Direktor der Städelschen Galerie, Frankfurt-Main
Dr. Roland Schacht, Berlin
Prof. Schneckenberg, Direktor der Kunstgewerbeschule Berlin-Charlottenburg
Prof. Fr. Schumacher, Stadtbaudirektor, Hamburg

108

Prof. Dr. P. Schumann, Dresden
Fritz Stahl, Berlin
Prof. Dr. Storck, Kunsthalle Karlsruhe
Prof. Tessenow, Dresden-Hellerau
Prof. P. Thiersch, Direktor der Kunstgewerbeschule Halle
Exz. Prof. Dr. Hans Thoma, Karlsruhe
Dr. Martin Wagner, Direktor des Verbandes Sozialer Baubetriebe, Berlin
Paul Westheim, Berlin
Dr. Zimmermann, Kunstschriftsteller, Dresden

8. Vorstand des Allgemeinen Gewerkschaftsbundes
9. Bund d. Kunstgewerbeschulmänner in Preußen, Ortsgruppe Kiel
10. Kundgebung kulturell bedeutender Persönlichkeiten in Wien
11. Kundgebung aus der Einwohnerschaft der Stadt Weimar
12. Kundgebung aus der Einwohnerschaft der Stadt Jena
13. Kundgebung aus der Einwohnerschaft der Stadt Erfurt
14. „Raum und Form", Heilbronn
15. Der Bauhaus-Verlag, München
16. Overseas Publishing Co. „Opco" (Übersee-Verlag) Deutsch-amerikanischer Aufklärungsdienst in englischer Sprache, Berlin
17. Prof. Peter Behrens, Berlin-Wien
18. Dr. Creutz, Kaiser-Wilhelm-Museum, Crefeld
19. Dr. Alex Dorner, Leiter der Kunstsammlungen des Museums der Provinz Hannover
20. Dr. jur. et phil. C. A. Emge, Jena
21. Prof. Hans Hildebrandt, Technische Hochschule Stuttgart
22. Prof. Dr. Adolf Hölzel, Stuttgart
23. Prof. Dr. Ing. P. Klopfer, Holzminden
24. Dr. Markalous, Dozent der Kunstgeschichte an der tschechisch. Hochschule in Brünn

109

25. I. I. P. Oud, Stadtbaumeister von Rotterdam
26. Dr. Edwin Redslob, Reichskunstwart, Berlin
27. Dr. Walter Riezler, Städt. Museum, Stettin
28. Herman George Scheffauer, Berlin
29. Dr. P. F. Schmidt, Direktor der Städt. Sammlungen, Dresden
30. Dr. Oskar Schürer, Kunstgelehrter, Prag
31. Dr. E. v. Sydow, Berlin-Charlottenbg.
32. S. Vaněk, Zentraldirektor der U. P.-Werke, Brünn

Broschüre. Herausgegeben vom Bauhaus. 1924

endet das erste Kapitel in der Geschichte der Schule, die bis zu diesem Zeitpunkt ihre Existenzberechtigung bewiesen und auch ihr Programm gefunden hatte, mit dessen weiterer Erfüllung an anderem Ort ihr Werk fortgesetzt werden konnte. Die Architektur am Bauhaus hatte in einem begrenzten Praxis- und Experimentierfeld einige Entfaltungsmöglichkeiten gefunden und mit den wenigen Leistungen erste bescheidene Früchte in der Landschaft des Neuen Bauens hervorbringen können.

Das große Ziel einer regulären Architektenausbildung kann erst in der Dessauer Periode realisiert werden, während in Weimar die weniger exponierte Nachfolgeeinrichtung unter Otto Bartning von vorn herein als eine Staatliche Bauhochschule organisiert wird.

Bauhausnachfolgerin: Die Staatliche Bauhochschule

Nach langwierigen Verhandlungen zwischen der Thüringischen Landesregierung und dem Berliner Architekten Otto Bartning, der die Direktion der Bauhausnachfolgeeinrichtung übernehmen sollte, gelang es schließlich am 19. April 1926, die »Staatliche Hochschule für Handwerk und Baukunst« (verkürzt: Staatliche Bauhochschule) ins Leben zu rufen. Anstelle des kulturpolitisch exponierten Bauhauses sollte eine Bildungseinrichtung treten, die mit den territorialen Kulturansprüchen konform geht, ohne aber in künstlerischen Provinzialismus zu verfallen. Die bürgerliche Landesregierung, gebildet aus Deutschnationaler Volkspartei und Deutscher Volkspartei, bewilligte dafür einen um mehr als ein Drittel höheren finanziellen Haushaltszuschuß, als das Bauhaus jährlich erhalten hatte.[375]

Die Hochschule wurde aus zwei miteinander verbundenen Abteilungen, den Werkstätten und der Bauabteilung gebildet. Ein Großteil der Lehrkräfte konnte aus dem Kreis der ehemaligen Bauhausangehörigen gewonnen werden. Erstmals in der Stadt Weimar begann hier eine reguläre Architektenausbildung, die bereits van de Velde und Gropius angestrebt hatten. Sie war im Sinne eines Aufbaustudiums organisiert. In vier Semestern konnten Absolventen der Baugewerkenschulen und Studenten mit dem Vorexamen einer Technischen Hochschule zum Architektenberuf geführt werden.[376] Neuartig für Deutschland war die Ausbildung »am Werk« im Entwurfsatelier, eine Form, wie sie in den USA und ähnlich auch in Großbritannien gebräuchlich war. Sie wurde hier kombiniert mit einer theoretischen Ausbildung wie an den Technischen Hochschulen. Am Bauhaus in Dessau baute Hannes Meyer ab 1927 eine ähnliche Studienform mit Atelierbetrieb auf. Es war naheliegend, diese Studienform für die Stadt Weimar und darüber hinaus für das Land Thüringen bei entsprechenden Aufgaben zu nutzen. Die Vorschläge Bartnings zur Mitarbeit an staatlichen Bauaufträgen und in beratender Mission zur gestalterischen und wissenschaftlich-technischen Unterstützung des Baugeschehens stießen aber auf große Vorbehalte in der Landesregierung, da dafür auch finanzielle Mittel hätten aufgewendet werden müssen. Besonders fürchtete man aber den Unwillen und die Konkurrenz der freien und beamteten Architektenschaft.[377] Das praxisnahe Studium im sogenannten aktiven Bauseminar fand nun in Verbindung mit anderen Aufgaben aus den privaten Baubüros der Architekten Otto Bartning und Ernst Neufert statt. Die moderne Atelierarbeit im Kreise erfahrener Architekten und Spezialisten reichte vom Entwurf bis zur Bauleitung.[378] Aufgaben aus dem Territorium gab es nur wenige; Arbeitsthemen leiteten sich offenbar aus den Auftragsbüchern der Architekten ab. In Weimar ist allein der Ausbau eines Ateliers für den Maler Determann im Jahre 1929 durch das Büro Neuferts nachweisbar.[379] Im benachbarten Gelmeroda entstand um 1930 das eigene Wohnhaus des Architekten.[380] Für die Universität Jena projektierte Neufert in

I. DIE BAUABTEILUNG
mit dem
BAUATELIER
und der
MODELL- UND
VERSUCHSWERKSTATT

II. DIE WERKSTÄTTEN:
KERAMISCHE WERKSTATT
TISCHLEREI
METALLWERKSTATT
BAUMALEREI
WEBEREI mit FÄRBEREI
WERKSTATT für BÜHNEN-GESTALTUNG
BUCHBINDEREI

III. VORTRÄGE, KURSE, ÜBUNGEN
und EXKURSIONEN
veranstalten die Abteilungen einzeln oder gemeinsam

ALLE ABTEILUNGEN bilden als
Ausbildungsstätten EIN GANZES

Gliederung der Staatlichen Hochschule für Handwerk und Baukunst in Weimar. Um 1929 (Aus: Werbebroschüre)

Kreiskinderheim in Ruppin. Architekt Otto Bartning. Ausstattung durch die Werkstätten der Hochschule. 1926/1927

den Jahren 1928 bis 1930 mit Unterstützung der Studenten das Studentenhaus (Mensa) und das mathematisch-physikalische Institut, das sogenannte Abbeanum.[381] In Bartnings Atelier entstanden unter Mitwirkung von Studierenden ein Kinderheim für Neuruppin, ein Bürobau in Berlin-Tempelhof und das Musiklandheim in Frankfurt/Oder u. a.[382] Neufert wie Bartning, die beide das Leistungsbild und die Konzeption der Bauhochschule wesentlich prägten, gehörten zum Kreis der namhaften deutschen Architekten des Neuen Bauens. Profilgebende Persönlichkeiten des Lehrkörpers waren außerdem der holländische Städtebauer Cor van Eesteren und der deutsche Bauingenieur Max Meyer.

Die Architekturkonzeption der Staatlichen Bauhochschule stand durchaus auf der Höhe des sich in diesen Jahren durchsetzenden Neuen Bauens. Als moderne Schule ging sie den Trend zur Verwissenschaftlichung des Bauens mit, und sie berücksichtigte die Leistungsanforderungen, die die Marktwirtschaft an den freiberuflich tätigen Architekten stellte. Das systematische Training im architektonischen Entwerfen nach dem Leistungsprinzip und betriebswirtschaftliche Unterweisun-

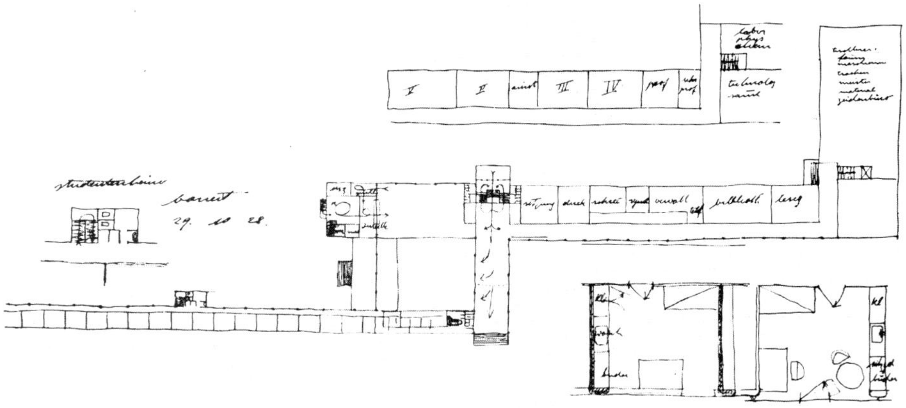

Beispiel für das Schnellentwerfen an der Bauhochschule. Um 1929 (Aus: Werbebroschüre)

Studentenhaus für die Universität Jena. Architekt Ernst Neufert. 1928 bis 1930

gen gehörten zur Charakteristik des Studiums. Die Schule existierte in dieser Form nur vier Jahre. Die Studentenzahlen pro Jahrgang lagen zwischen 20 und 50 Studenten.[383]

Im Jahre 1930 wurde nach Ablauf des Anstellungsvertrages von Otto Bartning die Direktorenstelle vakant. Unter den neuen politischen Konstellationen in der Thüringischen Landesregierung, in die erstmals in Deutschland nationalsozialistische Minister eingezogen waren, wurde die Auflösung der »Staatlichen Hochschule für Handwerk und Baukunst« beschlossen und allen Lehrkräften gekündigt. Der NSDAP gelang es, den Architekten Paul Schultze-Naumburg als Direktor einzusetzen, der die Schule im Geiste extrem konservativer Kulturpolitik grundsätzlich reformierte. Das Neue Bauen hatte darin keinen Platz mehr.

Entwurf des Studentenhauses für die Universität in Jena. Ernst Neufert mit Studenten des »aktiven Bauseminars«. Um 1929

Architekturtendenzen in der Stadt Weimar

Zwischen dem Bauhaus und der Stadt Weimar als einem Ort praktischen Architekturgeschehens lagen Welten; und es waren tiefe Gegensätze, die sich wie ein Graben zwischen der Stätte des Neuerertums, der modernen künstlerischen Schule und der Heimstatt klassischer und nationaler Traditionen ausbildeten. Es bestand eine

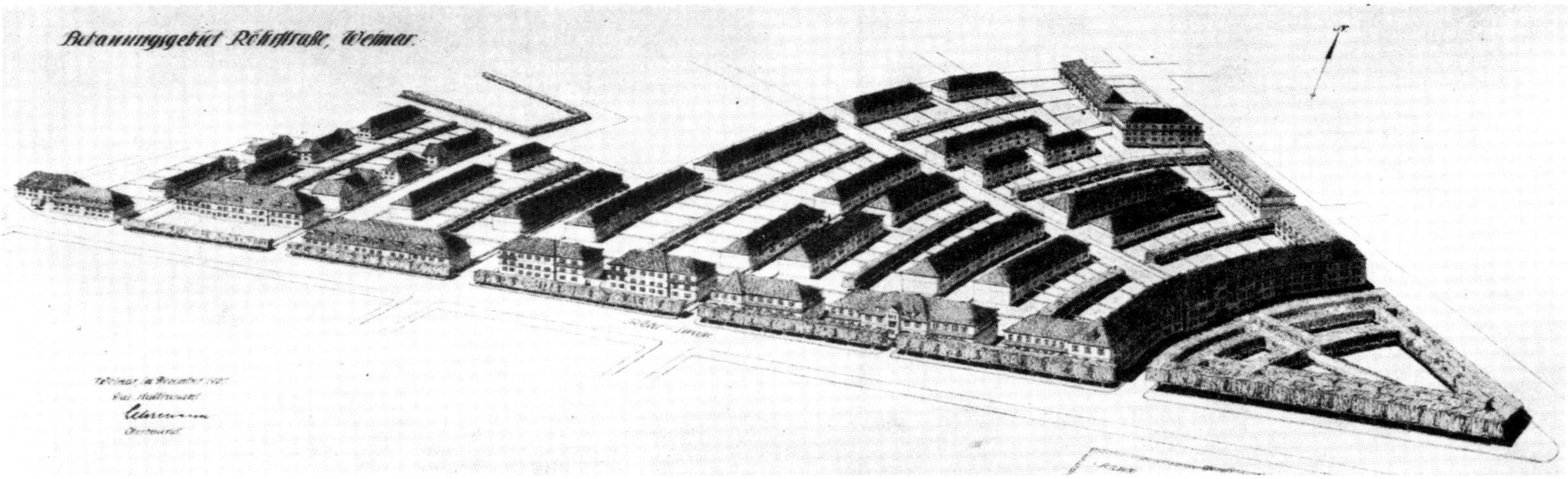

tiefe ideologische Kluft wie zwischen feindlichen Brüdern und es fand, trotz anfänglicher Bemühungen von Seiten des Bauhauses,[384] keine ernsthafte Berührung statt, die Ideen der Moderne vom Bauhaus aus in die Stadt übertragen hätte.

Merkwürdig ist nun, daß auf anderem Wege, gewissermaßen von außen, in der Zeit, als das Bauhaus bereits Weimar verlassen hatte, der allgemeine Trend in der Architektur – die neue Sachlichkeit – in der zweiten Hälfte der 20er Jahre aufgenommen wurde. Ein Blick auf das Baugeschehen und die architektonisch-städtebaulichen Bestrebungen in der Stadt während der Weimarer Republik läßt das Schwanken zwischen Provinzialismus und Weltstadtanspruch und den Konflikt zwischen Bewahrung der Tradition und Fortschrittsdenken erkennen.

Hinter der Barriere, die gegen Bauhaus, avantgardistische Kunst und Neues Bauen in Weimar errichtet worden war, bewegte sich das kommunale und private Bauen nach dem Kriege gemächlich weiter auf einer Bahn, wie sie geistig und praktisch bereits in den Vorkriegsjahrzehnten angelegt worden war. Hinzu kam aber jetzt der Anspruch, Weimar mit baulichen Mitteln den Charakter einer Landeshauptstadt zu verleihen, aus dem provinziell-kleinstädtischen Milieu des Residenzstädtchens herauszugelangen, um letztlich im Städtevergleich als eine besondere bürgerliche Kultur- und Touristenstadt mithalten zu können. Nach der Mitte der 20er Jahre wurde dieser Druck verstärkt. Im Verhältnis zur Vorkriegszeit, die von Prosperität im Bauen gekennzeichnet war, hatte sich die Situation infolge Krise und Wohnungsnot verschärft, so daß die allgemeinen Bedingungen wenig Spielraum ließen für eine freie Entfaltung im städtebaulichen und architektonischen Schaffen. Zu

Bebauungsgebiet an der Röhrstraße in Weimar. Planung August Lehrmann. 1927/1928

Siedlung Heimfried in Weimar. Architekt Max Vogeler. 1919

einem Problemfeld ersten Ranges wuchs der Bau von Wohnungen heran, denn eine beständige Bevölkerungsentwicklung durch allgemeinen Zuzug und die Ansiedlung von Beamten für die Landesregierung standen stets unzureichenden baulichen und finanziellen Mitteln gegenüber. Selbst in der Zeit der relativen Stabilisierung blieb Weimar gegenüber prosperierenden Industriestädten zurück und mußte den Nachteil disproportionaler Strukturen tragen.

Städtebau und Architektur lagen maßgeblich in den Händen einer starken Stadtverwaltung, deren Bauamt von Stadtbaurat August Lehrmann über die 20er und 30er Jahre hinweg geleitet wurde. Neben Lehrmann gehörte noch Stadtbaurat Max Vogeler zu den herausragenden beamteten Architekten der Stadt. Beide waren Vertreter einer schlichten neuklassizistisch-neubarokken Richtung in der Architektur, die sich nach den Formeskapaden des Historismus und Jugendstils des ausgehenden 19. Jahrhunderts herauszubilden begann.

In städtebaulicher Hinsicht standen Lehrmann und Vogeler offenbar den Ideen der Stadtbaukunst Ostendorfs und Sittes nahe, in ihren Planungen neigten sie zu klassizistisch-barocken Stadtbauprinzipien mit Plätzen, Straßen und Achsen. Die Architekturformen entnahmen sie dem deutschen Kleinstadtmilieu. Zugleich folgten sie auch dem Gedanken der Durchgrünung der Stadt, abgeleitet aus den Gartenstadtkonzeptionen dieser Zeit. Neben den beamteten Architekten arbeiteten in Weimar mehrere freischaffende Architekten, die sich Ende 1919 zu einer aus sechs Mitgliedern bestehenden Ortsgruppe mit Walter Gropius im Bund Deutscher Architekten (BDA) zusammengeschlossen hatten.[385]

Die Stadtentwicklungskonzeption, die vom Stadtbauamt verfolgt wurde, war in festen Umrissen bereits vor dem Kriege angelegt. Die Altstadt sollte behutsam unter Wahrung ihres historischen Erbes und in ihrer Eigenart ausgebaut werden. Als ein neuer städtischer Schwerpunkt hatte sich nach den Gründerjahren ein Industriegebiet nördlich und ein Wohngebiet südlich des Bahnhofes entwickelt. Die Stadterweiterung, die nach einem radialkonzentrischen Schema vorgenommen werden sollte, konzentrierte sich jetzt auf den industriellen Nordwesten. Hier waren Wohnquartiere für Arbeiter und Angestellte vorgesehen, während im Süden das landschaftlich bevorzugte Villenviertel begüterter Schichten, insbesondere der höheren Beamtenschaft vorbehalten blieb. Entsprechend entstanden ab 1919 im Nordwesten bzw. Norden die Siedlungen Heimfried und Landfried un-

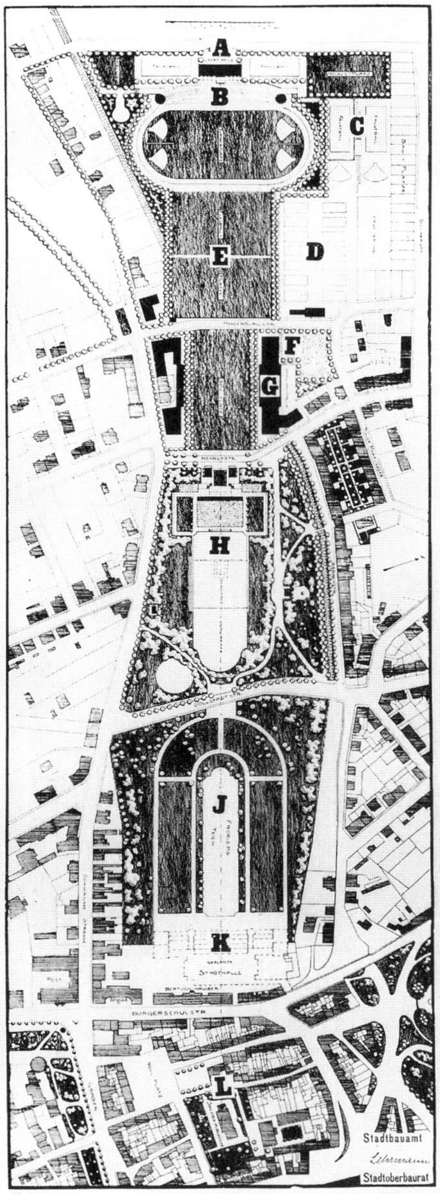

KULTURPROJEKT WEIMAR.

LAGEPLAN

A = PROJ. SPORTHALLE

B = STADION (1925—1927)

C = PLÄTZE FÜR LEICHTATHLETIK

D = TENNISPLÄTZE

E = FUSSBALLPLÄTZE (1920—1924)

F = PROJ. TURNHALLE

G = SCHWIMMHALLE

H = SOMMERBAD (1927)

I = FRORIEP'S-PARK (1790)

K = PROJ. STADTHALLE

L = ALTE JAKOBSKIRCHE (ACHSENPUNKT)

»Kulturprojekt Weimar«. Planung August Lehrmann. Stand 1928

ter Max Vogeler in einer rationellen Holzbauweise, die sich auf das vorhandene Baumaterial stützte. Die Hausformen der Siedlung Heimfried wurden thüringischen Traditionen entlehnt und tragen durch die kräftigen Mansarddächer stark romantische Züge. Selbst bei den späteren Bauten ist ein Einfluß des Neuen Bauens in den Architekturformen nicht zu spüren. Gleiches läßt sich sagen zu den Beamtenwohnhäusern in einem Quartier nördlich des Schwansees, wofür auch Gropius 1920 Vorentwürfe angefertigt hatte.[386] Die zu einem Teil von Lehrmann errichtete Siedlung zeigt aber Hausformen in einem gemäßigten Historismus.[387] Zu den wenigen Bauten, die den neueren Architekturtendenzen folgten, gehört die von dem van de Velde-Schüler Thilo Schoder entworfene Villa Lessner in der Freiherr-vom-Stein-Allee.[388]

Schon vor dem Kriege schlug Lehrmann einen Erweiterungsplan der Grünachse am Schwansee vor, der als sogenanntes Kulturprojekt seit 1921 von der Stadt ernsthaft in Angriff genommen wurde. Im Bereich des Froriepschen Gartens, hinter den Bertuchhäusern sollte sich an Park und Schwansee eine Stadthalle anschließen, die das eigentliche Kulturprojekt gemeinsam mit Schwimm- und Turnhallen, Sportplätzen und einem kleinen Stadion bildet. Lehrmann griff das Motiv der Monumentalachse auf und faßte es zu einem großen Projekt zusammen. Die Achse der städtebaulichen Komposition sollte auf der Ostseite durch den Turm der Jakobskirche markiert und auf der Westseite in etwa 300 m Entfernung mit einem Kriegerehrenmal an erhöhter Stelle hinter dem Stadion gekennzeichnet werden. Diese Planung wurde so im Prinzip mit einigen Veränderungen in den 20er Jahren vorangetrieben.[389]

In der auf der Ebene der Reichsregierung diskutierten Frage, einen Standort für ein Reichsehrenmal der Kriegsgefallenen zu finden, kam im November 1924 neben Berlin und anderen Städten auch Weimar in Betracht und in der Folge in eine landesweite Diskussion mit hohem politischen Stellenwert. Lehrmann und Vogeler erarbeiten drei Varianten, wobei schließlich in einer Vorlage beim Reichspräsidenten die Vorzugslösung in Verbindung mit dem Kulturprojekt gesehen wurde. Das Kulturprojekt sollte vergrößert und monumentalisiert werden, ein »Deutsches Olympia« sollte entstehen, das den Gedanken Ehrenmal und »Ertüchtigung der Jugend« miteinander verband. Eine solche Hypertrophierung des Kulturprojektes hätte erhebliche städtebauliche Konsequenzen zur Folge gehabt. Glücklicherweise

Weimarhalle. Architekten Günther und Max Vogeler. 1932

wurde diese Konzeption von der Idee für einen Ehrenhain verdrängt. Der Ehrenhain, dessen Standort man »in der feierlichen Stille des deutschen Waldes« im Landkreis Weimar bei Bad Berka schließlich fand, sollte nach 1931 angelegt werden, blieb aber in der Folgezeit ebenfalls nur Projekt.[390]

Diese Episode, mit der Weimar wieder in den Blickpunkt des ganzen Landes geriet, mußte der Stadtverwaltung die nationale Bedeutung der Stadt ein weiteres Mal vor Augen geführt haben. In dieser Zeit ergriff Oberbürgermeister Mueller die Initiative zum weiteren Ausbau Weimars als »Kongreß- und Fremdenstadt« und gründete 1924 die Gemeinnützige Weimar-Hallen-Aktien-Gesellschaft, die das Vorkriegsprojekt der Stadthalle wieder aufnahm.[391]

Ein in Thüringen ausgeschriebener Ideenwettbewerb 1925/26 für einen neuen Standort am Froriepschen Parkgelände, den offenbar Lehrmann konzipiert hatte, brachte traditionalistische Lösungen mit barocker, axialsymmetrischer Gebäudegruppierung, mit Steildach und neuklassizistischen Fassaden an die Spitze des Bewerberfeldes, in denen die Architekten des Neuen Bauens keine Rolle spielen sollten.[392] Die Arbeit des zweiten Preisträgers, Günther Vogeler, wurde wegen ihrer terrassenförmigen Anlage auf der Parkseite stark beachtet und ging mit dieser Idee in das Ausführungsprojekt ein. Der Vater, Max Vogeler, brachte es 1927/28 zur Baureife. Im Prozeß der Durcharbeitung gewann die Architektur strenge und nüchterne Züge, die den Gestaltungsprinzipien des Neuen Bauens nahekommen.

Fehlende Investitionsmittel und die im Oktober 1929 hereinbrechende Weltwirtschaftskrise hätten das Vorhaben zum Scheitern gebracht, wenn nicht die nationale Goetheehrung anläßlich des 100. Todestages des Dichters am 22. März 1932 den Zwang ausgeübt hätte, der Stadt eine würdige Versammlungsstätte zu schaffen.[393]

Im September 1930 wurde der Baubeginn beschlossen und rechtzeitig, vor Beginn der Goethefeier, konnte die Weimarhalle übergeben werden. Überraschend nüchtern, quasi in ein Formenkleid der Moderne gehüllt, zeigt das Bauwerk nur noch in Grundmotiven Reminiszensen der klassischen Architektur. Biaxial in der städtebaulichen Komposition – zum Park und in Längsrichtung orientiert – bleibt die architektonische Durchbildung dem traditionellen Denken verpflichtet und bewahrt so eine Grundidee des Wettbewerbs. Drei breite Terrassen schaffen eine Verbindung vom Saalbau zu den Teichen und Parkanlagen. Zwei Seitenflügel, feingliedriger und zarter in den Proportionen als der Saalbau, schließen die Terrassenanlagen zusammen. In der Achse des »Kulturprojektes« erhebt sich der kastenförmige Saalkörper, der von einem flachgeneigten kupferbedeckten Dach abgeschlossen wird. Äußerste Sparsamkeit bestimmten Bau und Ausbau. Die Baukosten lagen im Vergleich mit ähnlichen Saalbauten mit einer Summe von 1,15 Mio RM äußerst niedrig. Gerade in dieser Hinsicht fand die nüchterne architektonische Lösung, die von den kritischen Zeitgenossen als »doch etwas zu einfach« wirkend beurteilt wurde, ihre Rechtfertigung. Der Bau sei als ein Zweckbau ausgeführt, und er soll »das Sinnbild einer Generation sein ..., die im Zeichen von Nachkrieg und Reparationen vor allem der Pflicht zur Sparsamkeit und doch anständigen Sachlichkeit genügen mußte«.[394]

Während die Weimarhalle doch noch realisiert werden konnte, mußte ein anderer städtischer Bau, der ähnlichen Prinzipien folgte, halbfertig liegenbleiben. Die Höhere Schule an der Sedanstraße (später Schillerschule) war eine weitere anspruchsvolle, den Stadtraum bestimmende Bauanlage südlich oberhalb des Schwansees, die Lehrmann gemeinsam mit dem Stadtbauamt 1928 projektiert hatte. Dieser Schulbau entstand aus einer rationellen Grundrißfigur und wird charakterisiert durch einen strengen kubischen Massenaufbau mit einem asymmetrisch aufgesetzten Uhrturm an der Nordseite sowie durch das Flachdach. Lehrmann wählte eine »mehr moderne Architektur« und näherte sich so der Formensprache des Neuen Bauens an.[395] Ein relativ auf-

Höhere Schule an der Sedanstraße (Schillerschule). Architekt August Lehrmann. 1928/1929; 1936

Baumaske für die »Halle der Volksgemeinschaft« als Tribüne für die nationalsozialistische Maiparade 1937 auf dem Platz des geplanten Gauforums in Weimar.

wendiges Klinkersteindekor z.B. im Bereich der Fenstergewände läßt noch den Architekten erkennen, der sich durch »Bekunstung« den Architekturtraditionen verpflichtet fühlt. Wegen fehlender Mittel blieb aber der Bau zunächst unvollendet.[396] Erst 1936 konnte die Schule nach dem ursprünglichen Projekt mit wenigen Abweichungen fertiggestellt werden.

Die verantwortlichen Architekten der Stadt Weimar nahmen in den 20er Jahren den Weg von Neuklassizismus und Heimatschutz, den sie niemals wirklich verließen, zu gemäßigten, modisch gewordenen Formen des Neuen Bauens. Während sie in der Zeit der Nachkriegskrise das Bauhaus und seine Ideenwelt noch heftig bekämpften, konnten sie sich in der Aufschwungsphase dem allgemeinen Wandel des Bauens und der Umweltkultur, wie er sich in den prosperierenden Großstädten zeigte, nicht mehr entziehen. Das Neue Bauen war nach dem Bau der Weißenhofsiedlung 1927 und dem Deutschen Pavillon in Barcelona 1929 »gesellschaftsfähig« geworden.

Der Konflikt zwischen Traditionalismus und Avantgardismus stand auf der öffentlichen Bühne der politischen und sozialen Auseinandersetzungen in Weimar nicht mehr im Vordergrund. Eine überörtliche Bedeutung in der Architekturdiskussion erlangten allerdings die Weimarer Bauten nicht.

Der für Deutschland frühzeitige Einzug der Hitlerpartei in die Landesregierung, die Einsetzung Schultze-Naumburgs als Direktor der Hochschule im Jahre 1930 bereiteten den Übergang zur nationalsozialistischen Kulturpolitik vor, die auch bald die Entwicklung von Städtebau und Architektur in Weimar bestimmen sollte. Ihren krassen Ausdruck fand sie in der Planung und Ausführung des Gauforums Weimar, mit der eine barbarische Zerstörungsaktion städtischer und architektonischer Kultur begann. Das Neue Bauen erhielt – versehen mit der nationalsozialistischen Bewertung als einer »entarteten« und »kulturbolschewistischen« Kunstform – keine Chance mehr.

Möbelentwürfe der »Arbeitsgemeinschaft Determann«. 1919
(s. dazu Seiten 26/27)

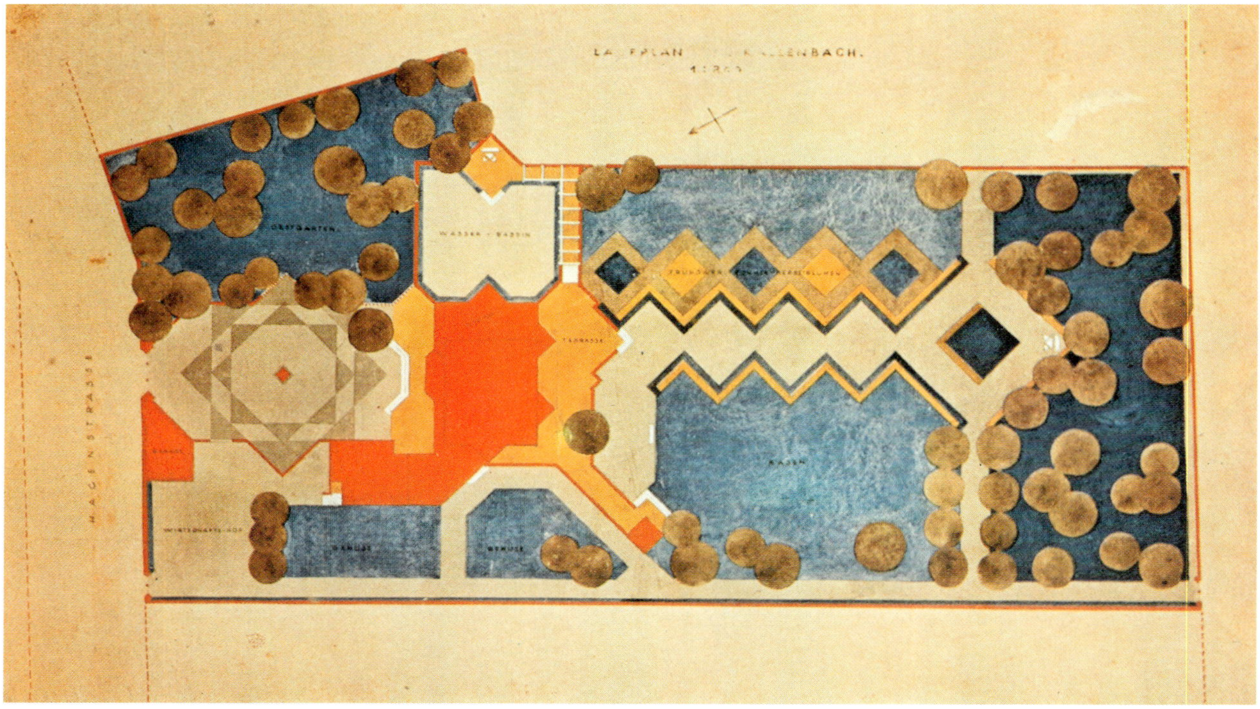

Haus Kallenbach in Berlin. Architekten Walter Gropius und Adolf Meyer. 1922
Lageplan
(s. dazu Seiten 44–47)

Märzgefallenendenkmal
Titelseite der Broschüre anläßlich der Einweihung am 1. Mai 1922
(vgl. Abschnitt »Märzgefallenendenkmal«)

Das Geleithaus an der Scherfgasse in Weimar. Rekonstruktion der Farbgestaltung von 1922. Computerbild. Bernd Rudolf
(vgl. Abschnitt »Farbgestaltung Geleithaus«)

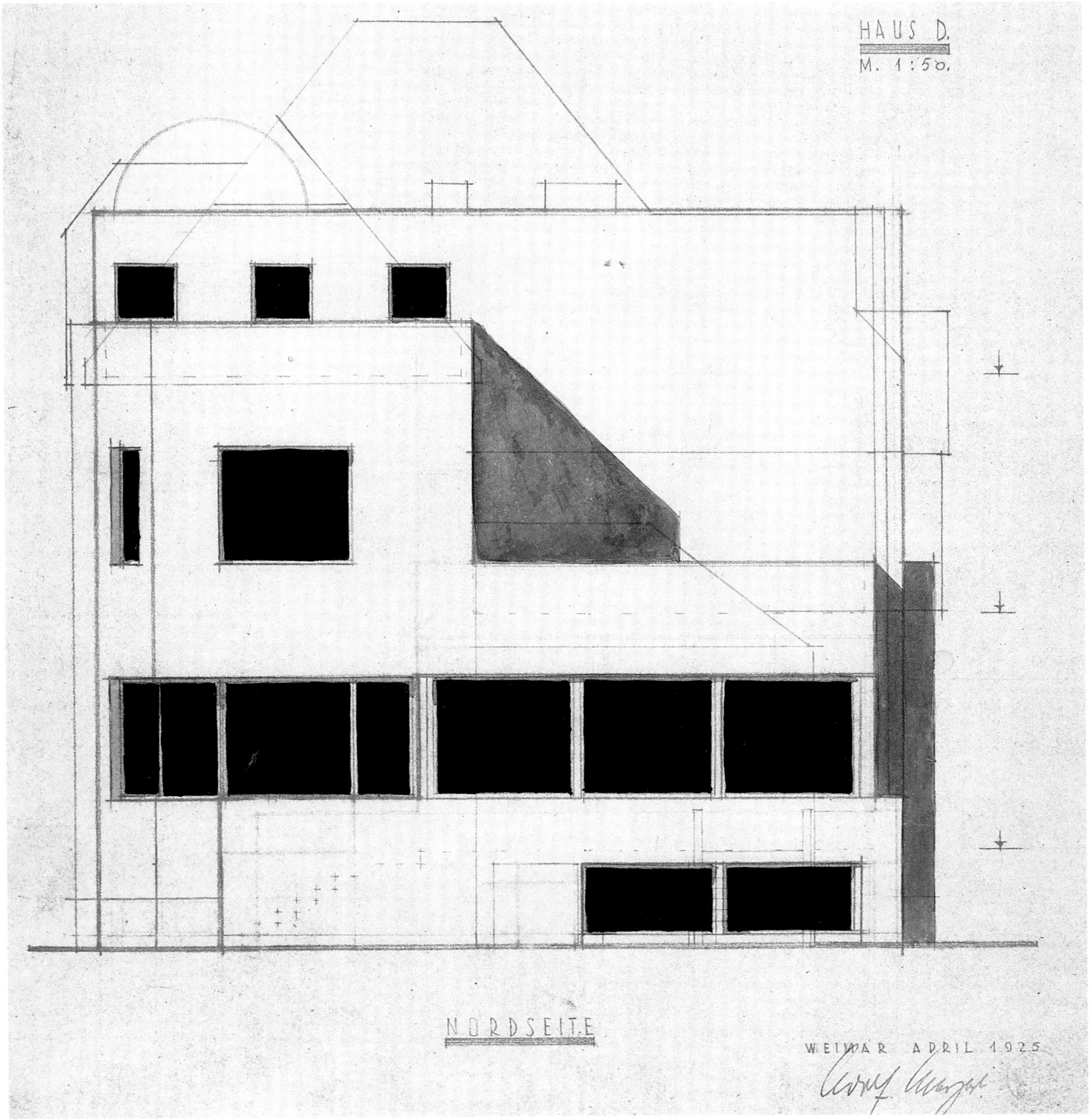

Projekt für den Umbau des Hauses Determann in Weimar, Adolf Meyer. 1925

Nordfassade
(s. dazu Seiten 58–62)

BAUHAUS-SIEDELUNG.
1. Verwaltung - Fest u. Ausstellungssäle.
2-3 Gasthäuser u. Wohnungen f. Ledige
4. Blocks von je 4 Familienhäusern.
5 Speise u. Geselligkeitshaus
6. Schwimmhalle, Fernheizung.
Turnhalle. Arzt, Krankenstube.
7 Metallgiesserei, Brenn-
ofen für Glas u. Tonwaren.
8-9. Gutshof u. verwaltung
10 Vorbereitungsschule f. Kinder
11. Tal Schwimmbadeanstalt.
12. Tor in Richtung Buchfart.
13. Allgemeine Werkstätten.
14. Einzel Werkstätten.
15. Sport u. Spielplätze.
16 Teater u. Stadion.
17. Bauhaussymbol.
18. Leuchttürme.
Masstab 1:1000.
0 5 10 20 30 40 50 60 70 80 90 100m.

Entwurf für die Bauhaussiedlung südlich von Weimar. Walter Determann. 1920
(s. dazu Seiten 80–82)

Verwaltungs-, Fest- und Ausstellungshaus. Ansichten (oben)

Verwaltungs-, Fest- und Ausstellungshaus. Geometrische Konstruktion der Fassade (rechts)

Lageplan (links)

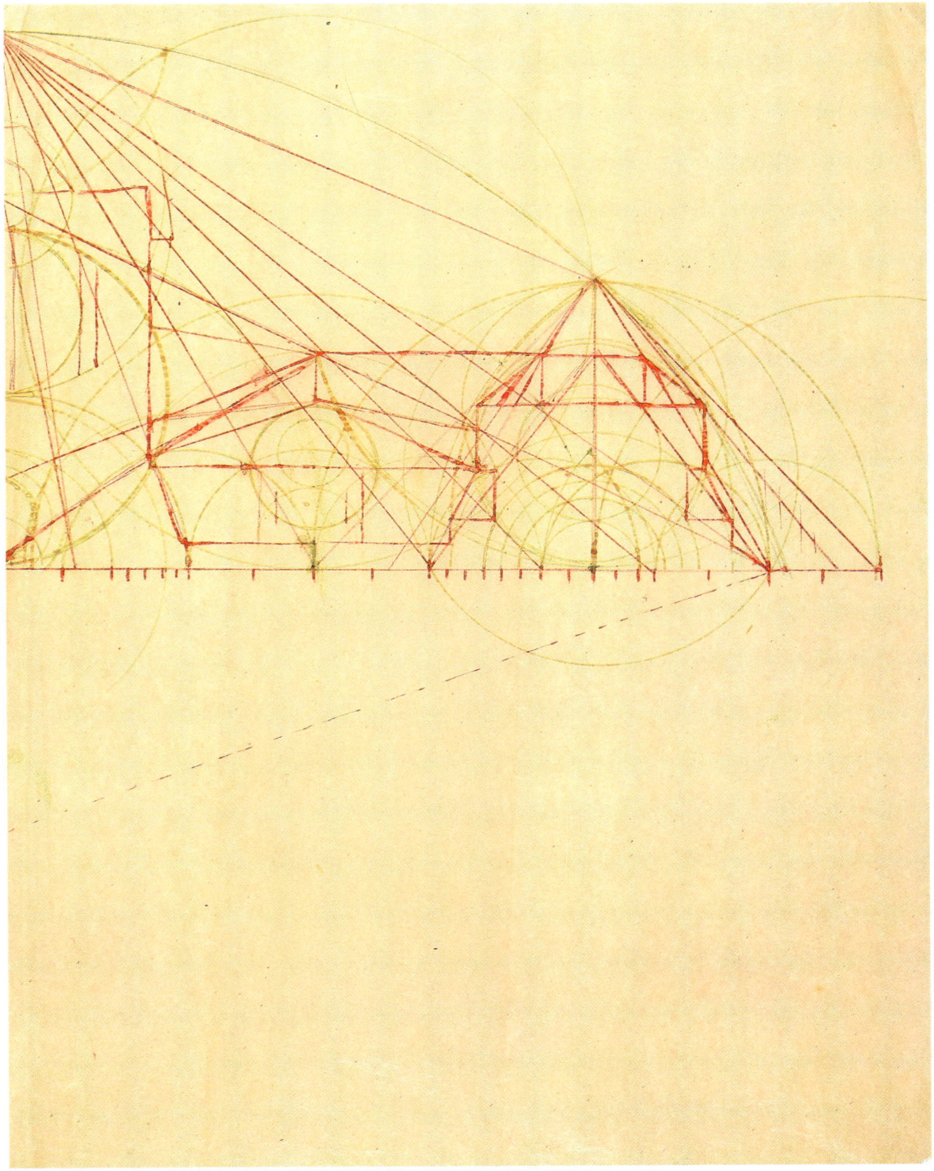

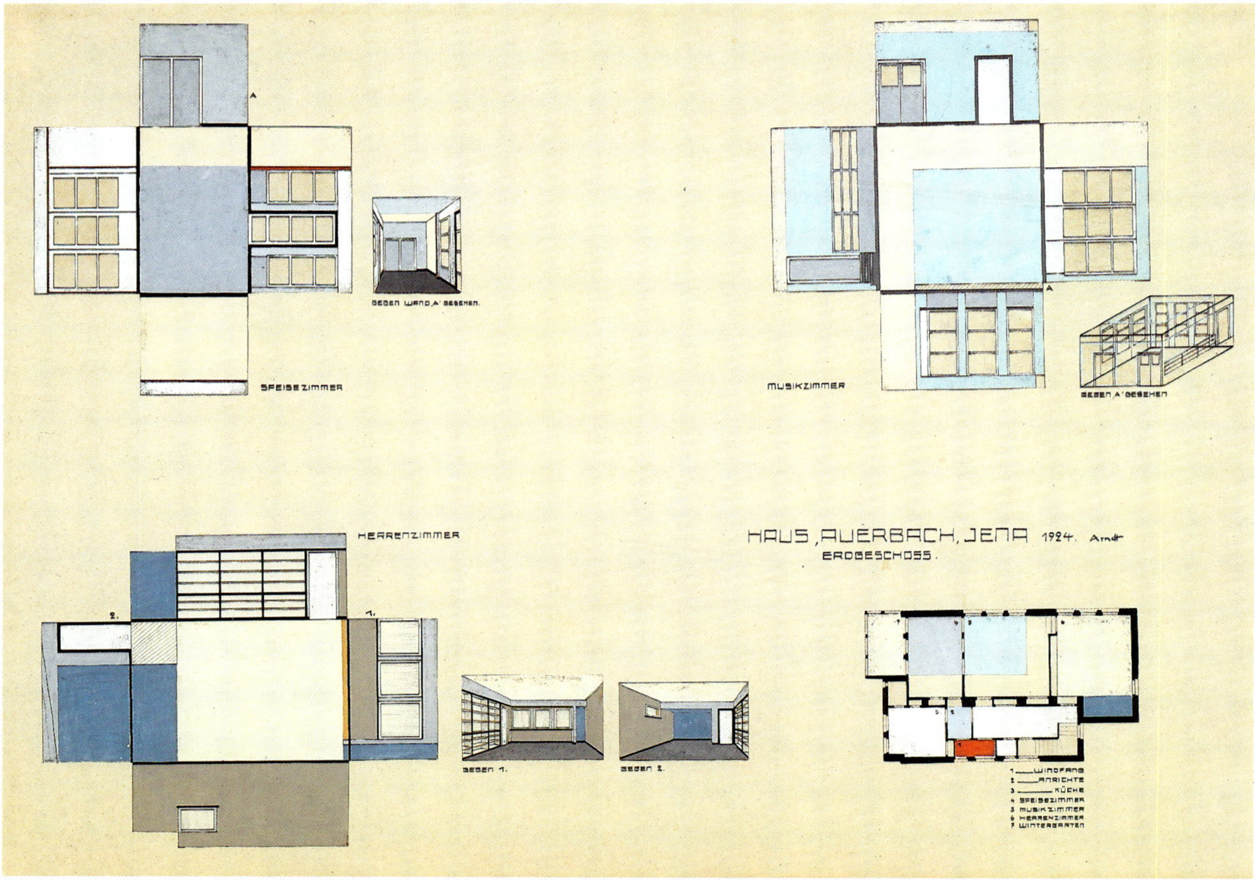

»Das Haus Auerbach« in Jena

Farbgestaltung. Alfred Arndt. 1924

Erdgeschoß
(s. dazu Seiten 121–126)

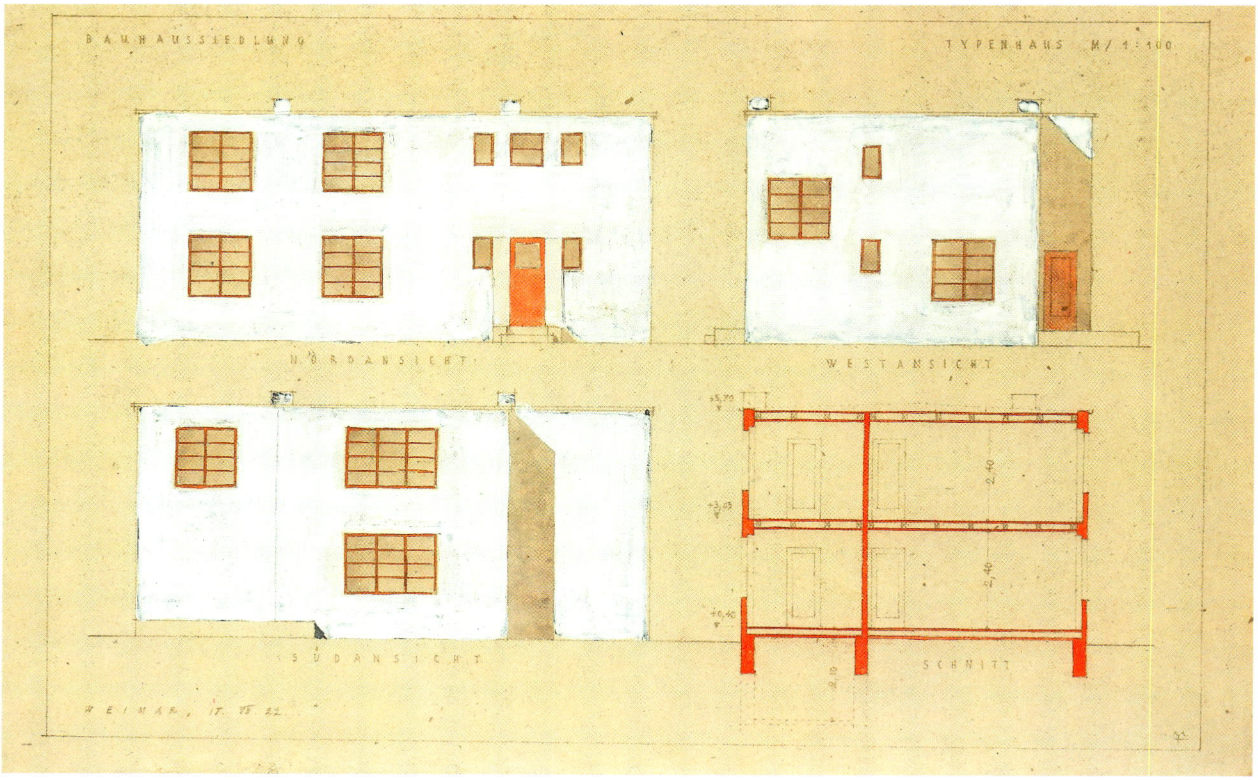

Typenhaus für die Bauhaussiedlung. Walter Gropius und Fred Forbat. Im Juli 1922
(vgl. Abschnitt »Bauhaussiedlung und Architektur«)

Ansicht und Schnitt (links)

Lageplan der vier Doppelhäuser (Seite 159 Mitte links)

Erdgeschoßgrundriß (Seite 159 unten)

Entwurf eines fahrbaren Hauses.
Peter Keler. Um 1924

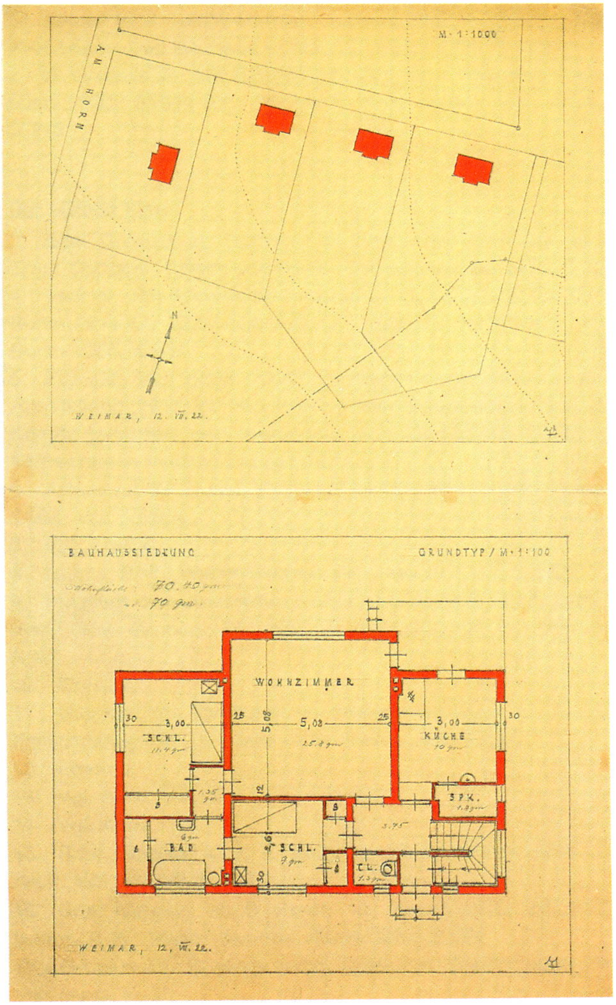

»Der rote Würfel«. Entwurf für ein Einfamilienhaus. Farkas Molnar. 1922/1923

Modell. Nachgestaltung Modellwerkstatt der HAB Weimar (s. dazu Seiten 91–93)

39 Thema der Vorlesung im Anschlag am Schwarzen Brett im Bauhaus am 8. Oktober 1919: »Die Grundformen der Architektur«. Akten Staatliches Bauhaus. STAW. BH Nr. 19, Bl. 10
40 Brief P. Klopfer an Gropius, 3. Mai 1919. Akten Staatliches Bauhaus. STAW. BH Nr. 19, Bl. 22
41 Semesterberichte Schuljahr 1921/22. Akten Baugewerkenschule Weimar. STAW. Nr. 18
42 Fakten nach den Akten Baugewerkenschule Weimar. STAW sowie: Festvortrag zur 100-Jahrfeier der Baugewerkenschule Weimar v. P. Klopfer. In: Nachrichten des Verbandes ehemaliger Weimarer Bauschüler. Weimar, 31. März 1930. S. 244–248. SA Weimar. 7-73-109
43 Brief P. Klopfer an Gropius, 30. Juni 1919. Akten Staatliches Bauhaus. STAW. BH 19, Bl. 26
44 Brief P. Klopfer an Thür. Ministerium des Innern, 18. Juli 1919. Akten Staatliches Bauhaus. STAW. BH 19, Bl. 34
45 Brief P. Klopfer an den Sekretär des Bauhauses (Kämmer), 29. Juli 1919. Akten Staatliches Bauhaus. STAW. BH 19, Bl. 44
46 Brief P. Klopfer an Gropius, 9. August 1919. Akten Staatliches Bauhaus. STAW. BH 19, Bl. 46
47 Brief Bauhausdirektor an das Thür. Kultusministerium, 19. September 1919. Akten Staatliches Bauhaus. STAW. BH 19, Bl. 49
48 W. Determann, W. Arp, Humeier, N. Klopp, H. Platz, K. Schwormtädt, T. Simon-Wolfskehl, (G. Schunke – Baugewerkenschule), O. Pilling, H. Vogel, A. Gutzeit, E. Knott, J. Köhler, E. Schrammen, M. Bittkow, M. Runge. Anmeldung vom 14. Juli 1919. Akten Baugewerkenschule. STAW. BH 35
49 H. Arp, R. Bampi, P. Lindner, M.-R. Runge, G. Schunke, H. Vogel, H. Platz, T. Bogler, H. Lewin, T. Simon-Wolfskehl, H. Petersen. Im Brief Gropius an Baugewerkenschule, 15. und 20. Oktober 1919. Akten Staatliches Bauhaus. STAW. BH Nr. 19, Bl. 12, 13. Im Winterhalbjahr 1923/24 hatte sich Wolfgang (Farkas) Molnar als Hospitant in der III. und IV. Klasse eingeschrieben. Akten Baugewerkenschule. STAW. BH 35
50 Briefe Gropius an P. Klopfer, 12. und 17. Mai 1920, P. Klopfer an Gropius, 14. Mai 1920. Akten Baugewerkenschule. STAW. BH 19, Bl. 64, 65, 66
51 Semesterbericht Staatliche Bauschule Schuljahr 1921/22. Akten Baugewerkenschule. STAW. Nr. 18, S. 2
52 Das Unterrichtsprogramm in der Veranstaltungsreihe von Baumeister Schumann vom Oktober 1919 sah folgende Themen vor:
1. Konstruktion der Axonometrie;
2. Innen-Konstruktionen (Bau- und Möbeltischlerei einschl. Schlosserarbeiten);
3. Konstruktionszeichnen verschiedener Berufe;
4. Besprechung von Baustoffen;
5. u. 6. Konstruktion von Schatten und der Perspektive.

Akten Staatliches Bauhaus. STAW. BH 167, Bl. 35
53 Zeugnis für Ernst Schumann vom Bauhausdirektor, 17. Juli 1924. Akten Staatliches Bauhaus. STAW. BH 19, Bl. 110
54 Festvortrag P. Klopfers zur 100-Jahrfeier der Baugewerkenschule Weimar. Vgl. Anm. 42
55 Belegarbeiten aus dem Unterricht Schumann, September 1919. Nachlaß W. Determann. Privatbesitz
56 Der Arbeitsgemeinschaft gehörten außer W. Determann E. Knott, M. Rasch, T. v. Hagen und L. Schreiber an. Sie wurden im Juni 1919 auf einer Ausstellung der Schülerarbeiten am Bauhaus mit einem Preis versehen. Akten Staatliches Bauhaus. STAW. BH 132, Bl. 12/13
57 Brief Gropius an E. Schumann, 24. Oktober 1923. Akten Staatliches Bauhaus. STAW. BH 19, Bl. 87
58 Brief Thür. Ministerium für Volksbildung an das Bauhaus, 24. Januar 1924. Akten Staatliches Bauhaus. STAW. BH 19, Bl. 96
59 Brief Gropius an E. Schumann, 16. Oktober 1924. Akten Staatliches Bauhaus. STAW. BH 19, Bl. 115
60 Eine Einschätzung ist aufgrund der spärlichen Quellenlage nicht möglich. In Dankschreiben an E. Schumann und Wolter vom 28. März drückte Gropius seine Wertschätzung aus. Akten Staatliches Bauhaus. STAW. BH 19, Bl. 119, 121
61 Bericht Baugewerkenschule 1925/26. Akten Baugewerkenschule. STAW. Nr. 18, S. 7
62 Befragungsprotokoll von Fritz Taudte, Weimar. N. u. H. Lindner 1976. Manuskript an HAB Weimar
63 Interessenten für die »Architekturabteilung«: H. Arp, E. Neufert, P. Lindner, M. Runge, G. Schunke, T. Simon-Wolfskehl, F. Taudte und H. Vogel. Meisterratsprotokoll, 14. Mai 1920. Akten Staatliches Bauhaus. STAW. BH 12, Bl. 49
64 Vgl. Anm. 62
65 Protokoll der Besprechung der Untersuchungskommission im Fall Dr. Beyer am 10. Oktober 1922. Vernehmung Meyer. BHAB. GS 12/8, S. 3
66 Anschlag am Schwarzen Brett Nr. 112, im Okober 1921. Abschrift. BHAB. GS 12/8
67 Anschlag am Schwarzen Brett Nr. 14, 15. Mai 1922. Abschrift. BHAG. GS 12/8
68 Vortragsmanuskript in »Raumkunde« von W. Gropius. 1., 2. u. 3. Vortrag. O. D. (vermutl. 1921/22, unveröffentl.) BHAB. Gropius-Manuskripte 1923–25. Und: Geometrische Studien aus dem Architektur-Unterricht bei A. Meyer. Vincent Weber. Um 1921. BHAB. Inv.-Nr. 3520
69 1. Vortrag »Raumkunde«. Vgl. Anm. 68
70 2. Vortrag »Raumkunde«. Vgl. Anm. 68
71 3. Vortrag »Raumkunde«. Vgl. Anm. 68
72 Vgl. von Drach, C. A.: Das Hütten-Geheimnis vom Gerechten Steinmetzen-Grund, Marburg 1897. Vgl. Anm. 68
73 Geometrische Studien Vincent Weber. Vgl. Anm. 68
74 Nachruf für A. Meyer von W. Gropius. In: Das neue Frankfurt. 3 (1929) H. 9, S. 177. Zur Ausbildung Meyers an der Düsseldorfer Architekturfachklasse bei J. L. M. Lauweriks vgl.: Maßsystem und Raumkunst. Das Werk des Architekten, Pädagogen und Raumgestalters J. L. M. Lauweriks. Krefeld 1987. Zoon, C.: Die Proportionslehre und Entwurfstheorie. S. 33–52
75 Meisterratssitzungen, 24. April 1922. Akten Staatliches Bauhaus. STAW. BH 12
76 Akten Fall Dr. H. Beyer. Anlage zu Punkt 22–24. Vereinbarungsvorschlag für Einstellung E. Langes, 15. Juni 1922. BHAB. GS 12/8
77 Fragen von Dr. H. Beyer, 2. November 1922 (Abschrift). Akten Fall Dr. H. Beyer. BHAB. GS 12/7 und erste Antwort von W. Gropius. BHAB. GS 12/8
In welcher Form der Bauversuchsplatz genutzt wurde, läßt sich heute nicht mehr nachvollziehen. Sicher ist, daß er wohl nicht die beabsichtigte Funktion erfüllte, denn einer der Angriffspunkte des ehemaligen Syndikus Dr. Beyer gegen Gropius und das Bauhaus im Gerichtsprozeß bezog sich auf das Projekt, das mangelhaft verwirklicht worden sei.
78 Meisterratsprotokoll, Sitzung vom 22. Oktober 1923 u. Organisationsveränderungen Gropius, 3. April 1924, Akten Staatliches Bauhaus. STAW. BH 12, Nr. 352/353
79 Eingabe an die Bauhausleitung. H. Volger, E. Brendel und Rösselt. Akten Staatliches Bauhaus. STAW. BH 167, Bl. 78
80 Stundenpläne und Raumnutzungspläne. Akten Staatliches

Bauhaus. STAW. BH 168, Bl. 5, 9, 11. Zum Unterricht E. Schumann vgl. Anm. 78. Über den Inhalt der Ausbildung im einzelnen gibt es in den benutzten Quellen keine Informationen.

Das Baubüro Gropius

81 Protokoll der Untersuchungskommission zum Fall Dr. Beyer, 10. Oktober 1922. Akten Fall Dr. Beyer. BHAB. GS 12/8, Pkt. 2c

82 Vgl. Anm. 81. »1. Antwort« von W. Gropius, zu Pkt. 19

83 Brief Gropius an seine Mutter, 31. März 1919. »Meine Weimarsache ist nun perfekt ... Ich habe 10 000,– M, freie Ateliers und sogar Zusicherung von Staatsaufträgen, auf die es mir besonders ankam.« Zit. nach Isaacs, R. R.: Walter Gropius, Bd. 1. Berlin, 1983, S. 207

84 Als Zeichenraum diente der heutige Raum 41 (R. 23), Raum 42 (R. 24) war Privatsekretariat und Raum 43 (R. 25) das Arbeitszimmer von A. Meyer

85 Nach Isaacs, R. R. Vgl. Anm. 83, S. 260

86 Taudte, Meyer-Ottens und Petersen werden erwähnt in: Gesprächsprotokoll mit Fritz Taudte von N. u. H. Lindner. HAB Weimar, 1975/76

87 Gropius, W.: Werkverzeichnis von 1934. In: Wilhelm, K.: Walter Gropius Industriearchitekt. Braunschweig, Wiesbaden, 1983, S. 285f.

88 Annonce der Fa. A. Sommerfeld. In: »Die Baugilde«. Berlin, 4 (1922), Nr. 16

89 Gropius, W.: Neues Bauen. In: »Der Holzbau«. Berlin, 4 (1920) Nr. 2, S. 5

90 Zit. nach: Wilhelm, K.: Walter Gropius. Vgl. Anm. 87, S. 96

91 Neuzeitliche Blockhaus-Bauweise. In: Vgl. Anm. 89, Nr. 6, S. 21–23

92 Forbat, F.: Erinnerungen eines Architekten aus vier Ländern. Unveröffentlichtes Manuskript, 1972. Kopie an HAB Weimar, S. 57–60

93 Aufstellung der Leistungen der Werkstätten für das Haus Sommerfeld. O. D. (1922). Akten Staatliches Bauhaus. STAW. BH 72, Bl. 40ff.

94 Bericht Forbats. Vgl. Anm. 92, S. 58

95 Die Grundrisse des Holzhauses sind nicht bekannt.

96 Projektzeichnungen Bauanlage »Unter den Eichen«. Veröffentlicht in: Probst, H., Schädlich, Chr.: Walter Gropius. Bd. 1. Berlin 1985, S. 86–88

97 Forbat, F.: Erinnerungen. Vgl. Anm. 92, S. 50

98 Ausgeführte Bauten und Entwürfe von Frank Lloyd Wright. Nachdruck von 1910. Tübingen 1986

99 Zit. nach Pehnt, W.: Architektur des Expressionismus. Stuttgart 1973, S. 111

100 Vgl. Anm. 89

101 Vgl. Anm. 89

102 Nach einem Brief Forbats an Hüter, K.-H., 27. Dezember 1972. In: Hüter, K.-H.: Architektur in Berlin 1900–1933. Berlin 1987, S. 45

103 Protokoll der Untersuchungskommission im Fall Dr. Beyer vom 10. Oktober 1922. »Sachliche Vorwürfe gegen Gropius« b) Fall Bau Otte Berlin. Akten Fall Dr. Hans Beyer. BHAB. GS 12/8. Gropius sparte dieses Haus in seinem Werkverzeichnis von 1934 aus, weil er es wohl als zu wenig charakteristisch ansah. Es kennzeichnet aber recht gut die romantische Gestaltungsauffassung und die Entwurfsmethode in diesen Jahren.

104 Zit. nach: Pehnt, W. Vgl. Anm. 99

105 Nach Hüter, K.-H. Vgl. Anm. 102, S. 100

106 Vgl. die Ausführungen im Kapitel Unterricht bei Walter Gropius und Adolf Meyer

107 Meyer, A. an Forbat. Zit. nach: Pehnt, W. Vgl. Anm. 99, S. 114

108 Nach Isaacs, R. R.: Walter Gropius. Bd. 1. Berlin, 1983, S. 267

109 Brief Gropius an Dr. F. Rauth, 21. Juni 1923. Akten Staatliches Bauhaus. STAW. BH 32, Bl. 48

110 Eine deutliche Analogie in der Grundstruktur besteht zur Villa Victor Metzger von F. L. Wrigth. In: Ausgeführte Bauten und Entwürfe von F. L. Wright. Vgl. Anm. 98, S. 12

111 The International Competition for a New Administration Building for the Chicago Tribune 1922. Chicago 1923, S. 1
Der Bund Deutscher Architekten, der sich für eine Teilnahme deutscher Architekten einsetzte, veröffentlichte die Ausschreibung ab 6. September in der Baugilde. Als Abgabetermin war zunächst der 1. November festgesetzt; es gelang aber für die deutschen Teilnehmer diesen Termin auf den 1. Dezember hinauszuschieben. »Die Baugilde«, Berlin, 4 (1922) Nr. 17/18, 21, 22

112 Zit. aus der Beurteilung des Entwurfs vom Preisträger Head Howells. In: »Die Baugilde«. Berlin, 4 (1922) Nr. 26 (27. Dezember 1922)

113 Gropius, W.: Idee und Aufbau des Staatlichen Bauhauses. Weimar, München, o. J. (1923), S. 9

114 Scheffauer, H. G.: The Work of Walter Gropius. In: »Architectural Review«. LVI. August 1924, S. 53. Zit. nach Wilhelm, K.: Walter Gropius Industriearchitekt. Vgl. Anm. 87, S. 112

115 Behne, A.: Německý Dopis (Deutscher Brief). In: »Stavba«. 2 (1923) Nr. 3. Zit. nach Wilhelm, K. Vgl. Anm. 114, S. 113

116 Ergebnisdarstellung in: The International Competition for a New Administration Building for the Chicago Tribune, 1922. Chicago 1923

117 Minutiöse Darstellung der Baugeschichte der Alfelder Industriebauten in Wilhelm, K.: Walter Gropius Industriearchitekt. Vgl. Anm. 87

118 Vgl. Anm. 92, S. 66f.

119 »Notizen Kappe«. Akten Staatliches Bauhaus. STAW. BH 71, Bl. 98 (Rückseite)

120 »Deutsche Bauzeitung«. Berlin 62 (1928) Nr. 51, S. 439.

121 Die Datierung dieses Projektes ist umstritten und reicht von 1920 bis 1922. Vgl. Wilhelm, K.: Walter Gropius. Vgl. Anm. 87. Im »Zentralblatt für Bauverwaltung« vom 27. Dezember 1922, S. 640 erwähnt A. Behne vorliegende Pläne eines Verwaltungs- und Bürohauses Sommerfeld in Dahlem. Die Erstveröffentlichung erfolgt in: Walter Gropius, Adolf Meyer: Weimar-Bauten. Berlin 1923, S. 19. Nach stilistischen Merkmalen zu urteilen, kann das Projekt frühestens 1922 entstanden sein.

122 Schriftverkehr zum Grabmal Mendel. Akten Staatliches Bauhaus. STAW. BH 71, Bl. 9–70

123 Schriftverkehr zum Grabmal Reis. Akten Staatliches Bauhaus. STAW. BH 71, Bl. 86–137

124 Isaacs, R. R.: Walter Gropius, Bd. 1. Berlin 1983, S. 331

125 Gropius, W.: Internationale Architektur. Bauhausbücher Nr. 1. München, Weimar. O. J. (1927), S. 73

126 Nach Isaacs, R. R. Vgl. Anm. 124, S. 474

127 Ebenda u. S. 33f.

128 Vgl. Anm. 124, S. 334, 474 u. Spektakuläre Pläne. Denker-Weltzentrale. In: »Erlanger Tageblatt«. 9. April 1977

129 Ein Friedrich-Fröbel-Haus in Bad Liebenstein. O. V., o. O. (wohl Anfang 1925). Außerdem Gropius, W.: Der Bauplan für

das neue Friedrich-Fröbel-Haus. In: »Kindergarten«. Leipzig, 66 (1925) Nr. 2, S. 27–39

Das Märzgefallenendenkmal

(unter Verwendung von Aufzeichnungen und Studien von Christian Schädlich)

130 Dringlichkeitsantrag von Friedrich an Gemeinderat, o. D. Beschluß des Gemeinderates vom 16. Juli 1920. Akten Blitzdenkmal SAW 4-46-4, Bl. 1 u. 2
131 Akten Blitzdenkmal SAW 4-46-4, Bl. 12, 13. Lageplan, dat. 28. August 1920, »Projekt 1«, dat. 8. Sept. 1920
132 Vgl. Anm. 1, Bl. 1, handschriftliche Notiz
133 Auch als Begräbniskommission bezeichnet. Wann dies war, geht aus den Akten nicht hervor.
134 Akten Märzgefallenendenkmal. SMW. Wettbewerbsentwürfe (?), Marcks Bl. 1, Itten Bl. 2, Gropius Bl. 12
135 »Das Volk«. Jena, 9. Dezember 1920
136 Akten Märzgefallenendenkmal. SMW. Bl. 12
137 Akten Märzgefallenendenkmal. SMW. Bl. 7, Erläuterungen Bildhauer J. Heise
138 »Das Volk«. Jena, 14. Dezember 1920
139 Ebenda
140 »Deutschland«. Weimar, 14. Dezember 1920
141 »Das Volk«. Jena, 4. April 1921
142 Brief Hellmich an Gropius, 1. Juli 1921. Akten Märzgefallenendenkmal. SMW. Bl. 36. Wie der Sachverhalt genau war, läßt sich nicht mehr enthüllen. Offenbar aber gab es nach der Ausstellung einzelne Kommissionsmitglieder und andere Personen, die sich für den Entwurf von Gropius einsetzten. So wurde z. B. der Direktor der Baugewerkenschule Paul Klopfer in Leserzuschriften aus Künstlerkreisen angefeindet, weil er sich nicht für den Entwurf Heises, sondern für ein anderes, wohl das Gropiussche Projekt, ausgesprochen hatte. »Das Volk«. Jena, 23. Dezember 1920
143 Brief J. Heise an die Denkmalkommission, 21. Dezember 1920. Akte Märzgefallenendenkmal. SMW. Bl. 5.
144 »Das Volk«. Jena, 1. April 1921
145 »Das Volk«. Jena, 4. April 1921
146 Ebenda
147 Briefe Hellmich an die Rechtsanwälte Mardersteig, Rechtsanwälte Mardersteig an den Denkmalausschuß, 21. Januar 1921. Akte Märzgefallendenkmal. SMW. Bl. 27, 28
148 »Deutschland«. Weimar, 15. März 1921
149 Brief Gropius an Hellmich, 28. Juni 1921. Akte Märzgefallenendenkmal. SMW. Bl. 37
150 Brief Hellmich an Gropius, 1. Juli 1921. Akte Märzgefallendenkmal. SMW. Bl. 36
151 Notiz von M. Vogeler (Stadtbauamt), 17. Jan. 1921; Modellfoto mit Unterschrift von Gropius. Akten Blitzdenkmal. SAW. 4-46-4, Bl. 7, 10
152 Notiz über die Denkmalsangelegenheit. Referat v. Freytag-Loringhoven. 5. März 1921. Akten Blitzdenkmal. SAW. 4-46-4, Bl. 17
153 Sitzungsprotokoll der Friedhofskommission, 10. März 1921. Akten Blitzdenkmal. SAW. 4-46-4, Bl. 18
154 Aktennotiz A. Lehrmann, 12. März 1921. Akten Blitzdenkmal. SAW. 4-46-4, Bl. 19
155 Dringlichkeitsantrag von Hellmich an den Gemeinderat, 16. März 1921. Einladung zur Ortsbesichtigung, 18. März 1921 Akten Blitzdenkmal. SAW. 4-46-4, Bl. 20, 21
156 Protokoll über Ortsbesichtigung, 22. März 1921. Akten Blitzdenkmal. SAW. 4-46-4, Bl. 22
157 Schreiben Hellmichs an Oberbürgermeister Mueller, 23. März 1921. Akten Blitzdenkmal. SAW. 4-46-4, Bl. 23
158 Protokoll der Sitzung beim Oberbürgermeister, 26. März 1921 (11 Personen). Akten Blitzdenkmal. SAW. 4-46-4, Bl. 24
159 Sitzungsprotokoll der Friedhofskommission, 1. April 1921. Akten Blitzdenkmal. SAW. 4-46-4, Bl. 27
160 Beschlußprotokoll der Gemeinderatssitzung, 8. April 1921. Akten Blitzdenkmal. SAW. 4-46-4, Bl. 29
161 Brief Stadtbauamt (Lehrmann) an das Gewerkschaftskartell, 18. August 1921. Akten Blitzdenkmal. SAW. 4-46-4, Bl. 33
162 »Das Volk«. Jena, 2. Mai 1922
163 Brief A. Hellmich an das Staatliche Bauhaus, (o. D.) vor Dezember 1920. STAW Staatliches Bauhaus 71, Bl. 147, Rechnung der Sozialen Bauhütte vom 9. Juni 1922 mit der Forderung von 23 000 M
164 Schreiben Stadtbauamt an Hellmich, 6. Dezember 1921. Für die Aufstellung des Denkmals sind zu zahlen: Grabstätten 8 025 M, Genehmigung 120 M, sowie weiterer Schriftverkehr. Beschluß Stadtrat zur Niederschlagung der Kosten, 9. August 1923. Akten Blitzdenkmal. SAW. 4-46-4, Bl. 36–52
165 Sitzungsbericht der Hygiene- und Gartenkommission, 3. Juli 1933. Akten Blitzdenkmal. SAW. 4-46-4, Bl. 64. Über den weiteren Fortgang der Dinge liegen keine Dokumente vor.
166 Brief NSDAP-Gauwalter Thomas an Oberbürgermeister Mueller, 24. Oktober 1933. Akten Blitzdenkmal. SAW. 4-46-4, Bl. 65
167 Schreiben der Firma Bruno Müller an die Stadt Weimar, 10. Dezember 1935. Akten Blitzdenkmal. SAW. 4-46-4, Bl. 66
168 »Deutsche Bauhütte«. Hannover 58 (1934) H. 1, S. 14
169 »Wahrzeichen einer entarteten Zeit verschwindet«. »Leipziger Neueste Nachrichten«, 26. November 1935
170 In freier Abwandlung eines Zitates von Alfred Kuhn. Kuhn, A.: Die absolute Plastik Ostwald Herzogs. In: Jahrbuch der Jungen Kunst. Leipzig, 1921, S. 168
171 Vgl. dazu: Schubert, D.: Das Denkmal für die Märzgefallenen 1920 von Walter Gropius in Weimar und seine Stellung in der Geschichte des neueren Denkmals. In: Jahrbuch der Hamburger Kunstsammlungen. Bd. 21, Hamburg 1976, S. 199–230
172 Abbildungen in: Ruf zum Bauen. Zweite Buchpublikation des Arbeitsrates für Kunst. Berlin, 1920, Abb. 4, 5, 11, 15
173 »Formphantasie«. Luckhardt, W. In: Ebenda, S. 15
174 Brief Gropius an D. Clarenbach, 24. Dezember 1968. Zit. nach R. R. Isaacs: W. Gropius, Bd. 1. Berlin, 1983, S. 465
175 Behne, A.: Abbau der Kunst. In: »Die Weltbühne«. Berlin 13. Januar 1925
176 W. Friedrichs. Dokumente zur Geschichte der Arbeiterbewegung in Weimar. Nr. 5. 1921 bis 1923. Weimar, 1977, S. 25

Farbgestaltung Geleithaus

177 Brief C. Boger an die Stadtverwaltung Weimar, 23. Oktober 1922. Akte Wohnhaus Scherfgasse 1. SBAW. Bl. 123. Gropius erhielt die Genehmigung dazu vom Thür. Ministerium des Inneren (Assessor Koch).
178 Brief Stadtamt Weimar an C. Boger, 26. Oktober 1922. Akte Wohnhaus Scherfgasse 1. SBAW. Bl. 126
179 Brief C. Boger an das Stadtbauamt, 4. November 1922. Akte Wohnhaus Scherfgasse 1. SBAW. Bl. 128
180 Protokoll der Sachverständigensitzung, 11. November 1922. Akte Wohnhaus Scherfgasse 1. SBAW. Bl. 130–132

181 Dokumente liegen darüber nicht vor.
182 Artikel »Über Hausanstriche«. Beschluß vom 7. Dezember 1922. Akte Wohnhaus Scherfgasse 1. SBAW. Bl. 134–137
183 Röhl, P.: Die Ausgestaltung des Residenztheaters in Weimar. In: De Stijl, 4 (1921), H. 9, S. 143, 144
184 Unruh: Das Theater in Weimar. In: Lehrmann, W.: Stadtbaukunst Weimar. Weimar, 1920

Bauhaussiedlung und Architekturentwürfe

185 Lageplan mit Höhenlinieneintragung, Vermessungsplan, Ansicht der Siedlungsanlage von Südwesten sowie Grundrisse von 2 Siedlungshäusern im Nachlaß W. Determann. Privatbesitz
186 Brief Gropius an das Finanzministerium, Staatsrat Palm, 29. Juni 1921. Akten Staatliches Bauhaus. STAW. BH 201, Bl. 6
187 Eingabe der Bürger am Horn, 21. Juli 1920. Akten Stadtbauamt Weimar. SAW. 7-72-6
188 Vorgang zur Eingabe der Bürger am Horn. 21. Juli 1920 bis Juli 1922. Vgl. Anm. 187
189 Umlauf an die Meister, 1. Oktober 1920. Akten Staatliches Bauhaus. STAW. BH 201, Bl. 2
190 Umlauf an die Meister, 11. November 1920. Vgl. Anm. 189, Bl. 3
191 Pläne und Modellfotos zur Bauhaussiedlung von W. Determann, 1920. Nachlaß W. Determann. Privatbesitz
192 Vgl. Anm. 186
193 Satzungen der »Bauhaus-Siedlung, eingetr. Genossenschaft mit beschr. Haftpflicht«, o. D. (April 1922) mit handschriftlichem Zusatz »eingetr. 3. Mai 1922«. Geschäftsvorgänge Haus Am Horn. BHAB. GS 11/1. Und: Zur Geschichte der Bauhaus-Siedlungsgenossenschaft vgl. Scheidig, W.: Die Bauhaus-Siedlungsgenossenschaft in Weimar 1920–1925. In: Dezennium 2. Dresden 1972, S. 249–262
194 Abrechnungsvorgänge und Schriftverkehr auf der Grundlage des Anstellungsvertrages mit Forbat. Mai 1922 bis Januar 1923. Akten Staatliches Bauhaus. STAW. BH 77, Bl. 6–10
195 Forbat, F.: Erinnerungen eines Architekten aus vier Ländern. Manuskript (handschriftl.), Kopie an HAB Weimar, S. 73
196 Vorgang zum Besuch von Baurat Fischer, Ministerium für Volkswohlfahrt Berlin, ab 3. August 1922. Ausstellung der Pläne am 23. Juni 1922 am Bauhaus. Akten Staatliches Bauhaus. STAW. BH 201, Bl. 16ff.
197 Vgl. Anm. 195, S. 72
198 Vgl. Anm. 195, S. 73
199 Vgl., Modelle der Siedlungshäuser und Bildungsschema zur Bauhausausstellung im Frühjahr und im Sommer 1923
200 Begleittext zum »Baukasten im Großen«.
201 Grundriß veröffentlicht in: Staatliches Bauhaus 1919–1923. München, Weimar 1923, S. 112
202 Bauersuchen der Bauhaus-Siedlungsgenossenschaft an das Stadtbauamt, 14. Juli 1922. Akten Stadtbauamt Weimar. SAW. 7-72-6. Bl. 14, 15 u. 2 Pläne
203 Baubeschreibung zu den geplanten Typenhäusern, 14. Juli 1922. Akten Staatliches Bauhaus. STAW. BH 206, Bl. 19
204 Gesuch um Kreditbewilligung der Bauhaus-Siedlungsgenossenschaft an das Thür. Finanzministerium, 29. Juni 1922. Akten Staatliches Bauhaus. STAW. BH 31, Bl. 26 u. vgl. Anm. 202
205 Einladungsschreiben Gropius an Stadtrat A. Lehrmann, 29. Juni 1922. Akten Staatliches Bauhaus. STAW. BH 206
206 Brief F. Forbat (Staatliches Bauhaus) an Gropius, 20. Juli 1922. Akten Staatliches Bauhaus. STAW. BH 206, Bl. 21
207 Sitzungsprotokoll des Gemeinderats, 1. September 1922 (Auszug) und Beschluß der Baukommission, 28. August 1922. Akten Stadtbauamt Weimar. SAW. 7-72-6
208 Ebenda
209 Wohnturm mit Atelierwohnungen. F. Forbat. In: »Die Bauwelt«, Berlin 19 (1928) H. 4, S. 70
210 Forbat, F.: Gruppe von drei Atelierhäusern. In: Behne, A.: Der moderne Zweckbau. München, Wien, Berlin 1926. Bildteil, S. 64
211 Vgl. Anm. 195, S. 74
212 Original im Architekturmuseum Stockholm
213 Zuerst veröffentlicht in: Staatliches Bauhaus in Weimar 1919–1923. München, Weimar 1923, S. 159–161
214 Foto in den Bauhausalben. HAB Weimar, BH-Archiv
215 Dicker, F. und Singer, F.: Einfamilienhaus um 1922. BHAB. Inv.-Nr. 1096
216 Original im Architekturmuseum Stockholm
217 Lt. Vertrag des Bauhauses vom 25. Mai 1923 mit der Fa. Sommerfeld, die den Hausbau finanziert und Grund und Boden aufkauft, geht das Haus nach Fertigstellung in das Eigentum der Firma über.
218 Protokoll Aufsichtsratssitzung der Bauhaus-Siedlungsgenossenschaft, 28. Mai 1924. Akten Staatliches Bauhaus. STAW. BH 208, Bl. 81
219 Protokoll der Hauptversammlung mit dem Auflösungsbeschluß der Bauhaus-Siedlungsgenossenschaft e.G.m.b.H. Weimar, 23. Juni 1930. BHAB. Inv.-Nr. 7541

Das Ausstellungshaus Am Horn

220 Drucksachen des II. Landtages von Thüringen 1921 bis 1923, 1. Bd., S. 841, STAW
221 Protokoll der Besprechung des Meisterrates, 18. September 1922. Akten Staatliches Bauhaus. STAW. BH 12.
222 Niederschrift eines Gespräches von B. u. M. Grönwald mit G. Muche, 1982. Zit. nach Grönwald, B. u. M.: Haus am Horn – Experiment für die Serie. In: »form + zweck«, Berlin 15 (1983), H. 2, S. 19, 20
223 Ebenda
224 Muche, G.: Blickpunkt. Tübingen 1965. S. 129. Zit. nach: Georg Muche. Das künstlerische Werk 1912 bis 1927. Berlin 1980, S. 24
225 Aufruf zur Beteiligung am Hausproblem des Staatlichen Bauhauses zu Weimar. Akten Staatliches Bauhaus. STAW. BH 46, Bl. 7, 8
226 Brief Gropius an Schade van Westrum, 27. November 1922. Akten Staatliches Bauhaus. STAW. BH 72, Bl. 190–194
227 Brief Gropius an L. Hildebrandt, o. D. (vermutl. März 1923). »Ich habe für ca. 100 Millionen Werte erobert. Sommerfeld giebt 20 Milli. bar, Spiegelglasindustrie 5 Millionen bar, das andere sind Sachwerte ...« Zit. nach: Isaacs, R. R.: Walter Gropius. Bd. 1.. Berlin 1983, S. 340
228 Briefe an die »Dollarkönige«. Akten Staatliches Bauhaus. STAW. BH 34, Bl. 7–9. Zit. nach K.-H. Hüter: Das Bauhaus in Weimar. Berlin 1976. S. 241
229 Ausführlich dazu: Schädlich, Chr.: Die Beziehungen des Bauhauses zu den USA 1919 bis 1933. In: WZ HAB Weimar. 35 (1989), Reihe A, H. 2, S. 60f.
230 Brief Gropius an den Reichskunstwart Dr. Redslob, 2. Januar 1923. Akten Staatliches Bauhaus. STAW. BH 33, Bl. 12
231 Brief Reichskunstwart Dr. Redslob an das Bauhaus, 4. Januar 1923. Akten Staatliches Bauhaus. STAW. BH 33, Bl. 15
232 Brief Bauhausmeister an den Reichspräsidenten Ebert,

20. Januar 1923 u. Brief Büro des Reichspräsidenten an das Bauhaus, 22. März 1923. Akten Staatliches Bauhaus. STAW. BH 33, Bl. 20–23 u. 27
233 Brief Bauhausdirektor an den Reichspräsidenten Ebert, 15. Mai 1923. Akten Staatliches Bauhaus. STAW. BH 33, Bl. 38
234 Nach Auszahlungsliste für den Hausbau, 1. Mai 1923. Akte Staatliches Bauhaus. STAW. BH 46, Bl. 38
235 Lebenslauf Walter March (geb. 1898), 22. März 1923 und Schriftverkehr. Akten Staatliches Bauhaus. STAW. BH 46, Bl. 15–16
236 Bauunterlagen, 9. Febr. 1923. Akten Wohnhaus Straße Am Horn Nr. 61. SBAW. Bl. 1, 2
237 Übergabe der Bauzeichnungen an die Baupolizei am 24. Februar 1923. Gesuch um Schachtungsgenehmigung am 28. März 1923. Akten Wohnhaus Straße Am Horn Nr. 61. SBAW. Bl. 3, 5
238 Brief Thür. Beratungsstelle für Heimatschutz und Denkmalpflege an das Stadtbauamt, 9. März 1923. Akten Wohnhaus Sträße am Horn 61. SBAW. Bl. 6
239 Vorlage für die Bauausschußsitzung von Stadtrat Lehrmann, 21. März 1923 u. Sitzungsprotokoll des Bauausschusses, 22. März 1923 (Auszug). Akten Wohnhaus Straße Am Horn Nr. 61. SBAW. Bl. 7, 8, 9
240 Beschluß Stadtrat an die Bauhaus-Siedlungsgenossenschaft, 10. Mai 1923. Akten Wohnhaus Am Horn Nr. 61. SBAW. Bl. 11. Die Grundsteinlegung erfolgte bereits am 11. April 1923. Einladung. Akten Staatliches Bauhaus. STAW. BH 46, Bl. 40
241 Diese Vereinbarung führte zu der Schwierigkeit, daß das vom Staat gerade für die Siedlungsgenossenschaft erworbene Gelände in Privathand veräußert werden sollte. Bericht des Syndikus' Lange über eine Besprechung mit Ministerialrat Schrammen, den Verkauf des Baugrundstückes Am Horn betreffend, 20. April 1923. Akten Staatliches Bauhaus. STAW. BH 46, B. 53
242 Vertrag Bauhaus mit der Fa. A. Sommerfeld, (o. D.). Akten Staatliches Bauhaus. STAW. BH 47, Bl. 2, 3. Vertragsabschluß war Ende Mai 1923 mit Bestätigung der Abmachungen (25. u. 29. Mai). Geschäftsvorgänge Haus Am Horn, BHAB. GS 11/1
243 Bedingungen für die Ausführung eines Teiles der Bauarbeiten ..., 21. März 1923. Akten Staatliches Bauhaus. STAW. BH 46, Bl. 24
244 Liste der am Bau des Ausstellungshauses beteiligten Firmen, 21. März 1923. Akten Staatliches Bauhaus. STAW. BH 46, Bl. 26, 27. Die zur Ausstellung 1923 veröffentlichte Liste der Leistungen der beteiligten Firmen weist insgesamt 44 Positionen auf. Zwölf Leistungen stammen von Weimarer Betrieben, etwa die Hälfte aus der Region Thüringen.
245 Beschwerden von A. Sommerfeld z. B. in den Briefen an Gropius vom 23. August und 17. September 1923. Akten Staatliches Bauhaus. STAW. BH 47, Bl. 68, 78
246 Hauptkostenüberschlag des Musterwohnhauses, 26. Juli 1923. Vierte Aufstellung der Hausbaukosten, 23. August 1923. Brief Fa. A. Sommerfeld an Gropius, 23. August 1923. Akten Staatliches Bauhaus. STAW. BH 46, Bl. 52, 65; BH 47, Bl. 68
247 Brief Gropius an A. Sommerfeld, 24. August 1923. Akten Staatliches Bauhaus. STAW. BH 47, Bl. 69
248 Brief Bauhaus (Gropius) an A. Sommerfeld, 4. September 1923. Akten Staatliches Bauhaus. STAW. BH 47, Bl. 72–75
249 Brief Gropius an A. Sommerfeld, 7. Dezember 1923. Akten Staatliches Bauhaus. STAW. BH 47, Bl. 133
250 Entwurf Kaufvertrag für E. Carbe, 5. November 1923, Brief Gropius an Tettenborn, 30. Januar 1924. Akten Staatliches Bauhaus. STAW. BH 47, Bl. 97, 180
251 Kaufvertrag Bauhaus-Siedlungsgenossenschaft mit Dr. A. Kühn, 8. September 1924. Geschäftsvorgänge Haus Am Horn. BHAB. GS 11/5
252 Brief A. Sommerfeld an Gropius, 17. Juli 1924. Akten Staatliches Bauhaus. STAW. BH 47, Bl. 203
253 Protokoll »Entscheidung über einzelne Konstruktionen am Musterhaus«, Syndikus Lange, 23. März 1923. Akten Staatliches Bauhaus. STAW. BH 46, Bl. 28
254 Prospekt zum Ausstellungshaus. 1923
255 Brief A. Meyer(?) an A. Sommerfeld, 21. April 1923. Akten Staatliches Bauhaus. STAW. BH 47, Bl. 18/19
256 Brief Fa. Sommerfeld an Gropius, 1. Mai 1923. Akten Staatliches Bauhaus. STAW. BH 47, Bl. 22
257 Die Berra-Decke ist eine Entwicklung der Fa. Berkes & Rücker, Worms am Rhein.
258 Wochenbericht über den Bau des Musterhauses, March an Lange, 12. bis 20. Juli 1923. Akten Staatliches Bauhaus. STAW. BH 46, Bl. 49
259 Brief Bauhaus (Lange) an E. Friedrich, 15. August 1923. Akten Staatliches Bauhaus. STAW. BH 41, Bl. 64
260 Vortrag des Dichters Johannes Schlaf vor dem Weimarer Kulturrat (Manuskript), 5. April 1924. Akten Kulturrat Weimar. HABW. BH-Archiv
261 Werbeblatt »Die Ausstellung 1923«. Akten Staatliches Bauhaus. STAW. BH 29, Bl. 16
262 Brief Muches von 1968 zur Planungsgeschichte. (BHAB). Zit. nach: Wolsdorff, Chr.: Georg Muche als Architekt. In: Georg Muche. Das künstl. Werk ... Vgl. Anm. 224, S. 24
263 Ebenda
264 Vgl. dazu Muche, G.: Das Einfamilienhaus des Staatlichen Bauhauses. In: Velhagen und Klasings Monatshefte. 38 (1924) H. 9, S. 331–335
265 Einschätzung nach Fotos, Zeichnungen und zeitgenössischen Berichten
266 Zum Bau und zu den Absichten der Architekten und Gestalter hatte das Bauhaus nur spärliches Informationsmaterial herausgeben können, so daß das Meinungsbild nicht von den Urhebern gestützt wurde. Die Buchpublikation zum Musterhaus von A. Meyer erschien erst 1925 (Bauhausbücher Nr. 3. Ein Versuchshaus des Bauhauses. München 1925).
267 Freytag-Loringhoven, M. v.: Die Ausstellung der Staatlichen Bauhauses in Weimar. In: Zeitung »Deutschland«. Weimar 20. August 1923
268 Wichert, F.: Ein Haus, das Sehnsucht weckt. In: »Frankfurter Zeitung«. Frankfurt/Main 10. Oktober 1923, 1. Morgenblatt
269 Nachklänge zur Bauhaus-Ausstellung 1923. In: Zeitung »Deutschland«. Weimar 2. April 1924
270 Architektur. B. A. (Bruno Adler). In: »Das Volk«. 27. September 1923
271 Behne, A.: Das Musterhaus der Bauhausausstellung. In: »Die Bauwelt«. Berlin 14 (1923) H. 41
272 Ebenda
273 Taut, B.: Das Staatliche Bauhaus in Weimar. In: »Die Bauwelt«. Berlin 14 (1923), S. 643f.
274 Behne, A.: Bericht zur Bauhaus-Ausstellung. In: »Die Weltbühne«. Berlin 19 (1923) H. 38, S. 289ff. (20. September 1923)
275 Vgl. Anm. 270
276 Bauhaus-Ausstellung in Weimar. M. (May). In: Schlesisches Heim. Breslau 4 (1923) H. 8, 9, S. 195
277 Manuskript Johannes Schlaf zur Debatte am 5. April 1924. Akten Kulturrat Weimar. HAB Weimar. BH-Archiv

Um- und Ausbau des Stadttheaters Jena

278 Auftrag an Gropius im Mai 1921. Akte Theaterumbau. SA Jena. Abt.IVh, Nr.23. Zit. nach Wahl, V.: Jena und das Bauhaus. In: WZ HAB Weimar 26 (1979) 4/5, S.342f.

279 Brief Gropius an Oberbürgermeister Dr. Fuchs, 27.Sept. 1921. Akte Theaterumbau. SA Jena. Abt.IVh, Nr.17

280 Die Theaterfrage. »Volkszeitung«. Jena, 1.März 1913

281 Notizen des Oberbürgermeisters Dr. Fuchs. Akte Theaterumbau. In: Vgl. Anm.279

282 Vertrag D.N.T. Weimar und die Stadt Jena über die Angliederung des Jenaer Stadttheaters, 20. April 1921. In: Vgl. Anm.279

283 Vgl. Anm.278

284 Ausführliche Darstellung im Briefwechsel Gropius und Hardt in: Isaacs, R.R.: Walter Gropius, Bd.1. Berlin 1983, S.206, 208, 268f.

285 Vgl. Anm.278

286 Brief Gropius an E.Hardt, 22.Juli 1921. Zit. nach Isaacs, R.R. Vgl. Anm.284, S.268

287 Nach der Darstellung von Isaacs, R. R. Vgl. Anm. 284, S.268

288 Brief Gropius an den Stadtbaudirektor Bandlow, 27.September 1921. Zit. nach Isaacs, R.R. Vgl. Anm.284, S.269

289 Beschluß-Vollsitzung des Gemeinderates, 13.Januar 1922. Akte Theaterumbau. SA Jena. Abt.IVh, Nr.15. Die volle Verantwortung für den I. und II.Bauabschnitt hatte die Theaterbaukommission bereits am 2.Dezember 1921 an Gropius übertragen. In: Ebenda

290 Zit. nach Wahl, V. Vgl. Anm.278, S.344

291 Brief Gropius (i. V. Meyer) an den Gemeindevorstand Jena, 29. November 1921. In: Vgl. Anm.289

292 Brief Gropius an E.Hardt, 28.September 1921. Zit. nach Isaacs, R.R. Vgl. Anm.284, S.269

293 Vgl. Anm.289. Mitteilung von Elsner an Gropius am 20. Januar 1922. In: Vgl. Anm.289

294 »Jenaische Zeitung«, 3.Oktober 1922

295 Akten Theaterumbau. SA Jena. Abt.IVh, Nr.23. Zit. nach Wahl, V. Vgl. Anm.278, S.343

296 Beschluß Gemeinderat Jena, 13.Januar 1922. In: Vgl. Anm.289

297 Akten Theaterumbau. SA Jena. Abt.IVh, Nr.15

298 Baubericht Gropius (i. V. Meyer), 19.Juli 1922. In: Vgl. Anm.297

299 Brief Ziegelei in Naumburg am Tiefbauamt Jena, 14. Februar 1922. In: Vgl. Anm.297

300 Vgl. Anm.298

301 Brief Gropius an A.Elsner, 27.März 1922. In: Vgl. Anm.297

302 Ebenda

303 Bericht Gropius vor der Theaterbaukommission, 13.Juni 1922. In: Vgl. Anm.297

304 Gropius an A.Elsner, 15.Juli 1922. In: Vgl. Anm.297

305 Ebenda

306 Vgl. Anm.303

307 Beschluß Gemeinderat Jena, 21.Juli 1922. In: Vgl. Anm.297

308 Kostenzusammenstellung, 30. Oktober 1922. In: Vgl. Anm.279

309 Brief A.Elsner an Gropius, 25.Juli 1922. In: Vgl. Anm.297

310 »Jenaische Zeitung«, 26.September 1922

311 Berichtigung zum Artikel »Volks« vom 26. September 1922. »Jenaische Zeitung«, 3.Oktober 1922

312 Akten Theaterangelegenheiten. SA Jena. Abt.IVh, Nr.27

313 Vgl. Dexel, W.: Der Bauhausstil – ein Mythos. Starnberg 1976, S.64

314 Rhode, O.: Das neue Theater der Stadt Jena. In: »Jenaische Zeitung«. 2.Oktober 1922, 2.Blatt

315 Brief Elsner, A. an Gropius, 20.Januar 1922. In: Vgl. Anm.297

316 Eingabe Jenaer Kegelklub an Gemeinderat, 5. Februar 1922. In: Vgl. Anm.297

317 Jenaer Architektur (r.I.) (W.Dexel). In: »Das Volk«. Jena 5.Oktober 1925. Zit. nach Dexel, W.: Der Bauhausstil ... Vgl. Anm.313, S.75f.

318 Nach Rhode, vgl. Anm.314

319 Ebenda. Brief Elsner, A. an Gropius 5.Januar 1924: »Ich darf nochmals versichern, daß sich das Theater nach seinem Umbau bisher durchaus bestens bewährt hat und daß auch jetzt noch allgemeine Stimmen des Lobes über die architektonische Erscheinung herrschen.« Akten Theaterangelegenheiten. SA Jena. Abt.IVh, Nr.30

320 Nach Rhode, vgl. Anm.314

321 Schlemmer schreibt im Juni 1922 in seinem Tagebuch die bekannte Bemerkung: »Abkehr von der Utopie. Wir können und dürfen nur das Realste ... Statt Kathedralen die Wohnmaschine ...« Schlemmer, O.: Briefe und Tagebücher. Stuttgart 1977, S.59

322 Bericht darüber in: Dexel, W.: Der Bauhausstil ... Vgl. Anm.313, S.64f.

323 Andor Weininger. Ausstellungskatalog Kunstverein für die Rheinlande und Westfalen. Düsseldorf 1990, S.33

324 Schreyer, L.: Erinnerungen an Sturm und Bauhaus. München 1956, S.174

325 Vgl. Anm.314

326 Teige, K.: 10 Jahre Bauhaus. In: »Volksblatt für Anhalt«. 28.Januar 1930. Zit. nach Kutschke, Chr.: Bauhausbauten der Dessauer Zeit. Diss. HAB Weimar. Weimar 1981, Anm.54

Das Haus Auerbach in Jena

327 »Jenaische Zeitung«, 5.November 1924

328 Aufruf des Kunstvereins Jena, gerichtet an den Haushaltsausschuß des Thüringischen Landtages. Akten Staatliches Bauhaus. STAW. Nr.55, Bl.121

329 Nach Koch, H.: Die kühnsten Erwartungen übertroffen. Dem Jenaer Physiker Felix Auerbach zum 100. Geburtstag. »Thür. Landeszeitung.« 21./22.November 1956

330 Brief C.Ch.Schröder (Nichte von F.Auerbach) an H.Langner, 18.Februar 1983. Zit. in: Kutschke, Chr.: Haus Auerbach Jena. Unveröffentl. Manuskript. HAB Weimar, um 1983

331 Bauersuchen Gropius an den Gemeindevorstand Jena, 15.April 1924. Akte Haus Schefferstraße 8. SBA Jena. AZ III B 179/24

332 Beschluß Bauberatungsstelle, 23. April 1924. Akte Haus Schefferstraße 8. Vgl. Anm.331

333 Beschluß Gemeinderat Jena, 24. April 1924. Akte Haus Schefferstraße 8. Vgl. Anm.331

334 Bauerlaubnisschein Gemeindevorstand Jena, 12. Mai 1924. Akte Haus Schefferstraße 8. Vgl. Anm.331

335 Bauzeichnungen vom 12.Mai 1924. Unterschriften Meyer (i.V.) u. Auerbach. Akte Haus Schefferstraße 8. Vgl. Anm.331

336 Antrag auf Bauabnahme, 23.Juni 1924; Schlußabnahmeschein, 31. Oktober 1924. Akte Haus Schefferstraße 8. Vgl. Anm.331

337 Nach Auswertung der Bauakten Haus Schefferstraße 8. Vgl. Anm. 331
338 Die Ausführung der Farbstudie von A. Arndt ist nicht nachweisbar

Entwürfe für neue Wohnbauten/Theaterentwürfe

339 Konzeption Gründung, Arbeitsplan, Organisation und Finanzierung der Architekturabteilung, 2. April 1924 (o. Kopf u. Unterschrift). Akten Staatliches Bauhaus. STAW. BH 77, Bl. 1–3
340 Vgl. Werbezettel zur Ausstellung 1923. Akten Staatliches Bauhaus. STAW. BH 29, Bl. 16
341 Vorschlag betreffend die Gründung einer Architekturabteilung. Ergänzung v. Lange (o. D.). Akten Staatliches Bauhaus. STAW. BH 77, Bl. 4, 5
342 Meyer, A.: Ein Versuchshaus des Bauhauses in Weimar. Bauhausbücher Nr. 3. München 1925. Einfamilienwohnhaus Typ Nr. 2 u. 3 und Reihenhaus Typ Nr. 4 (o. S.)
343 Gropius, W. (Hrsg.): Internationale Architektur. Bauhausbücher Nr. 1. München o. J. (1927), S. 104
344 Exponateliste »Bau-Ausstellung Stuttgart 1924«. Akten Staatliches Bauhaus. STAW. BH 56, Bl. 9–11
345 Briefabschriften Georg Muches. BHAB. Zit. nach: Wolsdorff, Chr.: Georg Muche als Architekt. In: Georg Muche. Das künstlerische Werk 1912–1927. (Ausstellungskatalog) Berlin 1980, S. 28
346 Vgl. Anm. 343, S. 87
347 Vgl. Anm. 345
348 Z. B. in: Bayer, H., Gropius, W., Gropius, I.: Bauhaus 1919–1928. New York 1938, 1952; Boston 1952
349 Wettbewerb um Vorschläge zur Neugestaltung von Haus und Wohnung 1923/24, veranstaltet von der Zeitschrift »Die Bauwelt«, Berlin. Prämissen waren: Ersparung an Baukosten und neue Wohnungen, nicht größer als für den Wohnzweck unbedingt erforderlich. 158 Arbeiten waren eingegangen, Breuer gehörte nicht zu den Preisträgern.
350 Memorandum an den Meisterrat, Verf. G. Muche, 8. Februar 1922 (Antwort auf ein Memorandum von Gropius). BHAB. Zit. nach: Georg Muche. Das künstlerische Werk 1912–1927, Berlin 1980, S. 70
351 Siedlungshaus aus vorgefertigten Einzelteilen. Axonometrische Modellzeichnung und Raumzelle 1924. (Nur als Fotografie erhalten). BHAB. In: Georg Muche. Vgl. Anm. 351, S. 147
352 Die »Raumzelle« wird im Ausstellungskatalog (A 29, vgl. Anm. 345) mit 1924 datiert. Richard Paulick berichtet, daß in der Dessauer Zeit die Idee entstand, »neue Profile mit kreuzförmigem Querschnitt zu entwickeln, wobei jeder der vier Kreuzstrahlen Verstärkung durch rechtwinklig und symmetrisch angeordnete Lamellen erhalten sollte.« Dies würde auf die Konstruktionszeichnung der »Raumzelle« zutreffen, die möglicherweise erst später als 1924 entstand. Vgl. Paulick, R.: Das Stahlhaus in Dessau. In: »form + zweck«. Berlin 8 (1976) H. 6, S. 28–30
353 Metall-Typenhaus. 1925. Stahlhaus, Dessau-Törten 1926–1927. In: Georg Muche. Das Künstlerische Werk 1912–1927. Berlin 1980, S. 148, 149 sowie Paulick, R.: Das Stahlhaus in Dessau. Ebenda.
354 Mehrere Entwurfszeichnungen zu Wohnhäusern und Interieurs Kelers befinden sich in den Kunstsammlungen zu Weimar.
355 Gropius, W.: Idee und Aufbau des Staatlichen Bauhauses Weimar. In: Vgl. Anm. 201, S. 17
356 Rundbühne für ein Marionettentheater, Ilse Fehling, 1922 (Patent). In: Schlemmer und die Bauhausbühne. Die Neue Sammlung, München 1961/62
357 Die »Reflektorischen Lichtspiele« werden in der Folgezeit von Ludwig Hirschfeld-Mack und Kurt Schwertfeger unabhängig voneinander weiter ausgearbeitet. Vgl. dazu: Scheper, D.: Oskar Schlemmer – Das Triadische Ballett und die Bauhausbühne. Berlin 1988. S. 107–111
358 Forbat, F.: Erinnerungen eines Architekten aus vier Ländern. Unveröffentlichtes Manuskript, 1972. Kopie an HAB Weimar. S. 72
359 Moholy-Nagy, L.: Malerei, Photographie, Film. Bauhausbücher Nr. 8. München 1925, S. 13
360 Kinetisch-konstruktives System, L. Moholy-Nagy, 1922. In: Scheper, D. Vgl. Anm. 357, S. 104
361 Partitur-Skizze einer Mechanischen Exzentrik. 1922/24. In: Scheper, D. Vgl. Anm. 357, S. 103
362 U-Theater, F. Molnar. In: Schlemmer, O. u. Moholy-Nagy, L. (Hrsg.): Die Bühne im Bauhaus. Bauhausbücher Nr. 4. München 1925, S. 57–60
363 Ebenda
364 Entwurf zu einer konstruktiven Raumbühne, X. Schawinsky, 1926/27. Das Kugeltheater, A. Weininger, 1926/27. Dargestellt in: Scheper, D. Vgl. Anm. 357, S. 155 Entwurf Totaltheater für Erwin Piscator, W. Gropius 1927. In: Probst, H., Schädlich, Chr.: Walter Gropius. Bd. 2. Berlin 1987, S. 31–34.

Zum Standort des Bauhauses in der modernen Bewegung/ Das Ende des Bauhauses in Weimar

365 Brief Gropius an L. Mies van der Rohe, 4. Juni 1923. Zit. nach Exzerpten von Dr. Glaser an der Library of Congress. The Museum of Modern Art. New York. Mies van der Rohe Archive, Vol. 2 General C., P. 64 (Nr. 2/7) (Inf. Chr. Schädlich)
366 Nach: Isaaks, R. R.: Walter Gropius. Bd. 1. Berlin 1983, S. 301
367 Werbeblatt Ausstellung des Staatliches Bauhauses Weimar, 15. August bis 30. September 1923. Akten Staatliches Bauhaus. STAW. BH 29, Bl. 16
368 Nach der Liste der Aussteller (vermutlich Beschriftungskarten der Exponate). Aufstellung vom 12. August 1923. Akten Staatliches Bauhaus. STAW. BH 32, Bl. 89. Die Liste unterscheidet sich etwas von den im Werbeblatt angekündigten Teilnehmern sowie von den Angaben im Artikel von Behne (vgl. Anm. 372)
369 Nach: Vgl. Anm. 366, S. 299f.
370 Nach: Vgl. Anm. 368 sowie Fotos zur Ausstellung. HAB Weimar BH-Archiv
371 Bauhaus-Ausstellung. Architektur, B. A. (B. Adler). In: »Das Volk«. Jena 27. September 1923
372 Behne, A.: Die Internationale Architektur-Ausstellung im Bauhaus zu Weimar. In: »Die Bauwelt«. Berlin 14 (1923) H. 37, S. 533
373 Schlemmer, O.: Manifest zur Bauhausausstellung 1923 (Februar 1923). Akten Staatliches Bauhaus. STAW. BH 29, Bl. 15
374 Vgl. Pressestimmen für das Staatliche Bauhaus Weimar. Weimar o. J. (1924)

Epilog

375 Akten Staatliche Hochschule für Handwerk und Baukunst Weimar. STAW. Nr. 22–23. Zit. nach Behr, A.: Die Bauhoch-

schule Weimar 1926–1930. In: WZ HAB Weimar. 26 (1979) H. 4/5, S. 382
376 Vgl. Staatliche Bauhochschule Weimar 1929, Weimar o. J. (1929) (Werbebroschüre). Vgl. Behr, A. Ebenda
377 Plan zur Umgestaltung des Bauhauses O. Bartning, 28. Februar 1925 (an den Minister für Volksbildung und Justiz Landesregierung Thür.) und Stellungnahme von Minister Schrammen, 15. März 1925. Akten Thür. Finanzmist. STAW. Bauakten Nr. 3744
378 Vgl. Anm. 376
379 Atelier Determann von E. Neufert, veröffentlicht in: »Die Form«. Berlin 4 (1929) H. 19. S. 524–526
380 Neufert, E.: Ein Holzskelettbauversuch. In: »Wasmuths Monatshefte für Baukunst«. Berlin 15 (1931), S. 167–170
381 Neufert, E.: Das Studentenhaus in Jena. In: »Wasmuths Monatshefte für Baukunst«. Berlin 15 (1931), S. 213–220. Und Klopfer, P.: Das Abbeanum in Jena. In: »Wasmuths Monatshefte für Baukunst«. Berlin 15 (1931), S. 516–520. Sowie Neufert, E.: Abbeanum der Universität Jena. In: »Zentralblatt der Bauverwaltung«. Berlin 51 (1931) H. 17 u. 18, S. 253–261, 265–269
382 Vgl. Anm. 376
383 Vgl. Anm. 376
384 Vgl. z. B. den Vorgang zur Bewerbung des Bauhauses um den Auftrag auf Ausmalung eines öffentlichen Raumes. Gropius an den Oberbürgermeister Dr. Donndorf, 8. August 1919 u. ff. Akten Staatliches Bauhaus. STAW. BH 10, Bl. 5 ff.
385 Zeitung »Deutschland«. Weimar 28. Februar 1921
386 Probst, H., Schädlich, Chr.: Walter Gropius. Bd. 1. Berlin 1985, S. 89. Klopfer, P.: Die Gropius-Ausstellung im Staatlichen Bauhaus zu Weimar. In: Zeitung »Deutschland«. Weimar 5. Juli 1922
387 Neubauten der staatl. Beamtenwohnhäuser am Schwansee, 1921 bis 1923. Akten der Bauabteilung. STAW. Thür. Finanzministerium Nr. 3834 u. Nr. 3835
388 de Fries, H.: Junge Kunst in Deutschland. Berlin 1926, S. 51–54
389 Lehrmann, A.: Neue Stadtbaukunst – Weimar. Berlin, Leipzig, Wien 1928. SAW
390 Akten Stadtdirektor Landeshauptstadt Thüringen. Reichsehrenmal für die Kriegsgefallenen in Weimar. SAW. 4-46-1
391 Mueller, W. F.: Denkschrift betreffend die Errichtung der Weimar-Halle. O. O., o. J. (Weimar 1927)
392 Bauwettbewerbe. Stadthalle in Weimar. Karlsruhe Juni 1926, H. 2. SAW
393 Vorlage betreffend die Errichtung der Weimarhalle, Dr. W. F. Mueller, 10. September 1930. SAW
394 Die Weimarhalle und ihre Anlagen. In: Zeitung »Deutschland«. Weimar 13. März 1932
395 Sitzungsprotokoll Bauausschuß mit Zustimmung zum Projekt der höheren Schule an der Sedanstraße. Referent A. Lehrmann, 26. September 1929. Akten Stadtbauamt Weimar. Sitzungsberichte Bauausschuß 1928 bis 1931. SAW. 7-70-22
396 Sitzungsprotokolle Bauausschuß, 27. Januar 1930, 31. Januar 1930. Akten Stadtbauamt Weimar. In: Vgl. Anm. 395

Abbildungsnachweis

Architekturmuseum Stockholm: S. 88 o., u.; 89; 90; 92; 136 o.

Bauhaus-Archiv, Museum für Gestaltung, Berlin: S. 31 o. r.; 34 u.; 37 r.; 39 o.; 40 o.; 43 o. l., u. l.; 48 r.; 49 r.; 95; 99 u.; 100 o., u.; 117 o. r., u.; 118; 123 u.; 124; 130 u.; 131; 132 u.; 133; 158 o.;
Bildstelle der HAB Weimar: S. 69 o., 159 u. (Hankel)
Deutsches Architekturmuseum Frankfurt/Main: Titelbild (Umzeichnung)
Determann, Lukas: S. 15, 26 o., u.; 27 o., u.; 37 l.; 80 o., u.; 81 o., u.; 82; 153 o., u.; 156

Fotoatelier Held, Inhaber Eberhard Renno, Weimar: S. 9; 10; 11 o., u., r.; 63; 70 u.; 71; 150; 151 o.

Foto Schäfer, Weimar: S. 23

Hassenberg, Otto, Hannover: S. 34 o.

Kunstsammlungen zu Weimar: S. 17; 61 l., r.; 159 o.

Probst, Hartmut, Weimar: S. 55 u.; 56 u.

Rudolf, Bernd, Weimar: S. 154 u.

Schädlich, Christian, Weimar: S. 69 u.

Staatsarchiv Weimar: S. 24 o., u.; 25; 107 u.

Stadtarchiv Dessau: S. 119 u.

Stadtarchiv Weimar: S. 76; 77 (Schwier, K., Weimar); 148 o., u.

Stadtmuseum Weimar: S. 65 l., 151 u.

Winkler, Klaus-Jürgen, Erfurt: S. 116 u. (Rekonstruktion)

Alle übrigen Bilder:
Bauhaus-Bildarchiv an der Hochschule für Architektur und Bauwesen Weimar, davon 35 Abbildungen aus den Bauhaus-Fotoalben

BAUHAUS-LITERATUR AUS DEM VERLAG FÜR BAUWESEN

Christine Engelmann/Christian Schädlich

DIE BAUHAUSBAUTEN IN DESSAU

Reihe: Edition **Bauhaus Dessau**

1. Auflage 1991, 120 Seiten, 135 Abb.
24,0 x 27,0 cm, Pp. zellophan. DM 42,—
ISBN 3-345-00409-7 / Engelmann, Bauhausbauten Dessau

"Bauen bedeutet Gestalten von Lebensvorgängen" - diese Entwurfsprämisse von Walter Gropius und Hannes Meyer bestimmt die baukünstlerische und zugleich die soziale Qualität der von den Bauhaus-Architekten in Dessau errichteten Gebäude. Die ausführliche Dokumentation faßt Erkenntnisse über die epochalen und Schule machenden Bauten in Dessau in knapper Form zusammen. Chronik als auch Nutzung der einzelnen Gebäude - neben dem Bauhausgebäude Häuser für die Bauhausmeister, Siedlung Dessau-Törten, Gebäude des Konsumvereins, Stahlhaus, Wohnhaus Fieger, Laubenganghäuser, Arbeitsamt, Gaststätte Kornhaus - verraten das umfangreiche Quellenstudium. Dabei werden kritische Ansichten nicht unterschlagen. Für Freunde der modernen Architektur erweist sich das Buch als fesselnde und anregende Lektüre.

In Vorbereitung:

Klaus-JürgenWinkler

DIE BAUHAUSBAUTEN IN BERLIN

Reihe: Edition **Bauhaus Dessau**

Klaus-Jürgen Winkler

Der Architekt Hannes Meyer

Anschauungen und Werk

1. Auflage 1989, 268 Seiten, 278 Abb.
24,0 x 27,0 cm, Pp. zellophan. DM 50,—
ISBN 3-345-00256-6 / Winkler, Hannes Meyer

Hannes Meyer gehört in die erste Reihe der großen Architekten des Neuen Bauens der ersten Hälfte unseres Jahrhunderts, neben Walter Gropius, Ludwig Mies van der Rohe, Le Corbusier, Bruno Taut, Ernst May ...
Den ersten Teil seines Weges ging er mit ihnen, insbesondere, als er Lehrer und Direktor am Bauhaus war.
Er gilt als Repräsentant der konsequenten, sozial orientierten Richtung, die für eine Erneuerung der Architektur und der Formgestaltung kämpfte.
Nach seiner aus politischen Gründen erfolgten Entlassung als Direktor des Bauhauses wirkte er in der ehemaligen Sowjetunion, in der Schweiz und in Mexiko.
Das Buch zeichnet die wichtigsten Lebensstationen des von seiner beruflich lauteren Idee erfüllten Architekten akribisch nach.

In Bibliotheken vorrätig:

Hartmut Probst/Christian Schädlich

Walter Gropius

Band 1: Der Architekt und Theoretiker
Werkverzeichnis Teil 1

1986. 292 Seiten mit 482 teils farbigen Abbildungen.
24 cm x 27 cm, gebunden
ISBN 3-345-00121-7

Band 2: Der Architekt und Pädagoge
Werkverzeichnis Teil 2

1987. 231 Seiten mit 330 teils farbigen Abbildungen.
24 cm x 27 cm, gebunden
ISBN 3-345-00122-5

Band 3: Ausgewählte Schriften

1987. 212 Seiten mit 107 Abbildungen,
24 cm x 27 cm, gebunden
ISBN 3-345-00123-3

IN VORBEREITUNG

Holger Brülls

NEUE DOME

Wiederaufnahme romanischer Bauformen und antimoderne Kulturkritik im Kirchenbau der Weimarer Republik und der NS-Zeit

1. Auflage 1993, 224 Seiten, 127 Abbildungen
21,0 x 23,0 cm, Pp. zellophan. DM 58,—
ISBN 3-345-00560-3 / Brülls, Neue Dome

Domenikus Böhm: unausgeführter Entwurf für eine katholische Kirche in Duisburg-Hamborn. Kohleskizze.

In den Darstellungen der Architekturgeschichte des 20. Jahrhunderts spielt der Kirchenbau nur eine marginale Rolle, ausgenommen Le Corbusiers Wallfahrtskirche von Ronchamp, die als erwähnenswertes Beispiel für die Sakralarchitektur des Neuen Bauens gilt, das sich ansonsten vor allem den profanen Bauaufgaben verschrieben hatte.

Aber der monumentale Kirchenbau im Deutschland der Zwischenkriegszeit gehört zu den faszinierendsten Kapiteln der Architekturgeschichte unseres Jahrhunderts. Daß selbst noch unter der Herrschaft des angeblich religionsfeindlichen Nationalsozialismus Kirchen gebaut wurden - im großen Stil und unter Anknüpfung an romanische Architektur - ist eine brisante Tatsache, die bislang noch nirgends eingehend erörtert wurde.

In der Zeit nach dem Ersten Weltkrieg galt die romanische Baukunst als "deutscher Stil" schlechthin. Zugleich wollten die Zeitgenossen in ihren schlichten, großen Formen das künstlerische Symbol einer im christlichen Glauben fundierten, einheitlichen Weltanschauung sehen. Das christliche Mittelalter wurde zum utopischen Gegenbild für eine vermeintlich gottverlassene Moderne. Die neuen Dome aber, die konservative Architekten beider christlicher Konfessionen in diesen krisenhaften Jahrzehnten errichteten, waren geistliche Propaganda in Stein: Gegenwartskritik und der missionarische Versuch, ein "neues Mittelalter" heraufzuführen.

Das Buch erläutert die moderne Neuauflage eines mittelalterlichen Baustils an Bauten von drei der bedeutendsten deutschen Architekten des 20. Jahrhunderts: German Bestelmeyer, Albert Boßlet und Dominikus Böhm. Es füllt damit eine wichtige Lücke in der Erforschung der zeitgenössischen Architekturgeschichte, die neben den avantgardistischen Strömungen mehr und mehr die traditionalistischen Gegenbewegungen in den Blick nimmt. Zahlreiche, zumeist unveröffentlichte Quellen vermitteln einen umfassenden Einblick in die Gedankenwelt der Architekten, ihrer Bauherren und Zeitgenossen. Sie umfaßt die unpolitische Mittelalter-Begeisterung der Neuromantik ebenso wie eine ausdrücklich nationalsozialistische Theorie des modernen Kirchenbaus.